Friedrich Theodor von Vischer

Göthes Faust

Friedrich Theodor von Vischer

Göthes Faust

ISBN/EAN: 9783742816160

Hergestellt in Europa, USA, Kanada, Australien, Japan

Cover: Foto ©Thomas Meinert / pixelio.de

Manufactured and distributed by brebook publishing software
(www.brebook.com)

Friedrich Theodor von Vischer

Göthes Faust

GÖTHE'S
FAUST: NEUE
BEITRÄGE ZUR
KRITIK DES
GEDICHTS

Friedrich Theodor Vischer

Göthe's Faust.

Göthe's Fauſt.

Neue Beiträge

zur

Kritik des Gedichts

von

Friedrich Viſcher.

O, daß dem Menſchen nichts Vollkommnes wird,
Empfind' ich nun!

———◆◆◆———

Stuttgart.
Meyer & Zeller's Verlag.
(Friedrich Vogel.)
1875.

Vorwort.

Man erlaube mir, daß ich den Hergang der Entstehung dieser Arbeit berichte, um einer Messung mit unrichtigem Maßstabe vorzubeugen. — Im Jahr 1857 brachte die Monatsschrift des wissenschaftlichen Vereins, die damals in Zürich erschien, einen Aufsatz von mir: „Kritische Bemerkungen über den ersten Theil von Göthes Faust, namentlich den Prolog im Himmel." Die Verlagshandlung (Meyer und Zeller) gab dieselbe in besonderem Abdruck heraus. Diese kleine Broschüre (20 Druckseiten) ist vergriffen, der jetzige Besitzer jenes Verlags, Herr Vogel in Stuttgart, zeigte sich zu einer neuen Ausgabe geneigt; von einfachem Wiederabdruck konnte keine Rede sein, Manches durfte stehen bleiben, aber in vielen Puncten mußte der Aufsatz umgearbeitet, mußten seine Sätze gegen Einwendungen, die inzwischen aufgetreten sind, vertheidigt werden. Ich gieng im Anfang vorigen Winters an dieß Geschäft, da mich die Reihe meiner amtlichen Vorlesungen wieder zu Göthes Faust führte, und ich glaubte eigentlich, nur mit rascher Feder meinen Vorträgen folgen zu dürfen und so die Arbeit ziemlich glatt erledigen zu können. Sie ward mir, offen gestanden, ungleich schwerer, als ich vorhergesehen; ich mußte aufs Neue erfahren, daß man mit diesem unfertigen Wunderwerk der Dichtung nie fertig wird. Als ich meine Mühe zu Ende geführt und niedergeschrieben vor mir lag, was jetzt den Theil des zweiten Abschnitts S. 205 bis 260 bildet, hielt ich für passend, eine Einleitung über die Ursachen der langen Verschleppung des Faust hinzuzugeben; ja ich glaubte, den gegebenen Anlaß hiezu benützen zu sollen.

Meine Ansichten hierüber hatten sich seit meinen letzten Veröffent-
lichungen geändert, ich hatte aufgehört, mit Gervinus den einzigen Grund des langen Stockens in Göthes Scheue vor dem
politischen Schauplatz zu suchen, auf den der Held doch geführt
werden sollte; es war natürlich, daß ich wünschte, Rechenschaft
vom jetzigen Stand meiner Auffassung zu geben.

Das wuchs und wuchs mir nun unter der Hand. Was
ich jetzt für die erste Ursache des Zauderns, Hinziehens bis ins
letzte Lebensjahr des Dichters halte: der gänzliche Wandel seines
Stylprincips, das verlangte eine Nachweisung, die nicht von
kurzer Hand sein konnte, dieselbe führte naturgemäß auf den
ästhetischen Charakter des spätvollendeten zweiten Theils, und
nun stand ich abermals einem Urtheil gegenüber, das ich längst
bekämpft habe, alte Vertreter dieses Urtheils waren seit meinen
letzten Publikationen gegen mich vorgegangen, neue hatten sich
eingestellt und mich angegriffen; ich mußte mich meiner Haut
wehren, doch dieß war Nebensache, es handelte sich um eine Aufgabe der Kritik, die ich für ihre Amtspflicht halte nach wie vor:
nicht zu dulden, daß zahnlose Pietät uns den Geschmack verderbe.
Die Polemik führte unter Anderem nothwendig auf eine Untersuchung der Begriffe: Symbolisch und Allegorisch, die den Umfang nicht um Weniges ausdehnen mußte. — Was ich dann als
zweites Hinderniß entschlossener Fortarbeit aufführte: die „philosophische Schwierigkeit,“ war ebenfalls nicht in Kürze klarzulegen;
da galt es, schwere Fragen über das Verhältniß von poetischem
Instinct und Denken aufzunehmen, Fragen, die nur ganz natürlich
dazu führten, daß ich mehrere Hauptstellen des Gedichts in diesem
Zusammenhang herbeizog und darauf ansah, ob sie der dichterischen Divination oder der bewußten Absicht und Reflexion ihren
Ursprung verdanken. — Dann erst als dritte Ursache der langen
Säumniß ließ ich die Schwierigkeit der politischen Aufgabe folgen,
wie sie für Göthe bestand; sie konnte kürzer erledigt werden,
war aber auch nicht leichtweg abzumachen; und die vierte —

was ich die rein subjective Schwierigkeit nenne — schien mir eine Wärme zu fordern, die sich mit einer gewissen Ergiebigkeit aussprechen mußte.

Ich hatte nun zwei Aufsätze geschrieben: einen über die Ursachen der langen Verschleppung des Gedichts, einen über den Prolog im Himmel. Sie bildeten nebeneinanderstehend ein Paar von einer Ungleichheit des Umfangs, die das Proportions= gefühl stören mußte. Die Zusammenstellung zeigte aber auch im Inhalt ein organisches Mißverhältniß. Ich habe vorhin gesagt, jener Theil, der die Aufschrift führt: „die zweite Ursache, die philosophische Schwierigkeit" habe mehrere Hauptstellen des Gedichts unter dem Standpuncte beleuchtet, der die betreffende Untersuchung leitet. Es sind diejenigen, die besonders viel und schwer zu denken geben; zu diesen gehört namentlich der Prolog im Himmel; dieser aber mußte dort ausgelassen werden, denn er war ja in einem besondern Aufsatz schon behandelt mit einer Ausführlichkeit, die den Charakter einer selbstständigen Arbeit trug und so die Einreihung in jenen Zusammenhang ausschloß. Die beiden Aufsätze verhielten sich denn nun so zu einander, daß der letztere zweite, ursprünglich erste, an einer der Scenen des Drama, welche so tief sind, daß sie dem begriffmäßigen Denken eine unendliche Aufgabe bieten, eine eingehende Analyse vornahm, ein Beispiel philosophischer Auswicklung des Inhalts gab, während andere Stellen, welche dieselbe Schwierigkeit bringen, im jetzt ersten, ursprünglich zweiten Aufsatz eine ähnliche, nur kürzere Behandlung fanden. Dieß also wie die Ungleichheit des Umfangs forderte eine organische Aenderung. Die Parthieen, welche es mit den Stellen des Gedichts zu thun haben, die besonders schwere Probleme enthalten, bei denen zugleich die Frage ist: divinatorisch erschaut oder reflectirt oder etwa auch eine Art Mischung von beidem? kurz mit allen erquicklich oder minder erquicklich bemühenden tiefsinnigen Stellen: diese Parthieen mußten beisammen stehen. Ich zog also aus der genannten Abtheilung

.

des Aufsatzes, der jetzt den ersten Abschnitt bildet, alles Betreffende
heraus, behandelte namentlich die Contract-Scene nun ungleich
eingehender, stellte diese Analysen mit der des Prologs in eine
Reihe zusammen und gab der so erweiterten älteren Studie die
Aufschrift: die inhaltschweren Stellen des Gedichts, — ein Name,
der mir selber nicht klingen will, nicht im Titelstyl ist und für
den ich doch keinen besseren finden konnte (s. S. 201. 202).

So war denn größere Gleichheit des Umfangs und zugleich
besseres organisches Verhältniß hergestellt. Sagt man mir nun,
so sollte es bei der Entstehung eines Buchs nicht zugehen, ein
klarerer Plan müsse zu Grunde gelegt und nach ihm gearbeitet
werden, so könnte ich antworten, die Schuld sei doch wohl durch
die Mühe abgetragen, die ein solcher Umbau kostet; wer es versteht, kennt sie. Eben die Mühe aber wird man nur zu sehr heraus-
fühlen und darum gebe ich das Buch nicht ohne Sorge in die
Welt. Mit aller Anstrengung ist es namentlich nicht mehr gelungen, da und dort die Wiederholungen auszuscheiden, die eine
solche Umstellung schon dadurch mit sich bringt, daß neue Ver-
bindungsglieder für die versetzten Theile geschaffen werden müssen
und daß man bei allem Zurückblättern nicht überall mehr entdeckt, was man schon gesagt hat. Von den unvermeiblichen
Wiederholungen nicht zu sprechen! Göthes Faust gleicht einer
Stadt, die fächerförmig gebaut ist und deren Häuserreihen zudem
Lücken haben, so daß man sich doppelt leicht von allen Puncten
aus auf einmal unversehens wieder im Centrum, im Ausgangspunct der Radien, mitten in den Grundgedanken befindet. —
Doch auf die vermeiblichen und nicht ganz vermiedenen Wiederholungen und auf alle nicht ganz getilgten Spuren der Mühe
zurückzukommen: das soll ja freilich nicht sein, ich bin nicht
gesonnen, dem Gesetze den Gehorsam zu weigern, das gebietet,
die Mühe müsse bis dahin gelangen, daß der Schein der Mühelosigkeit entsteht, und wenn ich mir denn nicht bewußt bin, dieß
Ziel ganz erreicht zu haben, so fühle ich, da meine Arbeit ge-

druckt vor mir liegt, recht das Bedürfniß, unter dem Schutz meines Motto, der einem so ungleich Größeren zu Gute kommen soll, nebenher auch mich zu bergen; allein wenn mir ein bitter- saurer Kritiker käme, diese Offenheit mißbrauchte und den drakonischen Spruch fällte, ich hätte einfach einen Bau, dem man ansehe, daß im Bauen der Plan verändert worden sei, umstoßen und einen neuen aufführen sollen, so bin ich doch nicht wehrlos. Ich will es darauf ankommen lassen und für jetzt nur sagen, daß es auf jeden Fall unrichtig wäre, wenn er seinem Richter- spruch die Vorstellung zu Grund legte, ich habe sollen und wollen ein auf Einheit und Vollständigkeit geplantes Buch schreiben, das sei mir mißlungen und ich habe durch Flicken zu helfen gesucht. Es bleibt dabei, daß ich bieten wollte einen umge- arbeiteten Aufsatz über eine Hauptstelle des Göthe'schen Faust und daß ich dann einen zweiten, eine zweite Studie hinzufügte, und Niemand kann sagen, daß es ein solches Buch nicht geben dürfe. Natürlich war es auch, daß ich beiden Studien aus dem Vorrath meiner Gedanken über das Gedicht so viel als möglich einverleibte; nur daß dabei das Verhältniß der späteren zur früheren unter der Arbeit nicht zeitig bemessen wurde, daß hieraus die geschilderte Ungleichheit entstand und daß die Mühe- spuren der hiedurch nöthigen Umänderung nicht mehr ganz zu vertilgen waren: nur hier liegt, wie gesagt, der Angriffspunct und ich bin also des Angriffs gewärtig.

Insbesondere habe ich wohl zu erwarten, daß mir verübelt wird, wie ich die ästhetischen Schätzungen in verschiedene Par- thieen zerstreut habe. Zu dieser Verzettlung — wenn es so stark bezeichnet werden soll — führte auch der Zwiesprach mit .mehreren Gegnern, daher kommt z. B. die Helena so, wieder- holt vor, weil sie von diesen der eine so, der andere anders in Schutz nimmt oder rühmt. Schwerer scheint zu verantworten, daß ich, was ich zum Preis des ersten Theils der Tragödie sage, da- und dorthin vertheilt habe, je nach Anlaß, nicht nach der

Ordnung des Gedichts. Ich muß aber gestehen, daß ich gerade
darüber mich vergeblich bemühe ein böses Gewissen zu haben.
Ich habe sogar in die erste Eintheilung des ersten Abschnitts,
welche nur erst erzählt, wie unterbrochen Göthe an seinem Faust
gearbeitet hat, einzelne Urtheile ästhetischen Inhalts eingestreut
und mache mir auch darüber keine Scrupel. Es war sogar
Absicht in diesem Abweichen von successiver Folge. Welche?
Das erräth der Einsichtige; ich warte, bis der erste Stein aufgehoben wird, und hoffe, mich dann decken zu können.

Und nun habe ich noch nichts von der Schwere gesagt, die
in meiner Aufgabe lag, nach welchem Plane sie auch gelöst und
ob der Plan unterwegs verändert wäre oder nicht. Wer den
Faust kennt, der weiß was ich sage. Man kann über ihn
kein Buch für Damen schreiben. Höchst verwickelte Gedanken-
prozesse können Niemand glatt eingegossen werden. Habe ich
aber die Klarheit nicht erreicht, die auch der verlangt, der Denk-
arbeit versteht: dieß ist etwas Anderes, da bedarf ich Nachsicht,
da berufe ich mich mit noch ganz anderem Ernst als vorhin
auf mein Motto, darf aber auch hoffen, daß der Appell Gehör
findet.

Dieß führt auf die Verschiedenheit der Leserkreise, denen
das Buch sich gegenüber befinden wird. Nach einer Schrift über
Göthes Faust greift eine Menge von Aufschlußbedürftigen, welche
nicht die Zeit, nicht die Kenntnisse, nicht die Uebung der Denk-
kraft haben, um das Gedicht historisch, aus seiner Zeit, aus
seiner Entstehungsart, seiner Stoffquelle, aus der Natur und
Persönlichkeit des Dichters zu begreifen und die Schlüssel der
Philosophie an seine schweren Schlösser zu setzen. Sie dürfen
nicht vornehm zurückgestoßen werden, denn unter ihnen ist gar.
Mancher, der doch gut einsieht, daß man sich über das Tiefe
nicht oberflächlich belehren lassen kann. Ihnen zu liebe muß
man denn Manches sagen, wiederholen, was die Eingeweihten
längst wissen; um aber diese zu befriedigen, muß man eine

Sprache reden und Untersuchungen anstellen, die über den Horizont der Ersteren, auch so weit sie ernsten Willen der Vertiefung
haben, doch weit hinausgehen. Da ist nun nicht zu helfen:
eine Arbeit, die beiden etwas bringen will, wird hier den Einen
zu leicht sein, zu viel Altbekanntes sagen, dort den Andern zu
schwer und lange nicht genug sagen.

Auch der Vorwurf könnte erhoben werden, daß ich Manches wieder sage, was ich in verschiedenen früheren Schriften
schon gesagt habe, daß sich also auf einzelne Wiederholungen
innerhalb dieser Schrift noch Wiederholungen aus weiterer Distanz
häufen. Wer genauer zusieht, wird nicht zugeben, daß diese
Wiederholungen mir vorgerückt werden dürfen. Vor Allem vergesse man nicht, daß ein Haupttheil nichts Anderes ist als eine
neue Ausgabe einer früheren Publikation, übrigens doch nicht in
einfachem Wiederabdruck, sondern in eingreifender Umarbeitung,
wobei nur keine Pflicht bestand, alles Frühere auszustoßen.
Und so konnte ich auch in den übrigen Theilen nicht meinen,
mir jede Wiederholung früher von mir ausgesprochener Gedanken
verbieten zu müssen, es durfte mein Zweck sein, was ich im
Wesentlichen bisher gedacht, mit neuen Einblicken in einer gewissen Vollständigkeit zusammenzustellen. Gesagt ist schon, daß
Angriffe auf mein längst bekanntes Urtheil über den zweiten
Theil der Tragödie, neue Lobpreisungen dieses Spätlings mich
bestimmen mußten, auf die Kritik desselben nach Inhalt und
Form zurückzukommen. Ich konnte das alte Lied auf keine
sanftere Melodie setzen. Einverstandene, die es müßig finden
möchten, daß ich es wieder singe, bitte ich, doch mitleidig der
Tausende zu gedenken, die aber- und abermals in das Elend
hineingeführt werden, den Bewunderten und Bewunderungs-
werthen auch da bewundern zu sollen, wo er nothdürftig zu entschuldigen ist. Ich habe es Amtspflicht der Kritik genannt, sie
zu befreien; es ist auch Menschenpflicht.

Da ich mich mit einzelnen Gegnern theilweis eingehend be-
schäftige, so könnte man auch fragen, warum ich die Faust-Literatur
nicht in größerem Umfang berücksichtigt habe. Die Antwort ist
nicht schwer. Grenzen muß man sich stecken, sonst ist kein Absehen eines Endes, und die natürlichsten Marken ergeben sich
einfach aus dem Zweck der Vertheidigung gegen die zunächst in
Sicht stehenden Gegner.

In Summa — ich bin mir freilich gewisser Mängel meiner
Arbeit bewußt. Es kommt nun eben darauf an, ob sie Inhalt
genug bietet, um sammt denselben der Existenz werth zu sein.
Steht Einiges im Buche, was über ein Geisteswerk, das uner-
gründlich und unerschöpflich ist wie alle höchsten Erzeugnisse des
Genius, neues Licht bringt, so ist es gerechtfertigt und darf nebenher auch Nachsicht ansprechen, und darüber ist nun eben das
Urtheil derjenigen abzuwarten, von denen man Grund hat gern
zu lernen.

Es ist noch übrig, eine kleine Ungleichmäßigkeit in einer
Bezeichnung zu entschuldigen. Ich hatte oft zu citiren die ältere
Sammlung und die neue Folge meiner „Kritischen Gänge."
Der Kürze wegen sollte jene einfach durch ein A., diese durch
ein N. bezeichnet werden. Es kann kein Mißverständniß bereiten,
wenn ich in der Correctur übersehen habe, dieß consequent durchzuführen und nun einige Male z. B. statt N. steht: N. F. —
Die Correctur ist so pünktlich besorgt worden, daß nach Abschluß des Drucks ein nochmaliges Spähen nach Fehlern für
erläßlich gehalten werden durfte; bei flüchtigem Einblick hat sich
S. 48 gefunden: Dirn statt Dirne, man lasse die „kurz an-
gebundne" passiren.

November 1875.

Fr. Vischer.

Inhalts-Verzeichniß.

—

Erster Abschnitt.

Die lange Säumniß und ihre Ursachen.

Seite

Die Zeitstrecke der Entstehung 1

Die erste Ursache der Verzögerung: der Stylwechsel . . . 41

Die zweite Ursache: die philosophische Schwierigkeit 147

Die dritte Ursache: die Schwierigkeit der politischen Aufgabe für Göthe 161

Die vierte Ursache: die rein subjektive Schwierigkeit 180

Zweiter Abschnitt.

Die inhaltschweren Stellen des Gedichts.

Der Prolog im Himmel 205

Die Anfangs-Scenen, die Exposition 260

Monolog im Studirzimmer, erste Scene zwischen Faust und Mephistopheles 276

Seite

Zweites Gespräch des Faust und Mephistopheles. Die Wette, der Bund 285

Gespräch des Mephistopheles mit dem Schüler 343

Die Scene: Wald und Höhle 346

Das Religionsgespräch zwischen Faust und Gretchen 351

Die letzten Scenen des ersten Theils 360

Erster Abschnitt.

Die lange Säumniß und ihre Ursachen.

Die Zeitstrecke der Entstehung.

Es ist bekannt, wie ungemein langsam, unter welchen Stockungen, Unterbrechungen Göthe's Faust entstanden ist. Die Daten hierüber sind in der Faustliteratur längst, am sorgfältigsten von Heinr. Düntzer (Göthe's Faust. Erster und zweiter Theil. Zum erstenmal vollständig erläutert *) zusammengestellt; es ist aus diesem, obwohl den Kennern wohlbekannten Material für unsern Zweck das Wesentliche hier aufzunehmen.

Die erste Conception des Gedichts fällt in das Jahr 1770 oder 1771, vielleicht schon 1769, die Abfassung der ersten Scenen in die Zeit von 1773 und 1774; dann rückt die Dichtung rasch weiter; Jakobi hat, wie er 1791 schreibt, schon im Jahr 1775 fast Alles gekannt, was in der ersten Ausgabe von 1790 erschien. Von da an bis zur Reise nach Italien 1786 erfahren wir außer einer schwachen auf die Helena weisenden Spur von einem Fortrücken nichts, Göthe nimmt sein altes Manuscript nebst der ersten (pro-

---

*) Eine sehr pünktliche Nachlese zu seinen Notizen und Erläuterungen enthält die Ausgabe des Faust von G. v. Löper (Göthe's Werke B. 12. Hempel).

saischen) Redaction der Iphigenie, nebst den Plänen und vollendeten Theilen des Egmont und Tasso mit nach Italien und berichtet bei seinem zweiten Aufenthalt in Rom in dem merkwürdigen Briefe vom 1. März 1788, er habe den Plan zu Faust gemacht und hoffe, die Operation solle ihm geglückt sein; aus diesem Briefe ergibt sich die oben angegebene Jahreszahl 1773 für die Anfänge der Dichtung, denn Göthe sagt: „es ist ein ander Ding, das Stück jetzt oder vor fünfzehn Jahren ausschreiben." Mit eigenthüm-licher Empfindung betrachtet er sein vergilbtes und vergriffenes Manuscript wie einen alten Codex, der ihn in eine selbstgelebte Vergangenheit versetzt; er hofft, das Stück solle bei der langen Unterbrechung nichts verlieren, besonders da „ich jetzt glaube, den Faden wieder gefunden zu haben." Aus dem Vor-satze, den Faust jetzt zu vollenden oder wenigstens weiterzuführen, wird nun aber nichts; Göthe schreibt wohl, er habe schon eine neue Scene ausgeführt; man weiß aus den Gesprächen mit Eckermann und der „Chronologie der Entstehung Göthe'scher Schriften," daß es die Hexenscene ist; aber dabei bleibt es.

Auf diesem Puncte der Geschichte unserer Dichtung müssen wir etwas verweilen. Zur Vergleichung mit spätern Angaben wollen wir uns gut merken, daß Göthe nur glaubt, den Faden wieder gefunden zu haben. Sodann vergessen wir ja nicht, daß wir uns in der Zeit befinden, wo die bekannte gründ-liche Wandlung in seinen ästhetischen Prinzipien, seinem Styl, längst stille vorbereitet in der Heimath, nun unter dem italienischen Himmel und in der Anschauung der Antike sich vollzogen hat. Ein Dichter, der so eben seine Iphigenie zu der Gestalt um-gebildet hat, in welcher wir sie besitzen und als Meisterwerk des

— 3 —

Idealstyls in seiner sublimsten Reinheit bewundern, kann sich
unmöglich in der Stimmung befinden, seinen Faust rüstig fortzuführen. Diese Dichtung ließ ja den neuen Styl, den classisch
idealen nicht zu, forderte unbedingt den Jugendstyl, worin sie
begonnen war, jenen Styl, der kühn und feurig dem hoch-
bewegten geistdurchdrungenen Realismus Shakespeares folgte, —
einen Styl, der eine Reinigung freilich auch noch erwartete,
aber eine Reinigung, die ihm seinen Grundcharakter bewahrte.
Ein Beweis allerdings liegt vor, daß auch jetzt die alte Stimmung
wieder ihr Recht behauptete; dieß ist eben die vorhin genannte
Hexenscene, die merkwürdig genug nach Göthes eigener Angabe
in der Villa Borghese concipirt ist. Unter Pinien, Cypressen,
Oliven, Myrthen und Marmorbildern rührt sich plötzlich wieder
die nordische Natur und führt den Dichter auf die alten Dunst-
und Nebelwege; allein zufrieden mit diesem Einen Durchbruch
tritt sie wieder in verborgene Tiefen zurück, und übrigens ist
der Niederschlag dieses Durchbruchs mit einem Elemente bedenklicher Art versetzt, das hier zum erstenmal hervortritt, das später
entschieden sprengend auf den Körper der Faust-Dichtung gewirkt
hat und das im Verlauf zur Sprache kommen wird.

Von da bis 1790, wo die erste Ausgabe erschien, wird
Göthe nur im Einzelnen zurechtgerückt, dem Bilde nur da und
dort noch einzelne Striche gegeben haben. Diese längst ver-
griffene Ausgabe ist Wenigen bekannt; es ist daher anzugeben,
wodurch sie sich von der verbreiteten unterscheidet. Es fehlen
die Zueignungsstrophen, das Vorspiel auf dem Theater, der
Prolog im Himmel. Die Exposition schließt mit dem Ausrufe
Fausts nach Wagners Abgang: „Wie nur dem Kopf — Regen-

würmer findet." Es fehlt der folgende Monolog, der Schritt
zum Selbstmord, die Zurückhaltung von diesem Schritte durch
Glockenklang und Ostergesang, der Spaziergang vor dem Thore,
die Beschwörung des Pudels im Studirzimmer und das erste
Gespräch Fausts mit Mephistopheles; wir finden nach dieser
großen Lücke beide mitten in dem Gespräch begriffen, welchem
nach der späteren Ausgabe der Abschluß des Bündnisses vorangeht; der Dialog beginnt mitten in einem Satze bei den Worten:
„und was der ganzen Menschheit zugetheilt ist" u. s. w. Beide
Ausgaben bleiben sich von da an gleich, zunächst bis an einen
Punct, wo Göthe eine Umstellung vorgenommen hat: das Gespräch zwischen Lieschen und Gretchen steht in der alten Ausgabe vor der Scene: „Wald und Höhle", in der neuen nach
derselben: gewiß eine Veränderung aus guten Gründen, denn
hat die Verführung, wie es jene Scene besagt, schon ihr Ziel
erreicht, so hat Mephistopheles wenig Interesse mehr, Faust aus
seiner Einsamkeit und seinen hohen Betrachtungen zu Gretchen
zurückzulocken, und diesem kann sein Gewissen eher erlauben, sich
zurückzuziehen und in der Stille zu sammeln, nachdem er Gretchen
um ihre Ruhe, als nachdem er sie auch um ihre Unschuld gebracht hat. Nach dem Gebet Gretchens im Zwinger fehlt in
der alten Ausgabe der Auftritt, wo Valentin ermordet wird,
und hierauf schließt dieselbe mit der Scene in der Kirche; die
Worte des bösen Geistes: „auf deiner Schwelle wessen Blut?"
sind natürlich erst eingeflochten, nachdem jene Mordscene hinzu-
gefügt war.

Nun, nach 1790, bleibt die Arbeit wieder liegen, nun fängt
von Neuem erst recht das Verschleppen an. In einem Brief

vom 2. Dezember 1794 an Schiller findet sich eine Stelle, die wir uns für die folgende Betrachtung sehr gesagt sein lassen müssen. Die Freunde kannten ungedruckte Bruchstücke der Fort-setzung. Es ist sehr zu vermuthen, daß sich darunter Fragmente des tragisch Größten, was Göthe gedichtet hat, der Kerkerscene, befanden, denn sie kann nur aus der Zeit von Göthe's bester Kraft stammen. Schiller kannte diese geheimen Schätze noch nicht; er bittet im vorhergehenden Brief, sie lesen zu dürfen, denn, was gedruckt vorliegt, ist ihm der „Torso des Her-kules", er findet „eine Kraft und Fülle des Genies, die un-verkennbar den ersten Meister zeigt," er bewundert „die große und kühne Natur, die darin athmet." Göthe aber schlägt ab; er „wagt es nicht, das Paket aufzuschnüren," das den Faust „gefangen hält"; „ich könnte nicht abschreiben, ohne auszuarbeiten, und dazu fühle ich keinen Muth. Kann mich künftig etwas dazu vermögen, so ist es gewiß Ihre Theilnahme." — Im Januar 1795 wünscht Schiller wiederum lebhaft, daß Göthe doch einige Scenen aus dem Faust noch zu hören gebe, Frau v. Kalb habe ihn äußerst begierig gemacht. Göthe antwortet darauf nicht. Im August desselben Jahres stellt er für die Horen „etwas von Faust" in Aussicht, „wenn es möglich wäre," und hier folgt das oft angeführte höchst bezeichnende Bild für sein Zögern: „mit diesem letzten geht es mir wie mit einem Pulver, das sich aus seiner Auflösung nun einmal niedergesetzt hat; so lange Sie daran rütteln, scheint es sich wieder zu ver-einigen, so bald ich wieder für mich bin, setzt es sich nach und nach zu Boden."

Wieder Pause bis 1797! Da endlich, im Juni, schreibt

Göthe an Schiller, er habe seinen Faust wieder vorgenommen. Ich hebe aus der höchst merkwürdigen Correspondenz, die nun beginnt, für jetzt nur die Aeußerung Göthe's im ersten der betreffenden Briefe hervor, welche besagt, daß er über die Idee des Faust nun „ziemlich mit sich selbst einig sei." Alles Weitere sei zurückgestellt, bis wir den Ursachen' des langen Verschleppens eine selbständige Besprechung widmen. Was aber geschieht am Werke? Es werden (nach der „Chronologie") um diese Zeit die Zueignungsstrophen gedichtet, vielleicht wird auch nur die letzte Hand daran gelegt, denn man erkennt ihren Entstehungskeim zu deutlich in der Stimmung, worin der Brief aus Rom 1. März 1788 geschrieben ist, um annehmen zu können, zwischen ihr und ihrer ersten Fassung in lyrische Form sei so lange Zeit verflossen. Es entsteht ferner der Prolog im Himmel. Da Göthe um dieselbe Zeit geschrieben hat, er sei über die Idee ziemlich mit sich einig, so haben wir in dieser genialen Einleitungs-Scene entweder den Beweis, daß er bald darauf ganz mit sich einig wurde, oder jene Briefstelle versteht unter Idee nicht den Grundgedanken, sondern die Grundlinien seiner dramatischen Weiter-Entwicklung über den ersten Theil hinaus. Ist das Erstere anzunehmen, so drängt sich eine Frage auf, die viel zu denken gibt. Nachdem wir den Prolog haben, der klar die Perspective eröffnet, daß die Handlung mit einer Aufnahme Fausts in den Himmel schließen werde, vollends nachdem der zweite Theil diese Erwartung bestätigt hat, scheint jede Möglichkeit abgeschnitten, auch nur einen Augenblick zu denken, daß Göthe je geschwankt habe, ob er seinen Faust retten oder zur Hölle senden wolle. Die Zeitgenossen aber, denen nur erst die Ausgabe 1790 vorlag, waren ja noch nicht im Besitze des großen Expediens, das der Prolog bringt, und so konnte z. B. Wilh. Schlegel auf die Annahme gerathen, Faust müsse nothwendig untergehen. Man nehme hinzu, daß auch der Anfang der Scene des Pakt= Abschlusses noch nicht vorlag, worin die Schlagworte: „werd' ich beruhigt je mich auf ein Faulbett legen" u. s. w. eine Frische und Schwungkraft des strebenden Geistes ausdrücken, welche eine lichte Perspective eröffnet. Die Volkssage schließt ja mit einem grausigen Ende Fausts, eine furchtbare Schuld ladt er im ersten Theil unserer Tragödie auf sich, dieser hatte zwar die Kerkerscene noch nicht gebracht, daß aber Gretchen durch die Verzweiflung zu einem Verbrechen getrieben werden und ein schreck= liches Ende nehmen werde, sah man voraus oder mußte es be= stimmt aus Mittheilungen des Dichters; daß dieß Alles auf Fausts Gewissen falle, daß er am Schlusse furchtbar schuldig da= stehen werde, war leicht zu erkennen; man hatte eine gräßliche Verführungsgeschichte vor sich und jeder ausdrückliche Fingerzeig fehlte, daß der Schuldige trotzdem nicht verloren sein könne, daß er durch großartiges Weiterstreben die schwere Schuld sühnen werde. Stellen wie die Worte des Mephistopheles: „wir seh'n die kleine, dann die große Welt," waren ein zu schwacher Anhaltspunct für eine solche Aussicht. Daß der Dichter selbst wenigstens im Jahre 1797 an einen trostlosen Ausgang seines Faust nicht dachte, wissen wir nun freilich; ob er aber vorher niemals daran gedacht hatte, wissen wir nicht mit Sicherheit. Man würde gerne sagen: er k a n n daran niemals gedacht haben, wenn nur die Schlußworte des Vorspiels auf dem Theater nicht wären: „vom Himmel durch die Welt zur Hölle." Freilich das

Vorspiel erschien ja erst mit und neben dem Prolog. Auf dieses
Geleitschreiben, das Göthe seinem Werke 1808 mit auf den
Weg gibt, diesen humoristischen Entschuldigungsbrief dafür, daß
er die Handlung auch jetzt nicht über den ersten Weltgang des
Helden hinausgeführt, sondern nur um einige Scenen vermehrt
hat, werden wir zurückkommen; hier handelt es sich nur von
den genannten Schlußworten. Sie stehen mit dem Prolog, mit
welchem die Zuthat also gleichzeitig erschien, schlechtweg im Widerspruch, sie würden unzweifelhaft auf eine Höllenfahrt des Faust
weisen, wenn jener nicht auf eine Himmelfahrt wiese. Wie ist
dieser Widerspruch zu erklären? Es sind drei Fälle möglich.
Entweder wird er geläugnet, dann müßte wahrscheinlich gemacht
werden, daß das „zur Hölle" nichts bedeute, als: es wird ein
Teufel und höllischer Spuck vorkommen. So wird es aber Niemand nehmen, das „zur" bedeutet doch das Ende, wohin die
Handlung führt. Oder der Widerspruch wird zugegeben und
als ein Versehen des Dichters erklärt; es spielt die Reminiscenz
eines früheren, jugendlichen Vorhabens herein, den Faust zur
Hölle fahren zu lassen; Göthe hatte im Sinne gehabt, die Untreue zu strafen, wie an seinem Clavigo und Weislingen. Aber
so sehr zu vergessen, welche entgegengesetzte Aussicht der Prolog
eröffnet, war doch fast unmöglich. So bleibt nur die Annahme
eines eigenthümlich tecken Scherzes, den der Dichter mit dem
Leser treibt. Genug, man muß sich einfach an den Prolog halten
und sagen: ob Göthe zu einer früheren Zeit daran dachte, seinen
Faust untergehen zu lassen, können wir nicht wissen.

Wir haben aber noch eine andere, fast unbegreiflich grelle
Erscheinung zu constatiren: um dieselbe Zeit, da die erhabene

Scene des Prologs gedichtet wird, beschließt Göthe, einen Haufen
satyrischer Xenien, den Schiller nicht in den Musenalmanach
für 1798 aufnehmen mochte, unter dem Titel: Oberons und
Titania's goldene Hochzeit zu sammeln und in seinen Faust
zu werfen. Um dieselbe Zeit muß dem Dichter auch schon die
Walpurgisnacht vorgeschwebt haben, wiewohl die erste Spur
der Ausführung dieser Episode erst 1800 auftaucht; mehrere
Epigramme des lyrischen Intermezzo beziehen sich ja auf die
Blocksberg-Erscheinungen, Göthe dachte sich doch vielleicht den
Titel jener Epigrammengruppe gleich mit dem Zusatz: Walpurgisnachtstraum; an sich liegt nichts daran, ob die Brockenbesteigung schon damals oder etwas später entworfen wurde;
die leidige Willkühr, der wir den Walpurgisnachtstraum verdanken, spielt jedenfalls breit genug auch in der Walpurgisnacht. Wir kommen darauf zurück. So viel ist klar genug:
Göthe geht zickzack statt vorwärts.

Es liegen zu wenig Nachrichten vor, um nun bestimmt
anzugeben, in welche Zeiten der langen Strecke von 1797 bis
1808, wo die Gesammtausgabe der Werke erschien, die den
ersten Theil in seiner jetzigen Gestalt enthält, oder 1806 und
1807, wo sie vorbereitet wurde, die einzelnen Ergänzungen fallen,
durch die er sich von der ersten Ausgabe unterscheidet. Wo sich
Anhaltspuncte für die Zeit der Abfassung finden, dienen solche
keineswegs immer, um auch die Zeit der Entstehung, d. h.
der Conception und der ersten schriftlichen Skizze zu bestimmen.
So hat Dünßer in Riemers „Mittheilungen über Göthe" die
Notiz gefunden, daß dieser dem Verfasser die Scene: Trüber
Tag, Feld nach 1803 dictirt hat. Schon die Prosa weist aber

auf einen früheren Entwurf. Göthe schreibt an Schiller 5. May
1798, da er das alte „höchst confuse" Manuscript hat abschreiben lassen und daran gehen will, einzelne Theile weiter
auszuführen und das Ganze „früher oder später zusammenzustellen," es erscheine dabei ein sonderbarer Fall: „einige tragische
Scenen sind in Prosa geschrieben, sie sind durch ihre Natürlichkeit und Stärke im Verhältniß gegen das Andere ganz
unerträglich. Ich suche sie deßwegen in Reime zu bringen,
da denn die Idee wie durch einen Flor durchscheint und die
unmittelbare Wirkung des ungeheuren Stoffes gedämpft wird."
Es müssen dies Scenen sein, die sehr frühe niedergeschrieben
waren, und daß eine von denselben die genannte war, geht
schon aus ihrem Styl hervor; die wilden Vorwürfe Fausts gegen
Mephistopheles sind ganz in Göthes feuersprühendem Jugendgeiste
gehalten. Unzweifelhaft aber geht die frühe Entstehung dieser
Scene daraus hervor, daß sie unter diejenigen gehört, worin
die Spuren des alten, in der Ausgabe von 1808 doch aufgegebenen Planes stehen geblieben sind, wonach Mephistopheles
der beauftragte Diener des Erdgeistes war; auf diesen werde ich
mit Nächstem eingehen und dann die betreffenden Stellen aus dieser
Scene anführen. — Gewiß aus wahrhaft künstlerischem Grunde
hat nun aber Göthe in dieser Einen Scene die Prosa beibehalten,
denn nur höchst angemessen entspricht ihre Grellheit im Contraste
gegen die gebundene Sprache aller übrigen der Grellheit des Lich-
tes, das dem Faust aufgegangen ist, der nackten Wahrheit, die er
nun erfahren hat; die Prosa wirkt hier ganz ähnlich, wie in
der Scene, wo Lady Macbeth als Nachtwandlerin den wahren

Zustand ihres im wachen Leben künstlich verhüllten Innern enthüllen muß.

Der vordere Theil des Gesprächs mit Mephistopheles, das nun das zweite ist, wird nicht lang nach dem Prolog entworfen sein; es ist schon erwähnt, daß die Schlagworte des Contractes ganz von demselben frischen, Licht verheißenden · Geiste bewegt sind, wie jene tiefsinnige Einleitungsscene. Der Valentin-Auftritt ist nach einem mit Datum versehenen Manuscript im Jahr 1800 geschrieben: ein Beweis, welche Fülle von männlicher Dichterkraft noch hervorbrach, wenn Göthe der alten, ächten Fauststimmung Luft ließ. Die Kerkerscene ist außer Zweifel in ihrer Conception und nicht wenigen Theilen der Ausführung eine der ältesten Schichten, die dem Feuerheerde entflossen sind, welchem der Faust sein Dasein verdankt. Man fühlt ihr die ganze Unmittelbarkeit, Innigkeit, Gewalt der jugendlichen Dichterseele an; man wird so erschüttert, daß man kaum Zeit hat, auf die Künstlerhand zu achten, welche diese Welt von Herz, Liebe, Jammer, Weh zu einer Einheit geordnet hat, und nur deswegen wird Göthe bis 1807 gezaubert haben, die Scene zu geben, weil er lange warten mußte, bis im eigenen Innern die nöthige Abkühlung sich einstellte, um durch Nachhülfe im Einzelnen das, was er im Sturme des Gefühles niedergeschrieben hatte, künstlerisch durchzubilden und so erst zur höchsten Wirkung zu rufen.

Es ist nun für die Leser, denen die Entstehungsgeschichte des Faust nicht geläufig ist, zunächst noch auf die eigenthümlich dunkle Erscheinung aufmerksam zu machen, die vorhin bei der Scene: Trüber Tag, Feld schon berührt wurde, daß nämlich

Göthe in der Ausgabe 1808 eine Anzahl von Stellen unge-
ändert stehen gelassen hat, welche zweifellos auf einen Plan
weisen, den er bei der ersten Ausgabe noch gehabt haben muß,
dann aber aufgegeben hat. Es ist merkwürdig, daß man sie
lang übersah und erst Chr. Herm. Weiße (Kritik und Erläu-
terung des Göthe'schen Faust 1837) sie entdeckt hat. Nach
diesem Plane ist es also der Erdgeist, der den Mephistopheles
zu Faust sendet, ihm als Begleiter durch das Leben beigibt,
und gleichzeitig behält sich jener Genius vor, dem Faust
während seines Lebensgangs in einzelnen Pausen der innern
Sammlung tiefe Blicke in das Geheimniß der Natur zu öffnen.
Die Stellen· sind:

(Wald und Höhle):

Erhabner Geist, du gabst mir, gabst mir Alles,
Warum ich bat. Du hast mir nicht umsonst
Dein Angesicht im Feuer zugewendet —.

(Ebenda):

— — Du gabst zu dieser Wonne,
Die mich den Göttern nah' und näher bringt,
Mit den Gefährten, den ich schon nicht mehr
Entbehren kann, wenn er gleich kalt und frech
Mich vor mir selbst erniedrigt und zu Nichts
Mit einem Worthauch deine Gaben wandelt.

(Ebenda, Worte des Mephistopheles):

Und wär' ich nicht, so wärest du schon
Von diesem Erdball abspaziert.

Diese letzteren Worte lassen sich allerdings auch unbestimmter
nehmen, so daß sie eben besagen, Faust hätte längst aus Lebens-
überdruß den Tod gesucht, wenn Mephistopheles ihn nicht
zerstreute; zusammengenommen aber mit den vorhergehenden

— 13 —

und folgenden Spuren begründen sie den Schluß, daß nach
dem alten Plane Mephiſtopheles in dem Momente, wo Fauſt
die Giftſchale an den Mund ſetzt, eintreten und ihn umſtimmen
ſollte. Das ſchöne Motiv des Oſtergeſangs wäre dann freilich
weggefallen; es ſei übrigens vorläufig angedeutet, daß dieſe
Scene der genaueren Betrachtung doch auch einige nicht kleine
Schwierigkeiten darbietet.

(Trüber Tag, Feld.)

Hund, abſcheuliches Unthier! Wandle ihn wieder, du unendlicher Geiſt! wandle den Wurm wieder in ſeine Hunds-
geſtalt u. ſ. w.

(Ebenda.)

Großer, herrlicher Geiſt, der du mir zu erſcheinen würdigteſt,
der du mein Herz kenneſt und meine Seele, warum an
den Schandgeſellen mich ſchmieden, der ſich am Schaden
weidet und am Verderben ſich letzt!

Wenn Göthe dieſe Scene wirklich nach 1803 dictirt hat,
ſo muß er jedenfalls dieſe letzteren Stellen aus einem älteren
Blatt oder aus dem Gedächtniß, wie ſie ſich ihm früher fixirt
hatten, entnommen haben uneingedenk, daß ſie nun nicht mehr
paßten. Dabei iſt die erſte von beiden beſonders verwirrend,
da es nach den übrigen Spuren des alten Plans doch ſcheint,
Mephiſtopheles ſollte ohne Umſtände bei Fauſt eintreten und
ſich — denn woher ſoll Fauſt ſonſt wiſſen, daß er dieß iſt? —
als den Sendling des Erdgeiſtes zu erkennen geben; es ſieht
ja ganz danach aus, Göthe habe ſich hierin früher an das
Volksbuch halten wollen, wo der Teufel erklärt, er ſelbſt könne
ihm nicht dienen, wolle ihm aber einen ſeiner dienenden Geiſter

schiden; danach wäre es also ein späteres, nach dem Aufgeben dieses Plans ergriffenes Motiv, den Mephistopheles zuerst als Pudel erscheinen zu lassen, wogegen nun aber dieses Motiv in unserer Stelle unverständlich als ein mit dem alten Plan gleichzeitiges auftritt. Zugleich sieht man aus dieser, daß Göthe vorübergehend daran gedacht haben muß, den Mephistopheles in Pudelgestalt m e h r e r e Annäherungsversuche machen zu lassen: — „in seine Hundsgestalt, wie er sich oft nächtlicher Weile gefiel, vor mir herumzutrotten." Was läßt sich sagen, als: non liquet?

Ganze Nester von schweren Fragen heften sich an diese stehengelaßnen Zeugnisse eines aufgegebenen Plans. Wenn Mephistopheles der beauftragte Diener des Erdgeistes ist, repräsentirt alsdann dieser, obwohl er zunächst die Eine Kraft in allen Naturkräften bedeutet, nicht ausdrücklicher auch die Welt der Begierden und Leidenschaften, als man glauben sollte? „Ausdrücklicher," denn allerdings zwar, wenn der Erdgeist die schaffende Natur ist, so ist er auch die Natur im Menschen, also auch Affect und Leidenschaft; allein dieß bleibt, so lang man nicht gedrängt ist, in ihm den Herrn und Auftraggeber des Mephistopheles zu sehen, einfach latent, der bloßen Folgerung überlassen; tritt er aber in die letztere Rolle, so ist es anders und erscheinen in einem eigenthümlichen Lichte die Worte, die Faust ausruft, wie das Zeichen des Erdgeists plötzlich geheimnißvoll und mächtig auf ihn wirkt:

> Schon fühl' ich meine Kräfte höher,
> Schon glüh' ich wie von neuem Wein,
> Ich fühle Muth, mich in die Welt zu wagen,

Der Erde Weh, der Erde Glück zu tragen,
Mit Stürmen mich herumzuschlagen
Und in des Schiffbruchs Knirschen nicht zu zagen.

So lange man keine andere Beziehung zwischen Faust und
dem Erdgeist anzunehmen hat, als die des Wissensdurstes und
seines Gegenstandes, denkt man bei diesen Worten eben un=
bestimmt, Faust fühle sich so hochbewegt nur in demselben
Sinne, in welchem er nach dem Verschwinden des Erdgeists und
dem Abgang Wagners ausruft:

> Ich mehr als Cherub, dessen freie Kraft
> Schon durch die Adern der Natur zu fließen
> Und schaffend Götterleben zu genießen
> Sich ahnungsvoll vermaß —

man findet in jenem Glühen den Beginn einer Stimmung
die bis zu titanischer Wesens-Indentifizirung mit dem Erdgeist,
höchst leidenschaftlich, doch ohne Beziehung auf die Welt der
Begierden und Thaten anschwillt, ein Vermessen, das freilich
auch Gesinnungssache ist, doch vorerst noch in der Erkenntniß=
sphäre eingeschlossen bleibt. Kennt man aber den früheren Plan,
so fällt auf jene Worte der besondere Accent, daß man vermuthet,
der Anblick des Zeichens des Erdgeistes relze in Faust sogleich nicht
nur die mystische Gluth des Erkenntnißdrangs, sondern auch sei=
nen Lebens= und Weltdrang so stark auf, daß er neben dem
ersteren mit gleicher Gewalt hervortrete. So wird Hegel dazu
gekommen sein, unter dem Erdgeist den Geist der egoistisch ge=
nießenden, kein sittliches Gesetz achtenden Individualität zu ver=
stehen (Phänomenologie: die Lust und die Nothwendigkeit und
andere Abschn.). Im Volksbuch sieht Faust, wenn er seine
magischen Bücher studirt, Lichter um sich schweben und schließt

daraus, daß die Geister eine Inclination zu ihm haben. Kommt nachher Mephistopheles ja doch im Auftrag des Erdgeists, so muß es wohl zum Voraus in seinem Willen liegen, ihn zu senden. Ja es kann nun die Vermuthung auftauchen, der Erdgeist wirke schon bei dem Anblick seines Zeichens magisch auf Faust ein und rege planmäßig neben dem Wahrheitsdurst den Welttrieb auf, um nach der dem Beschwörer vorerst zugedachten Beschämung ihn auf den Weg zu leiten, daß er zunächst den ersteren zurückstelle, dem zweiten folgend mit Mephistopheles seinen Lebensgang antrete, dann aber in Pausen zum Forschen nach Wahrheit zurückkehre, um schrittweise, wie es dem Menschen allein möglich, durch die Hülfe des Erdgeists (s. den Auftritt in Wald und Höhle) in die Tiefe, in das Geheimniß alles Lebens einzudringen. Der eine Theil dieser Auffassungen wird, obwohl nahe liegend, unrichtig sein; der Erdgeist ist nicht die Begierde, wirkt nicht zum Voraus heimlich anziehend auf Faust, aber der andere Theil, der eben genannte Plan des Erdgeists, muß Göthes Intention gewesen sein. — Wie wollte er nun wohl den alten Plan ursprünglich weiter ausführen? Nach der Beschämung die Seelenqual Fausts bis dahin zu steigern, daß er zum Selbstmord schreiten will, dieß war gewiß immer die Absicht des Dichters. Und wenn dann im Momente, wo Faust zur Ausführung übergeht, Mephistopheles eintreten sollte, wie gedachte Göthe ihn einzuführen? Ist es richtig, wenn ich oben angenommen habe, Mephistopheles sollte nach diesem Plan sich ohne Umstände als den vom Erdgeist gesandten Diener zu erkennen geben? Als Grund habe ich genannt, daß Faust ja nach den angeführten, von eben diesem Plane zeugenden Stellen nicht

— 17 —

anders weiß, als: der Erdgeist habe ihm den Gefährten gegeben. Oder sollte dieser Eröffnung doch etwas Mummerei und Beschwörung schon nach der damaligen Absicht vorangehen? Sollte ferner Mephistopheles auch Andeutungen geben, aus denen Faust das Vorhaben des Erdgeistes errathen könnte, ihn zum Gegenstande jener Doppelerziehung zu machen? Oder sollte Faust von einer Verbindung zwischen beiden zuerst nichts ahnen, sondern davon erst im Verlauf erfahren, und wie?

Alles dieß bleibt dunkel, nur den Grund, warum Göthe die Verbindung gelöst, den ganzen Plan aufgegeben hat, glaubt man zu erkennen. Wahrscheinlich hat er es gethan, weil ihm der Erdgeist zu bedeutend wurde. Die große Erziehungs-Rolle mußte einem unendlich Höheren zufallen, der Sonne, Mond und Sternen ihre Bahn weist; Göthe kam auf den herrlichen Gedanken, das Expositions-Motiv aus dem Hiob zu benützen, der Zusammenhang zwischen dem Erdgeist und Mephistopheles wurde gelöst, die Beschwörungs-Scene, falls sie doch ursprünglich auch leidenschaftlichen Weltdrang enthalten sollte, nun auf ihre theoretische Bedeutung eingeschränkt, wonach es sich nur um Erkenntniß und ihre Grenzen handelt, und das gleichzeitige Aufwallen jenes Drangs in Faust verlor seinen Accent. Eine der schwierigsten unter diesen Fragen ist die, wie es denn mit dem schrittweisen, in Pausen während seines Lebensganges vor sich gehenden Wachsthum Fausts in der Erkenntniß nach der einen diesem Motiv dienenden Scene „Wald und Höhle" ferner gehalten werden sollte. Der wahre, edle Kern seines Wesens ist ja doch der Wahrheitsdurst; „verachte nur Vernunft und Wissenschaft, des Menschen allerhöchste Kraft." Es sollte nur ein vorübergehendes Verachten

Vischer, Göthe's Faust.   2

sein, Fauft sollte sich zu etwas dem Aehnlichen entwickeln, was
Göthe war: ein Forscher, ein Weiser und ein Staats= und
Weltmann. Es bot aber die Aufgabe, Fauft in der Erkenntniß,
wie in der Lebenserfahrung weiterhin fortschreiten zu lassen, der
poetischen Darstellung Schwierigkeiten, die fast unüberwindlich
scheinen; hierüber verweise ich auf meine Erörterung Krit. G. N.
F. H. 3, S. 148, 149 und schließe hiermit die Betrachtung dieses
Punctes ab. Man kann nicht weiter, sondern muß das Gedicht
mit seinen ungelösten Fragen eben nehmen wie es ist.

Das Vorspiel auf dem Theater, das nun in der Ausgabe
1808 hinzukam, habe ich als einen humoristischen Entschuldigungs=
brief bezeichnet, den Göthe seinem Torso mit auf den Weg gab.
Natürlich geht es als ein poetisches Gespräch über diesen Zweck
auf manchen Puncten hinaus, ergeht sich am Faden der Zu=
fälligkeit und gibt z. B. ein köstliches Bild des gewöhnlichen
Theaterpublikums, — wie prächtig sind z. E. die Worte: „schon
sitzen sie mit hohen Augenbrauen gelassen da und möchten gern
erstaunen"! —, doch sehr leicht erkennbar liegt der genannte
Zweck vor Augen. Hätte Göthe den Geist, der an so manchen
Stellen dieses Geleitschreibens so munter strahlt und blitzt,
dazu verwendet, seinen Fauft weiter zu führen, statt dazu,
mit bequemem Humor diese Unterlassung zu entschuldigen! Er
erleichtert sich in diesem poetischen Vorwort, dessen Motiv be=
kanntlich der Sakontala entlehnt ist, seine Aufgabe dadurch, daß
er dem Dichter durch den Director die Zumuthung stellen läßt,
ein Zug= und Effectstück für den Publikus, wie er ist, zu schreiben,
und indem er sich gegen diese Zumuthung, die im Ernste
an den Fauftdichter zu stellen Niemand einfallen kann, mit den

bekannten herrlichen Worten über das Wesen der wahren Poesie
verwahrt, läßt er leichtweg den Schein entstehen, als habe er
sich gegen eine Zumuthung, die man allerdings stellt, stellen
darf und muß, überzeugend verwahrt: die Zumuthung, die vor
Allem dahin ging, daß das Drama, als es nach achtzehn Jahren in
neuer Auflage erschien, wenn nicht vollendet, doch in der Handlung über Fausts ersten Weltgang hinaus um einen guten Schritt
vorwärts geführt sein sollte, die Zumuthung, doch so viel Fortschritt
und Geschlossenheit in die Handlung zu bringen, als ein Drama
auch dann verlangt, wenn es viele phantastische Freiheit gestattet,
ja bedingt. Die „lustige Person" ist der personificirte Ausdruck
der Absolution, die sich Göthe für sein Liegenlassen, für alle
Klüfte, Spalten, Sprünge, Ungleichheiten in seinem Faust er-
theilte. Die Worte: „laßt Phantasie mit allen ihren Chören,
Vernunft, Verstand, Empfindung, Leidenschaft, doch, merkt euch
wohl! nicht ohne Narrheit hören!" umfassen heiter und geistreich
Alles, was der erste Theil des Drama's in genialem Durcheinander von Tiefe, Feuer, Herz, packender und energisch fort-
schreitender Handlung und phantastischer, willkürlicher Abschweifung
brachte. Von da an wird das Thema noch einmal durchgesprochen und ich verweile bei diesem Gang so weit, um noch
auf eine Vertuschung, Ueberspringung eines Mittelglieds aufmerksam zu machen, die vielleicht Manchem entgangen ist. Der
Director benützt die gemüthliche Läßlichkeit in den Worten der
lustigen Person, als wären sie Wasser auf seine Mühle, nimmt
die schlagend wahre, ausgezeichnet humoristische Schilderung des
Publikums, wie es ist, noch einmal auf, wünscht sich ein rechtes
Quodlibet von Spektakelstück nach dessen Geschmack und empört

dadurch den Dichter so, daß er in jene herrliche Apostrophe über
den wahren Geist der Poesie ausbricht: „geh' hin und such dir
—. im Dichter offenbart" Es ist das Tiefste und Schönste in
seinem Drama, dessen der Dichter, der aus der Maske des
fingirten Dichters spricht, in dieser Stelle sich annimmt, es ist
die Einheit der Idee, die Seele des Gedichts, wie sie auf so
vielen Puncten mit dem ächten Goldglanz der Dichtung hervor=
leuchtet, aber aus ihrem Centrum nicht ganz hervorzuquellen,
nicht einen geschlossenen Körper hervorzubringen, die Theile, die
ihr an's Licht zu stellen gelang, nicht harmonisch zu ergänzen
und zu durchdringen vermocht hat. Was nun die lustige Per=
son darauf erwidert, will, kurz ausgedrückt, sagen: schon gut,
aber meine darum nicht, mit der höchsten Anspannung des Geistes
auf gleichmäßige Tiefe und Harmonie arbeiten zu müssen; ein
glücklicher Fund, ein frischer Griff ins Leben thut's auch. So
frischweg hatte Göthe ins Leben gegriffen, als seiner jugendlichen
Phantasie ohne langes Suchen sich das Motiv der Liebe zu
einem bürgerlichen Mädchen als Inhalt für den ersten Lebens=
gang seines Helden darbot und als er mit jugendlich rascher
Hand die Stizze und die ersten Scenen dieser Handlung aufs
Papier warf. Man erkennt diese Beziehung ganz deutlich, da
hierauf der Dichter im Vorspiel sagt, um so fortzufahren, müßte
ihm seine Jugend wiedergegeben werden. Und nun folgt, was
ich (— ohne pedantische Härte natürlich —) eine Vertuschung
nenne; denn in ihrer Antwort vertröstet die lustige Person den
Dichter mit einer Leistungsfähigkeit, die auch dem Alter noch
zu Gebot stehe —:

Doch ins bekannte Saitenspiel
Mit Muth und Anmuth einzugreifen,
Nach einem selbstgesteckten Ziel
Mit holdem Irren hinzuschweifen,
Das, alte Herrn, ist eure Pflicht.

Es ist poetische Paraphrase der Worte in einem der Briefe
an Schiller, auf die wir in anderem Zusammenhang zurückkommen: da das Ganze doch immer ein Fragment bleiben werde,
so wolle er dafür sorgen, daß wenigstens die Theile anmuthig
seien und etwas zu denken geben. Man denke, um sich
das „Schweifen" statt des gemessenen Vorwärtsgehens recht
vorzustellen, namentlich an die willkührlichste aller Ab-
schweifungen, die Walpurgisnacht und den Walpurgisnachtstraum.
Allein zwischen der Jugend mit ihrem Glück in frischen poetischen
Griffen und dem hold schweifenden Alter lag doch die Zeit der
vollen Manneskraft. Ist das Vorspiel etwa in den Jahren
zwischen 1797 und 1800 gedichtet, so hatte Göthe in den Jahren
von 1790 bis dahin 7, 8, 9 oder 10 Jahre verloren, ohne
seinen Faust vorwärts zu führen, er stand im Alter von 41 bis
51 Lebensjahren; das war noch keine Zeit, um sich die Frische
des poetischen Instincts, die Gabe der glücklichen Funde und
Griffe, die Feuerkraft der Phantasie zu gemessen schreitendem
Bilde der Leidenschaft abzusprechen, das waren vielmehr die Jahre,
wo sich die Naturkraft des Geistes mit seinem freien Denken
und Wollen, mit Tiefe und Besonnenheit noch in der gesundesten Mitte zusammenzufinden pflegt, und eben, daß er diese
Zeit verpaßt hat, dieß ist im vorliegenden Uebergang des Gesprächs escamotirt. Nun war aber dieser poetische Paß etwa
bald nach 1797 zwar geschrieben, blieb aber wieder im Pulte, bis

er 1807 in die Druckerei wanderte; bis dahin giengen also wieder
gegen 10 Jahre verloren, während deren gar wohl etwas hätte
geschehen können, was den Paß überflüssig machte, oder — da
es um seine schönen Stellen schade wäre — was gestattete, ihn
als objectlos geworden um seines poetischen Werthes willen ge-
legentlich anderwärts zu publiciren. Auch zwischen 48 und 58
Jahren sollte ein Dichter immer noch nicht auf eine Alters=
zulage von Indulgenz Anspruch machen. Uebrigens mit „Muth"
hat der „alte Herr" nicht in's Saitenspiel eingegriffen, denn der
Muth hätte ihn dem „selbstgesteckten" Ziele näher gebracht. Was
nun der Director noch spricht, enthält Sätze, die sich als Waffen
gegen den Dichter kehren, während die, freilich unverständliche,
Meinung ist, sie sollen als Schilde ihn decken.

> Was hilft es, viel von Stimmung reden?
> Dem Zaubernden erscheint sie nie.
> Gebt ihr euch einmal für Poeten,
> So kommandirt die Poesie!

Die Poesie kommandiren kann doch nicht bedeuten: sich
entschließen, ein unvollendetes Drama, das man nach so langer
Zeit in der Handlung nicht wesentlich vorwärts gebracht hat,
in so unfertigem Zustand wieder in die Welt schicken. Es
kann nur heißen: dichtet, um etwas vorwärts und fertig zu
bringen, auch einmal invita Minerva! Aber hatte denn Göthe
der Minerva etwas abgezwungen? Die Scenen von absolutem
poetischem Werthe, die dem ersten Theile zugewachsen waren,
sind natürlich Werke der reinsten Stimmung, die phantastischen
und satyrischen (Walpurgisnacht und Walpurgisnachtstraum)
sind ja auch keine Zwangsarbeit, sondern muthwilliges Spiel,

und vorwärts über den ersten Theil war ja der stettische
Pegasus eben nicht geritten worden. Nein! Göthe hatte immer
auf Stimmung gewartet, um die Handlung weiter zu führen,
und sie hatte sich nicht einstellen wollen. Und nun müssen
wir den Punct genauer nehmen. Gewiß: ohne Stimmung
keine Poesie! Aber der Dichter (und Künstler) darf sich auch
nicht zu weich sein, nicht immer warten, daß die Stimmung
eben komme. Er muß eben doch wie ein anderer Arbeiter
auch gar manchen lieben Tag sich zur Arbeit zwingen in Hoffnung, daß im Fortgang der Anfang sich verbessere, d. h. daß
durch eine, zunächst der natürlichen Bequemlichkeit abgezwungene
Vertiefung in die Aufgabe, in den Stoff, die Phantasie erwache,
erwarme, die Stimmung sich einstelle. So hat es Schiller
gehalten, so muß es ja auch jeder bildende Künstler halten,
wenn er auf Bestellung arbeitet, und man wird doch nicht
läugnen, daß auf diesem Weg unzählige, der ächten Phantasie-
stimmung entsprungene Kunstwerke entstanden sind. Der rechte
Stoff packt, wenn er muthig „beim Schopfe gefaßt ist," und
hat eine Kraft in sich, den Dichter zu zwingen, daß er weiter
wirkt: „und wirket weiter, weil er muß." Auch der Poet
braucht eben Willensakte, wenn etwas fertig werden soll. Dieß
ist nicht wohlweis und moralpedantisch gemeint; man hat sterile
Tage, Wochen; hat man's redlich versucht und die Stimmung
will doch nicht kommen, nun so mag man es eben liegen lassen.
Geniale Menschen sind Naturkinder, haben Perioden, wo sie
schlafen oder sich im Aufgreifen neuer Pläne zersplittern, man
muß sie läßlich beurtheilen; der Tag bringt Zerstreuungen,
bringt unterbrechende Arbeiten, auch dieß entschuldigt reichlich

das Brachliegen eines Kunstwerks, aber was zu viel ist, ist zu viel, eine wartende Nation zu lang hinhalten ist nicht recht. „Es hat mich diesen Winter oft geschmerzt, Sie nicht so heiter und muthvoll zu finden, als sonst —. Die Natur hat Sie einmal bestimmt, hervorzubringen; jeder andere Zustand, wenn er eine Zeitlang anhält, streitet mit Ihrem Wesen. Eine so lange Pause, als Sie diesmal in der Poesie gemacht haben, darf nicht mehr vorkommen und Sie müssen darin ein Machtwort aussprechen und ernstlich wollen. — Wenn ich mir übrigens die Masse von Ideen und Gestalten denke, die Sie in den zu machenden Gedichten zu verarbeiten haben und die in Ihrer Phantasie lebendig liegen, so begreife ich gar nicht, wie Ihre Phantasie auch nur einen Augenblick stocken kann." So schreibt Schiller an Göthe März 1799; es handelt sich augenblicklich um die Achilleis, das Was ist aber hier gleichgültig, es paßt Alles ja noch weit mehr auf den Faust. Es ist durchaus interessant naiv, was Göthe auf diesen Sporndruck antwortet: „Ich muß mich nur, nach Ihrem Rath, als eine Zwiebel ansehen, die in der Erde unter dem Schnee liegt, und auf Blätter und Blüthen in den nächsten Wochen hoffen." Wie sehr hat er Recht, sich unter das Naturgesetz zu stellen, und wie sehr doch auch Unrecht! Schiller antwortet, nachdem Göthe doch etwas vorwärts gemacht hat: „Herzlich gratulire ich zu den Progressen in der Achilleis, die doppelt wünschenswürdig sind, da Sie dabei zugleich die Erfahrung machten, wie viel Sie durch Ihren Vorsatz über Ihre Stimmung vermögen."

Dieß ist der Commentar zu dem „kommandirt die Poesie" und Göthe läßt sich's hier vom Director sagen, als hätte er es befolgt, während er es eben recht nicht befolgt hat. Es werden in anderem Zusammenhang noch weitere Momente in Betracht kommen, welche einen Abzug von der Schärfe dieses Urtheils begründen; es muß ja auch von den ungemeinen Schwierigkeiten die Rede werden, die in der Sache lagen; aber ganz kann Göthe von Vorwurf der Läßigkeit und Säumniß nicht freigesprochen werden.

Ganz muthwillig ist nun der Schluß dieses Vorspiels. Der Director spricht, als käme nun ein Spektakelstück zur Aufführung. Man mag bei den „Prospecten, Maschinen, Wasser, Feuer, Felsenwänden" u. s. w. an die Walpurgisnacht denken, allein die Stelle lautet, als ob das ganze Drama solch ein phantastisches Schaustück wäre, und dabei kann die Absicht nur die sein, der Leser solle dem innerlich widersprechen, nur um so mehr sich vergegenwärtigen, daß der Faust denn doch etwas Anderes sei, und darüber vergessen, wie hoch die Schuldsumme des Dichters sich noch belief. Und schließlich macht sich Göthe den Spaß, ihn mit dem Scheine zu necken, als werde Faust am Ende zur Hölle fahren. Es ist oben gesagt, daß die Worte „vom Himmel durch die Welt zur Hölle" eine andere Erklärung kaum zulassen; Göthe, der gern mystificirte, wird lächelnd gedacht haben: nun wollen wir sehen, ob sie darauf anbeißen.

Ich füge nun noch einige Notizen über die Entstehungsgeschichte des zweiten Theils bei. Wir haben, vom ersten sichern Datum endgültiger Ausführung an gerechnet, einen Zeitraum von 31 Jahren vor uns; der Anhaltspuncte sind nicht viele, es ist wenig Sicheres zu geben, was uns übrigens auch wenig verschlägt, da wir es nach unserer Aufgabe nur mit dem gemeinsamen Charakter der ungleichzeitigen Theile zu thun haben.

Es muß hier vor Allem von dem Motiv die Rede wer=
den, das Göthe so sehr beschäftigt hat: von der Helena. Im
ältesten Volksbuch (von Johann Spies, erste Ausgabe 1587
Frankfurt) kommt sie zweimal vor. Das eine Mal wird ihre
Erscheinung von Faust beschworen, wie denn überhaupt das
Vorzaubern antiker Gestalten unter die magischen Kunststücke
Fausts gehört: so citirt er Alexander den Großen und seine
Gemahlin auf den Wunsch Kaiser Karls V. (nach dem späteren
Volksbuche von Widmann 1599 ist es Kaiser Maximilian); im
Puppenspiel dagegen citirt er am Hof in Parma alttestamentliche
Figuren: Simson und Delila, Holofernes und Judith, David
und Goliath. Es sind Studenten von Wittenberg, welche nach
Spies die schöne Helenam aus Grácia zu sehen begehren. Die
Erscheinung wird höchst naiv beschrieben: „mit einem runden
Köpflin, ihre Lefzen roth wie Kirschen, mit einem kleinen
Mündlein, einem Hals wie ein weißer Schwan, rothe Bäcklin
wie ein Röslin, ein überaus schön gleißend Angesicht, eine
länglichte, aufgerichte, gerade Person, in Summa, es war an
ihr kein Untäblin zu finden, sie sahe sich allenthalben in der
Stuben umb mit gar frechem und bübischem Gesicht, daß die
Studenten gegen ihr in Liebe entzündet waren." Das andere
Mal tritt nun aber Helena nicht als zauberisch herbeschworene
Erscheinung, sondern als Buhlteufelin, als Succuba auf; bei
Spies ohne weiteres Motiv, als daß Faust in seinem Lasterleben,
nachdem er sich schon vorher sieben teuflische Succubas „be=
rufen, mit denen er Unkeuschheit triebe bis an sein Ende," auch
noch auf den Einfall kommt, von Mephistopheles zu verlangen,
er solle ihm die Helenam „darstellen," so er vormals den Studenten

„erweckt" hatte, indem er sich der unvergleichlichen Reize jener Erscheinung erinnert; Mephistopheles willfährt ihm, Helena erscheint in „ebenmäßiger Gestalt wie damals, und hat sie, als Dr. Faustus Solches sahe, ihm sein Herz dermaßen befangen, daß er anhube, mit ihr zu bulen und für sein Schlafweib bei sich behielt." Er zeugt mit ihr einen Sohn, den er Justus Faustus nennt. Nach Widmann und nach dem Puppenspiel fällt die Verbindung mit der Helena später, ganz nahe vor das Ende, und ist bestimmter motivirt. Bei Widmann durch einen Ehe-Vorsatz Fausts; er verliebt sich in eine „ziemlich schöne, doch arme Dirne," vom Lande, die bei einem Krämer im Dienst ist, will sie verführen, sie widersteht, „er nehme sie dann zur Ehe," auf den Rath guter Freunde beschließt er, sie zu heirathen, Mephistopheles aber hat den wichtigen Punct im Contralte, worin Faust sich verpflichtet hat, nie in die Ehe zu treten, nicht vergessen, schreckt ihn durch fürchterliche Erscheinungen, Sturmwind, Feuerflammen in seiner Wohnung, läßt ihn durch einen Geist wie einen Ballen umherschleudern, ja Lucifer selbst erscheint ihm, grausam anzusehen, leibhaftig und so wird ihm sein Wunsch ausgetrieben; zum Ersatz verlangt er nun von Mephistopheles die schöne Helena als Beischläferin, dieser erfüllt sein Begehren und nun wird die Erscheinung der reizenden Griechin beschrieben, wie von Spies bei Anlaß ihrer Beschwörung. Auch nach dieser Darstellung erzeugt er einen Sohn Justus mit ihr, nach seinem Tod verschwinden beide. Im Puppenspiel wird Faust von Parma nach Konstantinopel geführt, dann wird der Schauplatz nach Mainz verlegt, Faust tritt in furchtbarer Reue und Zerknirschung auf, will sich bekehren und jetzt führt ihm Mephi-

stopheles die Helena zu, von deren Anblick er so bezaubert wird,
daß er Gott auf's Neue abschwört, sie verwandelt sich aber, da
er sie umarmen will, in eine Schlange, wie in Calderons
wunderthätigem Magus das reizvolle Scheinbild der Justina verschwindet, da Cyprian sich ihm naht, und wie in verwandten
Sagen solche Phantome sich in Gerippe verwandeln. Unmittelbar darauf folgt im Puppenspiel das fürchterliche Ende des
Faust.

Man sieht leicht, welch ein ausgezeichnetes Motiv in dieser
Helena sich darbot. In der Volkssage sind diese Beschwörungen
ein höchst interessanter Zug vom ersten Aufgang des Bildes
antiker Schönheit im ahnenden, naiv suchenden Vorstellen der eben
aus der Barbarei des Mittelalters erwachenden Völker; es drängt
sich wie von selbst auf, an der Hand dieses Motivs in klarerer,
künstlerisch gebildeter Weise dem Faust eine neue, die humanistische
Welt aufgehen zu lassen. Nur wird man sich dabei sogleich
sagen, ein dramatischer Dichter, der es benützte, dürfte nicht
vergessen, daß er Alles in einen ethischen Zusammenhang zu
stellen hat, wie es ja auch die Sage thut und wie es dem
Drama unzweifelhaft obliegt. Nur durch den Frevelbund mit
dem Teufel wird es hier dem Faust möglich, die Erscheinungen
heraufzubeschwören, und noch viel bestimmtere ethische Beziehung
hat die zweite Einführung der Helena: da ist sie nicht ein
schattenspielartiges Phänomen, sondern eine Buhlteufelin, und
Mephistopheles schafft sie herbei nach der einen Wendung, um
Faust den Heirath=Gedanken, d. h. den Willen des Eintritts
in die bürgerliche Ordnung, in die Welt der Sitte, nach der
andern, um ihm Reue und Vorsatz der Besserung auszutreiben.

Man übersehe aber auch nicht den feinen Zug, wie im älteren
Volksbuche (von Spies) das Auftreten der Helena als Buhlteufelin mit dem früheren, blos bildartigen Erscheinen in Ver-
knüpfung gesetzt ist: Faust erinnert sich jener entzückenden Gestalt
und begehrt nun von Mephistopheles eine wirkliche (freilich nur
dämonisch wirkliche) Helena zum Besitze; also hat das bloße
Erscheinen doch auch seine bestimmte, reale, dramatisch verwend-
bare Nachwirkung. Besonders gut müßte sich jedoch die Motivirung in Widmanns Buch vom neueren Dichter benützen laßen —
wobei ich bemerke, daß Göthe diese ganze Literatur gekannt
hat. Man stelle sich auf den Punct seines Drama's, wo Faust
den Valentin ermordet hat und die Stadt meiden muß. Da
er natürlich nicht so tief gesunken sein kann, um sich nicht herzlich um Gretchens Schicksal zu kümmern, so läge es nun doch ganz
nahe, ihn auf den Gedanken der Ehe kommen zu laßen; freilich
zwar stehen weite, große Bahnen vor ihm und schließt es die
dramatische Handlung aus, daß er sich im Beginne derselben
bürgerlich bindet, aber warum sollte ihm der Dichter nicht die
Inconsequenz leihen dürfen, troß seinem unruhigen Vorwärts-
streben jetzt an Gretchen als ehrlicher Mann handeln zu wollen?
und was den Gang der Handlung betrifft, so müßte ja natürlich
eben jetzt Mephistopheles dafür sorgen, daß es nicht geschieht.
Er würde in die Rolle des Carlos im Clavigo eintreten und
mit Weltmannsgründen die Treue ausreden; dieß würde nicht
genügen, und so würde er ihn nun rasch in neue Verhältniße
führen, in eine Welt feiner Bildung und geistreicher Zerstreuungen.
Ich bin längst der Ansicht, daß an dieser Stelle sich Passenderes
nicht darbieten könne, als das Motiv des Puppenspiels, die

Verjeßung an einen Hof, und zwar an einen jener italienischen
Höfe, wo gerade in der Zeit, da die Sage spielt, die neue
Renaissance-Bildung sich mit allen Reizen und Lastern südlicher
Sinnlichkeit verband. Man wäre auf realem Boden und doch
wären geisterhafte Motive nach allen Voraussetzungen des Stoffes
und seiner Behandlung durchaus zulässig; es gienge also sehr
wohl an, die Helena als einen Inbegriff griechischer Schönheit
von Faust heraufbeschwören und dann, nachdem er sich in die
Erscheinung heftig verliebt, durch Mephistopheles ein dämonisches
Wesen an ihre Stelle substituiren zu lassen, das nun Faust in
einen Wirbel der Leidenschaft und zu irgend einem neuen Verbrechen fortrieße. Ich habe hier nicht die Skizze eines abweichenden Plans zu einem zweiten Theil im Auge, die ich in
den Krit. Gängen N. F. H. 3 zu geben ohne Anmaßung mir
erlaubt habe; dort meinte ich, diesen Theil der Handlung nach
Gretchens Untergang folgen lassen zu müssen; die Zeitmaaße
gestatten jedoch ganz gut, ihn zwischen Valentins Ermordung
und die Kerkerscene zu setzen, denn zwischen jener und dieser
verfließt eine geraume Zeit, Gretchen flieht, irrt als Bettlerin
in der Fremde, wird ergriffen (wie aus ihren halb wahnsinnigen
Worten ersichtlich), ihre Verurtheilung wird dann nicht ohne
Verfluß einiger Zeit erfolgen; da Göthe an die Stelle einer
sich inzwischen abspielenden Zeit fordernden Handlung eine einzige
Nacht auf dem Brocken setzt, so springt er auch über alle Zeit-
bedingungen weg und nöthigt uns, durch eigene Nachhilfe den
phantastischen Sinnbildern der tollen Zaubermacht realere Bilder
von Hergängen längerer Dauer unterzuschieben. — Bei der
Betrachtung des Helena-Motivs, wie es die Sage bietet, muß

man sich ferner jagen, nichts wäre unglücklicher, als wenn es nicht nur aus dem sittlichen Zusammenhang gerissen, sondern auch zu einer Allegorie oder Reihen von Allegorieen verarbeitet würde. Die Versuchung liegt nahe genug, aus der wilden Ehe mit der Teufelin Helena eine Allegorie der Verbindung des Classischen und Romantischen herauszuspinnen und dann dem Sprossen Justus Faustus zuzumuthen, daß er die cultur= geschichtliche Frucht dieser Verschmelzung bedeute. Hieburch wird die Helena, welche Faust als Buhlteufelin zu seinem Kebsweib nimmt, ebenso zu einer bloßen„Bild=Erscheinung wie jene, die er heraufbeschwört und diese Bilderscheinung selbst auch des Lebens, das einer Leidenschaftweckenden Erscheinung zukommt, noch beraubt und in eine nur auf einen Begriff hindeutende Hülse verwandelt.

Wir kehren zu unserer Chronologie zurück. Göthe nennt die Helena in einem Brief an Zelter 1827 ein fünfzigjähriges Gespenst. Nach andern Spuren wäre die erste Conception noch älter, fiele in die Jahre 1774 oder 1775; dieß ist nur sehr wahrscheinlich, denn, wie gezeigt, das Motiv drängt sich mit dem ersten Blick in die Sage als schlechthin nachbildenswerth von selbst auf. Ferner weiß man, daß er 1780 der Herzogin Amalie unter andern Dichtungen antiken Inhalts (Proserpina, Iphigenie) auch Helena=Scenen vorlas. Man möchte nicht gern glauben, daß er um diese Zeit schon den Weg betreten hatte, den er mit der Dichtung einschlug, wie sie nun vorliegt, und ganz unglaublich ist, daß er schon früher, in den siebziger Jahren, gedachte, ihn zu wählen, denn damals beirrte ihm noch kein Classicismus und Formalismus den natürlichen, unbefangenen

Sinn, den Lebensſinn, den Sinn der Lebenswärme und Lebens-
fülle.

Ob die Hexenſcene ſchon damals, als er ſie 1788 in Rom
dichtete, auch die Worte enthielt:

> Du ſiehſt mit dieſem Trank im Leibe
> Bald Helenen in jedem Weibe

kann man nicht wiſſen. Es iſt möglich, daß ſie auf eine ſpätere
Einführung der Helena präludiren, aber ebenſo möglich, daß
Göthe zur Zeit, da er ſie niederſchrieb, ſich mit dem Motiv
abfinden wollte, um ſich nicht weiter damit zu befaſſen. Eigentlich
ſcheint doch die letztere Annahme die richtige, denn wenn das
Bild eines nackten Weibs im Zauberſpiegel ſo wirken wird, daß
Fauſt in jedem Weibe die Helena zu ſehen glaubt, ſo bedarf es
der wirklichen dämoniſchen Erſcheinung eines Ebenbildes der
Helena nicht weiter. Allein ſehr begreiflicher Weiſe ließ ihm der
ſchöne Dämon keine Ruhe und im Jahr 1800 gieng er an die
Ausführung, von der wir nicht wiſſen, welche frühere Verſuche
er dabei benützte oder verwarf. Es iſt ſehr wahrſcheinlich, daß
er nur verworfen hat, daß alſo Erfindung wie Form der Helena
des dritten Actes neu iſt. Denn von dieſer zunächſt handelt es
ſich, ihre Entſtehung kündigt er Schiller jetzt an und liest ihm
einen Theil des Ausgeführten vor, Schiller nennt in einem
Brief vom 23. September 1800 unter dem Vorgeleſenen
namentlich einen Monolog, woraus einem der hohe und eble
Geiſt der alten Tragödie entgegenwehe, und dieß iſt ſicher der
Monolog der Helena im Anfang des jetzt dritten Acts des
zweiten Theils; auch iſt nicht zu zweifeln, daß er ſchon in
Trimetern gedichtet war, und es werden dieſe Trimeter ſein,

die Schiller zur Nachbildung in der Montgomery-Scene der Jungfrau von Orleans und in Act 4. Sc. 8 der Braut von Messina
angeregt haben. Ich stelle nun aber die äußerst wichtigen und
belehrenden Aeußerungen beider Dichter in dem Briefwechsel
von 1800, wie jene über den ersten Theil von 1797, zurück,
um sie an der Stelle aufzufassen, wo die geschichtlichen Daten
als Stoff zu einer allgemeinen Reflexion dienen sollen.

Wie weit dieses Stück des späteren zweiten Theils damals
zunächst vorrückte, bleibt dunkel, den Spuren einzelner Rucke,
welche die Arbeit bis 1827 gethan, ins Einzelne zu folgen sei
mir erlassen. In diesem Jahr ist bekanntlich (im 4. B. der
Werke) der Theil der Handlung, der jetzt den dritten Act des
zweiten Theils Faust bildet, für sich erschienen unter dem Titel:
Helena, classisch-romantische Phantasmagorie. Ein Zwischenspiel
zu Faust. — Also nur Zwischenspiel, ursprünglich nicht zur Aufnahme in den zweiten Theil bestimmt, doch erfuhr man dann
aus der bekannten Erklärung Göthes in „Kunst- und Alterthum"
(VI, 1), daß er die „Phantasmagorie" in denselben einzu-
passen gedenke. Vor und nach der Veröffentlichung hat Göthe
nun bald an einem, bald am andern der übrigen Acte des
zweiten Theils gearbeitet, und die zerstreuten Notizen, wie sie
von Düntzer und v. Löper gesammelt sind, geben ein höchst
verworrenes Bild von Durchkreuzung der Zeitfolge der Entstehung mit der Reihenfolge der Stücke der Handlung, wie sie
nun vorl..... ..... auch viel zu sehr nur äußere Daten, um
durch .... Einblick in den innern Prozeß der Ent-
.... und dadurch einiges Licht für die Beant-
.... r Frage zu gewinnen, wie Göthe endlich dazu kam,

zu meinen, er habe ein organisches Ganzes zuwege gebracht, dessen einzelne Theile in einem inneren Zusammenhang von natürlichem und begreiflichem Fortschritt stehen. Wie und wann kam er, nachdem er die Helena in Sparta hatte erscheinen und sich mit Faust vermählen lassen, dazu, nun auch das andere Motiv aus der Sage, die Heraufbeschwörung, aufzunehmen? Oder ist dieß ein viel älterer Gedanke? Als er an die classische Walpurgisnacht gieng, schwebte ihm dabei denn wirklich vor, diese solle das Vermittlungsglied zwischen der einen und andern der Helena-Erscheinungen bilden, und was auf der Welt konnte er sich dabei denken? Es ist etwas von dem Zusammenhang da, der im ältesten Volksbuch zwischen beiden besteht: Faust verliebt sich in die Heraufbeschworene, kann sie nicht vergessen und sucht sie. Aber wie verständlich und einfach, wenn er sie bei Spies nun von Mephistopheles sich erbittet, wie abstrus und verworren das Suchen bei Göthe! — Wie und wann kam er auf die Mütter? Diese Scenen sind sehr spät entstanden; 1830 liest er sie Eckermann vor, doch erfährt man, er habe den Einfall von den Müttern schon viele Jahre früher gehabt. — Das Schönste und Tiefste im zweiten Theil, der Gedanke, seinen Helden als Herrscher eines thätig ringenden Volkes endigen, in dem Augenblick sterben zu lassen, wo er in eine Zukunft schaut, da er mit freiem Volke auf freiem Grunde steht, wann mag er dem Dichter aufgestiegen sein? Eigenthümlich wird uns eine Stelle in der Achilleis (also schon ▓▓▓) auf diesen Gedanken weisen. Und stand er nie im Zu▓▓▓▓▓ng mit einem Plan, der den Faust vorher durch irgend ▓▓▓▓ andere Form, Eine Form wenigstens männlicher Thätigkeit führte, so daß der Antritt eines Herrscheramts nicht gar so unvorbereitet blieb? Was nun der erste Act enthält, das Auftreten an einem Hofe: hatte Göthe dabei in der Zeit größerer Frische nicht vielleicht andere, kräftigere Intentionen, sollte man Faust da nicht handeln sehen? Der Beginn der Ausführung des fünften Acts muß nach mehreren Indizien in die Jahre 1824 bis 1826 fallen. Also auch die legendarisch hochkatholische Behandlung des Schlusses, der Himmelfahrt, die in ihrem Grundmotive schon mit dem Prolog gleichzeitig, aber zunächst gewiß in einfacherer Form concipirt sein muß, gehört dieser späten Zeit an. Genug der Fragen! Es darf hier nicht weiter eingetreten werden, sonst wird der Besprechung des Inhalts dieser Productionen zu sehr vorgegriffen. Zum Abschluß sei die bekannteste aller Notizen noch hergesetzt: daß der zweite Theil im Jahre vor Göthes Tod, 1831, vollendet ist. Rund gerechnet hat also Göthe sechzig Jahre am Faust gearbeitet. Nur höchst rührend ist es, durch Verfolgung der einzelnen Aeußerungen, die aus Briefen und Gesprächen bekannt sind, zu sehen, wie gewaltsam er endlich in seinem Alter unter Abhaltungen, Unterbrechungen jeder Art den Willen aufbietet, „durch Vorsatz und Charakter zu erreichen, was eigentlich der freiwillig thätigen Natur allein zukommen sollte" (Brief an W. v. Humboldt), wie er in halb träumender Greisen= art meint, in seinem „wundersamen Werk" alle alten und neuen Theile so gefügt und aneinander gepaßt zu haben, daß „es klappt" (Brief an Zelter), und wie er nach gethaner Arbeit, im Bewußtsein, sein ganzes Selbst und eine ganze Welt in den Faust niedergelegt zu haben, Feierabend macht: „mein ferneres Leben kann ich nun als reines Geschenk ansehen und es ist jetzt

im Grunde einerlei, ob und was ich noch thue" (zu Eser=
mann).

Dem Urtheil, zu dessen Begründung ich diese Notizen zu=
sammengestellt habe, muß ich eine Verwahrung voranschiden.
Haben wir soeben mit herzlicher Pietät den Muth, die Ausdauer
und mühsame Vertiefung anerkannt, durch welche der Greis
kurz vor seinem Tode den ungeheuren Stoff noch in seiner Weise
bezwungen hat, so werden wir doch unverholen beklagen, daß
er zu dieser Anspannung seiner Kräfte erst gelangte, als die beste
unter ihnen, die Phantasie, altersschwach geworden war. Wir
werden die Ursachen der langen Zögerung aufsuchen und zum
Theil zwar Grund genug finden, mit gebührender Gerechtigkeit
für den Dichter einzutreten, zum andern Theil aber keinen, ihm
strengen Vorwurf zu ersparen; vor Allem eben die Schuld der
Verschleppung wird stehen bleiben, so Manches auch in Abzug
kommt. Ich weiß, dieß wird übel aufgenommen werden. Es
ist einmal die Art der Menschen, in allen Dingen, die in aus=
nehmender Weise zweiseitig sind, Parteien zu bilden, welche sich
blind in ein Für und Wider theilen. Das große Unglück der
Wahrheit suchenden Menschheit sind die falschen Alternativen des
Denkens, in der Philosophie, in der Religion, im Staate, in
der Kunst und Dichtung. Man soll sich ja freilich entscheiden
und nicht weder kalt noch warm sein, und wer wird nicht
Partei halten für das Große! Aber die Klarheit soll man sich
bewahren, sehend soll man bleiben in und trotz der Partei, also
auch fähig, gegnerische Sätze der Unwahrheit, die sie nur in
Verbindung mit einem falschen Prinzip bekommen haben, zu
entkleiden und mit dem Stück Wahrheit, das ihnen übrig bleibt,

in seinen Gedankenkreis aufzunehmen. Die Mehrheit wird dieß niemals lernen. In Sachen Göthes kann man freilich nicht mehr von zwei Parteien sprechen, wenn man mit dem Begriff der Partei den eines Lagers verbindet, das sich stark hörbar macht und gerne eine Schlacht annimmt. Es ist Göthes wie Shakespeares Schicksal gewesen, daß die Kritik das Ungeschick begieng, falsche Maßstäbe anzulegen und daß, als diese zurück- gewiesen waren, ein unkritischer Cultus an ihre Stelle trat, der nun von einer solchen Mehrheit getrieben wird, daß nur ver- einzelt und halbverstedt die Angriffe sich noch hervorwagen. Die falschen Maßstäbe waren moralisch, positiv religiös, politisch. Dieß will, wie sich von selbst versteht, nicht besagen, daß in der Beurtheilung eines Dichters oder Künstlers das Ethische zu schweigen habe. Was ethisch nicht gesund ist, das ist ja auch nicht schön; ferner fällt der Entwicklungsgang des Talents, die Geschichte seiner ästhetischen Richtungen, seiner Stylbildung, ob- wohl von Naturbedingungen und allgemeinen culturhistorischen Gesetzen abhängig, doch nicht ganz außerhalb der Linie des Ver- antwortlichen, und es ist ja doch auch die Frage aufzuwerfen, ob es die nöthige Strenge des Willens an sich geübt habe, um so viel zu leisten, als es konnte und sollte (talent oblige kann man so gut sagen als: noblesse oblige); allein diese Normen selbst dürfen nicht von engem und horizontarmem Standpunkte aus gehandhabt werden und steht man dem höchst Bedeuten- den gegenüber, so muß ihre Anwendung von Liebe und Ver- ehrung, der Frucht eines innigen Verständnisses getragen sein. Die Menzel sind längst verstummt; man kann sagen: es gibt eine Kritik Göthes seit Gervinus; das Erscheinen seiner Lite-

raturgeschichte bestimmte mich schon 1844, in einer Note
(A. Krit. G. Th. 2, S. 189) mein Wort zurückzunehmen, Göthe
habe bis jetzt noch keine Kritiker gefunden, sondern nur enthu=
siastische Freunde und unedle Feinde. Allein es bedarf heute
keiner Nachweisung mehr, daß auch mit Gervinus eine wahre Kritik
des Dichters doch erst begonnen hat. Hier spricht der gesättigte,
weise Geist des Historikers und sucht das Ja und Nein gerecht
gegeneinander abzuwägen, aber dem Willen der Gerechtigkeit
und dem geschichtlichen Wissen kommt nicht das Kunstgefühl
gleich, der Nerv der rein ästhetischen Auffassung ist nicht in
genügender Feinheit und Wärme vorhanden und die Stimmung
der Zeit, welche unruhig nach den politischen Zielen rang, hat
dem ernsten Richter eine mürrische Falte eingegraben. Als man
nun dieß erkannt hatte, so ergoß sich nach kurzer Stauung der
unkritische Cultus nur allzu siegesfroh wieder in sein altes Bett.
Er ist jetzt nicht mehr so blind, wie zu jenen Zeiten, da das
Verständniß Göthes der Nation erst aufgegangen war und die
Romantik in ihm den Buddha der reinen Form anbetete. Es
ist eine Verehrung, die auch zu tadeln wagt, die aber meint, sie
wäre keine Verehrung mehr, wenn ihr Tadel Zähne hätte. Et=
was von der Morosität eines Gervinus ist allerdings in Gödeke
wiedergekehrt. Es sind zwischen dem vollen Laub seiner An=
erkennung da und dort Brennessel versteckt, deren feine Härchen
mit Widerhaken in der Haut sitzen bleiben und übel nachbrennen.
Beides ist ja nicht das Rechte; nicht der schüchterne, sanfte, in ein
„dürfte vielleicht," ein „möchte etwa" säuberlich gewickelte und
ebenso wenig der spitzige und halbverborgen stechende Tadel!
Die wahre Pietät glaubt sich nicht verpflichtet, das Urtheil zu

unterbinden; wen ich herzlich liebe, gerade auf den darf ich recht böse sein, wenn ich finde, daß er an dem sündigt, um dessen willen ich ihn liebe, an seinem eigenen herrlichen und freien Können und seinem hohen Sollen! Gibt es einem Göthe gegen- über kein kaltes Lob, so gibt es auch keinen halben Tadel; jene, die ihm nicht zürnen, wo er leichtweg mit der Künstlerpflicht spielt, uns für Narren hat, wo er über alles billige Maß säumt und verzögert, wo er absurd, affectirt, steif, widerwärtig, lächer- lich wird, sie fallen in den Verdacht, ihn da nicht zu lieben und mit ganzer Seele zu bewundern, wo zu seinem Preise kein Wort genügen will. Also heraus mit dem Unwillen, so offen und voll wie mit der Bewunderung! „Einen elenden Dichter tadelt man gar nicht; mit einem mittelmäßigen verfährt man gelinde; gegen einen großen ist man unerbittlich": dieß Recht ist Göthe bis heute nicht angethan und dem, der das Wort gesagt hat und der nicht so groß ist, aber groß genug, um das Recht an- zusprechen, — Lessing auch nicht. Noch ein Wort über einen beliebten Vorwurf der Götzendiener. Wagt es die Kritik, positiv zu werden, d. h. sucht sie Wege aufzufinden, wie das, was sie für verfehlt hält, etwa anders zu machen gewesen wäre, so sind die Herrn mit dem Vorhalt der Unberufenheit bei der Hand. Ich habe dagegen vergeblich schon in den Krit. Gängen gesagt, ob man ein Raphael sein müsse, um berechtigt zu sein, an Ra- phaelischen Werken Fehler zu finden, und zwar auch starke Fehler, nicht nur da eine kleine Verzeichnung, dort einen vernachlässigten Farbenton, sondern Mißgriffe in Figuren, Gruppen, ja Com- positionen! Diese Tempelhüter selbst sind gar nicht so schüchtern, gegen irgend eine Größe ganz frisch ins Zeug zu gehen, wofern sie ihnen nur nicht ans Herz gewachsen ist; nur den Liebling darf man nicht antasten, da soll man ein Göthe sein müssen, um über Göthe urtheilen zu dürfen. Es liegt aber jedem Urtheil, das negativ ausfällt, ein Bild zu Grunde, wie das Beurtheilte sein sollte, in Sachen der Kunst freilich nur ein schwebendes; wagt es der Kritiler einmal, es bestimmter zu fassen, so ist das nicht Unbescheidenheit, die es besser wissen will, als das schöpferische Talent, denn die ungefähre Skizze einer Idee ist noch lange kein frech nebenbuhlerischer Versuch der Durchführung. Wer es verbieten will, möchte eben das Urtheil verbieten. Urtheil soll erlaubt sein, aber nur, wenn es Lob ist, also erlaubt und eigentlich nicht erlaubt. Kurz, die Menschen sind eben Kinderart, die nur ein Für oder Wider kennt. Verehrung wird Anbetung. Tastet Einer dem Angebeteten an seinen Nimbus, so heißt es: auf ihn! er ist vogelfrei! und die zarten Gemüther werden grob, so grob, daß sie gar nicht wissen, wie grob sie nur sein sollen!

Also zur Sache. Ich habe früher den Grund des Stockens, Zauderns, der ganzen Verschleppung mit Gervinus darin allein gefunden, daß Göthe, wie wir ihn kennen, vor dem politischen Schauplatz scheute, auf den er seinen Faust doch führen mußte; ich habe mich eines Anderen überzeugt; diese Scheue kann nur eines der Hindernisse gewesen sein und nicht das stärkste, nicht das tiefste. Ich werde es jetzt nur an dritter Stelle besprechen.

Die erste Ursache der Verzögerung: der Stylwechsel.

Unter den Hemmnissen der rechtzeitigen Fortführung des Dramas ist offenbar jenes voranzustellen, das gleich zu Anfang der vorausgeschickten Entstehungsgeschichte berührt wurde: Göthes Stylwechsel. Das dort erst Angedeutete ist nun genauer ins Auge zu fassen. Dabei muß sogleich wieder in Anwendung kommen, was vorhin in anderer Richtung über falsche Alternativen gesagt worden ist. In allen Literaturgeschichten ist es noch herkömmlich, im verbreiteten Urtheile noch üblich, den Uebergang Göthes in diejenige Stylrichtung, die wir mit unzulänglichen Namen Classicismus und Idealismus nennen, unbedingt als einen Aufgang zum wahren und rechten Gipfel und hiemit schlechtweg als ein Glück für unsere Literatur anzusehen. Es ist ja wahrlich auch ein Aufsteigen, es ist ein Glück, dem wir Meisterwerke, „Sculpturgestalten mit deutschem Seelenblick,“ dem wir eine segensreiche Ernte in unserer ganzen Cultur verdanken, aber es ist ebensosehr ein Abweg und ein Unglück. Die Freunde zu Hause, welche sich enttäuscht fanden, als ihnen Göthe die umgedichtete Iphigenie aus Italien zuschickte, welche gestanden, sie hätten „so etwas Gözisches erwartet,“ waren im großen Unrecht und hatten doch auch ein gutes Stück Recht. Sie waren im Unrecht, weil sie Göthes Jugendstyl in der Gröbe seines Naturalismus wieder zu finden verlangten, im Recht, weil sie ahnten, daß der bessere Kern dieses Jugendstyls nicht grober Naturalismus, sondern geistdurchdrungener Realismus

war, welcher nicht abgeworfen, sondern erhalten sein wollte;
sie waren im Unrecht, weil sie gehofft hatten, in Göthe wieder
Shakespeare mit Haut und Haaren zu begegnen, im Recht, weil
Göthe seinen Griechen nicht d e n Shakespeare, der übrig bleibt,
wenn man seine Rohheiten und Absurditäten, seinen Aberwitz
abzieht, so ganz hätte opfern sollen. Wer auch mit nur etwas
Urtheil von jenem Wendepuncte vorwärts sieht auf Göthes
weiteren Gang und Werke und auf alle folgenden Gährungen
und Kämpfe in unserer Literatur, der wird sich durch die Gefahr, den Vorwurf des nachträglichen Besserwissenwollens zu
befahren, nicht von dem Versuch abhalten lassen, sich eine andere
Entwicklungslinie zu denken, eine Linie, welche folgende Bewegung genommen hätte: in Göthe vollzieht sich ein geistiger
Prozeß, wodurch er an seinem bisherigen Hauptmuster Shakespeare klar unterscheidet, was graß, was wilde Natur, was
maaßlos, was Harmonie der Stimmung zerreißend, abgeschmackt,
was Zeitschnörkel, was dagegen markig, lebenswahr und hoch-
poetisch zugleich, ganz individuell gezeichnet und doch gattungs-
mäßig, ganz concret und ganz gedankentief, was ahnungs- und
stimmungsvoll, geisterhaft, traumhaft, wunderbar hellbunkel, was
sachgemäßer, nicht willkürlicher, kühner Wechsel zwischen Ernst
und Humor ist, — eine Krise, die wie ein richtiger chemischer
Prozeß so die Bestandtheile in Shakespeare sonderte, jene aus-
schied und diese behielt, eine Krise, die ein Mann wie Göthe zu
vollziehen doch allerdings die geistige Naturkraft besaß. Gewiß
hätte er diese Scheidung nicht vollziehen können, ohne erst aus
der antiken Kunst und Dichtung das wahre Maaß- und Schön-
heitsgefühl geschöpft zu haben. Es bleibt ja wahr, daß die

neuern Völker, sicher wenigstens wir ungemischt germanisches Volk mit all unsrem eignen Talente doch barbarisch geblieben wären ohne die Zucht der Griechen; hat sich ja eben Shakespeare selbst aus dem Barbarischen nicht ganz befreien können, weil er den classischen Geschmack in der Entstellung, worin er ihm entgegentrat und womit er bereits auf ihn zu wirken begonnen hatte, von seiner Volksbühne ausstoßen und dem steifen Schuldrama überlassen mußte. Das aber steht fest, daß nur ein durch die classische Bildung zwar geläuterter, aber in seiner eignen Lebensfrische erhaltener germanischer Styl unsrem Genius zusagt. Göthes Jugendstyl und vor Allem die freien Reime in seinem Faust, derb, frisch von der Leber, unnachahmlich lebenswahr und doch nie gemein wahr, blitzend von Geist, unbekümmert, wie scharf die Contraste des Unheimlichen, Schauderhaften und Komischen aufeinander stoßen mögen, Rembrandtisch in der Magie der Beleuchtung, Rubensisch in Breite des Pinsels, Saftigkeit und Fülle der Formen, in Leidenschaft und Feuer der Bewegung, herzlich in rein deutscher Art: das ist Fleisch von unsrem Fleisch, Bein von unsrem Bein und Göthe wäre ein — im guten Sinne, versteht sich — populärer Dichter geworden, wie er es nun nie werden kann, wenn er, in diesem Zuge fortschreitend, immer reiner das unmotivirt Grobe und nur Subjective, Willkürliche ausgestoßen, gleich kühn und stark aber auf Leben und wiederum auf Leben gearbeitet hätte, ohne lang zu fragen, in welche unplastische Ecken und Kanten das feurig bewegte Bild auslaufen möge. Und Schiller! Es geht ja doch nichts über Wallensteins Lager und die Parthieen der Wallenstein-Dramen, die in Zeichnung und gesättigtem Colorit gut deutsch, gut shakespearisch (und das ist ja im Grund auch deutsch), naiv im besten Sinne unserem inneren Auge, Sinn und Ohr entgegenkommen. Dabei konnten beide den Marmorstyl, den Styl der Statue mit bloßem Farbenton sich immerhin für die Stoffe, die ihn verlangten, mit freier Wahl vorbehalten und auch ihn tiefer beseelen, auch ihn noch mit einem Zusatz von Realismus so kräftig mischen, wie es die Griechen nicht ver- mochten. Von dieser Art der Durchdringung ist das reinste Bild Hermann und Dorothea, dieß einzige Amalgam von Homers Kunstgeist, Gegenständlichkeit, contemplativer Klarheit und dem Seelenleben unserer Zeit, dem Herzschlag unseres Volks, den Einzelzügen, die unsere Menschenart stempeln, wie es die Welt nicht wieder sehen wird. Der Idealstyl ist eine Schwalbe, die das Meer des Lebens nur mit den Flügelspitzen badend berührt, der (gute, shakespearische) Realstyl ein Delfin, der mitten durch die Wellen schießt, manchmal freilich auch ein Leviathan, welcher den Meerschlamm aufwühlt und (mit Luther naiv zu übersetzen) das Meer zu einer Mixtur machet, er wird dann naturalistisch und dieß widerfährt Shakespeare. Der moderne Dichter kann wählen und wechseln, er kann „ein Bürger zweier Dichterwelten" sein, dort wird er tiefer tauchen, hier den Schlamm vermeiden, doch seine wahre Heimath wird nicht die Luft, sondern das Meer sein.

Fragt man, welchen Stoffen der Realstyl vorbehalten blieb, so haben wir ja ein Beispiel, das uns freilich nun eben aufs Belehrendste zeigt, wie Göthe den Weg, die Linie, auf der man ihn zu sehen wünschte, nicht einschlug. Er hat sich in seinem Egmont den Shakespeare, „an dem er zu Grunde zu gehen

fürchtete, vom Halse geschafft." Das höchst merkwürdige Wort
öffnet den Blick in schwere Kämpfe, und in diesen Kämpfen
konnte es sich um nichts Anderes handeln, als um jene Sichtung,
Ausscheidung, von der wir gesprochen haben und die Göthe als
Aufgabe unserer Dichtung so richtig ahnte, als er ein andermal
sagte, Shakespeare habe das Ungeheure mit dem Abgeschmackten
verbunden: so grundwahr, wenn man „ungeheuer" im Sinne
des Wortes versteht, das derselbe Göthe zu Eckermann sagte:
an Shakespeare könne man nur hinaufsehen. Nun kommt aber
also statt einer Ausscheidung des Abgeschmackten vom Ungeheuren
ein „sich vom Halse schaffen" heraus, d. h. eine Ausstoßung
des ganzen Shakespeare unter einer letzten Ehrenerweisung.
Diese besteht darin, daß der eine Theil des Egmont in der
Um- und Ausarbeitung, obwohl durchgängig die Prosa beibehalten ist, antikisirend im Geist, in der Form mit durch-
klingenden Jamben, der andere Shakespearisch (will sagen: gut
Shakespearisch, in Shakespeares ächtem Naturgeist, ohne seine
Flecken) und ohne Vers-Anklang behandelt wird. Dieß sind
längst bekannte und besprochene Dinge; Gervinus ist meines
Erinnerns der Erste, der diesen Knotenpunct in seiner ganzen
Bedeutung aufgewiesen hat; ich weiß aber nicht, ob es gerade
viele Leser sind, die nicht nur die Volksscenen genauer mit denjenigen vergleichen, welche unter den Hauptpersonen spielen, sondern auch diese so untereinander, daß sie z. B. aus Egmonts
Monolog, aus Klärchens Rede an die Bürger heraushören, wie
sie geradezu lauten, als wären sie aus dem Lateinischen oder
Griechischen übersetzt. So erst erkennt man ganz den Unterschied
der Style, die hier neben einander hergehen, vielleicht schärfer,

als wenn man die sinnbildliche Traum-Erscheinung am Schluß
mit dem Geiste der Realität in der übrigen Handlung zusammenhält. Göthes Egmont (ich weiß nicht mehr, ob die Vergleichung
neu oder eine Reminiscenz ist) erscheint wie ein Fluß, in welchem
man ganz deutlich die andere Farbe eines eingetretenen zweiten
unterscheidet. Wer zweierlei Stylarten so neben einanderstellen
kann, hat vorher schon entschieden; und dieß war ja mit der
Iphigenie der Fall; der Doppelstyl im Egmont ist eine nach-
trägliche Abfindung mit Shakespeare. Und wer wird es nun
nicht bedauern, daß es eben eine Abfindung ist! Den Styl aufgeben, dem wir jene Volksscenen verdanken, wer wird nicht
rufen: schade! Wer wäre der classische Schulmeister, der mürrisch
dazu sähe, wie hier das Komische und Tragische sich verbindet,
wie ein Schneider Jetter zugleich Kassandra ist! Der ein
Aergerniß nehme, wenn diese naiven Scenen mit so einzig hoch-
tragisch gespannten wechseln, wie die, wo Alba am Fenster den
Egmont vom Pferde steigen sieht!

Nun betrachte man sich genauer, was entstehen mußte,
wenn ein Dichter, der von nun an die Forderung jener classischen
Reinheit an sich machte, die solche Naivetät und solches Zwielicht
und solchen Wechsel des Furchtbaren und Naiven ausschließt,
ein Jugendwerk fortführen sollte, das schlechterdings vermöge
seiner ganzen Natur einen andern Styl nicht vertrug, als den
des geistdurchdrungenen germanischen Realismus! Die classische
Stylwelt ist eine Aristokratie, seine Götterschönheit ein Adel im
Staate des Schönen. Mit vornehmem Auge wird also Göthe
auf den feurigen Wildling seiner Jugend heruntersehen. Er
wird ihn verachten und in dieser Stimmung wird er erst

von Andern erfahren müssen, was sein Faust werth ist. So
ist es auch außer Zweifel gewesen, Göthe mußte in manchen
Zeiten erst durch den Widerhall seines Faust vernehmen, was
an ihm sei. Nicht ganz, nicht immer; es waltet da ein eigenthümlich naiver Widerspruch; er wußte von selbst, er ahnte es
ein andermal wieder gar wohl, was er geschaffen, und so mußte
die Verachtung und das ganze Gefühl des Werths, Anziehung
und Abstoßung, Liebe, Stolz auf den muthwilligen Jungen und
Scheue, Unheimlichkeit, Unbehagen mit einander wechseln. Wie
es nun zu gehen pflegt, so rettet man sich aus solcher Ebbe
und Fluth eben gern an das breite Ufer des Liegenlassens;
man thut eben nichts und es kann kommen, daß dieß Monate,
Jahre, Reihen von Jahren dauert. Selbst zur Zeit des zweiten
Aufenthalts in Rom schien es noch lange nicht an dem, daß es
so kommen könnte; da schrieb Göthe, wie schon angegeben, die
Hexenscene; es ist aber nun Zeit, zu erklären, was ich unter
dem bedenklichen Element verstehe, das hier bereits sich fühlbar
macht. Das Motiv bot sich zunächst als ein Expediens, um
einen Widerspruch auszugleichen, so gut es eben gehen wollte.
Der Faust, der Gretchen erblickt hat, ist ein anderer, als jener
in den ersten Scenen. Wir sollen diesen auf etwa fünfzig
Jahre und darüber schätzen („und schafft die Sudelköcherei wohl
dreißig Jahre mir vom Leibe?"); freilich ist der Mann, der so
leidenschaftlich alle gegebne Wissenschaft verdammt, so feurig den
Erdgeist beschwört, viel jugendlicher, als seine Jahre es glaublich
machen; in ihm steckt der Jüngling Göthe; doch diese Unwahr-
scheinlichkeit läßt man sich gerne gefallen. Aber das erwartet
man nicht, daß dieß Feuer auf dem ersten Schritt ins Leben

so rücksichtslos sinnlich, ja mit Don-Juanischer Verführerlust
hervorbrechen werde (— „hör', du mußt mir die Dirn schaffen" —
„Hab' Appetit auch ohne das"); dieß ist ein gar zu jäher
Sprung; doch nimmt man weniger an der Hitze, als an der
Gewissenlosigkeit Anstoß. Man fragt sich, ob es unmöglich, ob
es zu schwer gewesen wäre, die Einheit des Charakters besser
festzuhalten. Göthe hätte, meint man, seinen Faust, obwohl
schnell vom Pfeile getroffen, nur schrittweise die Schüchternheit
des Gelehrten, die Bedenken des Gewissens ablegen lassen sollen.
Dieß fühlt der Dichter selbst und schiebt daher ein magisches
Motiv zwischenein: den verjüngenden, alle sinnlichen Lebensgeister
aufreizenden Trank. Auch dieß läßt man sich gefallen, man
weiß einmal, daß man nicht auf dem Boden der gewöhnlichen
Wahrscheinlichkeit sich befindet, und Göthe versteht Alles so zu
behandeln, daß man Lücken und Sprünge über der Zaubergewalt
seiner Phantasie gern vergißt. In der That ist auch die Hexenscene ein Meisterstück dieser Genialität. Sie ist rein und ganz
in die geisterhafte, rothglühende Beleuchtung eines zackigen Feuers
unter einem Hexenkessel gesetzt, sprüht von täuschungauflösendem
Witz und gleichzeitig fortbestehender Gewalt der Täuschung, Vers
für Vers läuft und klappt, wie es dem Dichter Keiner nachahmt.
Dazwischen sind nun aber satyrische Andeutungen gestreut:
ein paar Hiebe auf seichte Dichterei; der eine „Nun ist es ge-
scheh'n — Poeten sind" kam schon 1790, der andere: „breite
Bettelsuppen" ist allerdings erst später eingeschoben; die Stelle
von der Krone, die mit Schweiß und Blut geleimt werden soll,
gibt zu denken, man weiß nicht recht, ob man sie auf die nah-
drohende Revolution, oder auf was Anderes beziehen soll, das

Hexeneinmaleins geht sichtbar auf die Lehre von der Dreieinigkeit und auf dunkeln terminologischen Kram der Wissenschaft. Damit beginnt denn bereits das Element einzubringen, das später in der Walpurgisnacht und dem Walpurgisnachtstraum den Leib der poetischen Anschauung aus Rand und Band treibt. Wer be- streitet das Recht der Satyre? Wer begreift aber auch nicht, daß sie in der ächten und wirklichen Poesie ein fremdes, zersetzendes Element ist? Denn sie weist ja aus dem Körper des Gedichts hinaus auf Anderes, was in diesen Körper nicht gehört, sie weiß um die empirische Welt und haut aus der Idealwelt der Kunst nach ihr hinüber, sie zersprengt daher die Illusion, daß jetzt nur jene die wahre Welt ist. Nicht als ob dem Dichter die Freiheit bestritten werden sollte, das eine oder andere Mal sich einen feinen Seitenhieb zu erlauben, solche sehen wir manchem classischen Werke nach, ein solcher steht z. B. in der Scene, wo Mephistopheles darüber müthet, daß ein Pfaffe das erste Ge- schenk für Gretchen eingestrichen hat: „die Kirche hat einen guten Magen" u. s. w., und wem wird der scharfe Stich nicht gefallen? aber es ist etwas Anderes, wenn man in solchen kleinen Li- cenzen wie jene die Vorboten dessen kennt, was nachher in den Brockenscenen so beklagenswerth um sich griff.

Wir müssen nun zunächst über die schrecklich breite Lagune bis 1797 hinübereilen und aus den bis hieher zurückgestellten Aeußerungen im Briefwechsel mit Schiller diejenigen aufnehmen, die in den gegenwärtigen Zusammenhang gehören. Göthe hat also endlich seine Gedanken wieder dem Faust zugewandt. „Unser Balladenstudium hat mich wieder auf diesen Dunst- und Nebel- weg gebracht," so schreibt er am 22. Juni. Dieß hat an sich noch nichts Bedenkliches; auf einem Dunst- und Nebelweg läßt sich eine nordische Welt entdecken, die in ihrer Art für den Dichter so fruchtbar ist, als südliches Land im klaren Sonnenlicht. Aber im Zusammenhang bekommt der Ausdruck noch eine ganz andere Bedeutung; Göthe fährt fort: „und die Umstände rathen mir in mehr als Einem Sinne, eine Zeit lang darauf herumzuirren." Die „Umstände" heißt: eine unbestimmte Summe von Zufällen, die ihm die rechte Sammlung nehmen, die ihn in eine Stimmung versetzen, lieber zu irren, als gemessen zu schreiten, also sich jetzt mit einer Dichtung zu beschäftigen, die keine feste Geschlossenheit verlangt. Göthe meint namentlich die Unruhe, worin ihn die Verzögerung der beschlossenen Schweizerreise versetzt; man beachte nun, daß er in demselben Briefe vorher sagt: „da die ganze Arbeit subjectiv ist, so kann ich in einzelnen Momenten daran arbeiten und so bin ich auch jetzt etwas zu leisten im Stande." „Subjectiv" würde eigentlich bedeuten, daß hier die ganze Handlung von rein innerlichen Kämpfen ausgeht und daß bei diesem Bilde des Dichters eigenes Seelenleben in ungewöhnlichem Grade betheiligt ist; wenn nur nicht dieser Bedeutung des Worts sich hier die weitere unterschöbe, daß daraus ein gewisses Recht zum willkürlichen Belieben in der Behandlung sich ergebe! — Wohl erlaubt ja ein Stoff wie dieser und eine Betheiligung des Ich, wie an ihm, eine besondere Freiheit der Bewegung, kühn gebrochene Lichter, zerklüftete Formen, manchen Zickzack, aber schließlich will er eben doch auch mit jener concentrirten Hingebung behandelt sein, die ein Ganzes schafft. Wir werden bei Anlaß eines Wortes von Göthe über den Unterschied des ersten und zweiten Theils später

auf die Begriffe subjectiv und objectiv zurückkommen; nehmen
wir es hier noch nicht so genau, seien wir läßlich gegen ein pa-
thologisches Verhalten des Dichters und verlangen wir nur
wenigstens dieß: dem Begriffe subjectiver Stoff soll nicht der
Begriff: Recht zu subjectiver Behandlung so untergeschoben
werden, daß der Dichter schweift und herumirrt, statt vorwärts
zu gehen und fertig zu machen; erlauben wir ihm kecke Episoden,
aber fordern wir, daß er doch nach seinem Ziele vorrücke; allein
eben auch diese unerläßliche Forderung ist es, über die sich Göthe
mit seinem „subjectiv" hinwegtröstet. Hiezu folgt als sehr ver-
ständlicher Commentar, nachdem Schiller eingeräumt hat, daß
die Fabel ins Grelle und Formlose gehen müße, nachdem er
dann die Grund-Idee des Faust in gewisse Sätze zu fassen gesucht hat, die wir an anderer Stelle aufnehmen, Göthe's Antwort: „Ihre Bemerkungen waren mir sehr erfreulich, sie treffen,
wie es natürlich war, mit meinen Vorsätzen und Planen recht
gut zusammen, nur daß ich mir's bei dieser barbarischen
Composition bequemer mache und die höchsten Forderungen
mehr zu berühren, als zu erfüllen gedenke." Aus dem Wort
barbarisch spricht ganz und voll Göthes längst entschiedener
classicistischer Idealismus. Wohl scheint es als Prädicat zur Composition nur den formlosen Charakter gerade dieser Composition
zu bezeichnen, natürlich aber sieht Göthe denselben als Consequenz
des Styles an, worin überhaupt der Stoff behandelt ist und
den derselbe mit sich bringt, und so nennt er barbarisch den
Shakespearisch germanischen Styl mit dem Geisterhaften, Traum-
haften, was er gerne mit seiner lebenswahr individuellen Zeichnung vereinigt. Dieser Styl läßt zu, ja fordert trotzdem eine

geschlossene Composition so gut als der classisch idealistische; bei einem Stoff wie der des Faust mag der Dichter nach dieser Seite besondere Nachsicht ansprechen dürfen und sie wird ihm nicht versagt, aber er darf nicht meinen, damit sei jede Willkür zugedeckt, jedes Schlendern erlaubt. Auch sprunghafte Behandlung dürfte sich doch nicht erlassen, den Hauptmomenten gerecht zu werden, die im Grundgedanken liegen; wenn manche Felder des durch ihn ausgesteckten Raumes leer bleiben, wenn dagegen abseits liegende Stellen bemalt werden, so müßte der Künstler doch wenigstens auch dafür sorgen, daß die wesentlichsten Stellen des architektonischen Risses nicht der klaren Zeichnung und Colorirung entbehren. Man übersehe nicht, daß Schiller eben vorher auf den Inhalt, auf die Grund-Idee hingewiesen hat: gegenüber der Anforderung, die sich hieraus ergibt, will es Göthe sich bequem machen; er mag immerhin von der Straße abirren, aber er sollte sie doch wieder einschlagen und verfolgen: dem gegenüber will er sich Nachlässigkeit gönnen. Er fährt fort: „ich werde dafür sorgen, daß die Theile anmuthig und unterhaltend sind und etwas denken lassen; bei dem Ganzen, das immer ein Fragment bleiben wird, mag mir die neue Theorie des epischen Gedichts zu Statten kommen.“ Noch einmal: wir werden nicht die Pedanten machen, Göthe mag sich in einem Drama die laxere, breitere, auf Seitenwegen lustwandelnde Gangart des Epos gönnen, wir verdanken ihr z. B. das anschauungsreiche Sittenbild des Spaziergangs vor dem Thore. „Fragment bleiben:“ was bedeutet dieß? Heißt es: wird nicht geschlossen werden können? Dann müßte angenommen werden, Göthe habe, als er diesen Brief schrieb, die Idee des Prologs im Himmel noch nicht gehabt, obwohl er ihn, wie oben aus seinem eigenen chronologischen Verzeichniß angeführt ist, noch in diesem Jahre schrieb; denn wir werden doch wohl Recht haben mit · der dort ausgesprochenen Meinung, daß dieses Motiv auf einen entsprechenden Schluß hinweise, daß also dem Dichter gleichzeitig mit dem Prolog eine Aufnahme in den Himmel vorgeschwebt haben müsse. Hatte er aber den Prolog und hiemit einen solchen Schluß schon im Sinne, so bedeutet das „Fragment bleiben," die Linie zwischen diesem Anfangs- und Endpunct werde sich niemals ausfüllen lassen. Die Frage, ob dieß möglich war oder unmöglich, wird uns in anderem Zusammenhange sehr beschäftigen; aber auch angenommen, die Linie sei nicht auszufüllen gewesen, weil das Thema eine Unendlichkeit der Materie zu fordern scheint, so ist doch klar, daß Faust in neue Lebensformen versetzt werden, daß mit der **Weiterziehung** der Linie doch begonnen werden mußte, und so kommen wir immer wieder auf die Pflicht der **Fortführung** zurück. Diese ist es, die sich Göthe mit dem „Fragment bleiben" schenkt, und diese durfte er sich nicht schenken, wenn er nicht abwarten wollte, bis ihm die Kraft zur Ausführung erlahmte. Wir sprechen im gegenwärtigen Zusammenhang nur von dem Einen Motive dieser Vernachlässigung, der Verachtung des eigenen Jugendstyls, und für diese zeugen nun noch folgende Briefstellen. In derselben Zeit bezeichnet Göthe seinen Faust als Possen. „Es käme jetzt nur auf einen ruhigen Monat an, so sollte das Werk zu männiglicher Verwunderung und Entsetzen wie eine große Schwammfamilie aus der Erde wachsen. Sollte aus meiner Reise nichts werden, so habe ich auf diese Possen mein einziges Vertrauen gesetzt." (1. Juli 1797).

Vom Jahr 1800, da er die Helena aufgenommen hatte, ist jetzt die ganz schlagende Aeußerung gegen Schiller aufzunehmen: „nun zieht mich aber das Schöne in der Lage meiner Heldin so sehr an, daß es mich betrübt, wenn ich es in eine Fratze verwandeln soll." Schiller versteht dies in seiner Antwort ganz, wie es zu verstehen ist: in eine Fratze verwandeln durch Aufnahme unter die Fratzen, und Fratzen sind die Gestalten des ersten Theils, weil die Darstellung barbarisch ist. „Lassen Sie sich ja nicht durch den Gedanken stören, daß es Schade sei, die schönen Gestalten (die classischen der Helena-Scenen) zu verbarbarisiren; — das Barbarische der Behandlung, das Ihnen durch den Geist des Ganzen aufgelegt wird, kann den höheren Gehalt nicht zerstören" u. s. w. Hätte Schiller wenigstens davon abgerathen, die „Phantasmagorie" je in den ursprünglichen Faust aufzunehmen! Die Gestalten des ersten Faust haben ihr Stylrecht so gut, daß man fragen kann, ob nicht eine antik behandelte Helena, vollends eine allegorische, neben sie gestellt zur Fratze werde. Sind nun die Gebilde des ersten Theils einmal Fratzen, so wird es natürlich dem Dichter, der so sein Werk schätzt, nicht darauf ankommen, Geburten hineinzuwerfen, die auch für uns wirklich Fratzen sind. Dieß ist zunächst der Epigramme-Haufen „Walpurgisnachtstraum," wovon bereits erwähnt ist, wann und wie er in den Faust zu liegen kam: gute und schlechte, viele darunter von rein ephemerer Bedeutung, das Ganze eine Einstreuung von satyrischem Häckerling in ein ewiges Gedicht, die ein unverantwortlicher Leichtsinn zu nennen ist. Hier ist denn jenes Element, das wir ein sprengendes, aus den Fugen treibendes genannt haben, zum vollen Durchbruch gekommen. Auch in der Walpurgisnacht selbst

kündigt es sich ja schon stark genug an. Ehe wir auf diese in=
soweit näher eingehen, wie es an gegenwärtiger Stelle gefordert
ist, darf hier eine Aeußerung Göthes gegen Charlotte v. Schiller
nicht unerwähnt bleiben. Er schreibt an sie 1798: „Faust hat
diese Tage immer zugenommen; so wenig es ist, bleibt es eine
gute Vorbereitung und Vorbedeutung. Was mich so viele Jahre
abgehalten hat, wieder daran zu gehen, war die Schwierigkeit,
den alten geronnenen Stoff wieder ins Schmelzen zu bringen.
Ich habe nun auf Cellinische Weise ein Schock zinnerne Teller
und eine Portion hartes trockenes Holz daran gewendet und
hoffe nun, das Werk gehörig im Fluß zu erhalten." (Charlotte
v. Schiller und ihre Freunde B. 2, S. 238.) Was die Zinn=
teller und das Holz bedeuten, ist nicht lange zu fragen, wenn
man die in Rede stehenden Bestandtheile ansieht. Auf die Wal=
purgisnacht hat uns schon die Besprechung der Frage geführt,
wie das Helena-Motiv zu verwenden gewesen wäre. Die ganze
phantastische Scene ist sinnbildliches Surrogat für die Leistung,
die man, wie ich dort gezeigt, an dieser Stelle des Drama's er=
warten durfte. Wie haben, wie natürlich, schon zugegeben, daß
auf dem realen Boden einer reichen glänzenden Welt voll sinn=
betäubender geistgewürzter Zerstreuungen, in welche Faust
hier zu führen war, dämonische, geisterhafte Motive nur ganz
zulässig waren, aber kein überzeugender Grund ist mir bekannt,
der es irgend rechtfertigte, daß der Dichter nun allen Boden der
Wirklichkeit uns unter den Füßen wegzieht und in Träumen
eines Delirirenden umwirbelt, daß statt Phantasie nun Phantasiren
eintritt. Wer könnte so stumpf sein, nicht einzusehen, daß Göthe
immer Göthe ist, auch wo er fehlgeht! Er hat es ganz vermocht,

uns in die irre Traum- und Zauberstimmung zu versetzen, der
Sturm im Wald und Gebirg, der Hexenschwarm zu Anfang
sind Meisterbilder, es heben sich Stellen hervor, wo Göthes
ganze Macht, Anschauung, Zustand, Erscheinung ·mit Sprach-
klang, Reim und Rhythmus in Eins zu fühlen, wunderbar zu
Tage tritt, auf einen Vers wie diesen (um nur die eine Stelle
anzuführen):

> Wie traurig steigt die unvollkommne Scheibe
> Des rothen Monds mit später Gluth heran!

war er mit gutem Grunde stolz. Am Schluß die Gewissens-
Vision, worin dem Faust das Bild Gretchens erscheint, macht
durch das todesbange Dunkel der bloßen Andeutung das Blut
in den Adern gerinnen wie bei entsetzlichen Traumgesichten.
Betrachtet man aber das Ganze von der Seite der Composition,
so sind die Theile mit der denkbar gründlichsten Verachtung aller
Einheit zusammengewürfelt. Man erwartet doch eine Steigerung,
einen Mittelpunct. Nach dem Anblick des Hexenschwarms aber
treten Faust und Mephistopheles bei Seite zu einer Gesellschaft,
die sich abwegs niedergelassen hat und vergnügt: eine Episode
— immerhin! aber dann zum Gipfel! Das schneidet Göthe
gleich zu Anfang der Episode mit den Worten ab, welche
Mephistopheles dem Faust antwortet, der lieber oben sein
möchte, weil sich da manches Räthsel lösen müsse: „doch manches
Räthsel knüpft sich auch." Im Grunde sehr natürlich. Göthe
konnte hier keine Metaphysik des Bösen vortragen; es läßt sich
nicht etwa ein mythisches Bild denken, eine dem Prolog im
Himmel gegenübergestellte Versammlung der höllischen Heer-

— 57 —

schaaren um Beelzebub, worin philosophische Offenbarungen
über das Böse vorkämen, die tiefer wären, als diejenigen, welche
in Charakter und Thun des Mephistopheles poetisch niedergelegt
sind. Und ich sage: eben daran, daß dem Ganzen kein Mittelpunct zu geben war, hätte Göthe zum Bewußtsein kommen
können, daß er den ganzen Brocken-Einfall opfern müße. Oder
sollte die Lilith eine solche Steigerung sein, ein Gipfel aller
Sinnlichkeit? Allein eine Steigerung dieser Art braucht es nicht
mehr neben dem Tanz mit den nackten Hexen, der weibliche
Buhlteufel aus der Talmud-Sage ist müßig und gehört unter
den Kram, der durch Nothwendigkeit eines Erklärungsapparats
bemüht; Göthe hat vielleicht einen Augenblick gedacht, ihn statt
der Helena fungiren zu lassen. Man könnte etwa auch vorbringen,
die Höhe der Brockenscenen sei die Erscheinung Gretchens, indem
der Dichter damit sage, daß die höchste Losgelassenheit des
Sinnentaumels in Schauer des Gewissens umschlägt; allein
dieser furchtbare Ernst wird ja mit den Worten: „nur immer
diese Lust zum Wahn" u. s. w. wie mit einem Spazier-
stöckchen hinweggeschnellt, indem hiemit Mephistopheles den
Faust zum Theater einläbt, wo eben Oberons und Titania's goldene Hochzeit aufgeführt wird, und dieser die Einladung nicht ablehnt. — Und nun also das satyrische Scheidewasser, das nicht nur alle Poesie zersetzt, sondern zu einem nicht
kleinen Theil zugleich durch ungelöstes Dunkel auf die Nerven
drückt! Es ist zugleich Göthes Neigung zum Mystificiren, die
noch viel stärker, als in der Hexenscene, hiemit in seinen
Faust einbricht. Der Hexenschwarm wird halbdeutlich zu einem
Bilde des Drängens und Schiebens nach oben in Literatur

und Leben. Die Eule im Nest ist der Schuhu aus Göthes Fragment: die Vögel, er bedeutet die Kritik, dann folgen ein paar Verse, die auf den Herenzug ein Schlaglicht werfen, als stelle er das Drängen nach Zielen der Begierde vor, indem sie Weib und Mann nach der Geschwindigkeit ihres Uebergangs zum Bösen vergleichen („wir schleichen — Mann"); damit wechseln wieder Andeutungen auf Literatur („wir möchten gern mit in die Höh'" u. s. w. „ich tripple auch so lange Zeit" u. s. w.), vielleicht auch Wissenschaft, wer weiß? („ich steige schon dreihundert Jahr — meinesgleichen"). Der Vers: „und wenn wir — Hexenheit" scheint die breite Masse der Mittel= mäßigkeit zu bedeuten, die den Parnaß umlagert. Bei solchen Brocken auf dem Brocken rückt nun der Erklärungsphilister seinen Sitzbock zurecht, senkt den Kopf tiefer und denkt: Donnerwetter! da wollen wir uns einmal Mühe geben, das herauszubringen! und Göthe lacht hinter seiner spanischen Wand. Die alten Herrn am Feuer, laudatores temporis acti, sind auch ein solcher Anspielungsspaß; drei Verse politischen, ein Vers literarischen Inhalts; wenn Politik auf dem Blocksberg, warum nicht mehr, nicht auch etwas von den Scheusalen der Revolution? Die alten Herrn sehen auch aus, als sollte man an bestimmte Personen denken, und man kann nicht entdecken, an welche? Wer Lust hat, grüble! Bei dem Tanze nun der Spaß auf Nicolai als Proktophantasmisten, dieß sehr nett, da die Satyre zur drolligen Posse wird, namentlich der Vers: „er wird sich gleich in eine Pfütze setzen — curirt" ganz prächtig, geistreich cynisch (das Cynische ist doch etwas ganz Anderes, als das sexuell Obscöne), aber die ganze Posse gehört doch nicht in den Faust! Dann

kommt übrigens der Nicolai ja wieder vor im Narren-Aufzug
des Walpurgisnachtstraums. Der Servibilis muß auf eine
bestimmte Person gehen; man bringt nicht heraus, auf welche?
— Auf den Walpurgisnachtstraum lasse ich mich nicht weiter
ein. Soll hier etwa zum hundertsten Mal erläutert werden,
wer der Hennings ist? In der Jugend, als ich Göthes Faust
mit heiligen Schauern ansah wie ein Werk eines Gottes, in
welchem Unglück saß ich über diesem Zeug! Ist nicht schon das
eine Sünde, durch solche Neckereien in einem unsterblichen Werke
die Pietät für Narren haben! Nun endlich die Obscönitäten!
Ich erinnere an gewisse Gedankenstriche beim Tanz mit den
nackten Heren. In einer Handlung, welche die Epoche in Fausts
Leben, die hier darzustellen war, nicht phantastisch uneigentlich,
sondern phantasiereich eigentlich darstellte, müßte Faust tief in
die Wirbel des Sinnengenusses gerissen werden; sollen wir aber
annehmen, er treibe Dinge, die dem entsprechen, was hier ekel-
haft angedeutet wird, so ist er ein Schwein geworden, an dem
nichts mehr zu retten ist. Ich muß in diesem Zusammenhang
eine sehr bekannte Briefstelle aus einer viel späteren Zeit anführen, aus Göthes Brief an jenen Schubarth, der das nichtige
und affectirte Buch über den Faust geschrieben hat; der Brief
ist vom Jahr 1820; wir brauchen die Stelle später noch einmal,
um zu sehen, wie Göthe die Irrthümer bezeichnet, durch welche
sich durchzuarbeiten seinem Helden im zweiten Theil vorbehalten
sei; von diesen Irrthümern sagt dann der Brief, der arme
Mensch (Faust) dürfte sich edler, würdiger, höher in sie verlieren, „als im ersten, gemeinen Theile geschieht." Gemein:
dieß kann unmöglich blos auf die Schlichtheit der Verhältnisse

in seinem ersten Lebensgang sich beziehen, Göthe kann Gretchen nicht gemein nennen, auch Valentin nicht; es muß auf die Behandlung gehen, Göthe nennt seinen naturderben Jugendstyl gemein; man denke auch wieder an die „Fratzen," die „Possen." Nun, wenn ihm sein erster Theil einmal doch gemein vorkam, so konnte es ihm nicht darauf ankommen, auch noch Einiges hineinzuwerfen, was recht ausdrücklich — nicht ungemein ist. In den Stunden, wo er seinen Faust verachtete, hielt er ihn für einen Schubsack, in den sich die dicksten Obscönitäten stecken ließen, die ihm eben einmal einfielen. Der Phantasiemensch hat so seine diabolischen Stunden, wir werden kein Minos-Gericht darüber halten, wenn ihn der Teufel einmal reitet, solchen wüsten Einfällen auch Gestalt zu geben; man kennt gewisse Blätter von bedeutenden Künstlern; die wurden dann aber nicht für die Oeffentlichkeit bestimmt, und wenn je, so wurden sie nicht in Werke großen Inhalts, in unsterbliche Werke gesteckt, Göthe aber, sage Göthe, hat seinen Faust nicht für zu gut geachtet, um ihn als Ablagerungsgrube für solche Phantasieen zu behandeln. Ich muß noch an das Paralipomenon „Gipfel des Brockens" erinnern; dieß wenigstens blieb glücklicher Weise im Pult. Einen Tragelaphen konnte er übrigens nun seinen Faust wohl nennen (an Schiller 1797), da so dem Edelhirsch ein Bockskopf am Rücken auswuchs.

Dieß sind Entstellungen des Gedichts, die wir also mittelbar dem ungünstigen Einfluß des bezeichneten Stylwechsels zuschreiben, sofern derselbe Stimmungen der Geringschätzung des eignen Werks zur Folge halte. Wir haben nicht vergessen, daß die guten Stunden zurückkehrten, wo der Dichter wieder den ganzen

Werth seines großen Wurfes fühlte, wo die alte ächte Faust=
stimmung über ihn kam. An der Schönheit der Theile, welche
zwischen den Ausgaben von 1790 und 1808 aus dieser Quelle
geflossen sind, werden wir uns erquicken, für jetzt müssen wir unser
Thema verfolgen, das uns auflegt, uns mit dem Unerquicklichen
und minder Erquicklichen zu beschäftigen. Direct organisch zu
seinem Nachtheil in das Gedicht eingreifend wirkt der Stylwechsel
von da an, wo der Dichter das Helena=Motiv in der Form
zu behandeln anfängt, in der es vorliegt; doch wurden ja
diese Scenen zunächst nicht in das Drama aufgenommen; wir
können das ganz bestimmte Eindringen des Classischen und
zugleich Allegorischen noch zurückstellen und zunächst auf eine
andere Erscheinung hinweisen, die immerhin auch als eine in=
directe Folge der immer bestimmtern Festsetzung Göthes auf dem
Boden des classischen Styls zu erklären ist; ich meine die sicht=
bare Abnahme der Kraft, die Leidenschaft darzustellen. Sie ist
allerdings nicht aus diesem Grund allein abzuleiten; es war
auch das wissenschaftliche Forschen, es war überhaupt der stets
wachsende Zug zur Contemplation, zur Ruhe der Weisheit, was
kühlend auf jene Dichterkraft wirkte; ja man könnte gegen die
Behauptung jenes Einflusses vorbringen, daß es ja den Alten
wahrlich auch nicht an Feuer der Leidenschaft fehlt, doch hierauf
ist zu antworten, daß Göthe, dieser Ruhe der Betrachtung zu=
gethan, wie er war, und Winkelmannisch gebildet, wie er es
auch war, ihnen doch mehr die maßvolle Stille als das feurige
Pathos abgesehen hat. Die Erscheinung ist zunächst nur sporadisch.
An manchen Stellen flammt noch in voller Gluth das alte
Feuer auf; wie bricht es z. B. hervor in dem hochpathetischen

Fluche Fausts auf alle Erdenfreuden, der ja in der ersten Ausgabe noch fehlte! Dagegen ist von der Kritik schon längst richtig
gesehen worden, daß der Monolog nach Wagners Abgang, so
tief und gedankenreich er ist, gegen den Schluß hin abfällt, —
abfällt von dem Grabe der Leidenschaft, der gerade an dieser
Stelle gefordert wird. Vor den Worten: „doch warum heftet
sich mein Blick an jene Stelle?" erwartet man etwas Anderes,
als die männlich ruhige Betrachtung:

> Was du ererbt von deinen Vätern hast,
> Erwirb es, um es zu besitzen.
> Was man nicht nützt, ist eine schwere Last,
> Nur was der Augenblick erschafft, das kann er nützen.

Wenn der freiwillige Tod als einzige Lösung erscheint, der
muß sich in einem Zustande des Eingeklemmt- und Eingekeiltseins,
in einer Qual der Spannung befinden, die ihm doch wohl
andere Worte auspressen wird. Jenes Gefühl der Linderung,
das schon bei dem Anblick der Phiole Faust überkommt und
das so rührend schön ausgesprochen ist, hätte der jugendlichere
Göthe nicht verfehlt in doppelte Wirkung zu setzen durch einen
vollen Kontrast gegen unmittelbar vorhergegangene Seufzer und
Ausrufe der tiefsten Seelenpein. Auf dem Spaziergange vor
dem Thore steigert sich im Anblick der untergehenden Sonne
und der Landschaft das Schmerzgefühl zu dem Wunsche,
fliegen zu können, und Faust fleht die Geister in der Luft, ihm
einen Zaubermantel zu leihen. In diesem Augenblick knüpft
die Hölle an. In der folgenden Scene zurückgekehrt in seine
stille Zelle, fühlt er sich gesammelt, beruhigt, betröstet er sich,
daß „wilde Triebe" entschlafen sind und „Vernunft fängt wieder

an zu sprechen." Jener Wunsch ist aber nicht wild, sondern
ganz weich lyrisch ausgesprochen, die Stelle bewegt sich ganz in
den schön fließenden Accorden wie alle Reden Fausts in dem
Gespräch, dessen Schluß sie bildet, und ebendarum markirt sie
sich nicht stark genug in der Auffassung des Lesers, um ihm
nahe zu legen, daß es sich um ein höchst leidenschaftliches,
aus verzweifelter Beklemmung aufsteigendes Begehren handelt, das
die Hölle reizt, sich dem Faust nun an die Fersen zu heften;
man übersieht daher, welcher sittlich gefährliche Gedanke in ihm
sich verräth: Faust möchte durch das Leben stürmen, ohne die
Lasten des Lebens zu tragen, ohne sich zu binden. Man versetze sich in die Situation. In Faust hat sich, nachdem das
Ungestüm des Wissenstriebs durch den Erdgeist zurückgestoßen
und beschämt ist, der Lebenstrieb hervorgedrängt, aber Faust
getraut sich nicht, das Leben anzufassen, wie er die Wahrheit
nicht anzufassen weiß, — Beides, weil er Alles oder nichts,
weil er Alles auf einmal will: wie die Wahrheit mit Einem
Geistesgriffe ganz, so will er die Lebensgüter mit Einem Zuge
ganz und hemmungslos, weiß aber doch, daß dieß nicht möglich
ist; man lese die frühere Stelle nach, die wir zu genauerer
Betrachtung anderswo vornehmen müssen: „wenn Phantasie sich
sonst — beweinen;" Faust möchte leben und fürchtet doch, an
Alles,. was bindet im Leben, seine innre Freiheit zu verlieren.
Und nun also ruft er die Hölle an, ihm zu helfen, daß er leben
könne, ohne die Einschränkungen der Freiheit tragen zu müssen,
die jedes sich Einlassen in's Leben zur Folge hat; dieß ist mit
dem Fliegen gemeint und dieß ist es, was wir weit nicht so leidenschaftlich ausgedrückt finden, als seine Seelenlage es erfordert.

Zu den Beweisen gegen eine Abnahme des Feuers in
Darstellung der Leidenschaft werden wir den Auftritt „trüber
Tag, Feld" und die markerschütternde Schluß-Scene des ersten
Theils wenigstens in ihrer Entstehung nicht zählen können, denn
diese fällt, wie wir schon gesagt und uns schwerlich bestritten
wird, in eine frühere Zeit.

Wie anders verhält es sich mit der in Rede stehenden Kraft
bei Shakespeare! Nur immer drangvoller faßt sich dieser poetische
Zorngeist bei ihm in seiner dritten Periode zusammen! Was
Göthe am längsten treu bleibt, ist das sanftere Feuer, das in
der Liebe nach innen brennt und das noch in der „Trilogie
der Leidenschaft" den Puls des dreiundsiebzigjährigen Greises
beschleunigt. Beweises genug auch dieß, daß nicht der Stoß
und Drang der Manneskämpfe im Leben, sondern das rein
Menschliche sein Element war.

Noch ein anderer Zug ist zu beobachten. Man sehe zu,
wie oft im Faust gesungen wird. Nun ist natürlich zu unterscheiden. Wo es durch die Situation innen heraus motivirt ist,
wer wollte da nicht Gesang, auch in einem Drama, gern hören?
Wer möchte die herrlichen Lieder entbehren, die wir durch diese
Neigung des Dichters gewinnen? Gesang der Erzengel, Lied
der Soldaten, prächtiges, heiß gestimmtes, in mediam rem
reißendes Lied der tanzenden Bauern, Lied der Studenten in
Auerbachs Keller und Flohlied des Mephistopheles, Gretchens
Lieder: der König von Thule und: „meine Ruh ist hin," die
furchtbar erhabenen Verse aus dem Requiem, eingeführt in der
Kirchenscene, endlich das Bruchstück des Volkslieds, das Gretchen
im Wahnsinne singt — lauter lyrische, musikalische Motive am

rechten Ort und mit der besten Wirkung! Nun aber kommen
noch andere Gesänge hinzu, welche zu zweifeln geben. Fragt
man, warum ich den Ostergesang hier bei den Zweifel zulassenden
musikalischen Einschiebungen aufführe, so habe ich zu gestehen,
daß ich meine alten Scrupel noch nicht habe los werden können. Man bedenke doch: Faust glaubt an das Wunder der
Auferstehung, das der Gesang verkündigt, ausdrücklich nicht;
was ihn rührt, ist die Reminiscenz früherer kindlicher Rührung
bei dem Ertönen des alten Osterliebs und der Glocken; es sind
die schönen Täuschungen der Menschen, die ihn erweichen; die
Scene geht genau auf derselben Linie wie die folgende: die
Menschen, in deren Anblick Faust auf dem Spaziergang vor
dem Thor aufthaut, sind dieselben, welche Morgens in der Kirche
gläubig diese Gesänge gehört haben; Faust hat sich am Ostermorgen in ihre andächtige Stimmung hineinziehen lassen und läßt
sich am Nachmittag durch den Anblick ihrer Freude, durch Frühlings-
luft, Licht und Landschaft in ihre fröhliche Stimmung hineinziehen,
beidemal ohne Illusion; im zweiten Gespräche mit Mephistopheles
fühlt er sich tief beschämt und verwundet, da ihn dieser daran mahnt,
wie ihm eine menschliche Rührung den Giftbecher vom Munde zog,
er flucht jenen schönen Täuschungen und darum jeder Täuschung:

> Wenn aus dem schrecklichen Gewühle
> Ein süß bekannter Ton mich zog,
> Den Rest von kindlichem Gefühle
> Mit Anklang froher Zeit betrog,
> So fluch' ich Allem, was die Seele
> Mit Lock- und Gaukelwerk umspannt u. s. w.

Nun ist allerdings wohl kaum zu zweifeln, daß der Dichter
will, wir sollen noch etwas Anderes in der Scene finden: eine

Wahrheit, die in ihrem Werthe stehen bleibt, wenn man auch
ihre symbolische Hülle als blos symbolisch klar und frei durch=
schaut. Der Christus, der nach schwerer Prüfung aus Todes=
banden ersteht, wir sollen in ihm den Menschengeist sehen, der
sich siegreich durch die Kämpfe der Welt hindurchringt, der Chor
der Engel ruft: reißet von Banden freudig euch los! und tröstet
die Ringenden, daß der Meister ihnen nah, ihnen gegenwärtig
sei. Diese Gegenwart dürfen wir ungesucht auf die Immanenz
des absoluten Geistes in philosophischem Sinne deuten als eine
Bürgschaft, daß Faust, das Bild der Menschheit, nicht verloren
sein werde. Wir — die Leser. Der Mann im Stück, Faust
nimmt aus der symbolischen Hülle nicht diesen Gedanken heraus,
wir hören aus seinem Munde nur, daß er den Wunderglauben
abweist; daß ihm das Wunder, das die Kirche und der Glaube
als Thatsache aufstellt und nimmt, zum Symbol einer reinen
Wahrheit werde, davon hören wir nichts; es müßte denn der
Dichter durch die Worte: „zu jenen Sphären mag' ich nicht zu
dringen, woher die holde Nachricht tönt" andeuten wollen, daß
Faust von Weitem einen großen Inhalt ahne, der als ver=
borgener Kern im Mythus liege. Da dieß im Dunkel bleibt,
so folgt: daß der symbolisch eingekleidete Sinn eigentlich an den
Leser adressirt ist. Ich sage: Leser, denn in der Aufführung
gehen die symbolisch bedeutenden Worte unter Orgelklang, Ge=
sang und Beschäftigung des Auges dem Ohr und der Auf=
merksamkeit verloren. Göthe hat zwar erst sehr spät, auf An=
laß von außen, an eine wirkliche Ausführung seines Faust ge=
dacht, aber dessenungeachtet doch natürlich mit seinem innern
Auge und Ohr Alles gesehen, gehört, als ob es aufgeführt

würde, sichtbar aber besonders diese Scene mit der inneren Vorstellung der theatralischen Wirkung gedichtet; es folgt, daß er in Rechnung zu nehmen hatte, wie die Textesworte, um die es sich handelt, in den Tönen der Melodie halb gehört verschwimmen müssen. Wollte also Göthe wirklich einen Wink geben, daß man die Textesworte im genannten Sinne symbolisch verstehen solle, wollte er auf eine Schlußscene präludiren, wo die kirchlich mythische Vorstellung ebenso dienen werde, den Helden nun als gerettet und erlöst darzustellen, so hat er diesen Wink nur den Wenigen gegeben, die mit Vertiefung lesen und genau hinhören, die Mehrheit aber rührt er durch ein theatralisch an sich außerordentlich schönes, opernhaft wohlgefälliges, jedoch das Verständniß fast unvermeidlich irreführendes Motiv. So ist es nun sehr begreiflich, wenn diese Mehrheit die Scene vollständig dahin mißversteht, daß dem Faust eine Mahnung ertheilt werde, von seinem Forschen überhaupt abzustehen und sich dem Kinderglauben in die Arme zu werfen. Fausts Wort: „das Wunder ist des Glaubens liebstes Kind," mit seiner tiefen Wahrheit ist für diese Menge vergeblich gesprochen, sie merkt nicht, daß es damit dem Dichter ernst ist, und hat für den Satz kein Verständniß, daß alle Wunderthatsachen der Religion nur Producte der gläubigen Phantasie sind. Hat ja doch ein Mann der Wissenschaft, Chr. H. Weiße, den Auftritt so verstanden; er meint, der Dichter habe hier einen Anlauf genommen zu der allein richtigen christlichen Wendung des Dramas, er lege Hand an, seinen Helden dem Reich der Gnade zuzuführen, aber es bleibe bei dem kurzen Ansatz, weil ihm selbst der wahre Glaube fehle. Doch Weiße steht nicht allein, Schubarth, Falk, Enk und Anb: haben sich

von der Scene auf ähnliche Art blenden laſſen. In modificirter
Weiſe hat neuerdings Sengler (Göthes Fauſt. Erſter und zweiter
Theil 1873) dieſen Standpunct zum ſeinigen gemacht: „die
Engelſtimmen ſind die Offenbarungen des chriſtlich‐religiöſen
Gewiſſens in Fauſt als Gottes‐ oder als Himmelsſtimme“ u. ſ. w.
Dieß meint er offenbar ſo, daß in der Aufrichtung, wozu das
Gewiſſen mahnt, der Glaube an die Gottmenſchheit und Auf‐
erſtehung Chriſti als an Thatſachen enthalten ſein ſoll. Da
würde alſo der Fauſt, der das Wunder nicht glaubt, einen
zweiten Fauſt in ſich tragen, der ſich auffordert, daran zu
glauben. Vergißt man denn ganz das Religionsgeſpräch zwiſchen
Fauſt und Gretchen? Hier ſagt uns der Dichter doch deutlich
genug, wie er ſich verſtanden wiſſen will, wo es ſich vom Glauben
handelt, denn er ſpricht durch ſeinen Helden ſehr vernehmlich
ſeine eigene Ueberzeugung aus. Nun redet er hier zwar in
ſeiner jugendlichen Periode; zwiſchen damals und zwiſchen der
Zeit, wo er die Oſterſcene ſchrieb, wird ſein Denken ſich ver‐
ändert haben, wir werden, wenn wir das Religions‐
geſpräch ſeines Orts eingehend beſprechen, in Fauſts freiem
Pantheismus ein weſentliches Moment vermiſſen und die Ahnung
dieſes Mangels vom Dichter im weiteren Gang der Handlung
niedergelegt finden; aber nimmermehr iſt es ihm eingefallen, ſich
und ſeinen Fauſt dem poſitiv kirchlichen Glauben zuzuwenden
und deſſen Vorſtellungen anders, denn als Symbole zu gebrauchen;
in der Oſterſcene dagegen findet der fromme Wunſch derjenigen,
die ihn gläubig haben möchten, einen Anhalt; das iſt mein Be‐
denken, bei dem ich ſtehen bleiben muß.

Wir kehren zu unſerem Zuſammenhang zurück; was uns be‐

ſchäftigt, ſind die vielen Opern-Motive. Ein ſehr merklich nur ein-
gelegtes Stück iſt der höllliſche Geiſter-Chor „drinnen gefangen iſt
einer“, mir will ſcheinen, er ſei auch für die Erhöhung des geiſter-
haften Stimmungs-Elements entbehrlich und dürfte zu den Gründen gezählt werden, die für Devette's Urtheil ſprechen, in dieſer
ganzen Scene (Beſchwörung des Pudels, erſtes Geſpräch mit Mephiſtopheles) ſei doch des Hokus-Pokus zu viel. Je ſchwerer es ihm
wurde, mit der ganzen Handlung über den erſten Theil hinaus vorwärts zukommen, um ſo mehr ſolchen Aufputz hat ihm Göthe gegeben. — An ſich von ungemeiner Schönheit iſt der den Fauſt
in Schlummer einwiegende Geiſtergeſang in dieſem Auftritt. Um
ihn noch ungleich weltluſtiger zu ſtimmen, als er es auf dem
Spaziergang geworden, zieht der Dichter dem Mittel der Rede,
des Zuredens durch Mephiſtopheles, ein Mittel vor, das auf
die Nachtſeite, den unbewußten Grund der Seele, auf Nerven
und Phantaſie wirkt: er läßt ihn in Schlaf und einen alle Sinne
mit ſüßem Zauber befangenden Traum einſingen; — kurze
daktyliſch trochäiſche Zeilen in einfacher und wechſelnd in frei
gekreuzter Reimfolge, aufregend und einlullend, gleich die erſten
Worte: „ſchwindet ihr dunkeln Wölbungen droben“ höchſt
ſtimmungs- und anſchauungsvoll, und nun öffnet ſich ein herrliches Bild einer ſchöneren, entzückenden Natur, worin ein freieres,
göttergleiches Menſchengeſchlecht ſelig ſchwebt und ſchwelgt: ächt
traumartig fließen die Bilder ineinander über, flatternde Ge-
wandbänder in blauen Himmel und Zeltdächer über Lauben,
wo ſich „fürs Leben tief in Gedanken Liebende geben,“ die
Lauben in Reben, die ſchäumenden Weine und Quellen in Seen,
wobei das edle Geſtein, durch das ſie rieſeln, mit einem vorüber-

gehenden Schlaglicht die Vorstellung von Reichthum und Schätzen weckt; das wandernde Geflügel, die jauchzenden, tanzenden, über Höhen und Seen sich zerstreuenden Menschen sind verklärte, erweiterte Erinnerungsbilder dessen, was Faust so eben auf seinem Spaziergang gesehen hat, und der grammatisch freie phantasirende Schluß überbietet alles Herrliche, was der Traum vorgeführt, durch die Ahnung noch seligerer Fernen. — Der Text ist so schön, daß er fast zu schön ist, im Theater gesungen zu werden. Es ist ein bekannter und zugegebener Satz, daß Opern-Texte nicht durch selbstständigen poetischen Gehalt sich auszeichnen sollen; anders verhält es sich mit Compositionen für Haus- und Concertmusik, wo im Gesang das Wort mehr zur Geltung kommt. Wir haben also in einem ernsten Drama ein opernhaftes Motiv, bei dem sich der Dichter wie beim Ostergesang theatralische Aufführung, wenn er sie auch nicht bezweckte, doch vorgestellt hat, und dessen p o e t i s c h e r Werth durch diese fast verloren geht. Es wäre pedantisch, klein, gränlich, sich durch dieß Bedenken den Genuß verderben zu wollen; häuften sich die musikalischen Motive nicht so sehr, so würde man an dieser Stelle den Zweifel gern unterdrücken; nun aber, da gleich in der nächsten Scene nach dem Fluche Fausts auf alle Erdenfreuden abermals ein Geistergesang· folgt, so entsteht eine Cumulation, zu der denn doch gesagt werden muß, es sei des Opernhaften zu viel. Hier singen wieder höllische Geister, beklagen die Zertrümmerung der schönen Welt und rathen, in neuem Lebenslauf sie prächtiger herzustellen; es ist die Objectivirung des Gefühls, das nach solchem Paroxysmus im Innern des Mannes selbst nachzittern muß, der den Fluch ausgestoßen hat, einer Art von Selbstbedauern, daß es nun für ihn keine Freude auf der Welt mehr geben soll; daß dieß die Bedeutung ist, erhellt aus der ganz unbefangenen Art, mit der Mephistopheles gleich darauf anknüpft, als wäre der Fluch gar nicht gesprochen. So kann man sich die abermalige Vocalmusik wohl zurechtlegen, aber helle Worte aus dem Munde des teuflischen Bearbeiters könnten eben- daßelbe, was sie leistet, deutlicher leisten. Doch ist noch auf einen bedeutenden Zug aufmerksam zu machen: eigenthümlich klingt aus dem Klagen, Lispeln, Locken dieser Stimmen ein idealer Ton heraus: „prächtiger baue sie wieder, in deinem Busen baue sie auf.“ Es ist von großer Tiefe, daß uns nahe gelegt wird, Faust dürfte die Flüstertöne auch in das Gegentheil ihrer höllischen Absicht deuten und die Mahnung daraus entnehmen, im guten Sinn eine neue Welt sich in seinem Innern aufzubauen.

Auf den zweiten Theil der Tragödie gehe ich hier vorerst nur mit der kurzen Bemerkung ein, daß ich keinen Grund sehen kann, von meiner alten Behauptung (Krit. Gänge N. F. H. 3 S. 152) abzugehen, gleich der erste Auftritt vermehre das Zuviel des Opernhaften um einen leidigen Beitrag, da Faust durch Elfen- gesang von seiner Seelenqual geheilt wird. Ein Mann, der so eben den Henkerstod der Geliebten erlebt hat und auf seinem Gewissen trägt, auf blumigen Rasen gebettet, von Elfen eingelullt, was will das heißen! Nun: es will heißen, daß er an der Natur gesundet, aber hat das Wahrheit? Muß aus einer innern Hölle von Selbstanklage nicht eine ethische Bewegung, eine Willens- bewegung, ein Entschluß, eine That erlösen und ist das weich- schöne Einwiegen durch äußere Natur-Erscheinung und Musik hier zu ertragen? Freilich ist ja eben auch der Seelenzustand

selbst gar nicht dargestellt; doch nachdem die Energie des Bildes
der Leidenschaft bei Göthe schon früher nachgelassen hat, können
wir sie um die Zeit, wo diese Scenen entstanden, nicht mehr
erwarten. — Auf das lange hochkirchliche Oratorium am Schlusse
wollen wir für jetzt nicht eintreten; es genügt, darauf hinzuweisen.

Diesen Bemerkungen über das Opernhafte füge ich noch bei,
daß es absichtlich geschah, wenn ich Göthes directe Befassung
mit der Oper nicht erwähnt habe. Warum sollten wir ihm
seine Singspiele verargen? Warum darf ein Dichter nicht daran
gehen, einmal einen Text zu einem zweiten Theil der Zauber-
flöte zu schreiben? Nur freilich gerade bei einem Göthe ist es
um die Zeit schade. Immer noch mit dem Faust nicht fertig,
— da erst thut es leid, daß er seine Muße solchen Spielen
gönnt. Doch auch dieß bei Seite, — nur daß er die Opern-
form so stark in's Drama hereinzieht, das ist es, um was es
hier sich handelt. — Führte es nicht zu weit über die Grenzen
hinaus, die ich diesen Betrachtungen stecken muß, so wäre viel
eher dabei zu verweilen, daß Göthe sich entschließen konnte, zwei
Stücke von Voltaire zu übersetzen; Alles eingerechnet, wodurch
diese Thatsache so und so mildernd erklärt wird, es wäre ihm doch
nicht möglich gewesen, hätte ihn sein Stylwechsel nicht weiter
und weiter von der Natur abgeführt. Auch ein Theil seiner
Theaterregeln erinnert an französisch classischen Wohlanstand.

Das zu starke Eindringen des Opernhaften und dieser letztere
Zug führen nun auf einen Punct von weiterem Belang, den
ich hier freilich nicht erschöpfend behandeln kann, der eigentlich
eine gründliche selbstständige Ausführung verlangt.

Es findet sich in unsern beiden classischen Dichtern ein Zug,

für den ich keinen rechten Namen zu finden weiß. Es ist ein
gewisses Etwas, zu dem man sagen möchte: zu schön! Kann
nun aber in der Welt des Schönen, in der Kunst, auch etwas
zu schön sein? Eine dialektisch schwere Frage, auf die in Kürze
hier nur zu sagen ist: nennt man das Charakteristische auch
schön, dann muß sie verneint werden; was schön aussieht, aber
nicht charaktertreu ist, wäre dann als nicht wirklich schön zu
bezeichnen; stellt man das Charakteristische dem Schönen gegenüber und nennt es lieber wahr und bedenkt zugleich, daß ein
Kunstwerk, wie sehr das Schöne sein Ziel sein mag, doch
Parthieen haben muß, die durch mehr oder minder herbe
Wahrheit hindurch zur Schönheit führen, so ist die Frage zu
bejahen und hiemit zuzugeben, daß es auf Kosten der Wahrheit schön sein kann. Darf man nun sagen: es findet sich
bei unsern großen Dichtern ein Zug zum Schönmachen, das
nicht wahrhaft schön, weil nicht charaktertreu ist, oder zum
Schönmachen auf Kosten der Wahrheit, also ein Zuviel des
Schönen? Wenigstens etwas von einem solchen Zuge? Hat
man wirklich öfters ein Gefühl bei ihnen, daß sie mehr auf
schönes Arrangiren, als auf jene Schönheit arbeiten, die auch
lebenswahr ist? Um den Schein gehässiger Verkleinerung abzuwehren, wenn man diese Frage gegen sie aufwirft und nicht
mit Nein beantworten zu können gesteht, muß dieser Punct in
das Licht des Historischen gerückt werden. Wer eine Verirrung
aus geschichtlichen Bedingungen begreift, der weiß, wohin er die
größere Hälfte der Schuld zu schieben hat, auch wenn er sie
unverblümt beim Namen nennt. Nun versetze man sich in die
ganze Schwere des Prozesses, der vor sich gehen muß, wenn ein

Nationalgeist, an sich barbarisch wie der deutsche, seine Geschmacks=
bildung durch Aufnahme eines ihm national fremden, von einem
längst untergegangenen Volk überlieferten Schönheits=Ideals voll=
ziehen soll. Da muß es ja nothwendig Krisen geben, wie wenn
ein Körper einen heterogenen Stoff in sich einlassen und ver=
arbeiten muß, und diese Krisen können nicht ablaufen, ohne
Spuren bedenklicher Art zurückzulassen. Den Griechen wuchs die
Art von Schönheit, die sie schufen, aus der gegenwärtigen Wahr=
heit ihres Lebens; diese war es, welche in die Phantasie ein=
gieng und zur Schönheit wurde. Es gab keine Classiker, als
die Classiker, die glücklichen, schrieben. Die Art von Schönheit,
die sie uns als Muster hinterließen, ist jetzt eine Hülse geworden,
die wir erst dadurch innerlich beleben müssen, daß wir uns,
unterstützt durch unser Wissen, in das Ganze des Lebens, aus
dem sie einst entquollen, künstlich zurückversetzen. „Künstlich"
soll nicht ohne Weiteres in tadelndem Sinne gesagt, die Versetzung
kann eine innige und lebendige sein und eine solche war es ja, die
nach der Sturm= und Drangperiode den falschen französischen
Classicismus erst ganz besiegte und uns den ächten Classicismus
schenkte. Für den schaffenden Künstlergeist und den ihm nach=
empfindenden handelt es sich ja aber nicht einfach um eine Zurück=
versetzung, die Aufgabe ist ja eine doppelte und dadurch gerade=
zu eine unendliche: nichts Geringeres soll er leisten, als jene
fremde Formschönheit zugleich aufnehmen und zugleich so um=
wandeln, daß sie unserem Lebensgehalt zum adäquaten
Gewande wird, zu einem Kleide, das ihm sitzt. Wer wird den
ersten Stein aufheben, wenn dieß ungeheure Werk nicht so ge=
lingt, daß nicht ein Rest von leerer Form, von Ueberziehen und

Uebertünchen bleibt? Ein Zug zum Kostümiren, Drapiren, glatt schön Ausbreiten, Schönfärben, so eine Art Schönmacherei? Shakespeare hat, wie man weiß, als Sonettist und mythologischer Erzähler dem Renaissance-Geschmack der Zeit seinen Tribut abgezahlt, im Drama wußte er von der bezeichneten schweren Aufgabe einer Verschmelzung noch nichts, er ging frei und frisch im eigenen Rock als gesunder Barbar aus Einem Stück und Guß. Er sah das Classische neben sich so geistlos entstellt im Schul-Drama, daß es für ihn nur Einen Weg gab: wegstoßen und bekämpfen. Dadurch ist nicht ausgeschlossen, daß er nicht an einem Schnörkel, einem Auswuchs des Humanismus seiner Zeit, der Mode des classischen Citats und dem Euphuismus hängen blieb, daß es ihm in einzelnen Momenten nicht doch auch einfiel, sich mit classisch gelehrten Federn aufzuputzen, und daß er nicht auch einmal ein Stückchen zum Besten gab, wie die Erscheinung Jupiters mit Opern-Bimborium in Cymbeline, aber dieß geschah naiv, es sind einige bunte Lappen an seinem übrigens guten, rechten, ihm auf den Leib geschnittenen Kleid. Dagegen ein Schön-machen im Widerspruch mit unserer Gefühls-weise, Charakterwelt, Sitte, wie z. B. die Exequien der balsamirten Leiche Mignons mit Chören der Jungfrauen und Jünglinge, eine Scene, wie die Wunderheilung am Schlusse der Wahlverwandtschaften (nach anderer Seite zugleich romantisirend, was gut zusammengeht) ist nicht naiv, ist bewußt theatralisch, ist, was die Münchner-Künstler eine Draperie-Huberei nennen, und der Ueberfluß von Opernscenen im Faust ist auch nicht naiv, sondern auch bewußt theatralisch, eben auch mehr Putz als Schönheit. Die Art von rundabglättendem Hinlegen, wie sie in Göthes Prosa eindrang und wie wir sie später, wenn von seinem Altersstyl zu sprechen ist, in ihrer Ausartung zu charakterisiren haben, gehört auch zu diesen Erscheinungen, hängt ebenfalls mit dem Antikisiren, wenigstens indirect, zusammen. Im Großen aber handelt es sich um die Wahl ganzer Stoffe, um einen Zug in der Behandlung ganzer Aufgaben, und darauf wird die weitere Verfolgung unseres Thema führen. Zunächst sei es erlaubt, hier einen Seitenblick auf Schiller zu wenden.

Ganz merkwürdig ist es, zu sehen, wie sein Verhältniß zu Göthe unter dem Einfluß des geschwornen Classicismus, der Neigung zum Opernhaften und zum Schönhinlegen, die sich bei diesem festgesetzt hatten, aus seiner ursprünglichen Bahn entgleist. Sonnenklar ist diese gegeben in den Briefen der ersten Zeit. Die kürzeste Formel dafür ist: Schiller erkennt, wie er von der normalen Dichternatur seines Freundes lernen muß: jeden Gegenstand aus dessen eignem Wesen und Charakter heraus idealisiren, nicht, wie früher, eine abstracte Idealisirung von oben herunter über die Gegenstände breiten. Die falsch idealistische Verallgemeinerung neigt nothwendig stark zu einem Ueberfluß von Schmuck; auch von dieser Neigung sich zu befreien, schien ihm das Schicksal den Freund gegeben zu haben, den die Natur als ihren Vertrauten am Busen hegte. Ein zweiter Führer, der ihm in Reinheit der Form kein Muster sein konnte, dem er aber an drastischem Feuer so tief verwandt war, Shakespeare, wies ihn in der Grundmethode des Schaffens auf denselben Weg, den Schiller mit dem treffenden Worte bezeichnet: einen Stoff aufquellen machen. Der ganze Segen dieses Verhältnisses liegt

vor Augen in seinem Wallenstein. Schiller hat ihn nicht wieder
erreicht, hat sich vielmehr Schritt für Schritt immer weiter von
dieser Tiefe der Sättigung des Colorits nach der Richtung des
allgemein und typisch Schönen entfernt und zwar nicht zum
wenigsten dadurch, daß er in der classificirenden Tendenz, die
zwar schon vor der Verbindung mit Göthe in ihm angesetzt
hatte, eben von diesem Dichter mehr und mehr bestärkt wurde,
von dem er bestimmt war Vereinigung classischer Reinheit mit
germanisch naturwahrem Individual-Styl zu lernen. Und hiemit
entbindet sich auch wieder seine ursprüngliche Neigung zur Pracht,
zur Ueberladung mit Pracht, freilich auch geknüpft an seinen
Zug zum Sentimentalen, dessen Ueberschwang ihn allezeit von
Göthe unterscheidet. Und nun steigern beide mit einander ihren
classisch-typischen Schönheitsbegriff zu dem ästhetischen Princip
der bloßen Formschönheit (vgl. Krit. Gänge N. F. H. 6, S. 92).
Inzwischen ersteht die romantische Schule, construirt sich, freilich
auf anderer Basis und mit ungesunden, windigen Elementen versetzt,
dasselbe Princip und beide Classiker halten sich nicht von ihrer
Ansteckung frei. So wird es möglich, daß beide ganz Lessingisch
gesinnten Männer zu stockkatholischen Motiven neigen, weil solche
sich schön machen, schön anlassen, und daß sie hiefür vom
Leser und Zuschauer eine Objectivität fordern, auf welche sich
zu stellen ebendieselben Dichter durch ihren rein modernen klaren
Geist, der schon aus ihrer Sprache weht, ihn hindern. Ich
habe an den Schluß der Wahlverwandtschaften erinnert und
hätte an so Manches in Meisters Wanderjahren erinnern können;
bei Schiller denke man an: Gang nach dem Eisenhammer,
Rudolph von Habsburg; in Maria Stuart hängt die Herab-

ſetzung eines großgeſchichtlichen Stoffs zu einem Weiberſtreit und
Intriguenſtück allerdings mit einer jetzt ſehr beſtrittenen geſchicht-
lichen Annahme Schillers zuſammen (Maria unſchuldig bei
Babingtons Verſchwörung), doch auch ſo iſt es auffallend, daß
ſein ethiſcher, wuchtiger Geiſt nicht erkennt, wie die unglückliche
Königin erſcheinen müßte als zermalmt vom weltgeſchichtlichen
Kampf zwiſchen dem hochberechtigten Factor der Reformation
und dem culturfeindlichen Katholicismus, mit deſſen drohenden
Gewalten ja Maria jedenfalls conſpirirt hat; die Segensgrüße
an den Papſt und an das Scheuſal Philipp II., Nachtmahlſcene,
Crucifix, Agnus Dei u. ſ. w. ſollen nur als rein äſthetiſch und ſym-
boliſch gute Motive wirken und können es nicht, weil der denkende
Zuſchauer durch die unwürdige Repräſentation des Proteſtantismus
im ganzen Stück gerade erſt recht an deſſen Werth erinnert iſt,
weil er erkennt, daß die Verwerthung dieſes Werths dem Drama
die wahre tragiſche Würde gegeben, alſo eben äſthetiſch in die
Höhe geholfen hätte, und weil er nun erſt recht nicht in der
Stimmung iſt, die innere Blödheit und Vernunftwidrigkeit dieſer
Motive zu vergeſſen. Schiller würde ſagen: begreift ihr aber
nicht, daß dieß objectiv zu nehmen iſt? Gewiß meint er es ſo;
Mortimers entzückter Preis des katholiſchen Cultus und ganzer
Fanatismus iſt ja auch nicht des Dichters ſubjective Meinung,
ſondern objectiv zu verſtehen. Allein dieſelbe Objectivität ver-
langte, dieſen gehäuften Farben gegenüber, die der katholiſchen
Kirche den reichen Glanz geben, den Proteſtantismus, an den
das ſchwerbedrohte Wohl Englands und mit ihm das wahre
Wohl Europas geknüpft war, in ein warmes, gediegenes
Colorit zu ſetzen. Da dieß (namentlich in Burleigh) fehlt, ſo

entsteht gegen des Dichters Willen der Schein einer subjectiven
Parteinahme für den Feind dieser großen ethischen Bewegung
in der Menschheit. Uebrigens, was Personen-Charakteristik be=
trifft, so entfällt der Maria Stuart nicht ein einziges jener
naiven Worte, wodurch Weib erst als Weib und Individuum
als Individuum Lebenswahrheit erhält. Schiller gleicht häufig
einem virtuosen Bildhauer, Zeichner, Maler, der zu wenig Modell
ansieht. Der Gipfel von Typusschöpfung auf Kosten wahrer
Individualität ist die Jungfrau von Orleans. Sie ist Pallas,
Prophetin, modern sentimental liebendes Weib und Heilige.
Wenn über Schiller die ideale Stimmung kommt, so reißt ihn
eine Art von Sausen über die Lebenswahrheit hinweg. Die
wahrsten Züge seiner Johanna sind jene, wo das Gefühl ihres
hohen Berufs mit der gewissen schönen Naturwildheit der Hirtin
aus ihr spricht. Das Stück ist mit Pracht aller Art, wechseln=
den lyrischen Formen, Trimetern, Opernschaustücken, so überladen,
daß es hier wenigstens erlaubt sein wird, zu sagen: zu schön!
viel schöner, wenn weniger schön! Aus den Manneworten des
sterbenden Talbot glaubt man wie eine fremde Stimme zu ver=
nehmen; Schiller will den Materialismus in ihm repräsentiren,
allein was er sonst spricht, ist so klar und wahr, daß man
diesen leicht abzieht, und was bleibt, das schlägt eigentlich die
ganze Tragödie in ihren Wundergeschichten todt. — Das antike
Fatum in das moderne Weltbild herüberzunehmen, darin ist
Schiller freilich nicht von Göthe bestärkt worden. Es hängt
mit seinem Kantianismus zusammen, der das moralische Subject
abstract auf sich stellt und nichts von einem geheimnißvoll ge=
rechten Gesetze weiß, das aus dem Ineinanderwirken der Subjecte

immanent resultirt; dem abstract freien Subjecte steht nun der
Weltgang wie eine dunkle Macht gegenüber, gegen die es „seine
Independenz von Naturursachen" zu bewähren hat, ein lichtloses.
Ding an sich, auf das leicht der Herodotische „Neid der Gottheit"
überzutragen ist. Diese tückische Macht stößt den Wallenstein
ins Verbrechen und die finstere Wolke im Hintergrund drückt
schwer auf die übrigen großen Vorzüge des Stücks; das Vorspiel, das Lager, hat darunter natürlich nicht zu leiden und
bleibt das Vollkommenste, was Schiller geleistet hat, weil es in
reiner Naivetät durchgeführt ist; in der Maria Stuart dienen
die Verfolger der Königin diesem bösen Schicksalsdämon als
Organe; der Jungfrau verbietet er, in christliche Vorstellungs-
bilder verkleidet, was eine ächte Johanna aus natürlicher Herbig-
keit freiwillig meiden würde, bis sie ihre Mission erfüllt hätte:
die Liebe zu einem Mann; in der Braut von Messina wird
dieses Gespenst zum Helden der Tragödie, eine Familie muß
untergehen, damit ein Fluch, Traum, Weissagungen Recht behalten, die Mittel, dem Fatum zu entgehen, führen gerade in
sein Netz und die wirkliche Schuld, die begangen wird, erscheint
in dem verfänglichen Zwielicht, daß sie vielleicht begangen werden
mußte, eben weil das Schicksal Recht behalten muß. Es ist,
wie Jeder weiß, Uebertragung des Oedipus-Schicksals; darauf
näher einzugehen, warum eine aus Wahrheit und Aberglauben
dunkel gemischte Vorstellung, die dem Griechen natürlich war,
uns unnatürlich ist, kann hier nicht meine Aufgabe sein. Die
schwere Wolke lichtet sich im Tell, nicht aber kann man sagen,
daß gleichzeitig die Charaktergebung an Sattheit und Tiefe der
Farbe gewachsen sei, die gut naiven Züge, die Schiller mit

ächtem Gefühl aus Tschudi schöpft, bleiben vereinzelt und der
Bauernsohn Melchthal apostrophirt im höchsten Schmerze den
Werth des Augenlichts so rednerisch schön, daß man nicht ihn,
sondern den Dichter hört. Besonders abstract ist der Landvogt
Geßler ausgefallen. Der Einfall mit dem Hut ist barock; dieß
führt ganz wie von selbst auf das Bild eines grausamen Spaß=
machers und hiemit auf ein sehr concretes Charakterbild. Göthe
hat diese Consequenz auf den ersten Blick erkannt; was hätte
Shakespeare, der uns in Richard III. einen grausigen Hanswurst
der Hölle gezeichnet hat, aus diesem Landvogte gemacht! Bei
Schiller ist er bloßer Typus, ein Tyrann überhaupt. Hedwig
hat Momente, wo sie weit über den Charakter einer Gebirgs=
Hirten- und Jägers-Frau schön beredt spricht und in Bertha von
Bruneck wird Niemand Individualität finden.

Die Schicksalswolke füllt sich wieder dunkelschwarz im
Demetrius. Der Held ist vom Schicksal präjudizirt. Aber ein
ungemeiner Fortschritt liegt darin, daß hier das Fatum aller
Transcendenz entkleidet ist; es liegt rein in den wirklichen Verhältnissen, die realen Prämissen sind es, an denen Demetrius
zu Grunde gehen muß; er ist vorgeschobener Prätendent, blindes
Werkzeug, und so wie er es entdeckt, ist er gebrochen, verloren.
In diesem Sinn — das Schicksal so immanent gefaßt — darf
und soll es immer eine Schicksalstragödie geben. Auch der
Hamlet ist eine solche; der Held ist durch das vor dem Anfang
der Handlung Geschehene präjudizirt, d. h. hier: bestimmt, etwas
zu vollziehen, was ihm zu schwer ist und woran er untergeht,
weil er zu spät handelt.

Diese Bemerkungen haben viel getadelt, ich muß erwar-

Vischer, Göthe's Faust.   6

ten, daß man mir nachsagen werde, ich reiße nun auch
Schiller herunter, und was kann ich dagegen thun, als auf
meine einleitenden Bemerkungen über Pietät und Kritik ver-
weisen. Es könnte sich finden, daß, wer so die Mängel scharf
zu besehen wagt, auch die Kraftparthieen des ächtesten Real-
Idealismus, die sich zwischen die formalistischen Scheinschönheiten
des abstracten Idealismus lagern, um so klarer sieht und wärmer
liebt. Es ist nur unser Zusammenhang, der es ausschließt, auf
die männliche Großheit von Dichter-Gedanken einzugehen, wie
der ist, aus dem Rütli-Schwur eine Landsgemeinde nach dem
bekannten uraltdeutschen Schweizerbrauch zu machen und der Scene
dadurch eine sächliche Mächtigkeit einziger Art zu geben; es ist
nur unser Zusammenhang, der uns nicht Zeit läßt, bei all den
Zeugnissen jenes Organs zu verweilen, durch das Schiller dem
Shakespeare so verwandt war: des Organs, das spezifisch
Wuchtige im geschichtlich politischen Stoff zu fühlen und, nicht
abgeschreckt von seiner Spröde und Rauhheit, ihn in Poesie
zu verwandeln, und ebensowenig ist hier der Ort, die ächt
dramatische Schlagkraft, die ihm eigen bleibt, ins Licht zu setzen.
Das aber sei noch gesagt, daß er auch, was nicht ächt poetisch
gedacht ist, in einer Weise zu überdecken weiß, die ihm Keiner
nachahmt; durch die feurige Bewegtheit seiner Phantasie, durch
die wunderbare Kunst seiner Composition umwachsen auch Knochen-
gerüste, in denen schadhafte Stellen sind, sich so mit lebendigem
Fleisch, daß ein Ganzes entsteht, das einzig, daher klassisch trotz
alledem ist und bleibt. In der Braut von Messina knüpft der
Chor, der doch gewiß auch Uebertragung einer für uns ausgelebten ästhetischen Form ist, an eine unwahre Schicksalsfabel

Wahrheiten, erhaben, majeſtätiſch und hochreligiös, wie je ein
ächtes Drama ohne Kanzel und ohne Pfarrer ſie geprebigt hat.
Es bleibt dabei, daß in Schiller da, wo der Dichter in ihm aus-
ſetzt, nicht immer zwar, aber häufig genug, um Nationen zu begei-
ſtern, die Menſchheit zu heben, der große, reine, heilige Redner einſetzt.
Es iſt Zeit, zu unſerem eigentlichen Thema zurückzukehren.
Wie ſicher Göthes Gefühl ging, wenn er unbefangen einen
ſeiner deutſchen Natur homogenen Stoff anſah, das beweist
nicht nur ſein Vorhaben mit Geßlers Figur, ſondern Alles, was
wir von ihm über den herrlichen Stoff der Tellſage vernehmen,
der ihn auf ſeiner Schweizerreiſe 1797 ſo erfaßte, daß er ihn
epiſch zu behandeln beſchloß. Hätte er es gethan! Man kann
nicht ſagen, er habe den Stoff an Schiller abgegeben, denn er
wußte ſelbſt ja ſehr wohl, daß ein Epos Tell neben einem Drama
Tell gar gut beſtehen konnte. Es iſt nie genug zu beklagen,
weinen könnte man darüber, daß dieſer Plan liegen geblieben
iſt. Es hieße längſt Erkanntes, namentlich von Gervinus klar
Geſehenes noch einmal darthun, wenn ich hier zeigen wollte,
wie in Göthes Begabung Alles ſich vereinigte, ihn zum epi-
ſchen Dichter zu beſtimmen. Mit dieſem Beruf iſt er in eine
Zeit hineingeboren, deren ſämmtliche Bildungsformen und An-
ſchauungsweiſe dem Epos widerſtreben; Göthe findet die Gattung,
die ſein Beruf war, ausgeſtorben. Ein kleiner Raum iſt noch
übrig, wo er ſich mit dieſer ſeiner eigenſten Kraft niederlaſſen
kann: ländliche Stille, wo Menſchen noch menſchlich vertraut mit
der Natur wohnen und leben; er betritt dieß Gebiet und ſchafft
jenes Idyll, worin wir, nachdem er den Gedanken, die Tellſage
zu behandeln, nicht ausgeführt hat, ſeine höchſte Leiſtung be-

wundern und worin wir schon oben die reinste Vereinigung seiner
deutschen und realistisch schauenden mit seiner griechisch fühlenden
Natur gesehen haben: einen deutschen Theokrit und Homer zugleich.
Nun aber betrachte man die ganze Gunst des Tellstoffes! Die
Grundlage idyllisch, ein Hirtenvolk im Hochgebirg; das Lokal
ganz bestimmt und begrenzt, ein Umstand, den Schiller (in seinem
Brief vom 30. October 1797) mit so gutem Recht als hoch-
wichtig, als eine Hauptquelle inniger und intensiver Rührung
an diesem Stoffe rühmt und in dessen geistvoller Benützung
geradezu das Hauptgeheimniß der Reize seines Dramas liegt.
Nun aber auf dieser Basis nicht eine bloße Herzensgeschichte wie
in Hermann und Dorothea; hier mußte nicht ein großer histo-
rischer Hintergrund erst erfunden werden, um das Ganze in
die Höhe des Epischen zu heben, wie es Göthe so großartig
gethan hat, indem er die Weltbegebenheit der französischen Revolution am Horizont vorüberführt und das Schicksal seiner Personen
an sie knüpft; vielmehr eine volkbefreiende, freiheitschaffende
That steht im Mittelpunkt der Sage selbst und dieß nicht die
That eines eigentlich politischen Helden — ein Stoff, für den
Göthe einmal nicht das Organ hatte, — sondern eine That aus
der natürlichsten einfachsten Leidenschaft eines mißhandelten Natur-
sohns der Berge, eines guten Gebirgsschützen hervorgehend,
die That eines Naturhelden, gerade wie gemacht für Göthes
hoch naiven Dichtergeist, und parallel mit dieser That das nicht
minder ächt epische gemeinsame Handeln des Volkes, endlich
Beides zusammentreffend zu einer Wirkung, der Abschüttlung
eines Joches, an welche sich ungesucht der Gedanke an jede große
Völkerbewegung für die höchsten Menschengüter knüpft, doch so

rein ideal, daß Göthe wie Schiller den Abscheu gegen die wilde Ausartung der französischen Revolution aus dem Bilde der Handlung hätte hervorblicken lassen können und dürfen. Ja, ein Epos Wilhelm Tell, dieß wäre Göthes wahres Meisterwerk geworden. Und statt dessen beginnt er seine Achilleis. Einen leidigeren Beweis für die Wahrheit des Satzes, mit dessen Ausführung wir uns hier beschäftigen, kann es nicht, stärker kann Göthe uns nicht Recht geben, wenn wir die Determinirtheit seiner Wendung zum Classischen als ein Unglück beklagen, das uns um so viel Herrliches, was sonst entstanden wäre, und so auch um eine des wahren Göthe würdige Fortführung des Faust gebracht hat. Wir sind nun einmal keine Griechen; es kann mit Homer, aber nicht auf seinem eigenen, rein griechischen Felde gewetteifert werden. Was ein Göthe anfaßt, wird ja natürlich immer die Spuren seines Geistes tragen; das Fragment, das uns als einzige Spur dieses Fehlgriffs geblieben ist, enthält einige herrliche Stellen und ich kann mir nicht versagen, eine derselben hier anzuführen, weil sie uns wieder an die Faust-Idee erinnert. Pallas Athene ist entschlossen, vom Olymp niederzusteigen und den Achilles über seinen frühen Tod zu trösten, ihm die Seele durch den Gedanken der Unsterblichkeit seines Ruhmes aufzurichten; sie eröffnet dieß der Here und klagt, daß das schöne Bildniß schon so früh der Erde entrissen werden soll, die „breit und weit am Gemeinen sich freuet:"

„Ach! und daß er sich nicht, der edle Jüngling, zum Manne
Bilden soll! Ein fürstlicher Mann ist so nöthig auf Erden,
Daß die jüngere Wuth, des wilden Zerstörens Begierde
Sich als mächtiger Sinn, als schaffender, endlich beweise,
Der die Ordnung bestimmt, nach welcher sich Tausende richten!

Nicht mehr gleicht der Vollendete dann dem stürmenden Ares,
Dem die Schlacht nur genügt, die männertödtende! Nein, er
Gleicht dem Kroniden selbst, von dem ausgehet die Wohlfahrt.
Städte zerstört er nicht mehr, er baut sie; fernem Gestade
Führt er den Ueberfluß der Bürger zu; Küsten und Syrten
Wimmeln von neuem Volk, des Raums und der Nahrung begierig."

Zwar nicht ein zerstörender Krieger ist Faust, aber ein leiden=
schaftlicher Stürmer, und enden soll er mit Bauen und Wirken,
wie es Athene dem Achilles wünscht. Man sieht ganz den
Gedanken aufsteigen, der das Motiv zum letzten Acte des zweiten
Theils der Tragödie bilden sollte.

Ich befasse mich hier nicht mit der Frage, ob es Göthe
möglich geworden wäre, einen tragischen Stoff, der (nach seinem
eigenen Ausdruck, siehe den Brief an Schiller vom 16. May
1798) zugleich ein sentimentaler war, weil die Liebe zu Polyxena
noch die Wehmuth über den frühen Tod erhöhen sollte, episch
und im ächt antiken Geiste zu bemeistern, und ich halte mich
nicht bei Stellen im Fragmente auf, die in ganz anderem
Sinne sehr ungriechisch sind (man lese die Verse von Aphrodite,
der „äugelnden" Göttin); was uns hier noch interessirt, ist
der Umstand, daß an die Säumniß gerade in dieser Arbeit die
ernsten Mahnungen Schillers sich knüpfen, die ich oben angeführt
habe. Warum gibt er dieser freundlichen Strenge nicht die
Richtung, den Freund zur Aufnahme des Tell zu mahnen? Ob
er selbst den Stoff als Drama zu behandeln damals schon be=
absichtigte, wissen wir nicht; schwerlich war es der Fall, aber
wenn auch, so hätte es ihn nicht abhalten können, eine epische
Behandlung durch Göthe lebhaft zu fördern; Schiller hat einfach
den Fehlgriff nicht als Fehlgriff erkannt, im Gegentheil für

einen vortrefflichen Griff gehalten und den Freund in dem Fahr=
waffer sehen wollen, das ihn doch von der Strömung des
Jahrhunderts, von den Bewegungen der lebenden Völker ab=
führte. Die Achilleis war es, wozu er ihn mit dem Wort er=
muthigte, er sei einmal ein Bürger zweier Dichterwelten. Dieß
Wort ist oben angeführt und als wahr anerkannt, doch nur in
dem Sinn, daß bei der einen der zwei Dichterwelten an eine
Iphigenie, nicht daß an eine Achilleis zu denken ist; jene ist
kein Fremdling für die deutsche Nation, diese wäre es geworden
und geblieben.

Dennoch zeigt der Geist unserem Dichter einen Stoff, der mitten
in die Woge des vollen Lebens fällt, einen Stoff, der sich in seiner
Behandlung zu einem Bilde der französischen Revolution erweitern
sollte. Göthe beginnt „Die natürliche Tochter" im Jahre
1801. Eben jedoch der Theil dieses Unternehmens, der zur
Vollendung gelangte, ist gerade darum recht ein Beweis, daß
der Stylwechsel, in welchem wir das stärkste Hinderniß einer
frischen Fortführung des Faust sehen, nun seine Höhe erreicht
hat, weil ein Stoff, der Leben und wiederum Leben forderte, so
ganz im Sinne jenes Schönmachens abgeglättet wird, das wir
oben charakterisirt haben. Nicht „marmorglatt und marmorkalt"
darf man dieses Fragment, eigentlich ersten Theil einer Trilogie
nennen, zu deren Ganzem er sich als die Exposition verhalten
sollte. Diese Dichtung scheint nur marmorkalt, weil sie mar=
morglatt ist. Dabei muß an Politur gedacht werden, an po=
lirte Statuen; diese Vergleichung paßt nur zu gut. Läßt man
dem Marmor das glanzlos Körnige seiner Oberfläche, so ist be=
kanntlich eine warme Aehnlichkeit mit der menschlichen Haut zu

erreichen, durch Politur erscheint sie wie Bein. Man fühlt in
diesem Drama eine tiefe Bewegtheit nach und nach durch, wenn
man nur durch wiederholtes Lesen den ganz anfremdenden
ersten Eindruck überwunden hat, den die Politur des Marmors hervorbringt. Nach der Seite dieser verborgenen Wärme
gehört es nicht unter die Zeichen frühen Nachlasses der dichterischen Feuerkraft. Der Dichter nimmt den innigsten Antheil
an der armen Herzogs-Tochter, die aus der Welt des Glückes
und Glanzes durch Deportation herausgerissen werden soll und
vor diesem Schicksal sich nur dadurch rettet, daß sie durch Trau-
ung mit einem bürgerlichen Mann in Obscurität verschwindet; die
Klage des Vaters, der sie todt glaubt, erglüht von Leidenschaft des Schmerzes, mit bangem Schicksalsgefühl vernimmt
man den nahen Donner der Revolution, mit herzlicher Wärme
wird der Werth der Ehe ausgesprochen. Nun aber wird Alles
schon dadurch in kalte Fremde entrückt, daß das Land und die
Personen nicht benannt sind. Göthe glaubte, dieß entzöge dem
Schicksalsbild etwas von seiner allgemeinen menschlichen Bedeutung. Wie? Sind Land und Leute im Hamlet, im Macbeth
nicht benannt und sind diese Tragödien dadurch weniger furchtbare, jedes Menschenherz erschütternde Bilder ewiger Wahrheit?
Es liegt eben die Meinung zu Grunde, Individualität und Allgemeinheit der Bedeutung, hervorleuchtende Idee oder wie man es
nennen will, schließen einander aus, und das trifft in den Mittelpunct der Stylfrage, damit entsteht der falsche Idealstyl, der
griechisch gemeint und doch erst nicht griechisch ist, denn die
Griechen benannten doch auch ihre tragischen Helden. Man muß
doch wissen, wo man ist! Darin liegt denn der erste Grund,

warum diese Dichtung den Leser nicht annimmt; man kommt nicht hinein, wird nur mühsam zu Hause darin. Nun folgt daraus natürlich von selbst, daß es überall an jenen Einzelzügen fehlt, wodurch Personen, Gruppen, Massen nahe, vertraut, greifbar, überzeugend werden. Es ist Stand, Alter, Geschlecht, es gibt Gesinnungen, es gibt Zustände, Stimmungen, aber es gibt keine Individuen. Schon dieß kann man ein Wegpoliren nennen; nun aber die Sprache! Sie entbehrt nicht des Bildlichen, neigt aber doch stark dazu, den allgemeinen Ausdruck dem anschaulichen vorzuziehen, an Shakespeares Phantasie, die Alles beseelt und Alles verkörpert, darf man gar nicht denken. Wodurch aber das Maaß jener Verallgemeinerung voll wird, die Alles abglättet, abschwächt und abkühlt, das ist die Art von Schönheit, die im Verse herrscht. Nicht lauter Schönheit; viele Jamben sind auffallend unakustisch, man begegnet gar nicht durchaus jenem Gehöre voll Naturgefühl des Worts und Klangs, wodurch Göthe im Lyrischen sich so einzig auszeichnet. Aber den schönlaufenden wie den matt hinkenden Jamben: allen fehlt der energische Stoß, der in Accentfolge und Cäsuren diesem dramatischen Metrum seine Schlagkraft geben soll. Dieß zusammen mit der Sprache an sich, wie in ihr das Korn des Marmors abgerieben ist, vollendet erst den Charakter der Politur. Der Herzog klagt so schön, daß man vor lauter Schönheit seinen Schmerz erst findet, wenn man sich seine weich melodischen Laute in drastischere übersetzt; man könnte sich versucht finden, den Schrei der Natur herbeizuwünschen, wie er in der Zeit der Sturm- und Drangperiode hervorbrach; die teuflischen Intriganten, der Secretär und der Weltgeistliche, sprechen in der Form

so edel, daß man sich nach einem Sekretär Wurm sehnen möchte.
Was wäre in so weicher, feiner, adelicher Hand aus den wilden
Volksscenen geworden, die der zweite und dritte Theil forderte!
Schiller rühmt an der Natürlichen Tochter die hohe Symbolik, die
alles Stoffartige vertilgt habe, aber rühmt er nicht mit ganz ähnlichen Worten Shakespeares Richard III. und folgt daraus nicht, daß
ein Dichter unendlich fecker in das feurige, unerbittliche Leben
greifen und dennoch alles Stoffartige ausscheiden kann? Und
ein Dichter, der so schreibt, wie Göthe jetzt, kann er noch Freude
haben an einem Jugendwerk, wo es lautete: „verfluchtes,
dumpfes Mauerloch!" und „es möchte kein Hund so länger
leben," und „belastet hier zu schwitzen," und „Kopf und Hintern,
die sind dein," kann er Lust haben, so fortzuschreiben? Wird
er sich sagen, wie er sich sagen sollte: habe ächtes Feuer, so
gehen einige Derbheiten heiter mit darein! Dein Volk ist nicht
zimperlich, es läßt sich gern ein Stück grober Natur gefallen,
wo warmes, tiefes Leben athmet! Schreibe du für dieses dein
Volk nur kecklich weiter und weiter!? Er wird es sich nicht sagen,
er ist vornehmer Stylist, sein Faust ihm eine Fratze geworden
und es ist nicht zu wundern, wenn er in solcher Stimmung
1807 an Zelter schreibt, er habe bei der neuen Ausgabe seiner
Werke sehr lebhaft gefühlt, wie fremd ihm „diese Sachen" geworden seien, unter welchen Sachen, wie der weitere Inhalt des
Briefes zeigt, namentlich der Faust zu verstehen ist.
Da wir Shakespeares wieder gedacht haben, so wird es er-
laubt sein, hier in der Zeitfolge einen Sprung zu thun und
Einiges über Göthes Verhältniß zu dem großen Meister des
Realstyls, richtiger: des indirecten Idealismus zu sagen. Wie

Göthe durch seinen Styl zur Allegorie geführt wurde, dieß werden wir nachher aufnehmen und dann die Zeitfolge, so weit hier nöthig, wieder einhalten.

Im Jahre 1813 schreibt er seinen Aufsatz: Shakespeare und kein Ende; dazu gehören die Nachträge von 1816. Nicht mit der merkwürdigen Behauptung will ich mich hier beschäftigen, daß der Britte eigentlich nicht für die Augen des Leibes dichte, sondern für den inneren Sinn, die innere Anschauung; Göthe gründet sie nicht auf diejenigen Züge Shakespeares, mit denen wir es hier zu thun haben, und eine eingehende Erörterung würde uns zu weit abführen.*) Schwerer widersteht man der Versuchung, das herrliche, staunende Lob des unerreichbar hohen Geistes, das dieser Aufsatz enthält, so oft es auch schon geschehen, abermals nachzuschreiben selbst da, wo eigentlich die Verkennung zu besprechen ist, die sich seltsamer Weise an eben dieß Lob knüpft. Man kann sich oft dem Gedanken nicht entziehen, es sei eine Art Schauer vor Shakespeares Geistertiefe gewesen, die unsern deutschen Dichter, der sie verstand, wie kein Anderer, im Anziehen zurückschreckte und lähmte. „Shakespeare gesellt sich zum Weltgeist, er durchdringt die Welt wie jener, beiden ist nichts verborgen;" dazu gehören die bekannten Worte, die er später zu Eckermann sprach: „man kann über Shakespeare gar gar nicht reden, es ist Alles unzulänglich; ich habe in meinem W. Meister an ihm herumgetupft, allein das will nicht viel heißen." Es ist aber nicht bloß Shakespeares centrale Tiefe, was

---

*) Ich verweise auf Ad. Stahrs Abhandlung: Shakespeare in Teutschland. Literarhistor. Taschenbuch v. Prutz. 1843.

er bewundert; dabei könnte die Stylfrage immer noch dahingestellt bleiben; sondern es ist gerade die Art, wie dieser Geist in der Behandlung die Wahrheit des Lebens naturvoll offenlegt. Göthe erwähnt die außermenschlichen Wesen, die Shakespeare aus der Phantasiewelt entlehnt und einführt, und fährt fort: „diese Truggestalten sind aber keineswegs Hauptingredienzien seiner Werke, sondern die **Wahrheit** und **Tüchtigkeit** seines Lebens ist die große Basis, worauf sie ruhen, deßhalb uns Alles, was sich von ihm herschreibt, so **ächt** und **kernhaft** erscheint." Diese Gesundheit bringt er in Zusammenhang mit dem Protestantismus Shakespeares: „er hatte den großen Vortheil, daß er zur rechten Erntezeit kam, daß er in einem lebensreichen protestantischen Lande wirken durfte, wo der bigotte Wahn eine Zeit lang schwieg, so daß einem wahren **Naturfrommen** wie Shakespeare die Freiheit blieb, sein reines Innere, ohne Bezug auf irgend eine bestimmte Religion, religiös zu entwickeln." So preist er ihn auch in dem Aufsatz: „Calderons Tochter der Luft" glücklich, daß er als Protestant geboren und erzogen worden, und diesen Glückwunsch läßt er folgen auf die Vergleichung des englischen und spanischen Dichters: Shakespeare reiche uns die volle reife Traube vom Stock, Calderon stehe an der Schwelle der Uebercultur, gebe eine Quintessenz der Menschheit, reiche abgezogenen, höchst rectifizirten Weingeist. Wie verhält sich Göthes eigene gleichzeitige Praxis zu diesem herrlich klaren Urtheil? Sein Faust war volle Traube am Stock — mit etwas Erde daran, was man gern mit hinnimmt —, seine Natürliche Tochter und was wir bei dem Allegorischen betrachten werden, ist rectifizirter Weingeist, nicht germanisch protestantisch, sondern stark den Neigungen der Völker entsprechend, die lateinisches Blut in den Adern und sich von der römischen Kirche nicht getrennt haben, romanisch, spanisch. Und aus dieser Richtung, nicht aus der Stimmung jener vollen Einsicht, ist es gesprochen, wenn nun Göthe über Mercutio und die Amme in Romeo und Julie die bekannten Worte sagt: „Betrachtet man die Oeconomie des Stücks recht genau, so bemerkt man, daß diese beiden Figuren und was an sie grenzt nur als possenhafte Intermezzisten auf= treten, die uns bei unserer folgerechten, Uebereinstimmung liebenden Denkart auf der Bühne unerträglich sein müssen." Ob ihn, als er dieß niederschrieb, Mephistopheles, Wagner, die Hexe, Frau Martha Schwertlein nicht am Aermel zupften? Vielleicht — und dann wird er sie als Fratzen weggescholten haben. Mit mehr Recht that er das freilich, wenn ihm auch die Walpurgisnacht und der Walpurgisnachttraum über die Schulter sahen. Dieß führt nun auf die Bearbeitung von Romeo und Julie, die Göthe 1811 für die Bühne vornahm. Hier be= gegnet man gleich im Eingang einer Veränderung unglaublicher Art. Die Geschichte des Drama kennt kaum eine bessere Ex= position, als die Anfangs=Scene von Romeo und Julie. Zwei feindliche Häuser, deren Bedienten sich nicht auf den Straßen begegnen, ohne sich durch Hohn= und Drohworte zu reizen und dann vom Leder zu ziehen, — man begreift augenblicklich die dämonische Natur eines solchen eingefleischten Hasses, der, wenn auch die vernünftigeren Häupter steuern wollten, durch ihren An= hang immer fortgenährt, immer neu aufgefacht wird, und die ganze folgende Handlung ist hiemit auf den dunkeln Grund dieser Wetterwolke gestellt. Einen verdrießlicheren Beleg für das,

was ich über die Neigung zum Opernhaften, zum sauber Hin=
legen und Drapiren gesagt habe, kann es nun nicht geben, als
diese Scene, wie sie bei Göthe lautet.*) Capulets Bediente
schmücken die Thüre seines Palastes (zum Ballfest) mit Lampen
und Kränzen und singen:

> Zündet die Lampen an,
> Windet auch Kränze dran,
> Hell sei das Haus!
> Ehret die nächtige
> Feier mit Tanz und Schmaus,
> Capulet, der Prächtige,
> Richtet sie aus. u. s. w.

Nun kommt bei Göthe Benvolio mit Romeo, ärgert sich über
das Hoch, das die Diener dem Capulet noch bringen, will los=
schlagen und wird von Romeo besänftigt. Allein Shakespeare
stellt ja den Benvolio zu jenen Vernünftigeren auf die Seite
der Montague, die gerne Frieden halten; erst durch des haß=
vollen Tybalt Hinzukunft wird bei ihm, nachdem die Bedienten
bereits aufeinander schlagen, Benvolio selbst und werden dann
Bürger, endlich die Familienhäupter in den Streit gezogen.
Dieses Bild voll anschwellenden wilden Lebens in ein fein
ordentliches Opernstückchen verwandeln! Unleiblich!

Nun aber folgen Widersprüche, die man nach diesem An=
fang und nach der Stelle von den „possenhaften Intermezzisten"
nicht erwarten sollte. Diese ist zwar 1813 geschrieben, die Um=

---

*) Dieß und das Folgende theilweise bekannt durch die oben an=
geführte Abhandlung von Stahr. Die ganze Umarbeitung f. Boas: Nach=
träge zu G. sämmtl. W. B. 1.

arbeitung, wie gesagt, 1811; allein da diese Anfangsscene deutlich genug sagt, daß Göthe 1811 schon dachte, wie 1813, so
sollte man meinen, er habe Mercutio und die Amme gestrichen.
Nein! erst nicht! Er muß gefühlt haben, daß sie doch von der
Oekonomie gefordert, doch keine Intermezzisten sind. Von dem
stehen gelassenen Mercutio erwartet man anfangs, er werde ihm
einen andern Charakter beigelegt haben, als Shakespeare, denn
der Prinz, den Göthe auf Capulets Maskenball einführt, bittet
ihn, für Versöhnung der Parteien thätig zu sein:

> „So wirke mir besonders auf die Jüngern;
> Der Alten Starrsinn macht es fast unmöglich,
> Denn Jugend ist zwar heftig, doch verträglich.“

Den Humor läßt ihm Göthe zwar von Anfang an, nach
dieser Stelle aber scheint es, die Rauflust werde er ihm cassiren;
wie hätte er es gekonnt! Dann wäre ja der tragisch entscheidende
Auftritt im dritten Acte weggefallen, er mußte bleiben und
Göthe hat dem muthwilligen Gesellen sogar seine letzte Rede
gelassen: „Nein, nicht so tief wie ein Brunnen, noch so weit
wie eine Kirchthüre“ u. s. w.; kurz, er hat erkannt, daß er den
Mann braucht und so braucht wie er ist: als heiteren Raufer
im Gegensatz gegen den schwarzgalligen Raufer Tybalt. Einige
Zoten hat er ihm gestrichen, mit Recht natürlich; einige hat
ja schon W. Schlegel unterdrückt. Und die Amme? Auch gelassen! Auch als unentbehrlich erkannt! Nicht alles Gefasel und
Geschwätze, nur ein Theil, namentlich der zotenhafte, wird
gestrichen, freilich auch ein paar ganze Scenen, darunter die
köstliche (II, 4.), wo sie mit Peter angesegelt kommt, dem Romeo
Juliens Botschaft auszurichten; die rohen Zweideutigkeiten in

ben Hänselworten Mercutios hätten ja hier immer wegbleiben
können, aber im Uebrigen: wer wird nicht sagen: schade! Streng
nöthig zur Handlung ist der Auftritt nicht, aber er dient ausgezeichnet dem Zwecke der Belebung, der runden Durchbildung
der Figuren und Situationen: so eine alte Schachtel, noch
eitel und im Gefühl der Wichtigkeit ihrer Mission als Postilionin
d'amour, wie sie nun unter junges muthwilliges Volk geräth
und aufs Blut geärgert wird, wer mag das entbehren? Nun,
derjenige, der etwa die allerdings auch entbehrliche Scene im
Faust: Auerbachs Keller entbehren möchte. Aehnliches wäre von
den weggelassenen Späßen zwischen Capulet und den Bedienten
zu sagen, ich eile aber zu solchen Parthieen, welche wieder im
reinen Widerspruch mit dem glättenden Bügeleisen stehen, womit
die Expositionsscene applanirt ist. Man erwartet danach einen
Capulet, dessen Härte gelassen, dessen Rohheits-Ausbruch gegen
die ungehorsame Tochter aber getilgt wäre, — Irrthum! der
Capulet des fünften Auftritts in Act III (Shakespeare) ist geblieben, geblieben mit seinen Schimpfworten und Flüchen,
sogar mit dem Dreinschwätzen der Amme und seinen groben
Antworten darauf; Göthes bessere Natur kommt an Shakespeares
Stärke und Wahrheit wieder zur Geltung. Dagegen die Scene
IV, 5., wie die Amme Julien wecken will, die Todtenklage der
Eltern ist gestrichen, obwohl sie Göthes Operngeschmack hätte
zusagen können; wohl beswegen gestrichen, weil ihm die tragische
Ironie darin zu herb erschien, doch hat ja er selbst in der
natürlichen Tochter auch eine Todtenklage aus Irrthum. In V, 3.
charakterisirt Shakespeare Romeos wilde Stimmung durch den
drohenden Befehl an Balthasar und den Ausruf:

Die Zeit und mein Gemüth sind wüthend wild,
Viel grimmer und viel unerbittlicher
Als durftige*) Tiger und die brüllende See!

Dieß war Göthe wieder zu stark und er macht einen ungleich zahmeren Monolog daraus. — Ich muß, ehe ich zum
Schluß übergehe, noch ein paar Einzelheiten herausheben. Es
fehlt in Romeo und Julie bekanntlich nicht nur an zotigen,
sondern auch an sonst widrigen und an abgeschmackten Stellen so
wenig, als in irgend einem Werke Shakespeares; hier gewiß
wäre Göthes reinigende Hand erwünscht. Manches der Art ist
nun auch, wie zu erwarten, getilgt, namentlich jenes entsetzlich
absurde concetto Romeos an den durchsichtigen Ketzern (I, 2.);
allein, was man nicht glauben sollte: Juliens Beiseite-Reden im
Gespräch mit der Mutter (III, 5.), psychologisch richtig an sich,
aberwitzig in der Behandlung, ist von Göthe gelassen, wie es
ist, und den eignen Augen traut man kaum, wenn man in Romeos
Apostrophe an die vermeintlich todte Julie (V, 3), eine Metapher,
die das Absurde und Eckelhafte in schrecklicher Einheit mischt,
nicht gestrichen findet, sie heißt:

Hier will ich bleiben
Mit Würmern, so dir Dienerinnen sind. (chambermaids.)

Nun aber der Schluß! Die Versöhnung der Eltern an den
Leichen ihrer Kinder ist ein Motiv, dessen Schönheit doch kein ge-
sundes Gefühl bestreiten kann. Dem milden, lindernde Lösung liebenden Wesen Göthes mußte es, so meint man, als ein Schlußaccord
von idealer Reinheit entgegenkommen. Und diesen Schluß läßt er
weg, setzt an seine Stelle eine kurze seichte Predigt von Lorenzo!

---

*) Eigentlich ausgehungerte (empty), was nicht in den Jamben geht.

Dieß nur einige Bemerkungen zur Vergleichung des Originals mit der Umarbeitung; ich konnte, wollte ich nicht zu spät zu meinem Zusammenhang zurückkehren, nicht alle Abweichungen aufführen. Uebrigens wird man keine müßige Abschweifung darin sehen, daß ich etwas näher auf diese Arbeit eingegangen bin. Sie gibt äußerst belehrend das schwankende Verhältniß Göthes zu Shakespeare zu erkennen und sie zeigt einerseits die Neigung zum schönen Abhobeln und zum Opernhaften, die wir zu verfolgen haben, andrerseits durch Stehenlassen von Absurdem doch den Beginn eines Nachlasses in der Sicherheit des Geschmacks, welcher dann im zweiten Theil des Faust so leidig überhand nimmt.

Wir verfolgen nun den Götheschen Classicismus in eine fernere Wendung, die er ganz naturgemäß genommen hat: es ist der Zug zur Allegorie. Der Grund ist einleuchtend. Das Alterthum blickte mythisch, uns leben die Mythen nicht mehr und Mythen, da verwendet, wo man sie nicht mehr glaubt, werden zu Allegorieen, wenn nicht eine sehr mächtige Phantasie mit schöpferischer Rückversetzung in die Zeit der Blüthe des Mythus ihn noch einmal belebt. Wir glauben (poetisch) an geglaubte Wunder. Ist der Glaube todt, so braucht es doppelten Zuschuß vom Dichter, um ihnen das Leben einzuhauchen, das diesen Phantasievorstellungen ursprünglich schon der Umstand lieh, daß sie geglaubt waren. Doch auch der noch bestehende Glaube des Alterthums lief sehr begreiflich in allegorische Erfindungen aus. Wo alles Allgemeine gläubig personificirt wird, da personificirt leicht der einzelne Dichter für sein Bedürfniß, was der Volksglaube nicht personificirt hat, und diesen oberflächlichen Verförperungen kommt die allgemeine Gewohnheit und Fertigfeit der mythischen Illusion so zu gute, daß etwas vom vollen Scheine der Lebendigkeit, die Götter, Geister und Dämonen genießen, für sie abfällt. Solche Bildungen sind die „Kraft" und die „Gewalt" in Aeschylos Prometheus, in das Seichte und Gemachte laufen sie aus in so fühlbar erdachten und ausgesponnenen Figuren, wie die Necessitas des Horaz mit ihren Klammern und Balkennägeln. In dem modernen Dichter, der einmal begonnen hat, auf der Bahn des Classicjsmus jener Individualisirung zu entsagen, welche der wahre Kunstgenius unserer Zeit als Bedingung poetischer Lebenswahrheit fordert, wird nun überhaupt eine Vorliebe zu solchen transcendenten Motiven sich ausbilden. Absolute, von der glaubigen Phantasie erzeugte Idealgestalten dulden äußerst wenig Individualisirung, fordern den großen Styl im engsten Sinne, der nur mit wenigen gewichtigen Hauptzügen operirt: ein Alphabet von großen Initialen, das der Kunst allezeit unentbehrlich sein wird, mit dem aber in mythusloser Zeit nur sparsam und nur unter der genannten Bedingung zu schalten ist. Ueber der Vorliebe zu diesen Gebilden wird der classicirende Dichter diese Bedingung leicht übersehen, wird vergessen, daß sie doppelt warmer Belebung bedürfen, weil sie nicht mehr vom Glauben getragen sind. So werden sie in seiner Hand bloße Allegorieen. Ebenso aber wird die Neigung der Alten, mit freien Erfindungen über den Volksglauben hinauszugehen, für ihn ein bestechender Vorgang sein, und auch hier wird er vergessen, daß diesen Ersinnungen keine allgemeine Geneigtheit zu mythischer Illusion mehr entgegenkommt. Hat nun gleichzeitig seine Phantasie ohnedieß schon gealtert, so werden

Todtgeburten unerquicklicher und seltsamer Art entstehen. Die erste allegorische Dichtung Göthes, das Gelegenheitsstück Paläophron und Neoterpe (1800), zeigt diese Wendung noch nicht in beschwerender Weise, sie ist humoristisch, und wer wollte bezweifeln, daß für komische Erfindungen die Allegorie jederzeit frischweg freigegeben sein muß! Nun beginnt Göthe um dieselbe Zeit, wie wir gesehen, seine Helena; da wir aber nicht wissen, wie weit er sie geführt hat, also auch nicht wissen, ob es damals bereits seine Intention war, sie so unbarmherzig in eine Allegorie zu verwandeln, wie dann geschehen ist, so belassen wir es vorerst bei dem oben Gesagten, daß sich ihm damals der classische Styl in ein Werk eindrängte, in das er nicht gehört, so daß nun beide Elemente peinlich auf einander drücken mußten: das ideal schön griechische auf das keck naturwahre, genial phantastische germanische und umgekehrt, und verfolgen zunächst noch ferner, abgesehen von der Fortführung des Faust, den Hang zur Allegorie in seinem Wachsthum. In dasselbe Jahr mit der Redaction des ersten Theils des Faust für die zweite Ausgabe, das Jahr 1807, fällt die Pandora. Ein tiefer Seelenschmerz des Dichters, das Weh der Trennung von Minna Herzlieb, maskirt sich in antik mythische Figuren, die dadurch, daß ein ihnen fremder Inhalt in ihre Hüllen gesteckt wird, zu abstrusen Allegorieen werden. Hier schieben sich nun zwischen Trimeter deutsche Liedformen, worin einzelne Laute ertönen, so innig, so herzlich wie die rührendsten, ächtesten Seelenklänge aus Göthes bester Zeit. So die tief ergreifend schönen Strophen, die Epimetheus spricht:

Wer von dem Schönen zu scheiden bestimmt ist,
Fliehe mit abgewendetem Blick u. s. w.

Es ist, als hätte der Dichter gewollt, daß man diese Perlen
nicht finde, denn welches einfache, natürliche Gefühl sucht solche
Herzlaute in einer Dichtung, die man ohne gelehrte Schlüssel
nicht und auch mit diesen nur halb versteht, die daher bemüht,
beunruhigt, statt zu erfreuen, und die ein Leser von der Frische
der Empfindung, wie sie der Dichter seinem Werke doch wünschen
muß, nach dem ersten Leseversuch aus der Hand legt. — Sehr
merkwürdig ist nun aber dieses Fragment dadurch, daß in ihm
fertig und ausgebildet bereits der Styl vorliegt, der nachher im
zweiten Theil Faust der herrschende geworden ist. Ich hebe
einige Beispiele von diesen Tänzelungen und Kräuselungen aus,
die unserem Fischart Spaß machen würden:

> „Allschönst und allbegabtest regte sie sich hehr
> Dem Staunenden entgegen, forschend holden Blicks."

Von Pandoras Erscheinung, ihren Sandalen:

> Gegliedert schnürten goldne Riemen schleifenhaft.

Von ebenderselben:

> Ihr Antlitz, angeschaut allein, höchst schöner war's,
> Dem sonst des Körpers Wohlgestalt wetteiferte.

Höchst schöner statt: viel schöner! und die folgende Construction
statt eines Satztheils mit „als" bemühend schwierig. Und noch
ein Beispiel von Satzbildung:

> Der Fackel Flamme morgenblich dem Stern voran
> In Vaterhänden aufgeschwungen kündest du
> Tag vor dem Tage.

Dieß sind Seltsamkeiten, Sprach-Affectationen, die aus
Nachahmung des Griechischen entstanden; aber ganz des alternden

Göthe eigener Geschmack sind Verse wie folgender im Gesang der Schmiede:

> Wasser, es fließe nur!
> Fließet es von Natur
> Felsenab durch die Flur,
> Zieht es auf seine Spur
> Menschen und Vieh.
> Fische, sie wimmeln da,
> Vögel, sie himmeln da,
> Ihr ist die Fluth;
> Die unbeständige,
> Stürmisch lebendige,
> Daß der Verständige,
> Manchmal sie bändige,
> Finden wir gut.

Man vergleiche aus der Schluß-Scene des zweiten Theils Faust die immerhin noch klarere Strophe:

> Waldung, sie schwankt heran,
> Felsen, sie lasten dran,
> Wurzeln, sie klammern an,
> Stamm dicht an Stamm hinan;
> Woge nach Woge spritzt,
> Höhle, die tiefste, schützt;
> Löwen, sie schleichen stumm-
> Freundlich um uns herum,
> Ehren geweihten Ort,
> Heiligen Liebeshort.

Es hilft nichts, es muß heraus: dieß ist kindisch, unbegreifliche Erscheinung theilweise Kindischwerdens in einem Alter von acht und fünfzig Jahren, während derselbe Mann im Uebrigen noch in der vollen Kraft steht, die Wahlverwandtschaften, die doch, welche Bedenken man haben mag, ein Kunstwerk sind, eine Welt von herrlichen Liedern zu dichten, eine Saat köstlicher

Epigramme auszustreuen und unabläſſig über Welt, Daſein, Natur zu forſchen. Alles, was wir vom Stylwechſel geſagt, erklärt nicht ganz die Erſcheinung; ich verzichte darauf, ſie zu verſtehen. Wir müſſen übrigens weiterhin noch auf dieſe ſelt= ſamliche Sprachpertücke zu ſprechen kommen, wenn ſpezieller vom zweiten Theile Fauſt die Rede ſein wird, wo ſie ja in voller Lockenpracht ſteht; daß ſie Liebhaber, ja Verehrer gefunden hat, iſt mir nicht unbekannt.

Im Jahre 1814 wird Göthe aufgefordert, für das Berliner Theater die Feſt=Dichtung zur Feier des Sieges über Napoleon zu ſchreiben und es entſteht des „Epimenides Erwachen.“ Man kennt das Product, die Nation hat mit verdrießlichem Lachen darüber gerichtet. Mußte je etwas populär ſein, ſo war es ein Gedicht mit dieſer Beſtimmung, war je etwas werth, eigentlich, nicht uneigentlich beſungen zu werden, ſo war es die That, die das Volk recht eigentlich ſelbſt, mit ſeinem Herzen, ſeinem Arm, ſeinem Blut vollbracht hatte; auch hier mit Allegorieen = Cichorie aufwarten, das hieß der ſchlachtenmüden Nation einen traurigen Kaffee bieten. Einige Töne, die warm aus der Seele kamen, wie die Strophe, welche die Liebe ſingt:

Ja ich ſchweife ſchon im Weiten
Dieſer Wildniß leicht und froh,
Denn der Liebe ſind die Zeiten
Immer ſo und immer ſo!

ſchwanken wie arme verirrte Kinder zwiſchen den Strohmännern dieſes Marionettenſpiels.

Es iſt hier nicht meine Aufgabe, eine Geſchichte der Göthe’ſchen Dichtung zu ſchreiben; ſelbſt Manches, was mir im

vorliegenden Zusammenhang diente, muß ich übergehen, z. B.
die Wanderjahre, denn es ist hohe Zeit, nun zu unserem Faust
zurückzukehren. Es sind nun also zwei Erscheinungen, die wir
zu beklagen haben. Die wachsende Einseitigkeit, womit Göthe
sich in den classischen Idealstyl einlebt, wirkt Jahrzehent um
Jahrzehent als Ursache der Verschleppung dieses tiefsten aller
seiner Werke; das ist die eine Erscheinung. Aber dann bringt
sie, und zwar, nachdem sie sich in natürlicher Consequenz
zur Allegorien-Spinnerei ausgebildet hat, in den Faust
selbst ein und zersprengt den ursprünglichen Charakter des Gedichts: dieß ist das Neue. Nicht unmittelbar geschieht es; noch
1827 hat Göthe, wie wir gesehen, troß Schillers Unbedenklich-
keit, das richtige Gefühl, daß er das erste Product dieser Ein-
mengung, die Vermählung der Helena mit Faust, getrennt
halten, als „Zwischenspiel" gesondert publiciren müsse. Später
schwindet dieß Gefühl und die Helena wird als dritter Akt in
den zweiten Theil gesteckt. In diesem früheren „Zwischenspiel"
blieb der alte Fauststyl nach seiner humoristischen Seite fern;
Mephistopheles als Phorkyas sagt und thut nichts Komisches;
Euphorion ist ganz gegen die Absicht des Dichters komisch. Nur
die Stylvermischung erlaubt sich Göthe, lyrische Strophen in
deutscher Liedform und Gefühlsfarbe zwischen die Trimeter zu
stellen, wie in der Pandora; dieß ist eine Kühnheit schöner Art
und wäre nur erfreulich, wenn die Sprache dieser Strophen
freier von Manier wäre. In den übrigen Acten ist es anders.
Die Verachtung seines jugendlichen Faust-Styls, in der wir bis
dahin die Hauptursache der langen Verschleppung gesehen, ist
der Dichter nun los geworden; er nimmt, mit Ausnahme der

Trimeter, in denen er die Erichtho in der claſſiſchen Walpurgisnacht und Fauſt im Anfang des vierten Acts ſprechen läßt, die
alten Reimpaare wieder auf und wechſelt noch freier und
häufiger, als in Epimenides Erwachen und im „Zwiſchenſpiel,“
jetzt dritten Acte, mit lyriſchen Strophen, in zwei Scenen
des vierten Acts, der Aemterverleihung durch den Kaiſer und
dem Auftritt mit dem begehrlichen Erzbiſchof, tritt humoriſtiſch
ſachgemäß der zopfige Tact des Alexandriners ein, die lecke
Miſchung von Ernſt und Scherz iſt wieder da und jener Humor,
der Göthe nie verlaſſen hat, wirft leuchtende Funken, wagt
derbe Cynismen wie im erſten Theil. Aber ach, zu ſpät! zu
ſpät! Denn im Uebrigen iſt nun die Allegorie Meiſterin geworden; ſie müßte nicht nothwendig dunkel ſein, aber der gewiſſe
ägyptiſche Zug, der ſich in Göthe mehr und mehr ausgebildet
hat, gefällt ſich im „Hineingeheimniſſen“ und ſpielt in Räthſeln
Verſteckens, das Schönmachen, das angenehme Runden und das
Opernhafte lagert ſich an Hauptſtellen, die mit lauter Stimme
Lebenswahrheit, dramatiſche Kraft, Leidenſchaft, energiſchen
Ernſt verlangen, der Nachlaß des Geſchmacks, der uns in der
Pandora, in der Bearbeitung von Romeo und Julie überraſcht
hat, erſcheint zum Ungeſchmack in einem unbegreiflichen Grade
geſteigert, mitten im Schönen begegnet man auf Schritt und
Tritt mindeſtens einer anfremdenden und curioſen Sprachform,
und ſo kommt es, daß in Allem, auch im Beſten, ein Haar iſt,
und daß alle Tiefe eines Theils der Intentionen, die Niemand
läugnet, dem gaumenabſtoßenden Gerichte die Ungenießbarkeit
nicht nehmen kann.

Seit ich in den Krit. Gängen (ält. Sammlung B. II., N.

Folge B. I, Heft 3. B. II, H. 4.) meine Ansicht über diesen zweiten Theil ausgesprochen habe, ist man stark gegen mich losgegangen. Zunächst sei gesagt, daß man bei diesen An= griffen gewisse Veränderungen meines Urtheils, die in den spä= teren Aufsätzen, auch schon im Vorwort zu der älteren Samm= lung Krit. Gänge, stehen, übersehen hat. Ich vertrete das frühere Urtheil nicht mehr in seinem ganzen Umfang. Verkannt hatte ich früher das stellenweise Aufleuchten des ächten Göthe'schen Geistes, namentlich seines Humors in diesem zweiten Theile; dieß ist längst von mir selbst berichtigt. Einen Schluß hielt ich früher nicht für möglich, ließ den Göthe'schen nicht gelten, später überzeugte ich mich, daß er auf symbolischem Wege allerdings ausführbar ist, und sprach dieß aus in den „Krit. Bemerkungen über den ersten Theil an Göthes Faust, namentlich den Prolog im Himmel"; wenn ich auch nach solcher Berichtigung meiner An= sicht sagte (Krit. Gänge N. F. I. 3 S. 139), der Faust sei in's Unendliche fortsetzbar, so ist dieß nicht ein Widerspruch, wie mir G. v. Löper vorhält (Hempel'sche Ausg. b. Faust Th. 2. XXXIX.); es will sagen: Faust kann noch durch die verschiedensten Lebens= lagen geführt werden; es kommt dann darauf an, ob ein Dichter, der so etwas versucht, nur einzelne Situationen oder ein ge= schlossenes Ganzes geben will; immer aber muß er, wenn er anders der Faust-Idee treu bleiben will, einen Schluß in Aus= sicht nehmen, der irgendwie symbolisch eine Versöhnung enthält, im Grundgedanken dem ähnlich, was Göthe (vom Barocken eines Theils seiner Ausführung abgesehen) gegeben hat.

Doch es handelt sich von der Gesammt-Auffassung des zweiten Theils und ich befinde mich in einer schwierigen Lage.

Die Gegner werden verlangen, daß ich eine neue Beweisführung
für' mein Urtheil antrete, das ich in der Hauptsache doch auf-
recht erhalte. Es scheint auch Pflicht, denn die Wissenschaft fordert Beweise. Wir befinden uns aber im Gebiete des Schönen
und mir drängt sich im gegebenen Fall stärker als jemals die
Ueberzeugung auf, daß die Anwendung wissenschaftlich gefundener
ästhetischer Sätze auf ein gegebenes Object nicht mehr Sache
der Wissenschaft ist, daß es sich vielmehr verhält wie in der Me-
dizin, wo Wissen und Diagnose doch wahrhaftig sehr verschiedene
Dinge sind. Dennoch geräth man in solchen Fällen, wo es sich um
ästhetische Diagnose handelt, immer wieder in die Täuschung
hinein. es müßte sich durch Beweis etwas erreichen lassen.
Wahrhaft befreiend und erlösend kommt mir in dieser Schwierigkeit das Wort eines Gegners. Der ebengenannte Commentator,
G. v. Löper, stellt (ebenda Th. 2, Einl. S. XXXV. XXXVI.)
zuerst den Satz auf, was ich und Andere im zweiten Theil
Faust für Allegorieen halten, seien vielmehr Geister und es sei
doch zugegeben, daß solche im Faust auftreten dürfen; der
Stoff fordere eine gewisse Entfaltung des Wunderbaren und
der Geisterfictionen, Mephistopheles dürfe doch der Menschenwelt
gegenüber nicht allein stehen, was demgemäß neben ihm oder
als sein Gegensatz sich weiter Geisterhaftes entwickle, sei deshalb
noch nicht Allegorie, sondern Personification. Er setzt dann
hinzu, die Personification sei theils schon gegebenen Fictionen
des Volksglaubens entnommen, theils eigene Fiction; im letzteren
Falle müsse die Kunst des Dichters uns die Personen glaubhaft
erscheinen lassen, während er im ersteren ohne Weiteres Glauben
erwarten dürfe. Dieß streift an eine Bemerkung, die ich oben

gemacht habe, als nachzuweisen war, wie leicht der classische
Idealismus den modernen Dichter auf den Weg der Allegorie
führe. Der Unterschied zwischen den Sätzen, die ich dort auf=
gestellt habe, und zwischen den Löperschen erscheint klein und
greift doch tief. Gegebene Fictionen des Volksglaubens sind ohne
Weiteres noch nicht poetisch glaubhaft, sondern nur geläufig.
Mythische Motive aus dem Glauben des Mittelalters liegen uns
näher, als Motive aus dem griechischen, sind uns theilweise ge=
läufiger als diese; nur theilweise, z. B. der Teufel, nicht aber
die sämmtlichen Heiligen des Mittelalters, nicht magna peccatrix,
nicht pater profundus und dergleichen, die Götter des alten
Olymps sind uns durch Kunst und Poesie geläufiger, als der
obscurere Theil des christlichen. Wie geläufig uns nun aber
solche Phantasiewesen sein mögen, so ist doch Geläufigkeit noch
nicht poetisches Leben, das Illusion, Phantasieglauben erzeugt.
Wir müssen, wie oben geschehen, hinzunehmen, daß unserer Zeit
der Glaube an diese Wesen im gewöhnlichen Sinne des Wortes
fehlt; übrigens auch dieser erspart dem Dichter nicht Neubelebung,
er unterstützt ihn nur noch mehr, als bloße Geläufigkeit, d. h.
bloße Bekanntheit mit der Vorstellung. Der Act der Neubelebung,
den diese Vorstellungen fordern, ist nur graduell von dem ver=
schieden, den eigene Fictionen bedürfen, er gelingt leichter, weil
der Dichter sich mehr getragen fühlt. So war Göthe getragen
durch die Mischung des Finstern und Komischen in der Volks=
vorstellung vom Teufel, aber ihn so für uns zu beleben, wie
Mephistopheles lebt, das forderte dennoch die ganze Zauberkunst
des Dichters. Löper wendet nun seinen Satz zunächst auf zwei
Wesen an, deren eines aus der griechischen Heldensage, das

andere aus den phantaſtiſchen Vorſtellungen der Alchemie entnommen iſt, auf Helena und den Homunculus. Die erſtere nicht
nur zu entlehnen, ſondern auch zu beleben, hat Göthe allerdings
einen Anlauf genommen; es käme darauf an, zu zeigen, wie weit
ihm dieß gelungen iſt, vorzubringen für ihn, was etwa vorgebracht
werden kann, gegen diejenigen, welche meinen, der Anlauf ſiſtire
ſich nach wenigen Schritten und Helena werde zur hohlen allegoriſchen Hülſe. Der Homunculus aber lebt ja doch offenbar
gar nicht, ſondern thut nichts als bedeuten, wer weiß, was?
Der Vertheidiger des Dichters müßte verſuchen, nachzuweiſen,
daß er allerdings lebe. Nun aber darf ſich ja Löper den einen
wie den andern Beweis ſchenken, weil nach ſeinem eben be-
ſprochenen Satz der Umſtand allein, daß dieſe Figuren aus nicht
geglaubten Fictionen entnommen ſind, ihnen ſchon Leben ver-
leihen ſoll. Will er ſich mit dem nun folgenden Ausſpruch
wirklich auf dieſen Satz ſtützen oder enthält derſelbe einen neuen
Satz? Löper ſagt: „in weſſen Phantaſie dieſelben“
(nämlich eben zunächſt Helena und Homunculus) „kein Daſein
mehr gewinnen, dem iſt nicht zu helfen und das „„pein-
liche Dunkel,““ welches er in dieſem und „„andern
Allegorieen““ findet, ihm nicht zu erhellen.“ Das
kann doch nicht als bloße Berufung auf den obigen Satz gemeint ſein; Löper glaubt offenbar, Göthe habe die Figuren
nicht nur entlehnt, ſondern neubelebt und der Beweis hiefür ſei
ihm aus einem anderen Grunde erlaſſen, und der andere Grund
kann nur ſein, daß man das Gefühl der Schönheit des poetiſchen
Lebens Niemand andemonſtriren könne; es tritt alſo wirklich ein
neuer Satz auf, der bekannte Satz vom Geſchmacksurtheil. Ich

komme sogleich darauf zurück und bemerke nur erst noch, daß
Löper, was er von Helena und Homunculus sagt, nachher auf
alle weiteren, nicht dem bekannten Menschen- und Naturleben
angehörigen Figuren und Motive in diesem zweiten Theil aus-
dehnt; man soll z. B. so wenig fragen, was Mephiſtopheles
als Phorkyas bedeute, als danach, was er als Pudel bedeutet
hat. Und also nicht nur keine Allegorieen sollen es sein, sondern
ächte Poesie; sagt er doch selbst von einem Stück, wie die
classische Walpurgisnacht: hier iſt nichts Allegorie und Alles
poetisches Leben. Ich füge hinzu, daß er ausdrücklich auch die
Sprache rühmt, daß er Göthe gerade auch in Rückſicht auf dieß
Alterswerk einen Regenerator der deutschen Sprache nennt,
namentlich unter Anderem die absoluten Superlative (die Superlative mit unbeſtimmtem oder ohne Artikel) als eine Bereicherung
derselben ansieht, und beeile mich nun, für die Zuthat des
zweiten zum ersten jener Sätze meinen aufrichtigen Dank auszusprechen.

Ja, ihr habt Recht: mir iſt nicht zu helfen! Es muß
in der Natur sitzen und die läßt nichts mit sich anfangen.
In Wahrheit, es handelt sich um ein Geschmacksurtheil,
brauchen wir nur statt Diagnose das gute alte Wort. Ihr
sagt: du hast keinen Geschmack! So darf ich sagen: ihr habt
keinen Geschmack! Der Gründe sind genug gewechselt. Keiner
bekehrt den Andern und ich, der Unverbesserliche bleibe einfach
dabei: dieser zweite Theil Fauſt nimmt da und dort bedeutende
poetische Anläufe, läßt da und dort den ächten Geiſt Göthes
durchblicken iſt aber im Ganzen eine Reihe lederner, abſtruſer
Allegorieen und verläuft nicht nur durch sie, sondern namentlich

auch durch seine senilen Sprachschnörkel auf Schritt und Tritt ins Absurde.

Was meiner alten Behauptung fehlte und den Gegnern einen Schein von Recht gab, ist außer dem oben Zugestandenen noch eine Einschränkung, die ich nun nachhole. Es läßt sich nicht läugnen, es ist erkennbar, daß ein Theil der Allegorieen *l.* von Göthe formell schön geschaut ist; der Helena, dem Knaben Lenker, der Galatea, dem trabenden Chiron fühlt man sein künstlerisches, an den großen italienischen Meistern, auch an Karstens gebildetes Auge an und stellt sich die Gestalten gerne vor, wie von solchem Griffel skizzirt; ebenso fühlt man große, stylvoll geschaute Landschaftscenerieen durch. Diese Spuren haben Köstlin bestimmt, auszusprechen, man müsse den zweiten Theil sehen, nicht lesen, und haben wirklich zu theatralischen Aufführungen verleitet. Die Einschränkung ist nun aber auch schlechterdings nichts als eine Einschränkung. Denn erstens wird alle Freude an diesen Zügen dadurch aufgehoben, daß andere und nicht wenige Bilder, die uns vorgeführt werden, eben auch formell, dem inneren Auge vorgestellt, widerwärtig komisch sind, während sie nach des Dichters Meinung ernst schön sein sollen. „Faust nimmt eine entschieden gebietende Attitüde mit dem Schlüssel!" wer kann das Lachen halten? Der auf- und niederspringende Euphorion, wer ums Himmels willen kann denn läugnen, daß das eine abgeschmackte Vorstellung ist? „Selige Knaben, in Kreisbewegung sich nähernd" — warum nicht lieber in Spiral-bewegung? Oder in Bewegung einer Pentagrammfigur? Wäre das nicht bedeutsamer? Der Pater ecstaticus sch..ebt auf und ab — da kann man doch auch nicht ernst bleiben; der Pater

seraphicus „nimmt die seligen Knaben in sich," daß sie aus
ihm heraussehen, — der Sinn: mit den Augen eines Andern
sehen hübsch buchstäblich in Allegorie übersetzt —; müßte etwas
schwierig auf dem Theater zu geben sein; ob er die Jungen
auch wieder aus sich herauszieht, ist nicht gesagt. Der Homunculus
in seiner Flasche scheint nicht angeführt werden zu dürfen, weil
er vom Dichter selbst komisch gemeint ist; ja, wenn er nur
komisch behandelt wäre! aber er ist es ja erst nicht und so wird
der Dichter (objectiv) komisch. Sinnliche Läuterung oder Läu-
terungsbedürftigkeit als Bild für innere zu gebrauchen ist herkömmlich und nur ganz natürlich; da ist aber eine feine Grenze:
man muß sich sehr hüten, auch nur mit einer Sylbe es dahin
zu treiben, daß wir den zu entfernenden Schmutz uns vorstellen
müssen, sonst wird am Ende gar die Geruchsvorstellung in
Mitleidenschaft gezogen. Da singen nun die Engel, die Fausts
Unsterbliches tragen:

„Uns bleibt ein Erdenrest
Zu tragen peinlich,
Und wär' er von Asbest,
Er ist nicht reinlich."

Und gleich darauf erscheint Doctor Marianus „in der
höchsten, reinlichsten Zelle," worüber ich schon in den N. Krit.
Gängen gesagt habe, dieß nöthige, die niedriger liegenden Zellen
sich stufenweise schmutziger zu denken. Wie unappetitlich! Löper
sagt: es ist eben ein Purgatorium. Es wird zur Waschanstalt. —
Zweitens: eine formell schöne Anschauung, bei der ich nicht
weiß, was ich zu denken habe, hört auf, schön zu sein. Im
Schönen muß doch das Denken ungetrennt im Schauen auf-

gehen; sehe ich aber schöne Formen, Bewegungen, die in jedem Zuge mir sagen: ich trage meine Bedeutung nicht als meine Seele in mir, ich weise nur auf sie hinüber und lege dir auf, sie zu suchen, so trennt sich das Denken vom Schauen, man muß grübeln und die Freude des Schauens ist verderbt. Man hat neuerdings wieder gelesen, der zweite Theil Faust sei in Leipzig mit ungemeiner Wirkung aufgeführt worden. Ich wills schon glauben; die Leute sind längst gewohnt, das Theater zu meiden, wenn Stücke zu sehen sind, die im gesunden poetischen Sinne zu denken geben, und in prunkende Schaustücke und Opern zu laufen, die nichts zu denken geben. Der zweite Theil Faust gibt freilich zu denken, aber da das Denken, das er dem Zu= schauer auflegt, verzweifelt schwer, beunruhigend und großen= theils vergeblich ist, so entschlägt sich die Menge, wie wir sie kennen, einfach des Denkens ganz und gafft den Prunk an, der dem Auge geboten wird. Aber auch des Fühlens entschlägt sie sich gern, auch dieß ist ihr zu bemühend. Dieser Arbeit enthebt sie ein Drama, für dessen Personen sich nichts fühlen läßt, weil sie nicht leben, sondern nur bedeuten. Ein solches Werk mit seinem unnatürlichen Misverhältniß zwischen Sinn und An= schauung aufführen heißt daher nichts Anderes, als unser Pub= likum noch mehr in ein gedankenloses Gaffer=Publikum ver= derben, als es darein schon verdorben ist. Shakespeares Hamlet ist dunkel; in die Fragen, die er in seiner Tiefe birgt, bringt nur ein, wer im Denken anders geübt ist, als die Menge, aber nicht so ist er dunkel, daß die Personen im Stück nicht lebten und litten, sondern Leben und Leiden ist nur so tief verwickelt, daß das Senkblei des Denkens kaum ausreicht, und so warm

und wahr ist dieß Leben und Leiden, daß die Aufführung Alle
hinreißt; Gelehrte und Ungelehrte, sie alle packt der Sturm und
Drang der Handlung, Jeden rührt das innere Unglück des
Helden, mag er auch seine Quelle nur ahnen, Jeder leidet mit,
zürnt, bangt, erschrickt, weil er Menschen menschlich athmen,
handeln, fehlen, erliegen sieht, und der Geist des Ermordeten
selbst: Shakespeare sorgt dafür, daß er uns nicht ein fremdes
Wunder bleibt, sondern zum mitleidswerthen fühlenden Wesen wird.
Löper nennt Geister, was wir Allegorieen nennen; er halte den
Maaßstab an sie, den ihm dieser Hamletgeist, den ihm der er-
scheinende, verschwindende, grausig nickende Geist des Banquo,
den ihm die halb menschlichen, halb geisterhaften Hexen im
Macbeth an die Hand geben, oder er sehe die Geister im ersten
Theil Faust noch einmal an: ich will jetzt nicht einmal von
Mephistopheles sprechen; der böse Geist, der Gretchen in der
Kirche die entsetzlichen Worte zuraunt, ist nur eine momentane,
skizzirte Erscheinung, aber wie ist durch sein heiseres teuflisches
Flüstern die einfach aus dem Teufelglauben gegriffene Personification des Seelenvorgangs in Gretchen mit Einem Schlage
zu einem poetisch glaubwürdigen Bilde belebt! Im Sinne des
fühlenden Weibs war die aus der griechischen Heldensage phan-
tasmagorisch auferweckte Helena zu charakterisiren, zu beleben;
daß Göthe einen Anlauf dazu nimmt, haben wir gerne zugegeben, aber wem vergeht das Mitgefühl nicht, wenn sie durch
vermummte Zwerge geschlachtet werden soll, über die man sogleich
grübeln muß, was sie bedeuten (— ich vermuthe, es seien die
Romantiker gemeint, —), und wenn sie nachher eine Brautnacht
feiert, aus welcher mit so unklinischer Plötzlichkeit das Purzel-

männchen Euphorion hervorgeht! Geisterhaft, nicht allegorisch,
könnte Löper sagen, sind die „Mütter;" sie sind aus dem alten
Glauben der Naturreligionen an weibliche Urgottheiten geschöpft
und genießen also den Vortheil, von dem er behauptet, er ver-
schaffe allein schon einem Gebilde poetisches Leben. Wo ist
aber hier eine Spur von Geisterhauch, Geisterschauer? Glaubt
Löper, dieses Problem für Kopfzerbrechen werde dadurch stimmungsvoll, daß Faust ausruft: „die Mütter! Mütter! — 's klingt
so wunderlich!"? Ist das nicht zum Lachen statt zum Schauern?
Und klopft denn irgend einem der andern Schattenwesen ein menschliches Herz in der Brust, mit welchem, für welches das unsere
klopfen könnte? Fragt alle die Unbefangenen, die kein Unter-
suchungsreiz treibt, noch zu studiren, wo sie nicht einfach menschlich mehr fühlen, bewundern können, — fragt sie, ob sie die Geduld haben, diesen zweiten Theil Faust durchzubringen, ob sie nicht
ärgerlich das Buch zuschlagen! Nun aber glauben sie doch und
wissen, daß Göthe ein großer Dichter ist, und nun wird ihnen
zugemuthet, seine Größe eben auch und gerade recht in diesen
Strohpuppen zu finden, zu bewundern, — dieß ist der richtige
Weg, ihnen den ganzen Göthe zu entleiden! Daher thut die
wahre Pietät dem Dichter einen Dienst, wenn sie die Armen
aus diesem Elend erlöst, indem sie ihnen sagt: laßts ruhig
liegen, da findet ihr nicht den wahren Göthe!

Und wem die Sprache natürlich und poetisch vorkommt,
dem ist auch nicht zu helfen! Begreife ein Anderer als ich, wie
man die Sprache im ersten Theile bewundern kann und die
Sprache im zweiten noch genießen, noch verdauen! Ich kämpfe
im Namen des Naturgefühls der Sprache, im Namen des

Naturgefühls, das in Göthe, wo er er selbst ist, so wunderbar
und einzig lebt, gegen die Naturlosigkeit, ja Naturwidrigkeit in
seinem Altersstyl. Nicht zur Bereicherung, sondern zum Ver-
derbniß unserer Sprache sehe ich ihn wirken. Ich muß noch
einmal auf den Mißbrauch des Superlativ zurückkommen, den
ich schon früher (A. Krit. Gänge B. 2, S. 60) angegriffen
habe. Wer einmal sich gewöhnt, dem deutschen Sprachgeist zuwider den Superlativ mit unbestimmtem oder ohne Artikel zu gebrauchen, der wird sich bald gewöhnen, ihn auch unnöthig, auch
mit bestimmtem Artikel unnöthig zu gebrauchen; alle überflüssige
Steigerung ist aber Unnatur, Versalzung, Ueberwürzung,
Manier. „Und sollt' ich nicht sehnsüchtigster Gewalt ins Leben
ziehn die einzigste Gestalt?" Hier ist Alles beisammen (von
dem undeutschen Genitiv, den Löper auch belobt, abgesehen); der
erste Superlativ ist undeutsch, weil ohne Artikel, überflüssig,
da „sehnsüchtig" genügt; der zweite, „einzigst" kommt öfters
vor, z. B. „durchgrüble nicht das einzigste Geschick": das Wort
einzig enthält ja aber in sich schon den Begriff des Superlativ.
Göthe sagt auch: der letzteste. Die Sprache nimmt sich allerdings die Freiheit, auch das nicht mehr zu Steigernde zu steigern
und zu sagen: der allererste, der allerletzte, aber sie hütet sich
wohl, dieses Wagniß gegen die Logik in der grammatischen
Bildung selbst auszudrücken, denn da lautet es abgeschmackt;
allererster geht, aber erstester ist lächerlich; man könnte nach
Göthe auch sagen: höchstester und oberstester. Bei jenen Super-
lativen ohne (oder mit unbestimmtem) Artikel ist die Meinung, es
dürfe aus dem Griechischen und Lateinischen der Gebrauch herüber-
genommen werden, mit dem Superlativ nicht den höchsten, sondern

nur einen sehr hohen Grad auszudrücken. Dieß ist und bleibt unbeutsch; deutsch ist nicht: es wird sich ein Gräulichstes ereignen, sondern: etwas höchst Gräuliches oder einfach: höchst Gräuliches. Seit diese Superlativ-Affectation aufgekommen, wimmelt es in unserer Literatur von lebendigsten Blicken, braunsten und weißesten Haaren, eröffnet sich überall dem Blick Bedeutsamstes und Fördersamstes. In unsern Romanen kommt ein schönster Graf mit blondesten Locken zur Thür herein und seine Reden sind interessantest. Nun zu Wortbildungen! Dichter dürfen darin viel wagen, aber Sprache und Geschmack setzen Grenzen. Unter die Stellen, wo man den ursprünglichen Göthe vernimmt, gehören die ersten unter den Lied-Strophen des Elfenchors im Anfang des ersten Acts, aber in der dritten stößt man auf: „Thäler grünen, Hügel schwellen, buschen sich zu Schattenruh" — darf man dieß, dann darf man auch sagen: die Fläche grast sich, der Berg baumt sich, der Tisch tucht sich, das Tischtuch löffelt sich. Ich stoße bei dem Durchblättern wieder auf Kostbarkeiten wie: echoen, jungholdeste Schaar, seeisch heitres Fest, — golden-golden, — mauerbräunlich, — lieber Kömmling. Wir wollen annehmen, Göthe habe gewußt, daß Chomeling althochdeutsch (äußerst selten) vorkommt; dann hätte er sich sagen müssen, daß die Form mit Recht abgestorben ist, weil sie auf die curiose Consequenz führt, auch zu sagen: Gehling oder Scheidling *).

---

*) Es mag hier noch ein Beispiel stehen davon, wie man meine Ausstellungen im Lager der Verehrer auffaßt und wie man mit ihnen umgeht. Ich habe (in den A. Krit. Gängen) gesagt: wie gedenkhaft ist der Zusatz, da im Mummenschanz die Pulcinelle auftreten: „läppisch, fast läppisch."

Nicht weiter! Vielleicht schon zu viel der Beispiele, wo Eines genügt! Ach, das ist ja Alles nicht frisch, nicht jugendlich keck, sondern schnörkelhaftest, sonderbarlichst, greisenhaftest! In der Prosa begann frühe dieser Altersstyl mit einer gewissen Mischung von Vornehmheit und bequemlich rundender Behäbigkeit, für die ich kein Wort weiß; Heines Vergleichung mit einer Rokoko-Staatskutsche drückt mehr den ersteren, als den zweiten Zug aus, der sich speziell, oder sagen wir stylgemäß einziglichst in der Liebe zu dem behaglichen: und so denn — und so fortan gefällt — ein falsches Bild der classischen Ruhe, das denn auch ebenfalls fördersamst so fortan reichlichste Nachahmung in unserer Schriftstellerwelt gefunden hat und „fern und so weiter fern" finden wird.

Der <u>Vers</u> zeigt in den früher entstandenen Theilen noch manche Schönheiten, namentlich wo sein Rhythmus Ausdruck einer bedeutenden inneren Anschauung ist. In den Reden der

Herr von Löper meint nun, meine Bemerkung gelte der Zweiheit der Prädicate und ihrem Gleichklang, führt zur Vertheidigung Georgs Lied aus dem Göz an („der freut sich traun so läppisch und grief hinein so läppisch"), nennt es das Lied vom dummen Buben und sagt dann: „weßhalb sollen die Bezeichnungen weniger auf die italienischen Pulcinelle, als auf den dummen deutschen Buben passen?" Zunächst ist zu sagen, daß mir die Wiederholung des „dummen Buben" auffallen wollte. Ich habe jedoch schnelle erwogen, daß mir die Achtung vor der Persönlichkeit meines Gegners, wie sie in seinen Leistungen sich kundgibt, verbiete, einen Argwohn aufkommen zu lassen. Was aber die Sache betrifft, so sollte man doch meinen, es sei klar, daß meine Bemerkung lediglich dem zwischeneingefügten „fast" gilt. Dieses „fast" ist possirlich preziös, weil es scheint, als sei die Kühnheit einer Steigerung zu entschuldigen, die doch schlechthin nicht Statt findet.

Helena treten einzeln und in Gruppen styl- und klangvolle Trimeter
auf, aber keineswegs von allen kann man sagen, daß sie schöne
Bewegung haben. Im Chorgesang der trojanischen Jungfrauen
beim Anblick der Phorkyas ist die erste, zweite und vierte Strophe
großartig zu nennen, die folgenden fallen ab, werden zum Theil
hart, unflüssig. In Reimzeilen und Reimstrophen finden sich
mancher Orten noch Spuren der alten musikalischen Kraft, des
alten organischen Zusammenfühlens von Sinn, Accent und
Klang; z. B. in der Stelle, wo Helena mit Faust Reime
wechselt. Ueberall aber treten nach einigen Schritten wieder
Stockungen, Verhärtungen, störende Bequemlichkeiten, Manirirt-
heiten ein, die nun freilich von der Seltsamlichkeit der Sprache
als solcher gar nicht zu trennen sind. Sie häufen sich in den
späteren Bestandtheilen. Ich habe einen Vers aus der Schluß-
Scene bei Gelegenheit der Pandora angeführt. Ein ganz ähn-
licher mag hier noch stehen. Die rosenstreuenden Engel singen:

> Blüthen, die seligen,
> Flammen, die fröhlichen,
> Liebe verbreiten sie,
> Wonne bereiten sie,
> Herz, wie es mag.
> Worte, die wahren,
> Aether im Klaren,
> Ewigen Schaaren
> Ueberall Tag!

So geht es fort. Wie Göthe einmal in diesen Versstyl
hineingekommen war, hat das einmal in Bewegung gesetzte
Rädchen so in ihm fortgesurrt; man kann sich ganz hineinver-
setzen, ja man wird förmlich angesteckt. Wer diesen zweiten

Theil in Vorlesungen behandeln, bei diesen Dingen verweilen muß, wird erfahren, daß es Wochenlang in ihm umsummt, ja er wird in demselben Ton parodisch weiterdichten müssen, mit dem Zwang eines Mechanismus wird es in ihm so forträdeln. Die vielen falschen Reime dagegen (— so reimt Göthe z. B. auch erbötig auf gnädig —) sollen uns wenig Beschwer machen; an solchen fehlt es auch im ersten Theile nicht, davon zu sprechen wird sich noch Gelegenheit finden.

Es wird passend sein, an dieser Stelle, ehe ich zu andern Gegnern übergehe, die Begriffe: Symbol und Allegorie genauer als bisher ins Auge zu fassen; es wird uns auf diesen weiteren Schritten zu gute kommen. Löper nämlich sieht im zweiten Theil Faust ein „Ideen-Drama,“ ein „Tendenzstück,“ er rühmt die „höchste Geschichtlichkeit“ von ihm und versteht dieß letztere Wort so, daß es dasselbe bedeutet, wie das erste, denn es sind Ideen im Sinne großer Factoren in der Culturgeschichte gemeint. So bedeutet z. B. auch ihm die unvermeidliche Helena den Humanismus, die Renaissance. Mit sich selbst tritt er dadurch in keinen Widerspruch; mit der Behauptung, daß die Figuren unseres zweiten Theils poetisches Leben haben, läßt sich die andere, daß weite Gedanken in sie gelegt sind, ja sehr wohl vereinigen. Es fragt sich um die Art des Bandes zwischen Sinn und Bild. Sie ist nach Löper in den transcendenten Motiven des zweiten Theils Faust nicht allegorisch, sondern symbolisch. Er versteht also, wie aus dem Ganzen seiner Auffassungen hervorgeht, unter symbolisch ein Gebilde der Phantasie und Kunst, das eine allgemeine Idee so ausdrückt, daß dadurch poetisches Leben desselben nicht ausgeschlossen ist, wir wollen es immanent nennen: immanente allgemeine Bedeutung eines concreten lebendigen Bildes; unter Allegorie dagegen ein Gebilde, dem die allgemeine Bedeutung so innewohnt, daß dadurch Anschauungswerth, ästhetisches Leben ausgeschlossen ist oder wenigstens nach Abzug der Bedeutung nur leerer Schein von Schönheit — im besten Falle — übrig bleibt. Dieser Gebrauch der vieldeutigen Worte ist nicht anzufechten, er darf als üblich gelten. Die da und dort aufgestellte Einschränkung des Begriffs der Allegorie auf eine successive Reihe von Symbolen, die sich zu einer Handlung verbinden, läßt sich nicht halten; ich habe mich schon in den A. Krit. Gängen (B. II, S. 101) dagegen ausgesprochen und nur zugegeben, daß das allegorische Verfahren zu solchem Ausspinnen neigt. Die vier alten Weiber, die sich Faust nähern, und die Göthe selbst Mangel, Schuld, Sorge, Noth titulirt, treten nur momentan auf, ihre Rolle ist kurz; Niemand wird darum bezweifeln, daß dieß Allegorieen sind, vielleicht selbst Löper, obwohl im Uebrigen anders denkend, wird es zugeben. Den Begriff des Symbolischen habe ich an manchen Stellen meiner Schriften besprochen; früher (Aesth. §. 426) schränkte ich ihn dem Object nach auf ein unpersönliches Bild, dem Modus des Verfahrens nach auf ein dunkles Confundiren von Idee und Bild ein und zwar in dem bestimmten engen Sinn, wie es den Naturreligionen eigen ist; so blieb dem Worte nur historische Bedeutung. Später veränderte ich meine Ansicht dahin, daß unter dem Begriff des Symbolischen alle Formen zu befassen seien, worin das Verhältniß zwischen Sinn und Bild das indirecte der bloßen Bedeutung ist. Aber gerade an dieser Grundbestimmung ist eine Veränderung vorzunehmen; sie muß durch einen Zusatz gelockert,

larer gemacht werden; sagen wir einmal: oder worin das Ver-
hältniß der Bedeutung zum Bilde das eines fühlbaren Plus ist.
Es wird sich erklären, warum ich zu einem so unbestimmten
Ausdruck greife. Schon das, was ich in den N. Krit. Gängen
B. II, H. 5 nun unter den Begriff Symbol subsumirte, setzte
eigentlich eine läßlichere Bestimmung voraus; ich befaßte nämlich
darunter alle folgenden Gestaltungen dieses Verhältnisses: dunkle
Verwechslung eines unpersönlichen Gegenstandes mit der ihm
geliehenen Bedeutung in den Naturreligionen (also eben die
Form, worauf ich den Begriff früher einschränkte); ferner: die
geglaubten Personificationen, wie sie der Mythus aller Religionen
enthält; dieß sind die dunkeln unfreien Arten des Verbindens
von Idee und Bild; diesen parallel folgen ästhetisch freie Arten
desselben Verfahrens: die eine derselben bezieht sich wie das, was
ich früher allein Symbol genannt hatte, auf Erscheinungen der
unpersönlichen Natur, es wird ihnen Seele, Stimmung untergelegt,
dieser Prozeß ist ebenfalls ein dunkler, was streng genommen
bloßes Vergleichen wäre, wird ein inniges Hineinlegen, Unter-
legen, Leihen, dennoch ist das Verfahren ästhetisch freies Spiel
und auf ihm ruht das ästhetische Gefühl der Landschaft, auf
ihm ruhen auch die Künste, die keine concrete Erscheinung der
Natur darstellen, sondern in abstracten Formen sich bewegen;
mit dieser Art des Verhaltens habe ich mich an mehreren Stellen
der N. Krit. Gänge im Streit gegen die Formalisten beschäftigt
und den eigenthümlichen Act näher erörtert (B. II, H. 5,
S. 140 ff. H. 6, S. 7 ff.); endlich dem unfrei geglaubten
Mythus parallel steht der ästhetisch freie Gebrauch früher ge-
glaubter Mythen und die freie, aus eigener Erfindung hervor-

gehende Personification und Führung der so erdichteten Wesen
durch eine Reihe von Momenten in bewegter Handlung; dieß
Verfahren ist nun entweder poetisch lebendig oder es fehlt ihr
das poetische Leben, und im letzteren Fall entsteht Allegorie.
Diese nun habe ich (ebenda H. 5, S. 148) auch noch unter
den Allgemeinbegriff Symbol gestellt; daraus aber entsteht Un-
klarheit, diese Subsumtion muß aufgegeben werden; wie ungenau immer im gewöhnlichen Sprachgebrauch verfahren werden
mag, in der Wissenschaft bringt es Verwirrung, wenn der Begriff des Allegorischen dem des Symbolischen subordinirt wird.
Es bleibt also dabei: symbolisch heißt in diesem ganzen Gebiete,
was poetisches Leben hat und allegorisch, was unlebendiges Product der Phantasie im Dienste der Reflexion ist.

! Nun ist aber noch ein Punct in meinen früheren Versuchen,
diese Begriffe klar zu bestimmen, der einer Berichtigung bedarf.
Wie steht es denn mit allen jenen Gebilden, denen wir einfach
ästhetischen Werth beilegen, mit allen wahrhaft gelungenen Gestalten, die uns ein Künstler, ein Dichter vorführt? Wenn doch
symbolisch heißen soll, was poetisch lebt, und wenn doch jede
lebendige Schöpfung Tiefe der Bedeutung hat, warum nennen
wir nicht jede symbolisch? Es ist noch einmal zu unterscheiden.
Eine ganz concrete Schöpfung, die ihre Bedeutung einfach als
ihre Seele in sich trägt, die ganz direct bedeutet, nennen wir
nicht symbolisch, wenn diese Seele nicht so weit und groß ist,
daß das poetische Wesen, dem sie gehört, uns von selbst zum
Repräsentanten einer ganzen inhaltvollen Lebenssphäre, einer
allgemein menschlichen gewichtigen Wahrheit wird. Valentin
z. B. symbolisch zu nennen, wäre unpassend, obwohl er recht ein

Typus des derben frischen Landsknechts ist; Faust aber, obwohl
ganz concretes Individuum, können wir allerdings symbolisch
nennen, weil die Stärke und Tiefe seines ungeduldigen Strebens
ihn uns ungesucht zum Repräsentanten alles sich überstürzenden
Idealismus macht. Dieß habe ich in jener früheren Erörterung
nicht erkannt und daher gerade den Faust als Beispiel von nicht
Symbolischem angeführt (N. Krit. Gänge B. II, H. 5, S. 138);
und diese Erweiterung des Begriffs ist es nun vor Allem,
welche die größere Laxheit in seiner Grundbestimmung verlangt,
die ich ihr oben durch den Zusatz zu geben suchte: oder worin
das Verhältniß der Bedeutung zum Bilde das eines fühlbaren
Plus ist. Dieß gilt nun natürlich von Scenen, Handlungen,
wie von einzelnen Personen. Göthe nennt z. B. den Auftritt
in Shakespeares Heinrich IV., wo dem todtkranken schlummernden
König der Sohn und Nachfolger die Krone wegnimmt und auf-
setzt, symbolisch, er gebraucht das Wort auch sonst gern in der
hier aufgeführten Bedeutung, so daß er denn alle fühlbar hoch-
bedeutungsvolle Poesie symbolisch nennt. Ich führe als Beispiele
noch König Lear und Macbeth an. In der ersteren Tragödie
leuchtet das Tragische an sich, die Wahrheit der Verzehrung alles
Endlichen, so mit Flammenschrift hervor, daß man sie, namentlich in den Hauptmomenten, mitten in der durchaus concreten
Handlung doch nur symbolisch nennen kann. Ich weise namentlich auf die Stelle Act 3, Sc. 6, wo Gloster beim Anblick
des wahnsinnigen Lear ausruft: „o du zertrümmert Bauwerk
der Natur! so nutzt das große Weltall einst sich ab zu nichts;"
am Schluß auf die Worte Kents, wie Lear die todte Kordelia
in seinen Armen auf die Bühne trägt: „ist dieses das verkün-

dete Weltende? ein Vorbild jener Schrecken?" wozu Albanien
fügt: „des allgemeinen Untergangs?" Daß Shakespeare in dieser
Tragödie und im Hamlet am Schluß so viele Leichen auf der
Bühne versammelt, ist nicht unnöthige Häufung des Schauderhaften, sondern hat dieselbe symbolische Absicht. Macbeth ist
in allen Hauptmomenten hoch symbolisch in der ungemeinen
Durchsichtigkeit, womit die Natur des Gewissens und die Gra-
vitation des Bösen hervortritt. Im gewöhnlicheren, engeren
Sinne des Worts ist das Erscheinen des Geistes Banquo's und
sind die Hexen symbolisch; beide sind nichts weniger, als Allegorieen, sie haben wirkliches Leben, jener das Leben, welches
der Gespensterglauben seinen gefürchteten Wesen leiht, diese halb
menschliches, halb dämonisches, und doch ist jener ganz Schreckens-
vision des Gewissens, sind diese ganz ein Bild des dunkeln
Knäuels, des Gewürms der bösen Gedanken und der thörichten
Sicherheit im Grunde der Menschenseele. Man vergleiche damit
die papiernen vier alten Weiber, Mangel, Schuld, Noth, Sorge,
die im letzten Acte des zweiten Theils Faust auftreten! Die
Scene in Richard III., wo dieser dem Richmond gegenüber auf
der Bühne schläft und beiden die Geister erscheinen, sei aus
Shakespeare noch angeführt als sehr starkes und klares Bild
symbolischer Darstellung. Ohne transcendentes Motiv symbolisch
und höchst meisterhaft gerade in diesem Sinn behandelt ist die
Erschießung des Geßler in Schillers Wilh. Tell. Schon daß
er zu Roß ist, fühlt sich ungesucht symbolisch, man sagt sprich-
wörtlich: der Stolz hoch zu Roß; mitten in einem Satze voll
trotzigen, planvollen Herrscherhochmuths bricht er, da ihn der
Pfeil trifft, mit den Worten ab: „Gott sei mir gnädig!" — ein

höchst ergreifendes Schicksalsbild, und Schiller stellt die darin liegende Wahrheit heraus in dem Gesang der barmherzigen Brüder: „rasch tritt der Tod den Menschen an" u. s. w.

Wir haben unter diesen Beispielen solche angeführt, wo zwei Formen sich vereinigen, neben Menschen Geister oder geister-hafte Wesen auftreten, und die letztere symbolisch im gewöhnlichen engeren Sinne des Wortes genannt. Dieser Sprachgebrauch, der bei dem Symbolischen an Darstellungen zu denken pflegt, welche irgendwie über das Naturgesetz hinausgehen, Wunder-bares, Außermenschliches, Uebermenschliches vorführen, Mythen verwenden oder dem Mythus Analoges erfinden, kann uns nun aber also nicht hindern, auch Kunstschöpfungen, deren Bilder sich ganz im Naturgemäßen halten, symbolisch zu nennen, wenn sie den Charakter tragen, der nach diesen Beispielen keiner weiteren Erklärung bedarf. Die erstere Form, die, welche übernatürliche Motive gebraucht, wollen wir — immer also ächt poetische Lebendigkeit vorausgesetzt — zur leichteren Unterscheidung die eminent symbolische nennen. Natürlich hat man es im Faust mit dem eminent Symbolischen fast so viel wie mit jener Form zu thun, welche symbolisch zu nennen ist, obwohl sie sich in den Grenzen des Naturgemäßen bewegt; wir werden auf diesen Punct also wieder zu sprechen kommen, namentlich beim Prolog im Him-mel; für jetzt führt er uns in unsern Zusammenhang zurück. ✓

Es ist also ganz zugegeben, daß Löper sich logisch nicht widerspricht, wenn er die in Rede stehenden Motive symbolisch genannt wissen will und ihnen ächt poetisches Leben zuerkennt; ebendieß hat uns auf unsere Auseinandersetzung geführt. Nennt er Helena, die Mütter, den Homunculus u. dgl. Geister, so will er damit sagen, daß sie keine todten Schemen, keine Allegorieen seien. Ebenso kann er nach den Bestimmungen des Symbolischen, wie wir sie aufgestellt haben, ohne jeden Widerspruch im Helden selbst ein Bild der strebenden Menschheit und doch zugleich ein athmendes, lebenswahres Individuum sehen. Es kommt eben nur darauf an, ob er dieß wirklich und ob auch jenen Wesen fictives Leben wirklich vom Dichter eingehaucht ist. Wo stehen wir also nun? Einfach da, wo wir standen. „Lebensvolle Poesie" sagt Löper, „lebervolle" sage ich; die poetischen Wesen des zweiten Theils bedeuten und athmen, sagt er, sie bedeuten nur und athmen nicht, sind also nur Allegorieen, sage ich; die Frage ist, wie wir längst gesehen, Sache der Diagnose, Sache der Anwendung festgestellter ästhetischer Begriffe auf ein gegebenes Object, mit Einem Wort: Geschmacksstreit. Wo Gründe versagen, appellirt man gern, und zwar an die Mehrheit. Nun bin ich fest überzeugt, daß die Mehrheit für mich stimmt, und zwar unter Mehrheit nicht plebs, sondern denkende und gebildete Menschen verstanden, allein ich kann es nicht nachweisen, denn die große Mehrheit dieser Mehrheit nimmt sich nicht die Mühe, zu schreiben, was sie über diesen zweiten Theil denkt, weil sie meint, er verstehe sich zu sehr von selbst, als daß ein gesunder Kopf daran zweifeln könne, daß hier eine Welt von abstrusem Dunkel und Ungeschmack vorliege. So kommt es, daß ich in diesem Streit so vereinzelt stehe.

Uebrigens ist Löper in der Anwendung seines logisch consequenten Satzes nicht consequent und dieß ist nicht uninteressant, denn es beweist, daß es eben mit der Anwendung nicht besonders wohlbestellt sein muß. Vom Homunculus heißt es zuerst, er sei symbolisch, also: lebensvoll dargestellt und doch zugleich einen

Gedanken ausdrückend, nachher aber: er bedeute nichts und müsse
uns als der Sage nachgebildete Fiction genügen, da „dieses
Wesen individualisirt sei wie nur irgend eine Person des Dramas!"
Die Helena betreffend, habe ich einen Anlauf, ihr Leben und
Gefühl zu leihen, wiederholt eingeräumt; hier aber mag noch ein
Beispiel von den Geschmacklosigkeiten stehen, in die er ausläuft:
ihr ist das menschliche Gefühl der Muttersorge beigelegt, da
Euphorion seine Purzelsprünge macht, aber wie? Sie ruft einmal: „o denk', o denke, wem du gehörst!"; man meint, ein
Kindsmädchen und ein Söhnchen aus gutem Hause vor sich zu
haben. Uebrigens was anders als bloße Allegoriccn sind es, in
welche jener Anlauf umschnappt?. Als solche ist schon oben die
Plötzlichkeit der Entstehung des Euphorion angeführt, ebendahin
gehört das Verschwinden Helenas, die Auflösung ihres Gewan-
des in Wolken. Wir streiten nicht weiter dafür, daß dieß Hinweisungen auf Begriffe, nicht lebensvolle Bilder sind, denn wir
vergleichen jetzt Löpers Urtheile mit seinen eigenen Vordersätzen
und erwähnen hierzu noch den Euphorion. Löper verlangt, man
solle nur an Lord Byron denken, aber auch an ihn nur nebenher, es solle an ihn und an die Befreiung Griechenlands nur
erinnert werden, der ganze Euphorion sei lediglich eine schnell
vorübergehende Nebenfigur, die eigentliche Frucht der Verbindung
mit Helena sei der thätige Humanismus (Fausts). Dieß widerspricht ganz dem verweilenden Nachdruck, womit Euphorion behandelt ist; Löper könnte ohne jede Inconsequenz zugeben,
daß diese Figur zugleich etwas Allgemeines bedeuten müsse,
nämlich durch das wechselnde Aufffliegen und Niedersinken den
Umsprung der modernen Poesie zwischen Idealismus und Realis-

mus, und es käme nur darauf an, ob er nachzuweisen ver-
möchte, daß die Scene außerdem auch mit ächt poetischem Leben
ausgestattet sei. Wir aber, weil diese Sprünge als Anschauungs-
bild, abgesehen von der Abgeschmadtheit, keinen Sinn geben,
erklären sie als Allegorie und so den ganzen Burschen, der freilich nebenher auch an Byron erinnern soll. Uebrigens bleibt
die Allegorie, außerdem, daß sie als Bild absurd ist, in ihrer
Bedeutung schief, denn solch dualistischer Ursprung war nicht das
Resultat der Verschmelzung antik idealistischen und modern realistischen Kunstgeistes, sondern gehörte zum Charakter des Kampfes
gegen den ersteren in der Sturm und Drangperiode; eine Frucht
der Verschmelzung beider läßt sich übrigens in Byron erst recht
nicht erkennen.

Noch ein Wort vom Helden zu sagen, so könnte Löper
unseren Satz, daß ein wahres Empfindungsleben ihm nicht geliehen sei oder daß die Empfindungsansätze, die da und dort
auftauchen, keinen Tenor haben, immerhin bestreiten und sich
doch wenigstens gegen einzelne Momente, wie sie der Dichter
behandelt hat, ein freies kritisches Urtheil vorbehalten. Da will
ich denn noch anführen, was er gegen meine alte und auch oben
wieder ausgesprochene Behauptung vorbringt, daß die Gemüths-
heilung Faust's durch Elfengesang ein schwerer Fehlgriff sei, ein
Schönmachen, wo ethisches Leben gefordert ist. Er sagt, Faust's
Krankheit, wie sie der erste Theil schildere, sei ganz in das
intellectuelle Gebiet verlegt, wir interessiren uns für ihn nur
wegen des Heroismus seines Geistes und diesem würde es nicht
entsprechen, in Empfindungen hinzuschmelzen. Nun, ich meine,
Faust sei doch im Verhältniß zu Gretchen ein fühlender Mensch

und habe seine Geisteskämpfe zunächst zurückgestellt, als fühlender
Mensch aber habe er etwas erlebt, worüber ihn keine Opern-
Arien von Elfen trösten können. Es ist doch schwer begreiflich,
wie man das verkennen, wie mit so ganz künstlicher Auskunft
versuchen kann, den Dichter zu rechtfertigen. Aus der Art, wie
Göthe die Elfen verwendet, ist übrigens zugleich belehrendes
Licht über die Frage: Geister oder Allegorieen? zu entnehmen.
Hier sind Geister, aus altem Volksglauben geschöpft; nach diesem
haben sie wohl oft mit freundlicher Hülfe für Unglückliche, aber
nichts mit Heilung tiefer Seelenschmerzen zu thun. Also ist
ihnen eine fremde Bedeutung eingeschoben und so sind sie zu
Allegorieen geworden, wie die ganze Scene allegorisch ist.

Löper bringt gegen mich, wie gegen Andere, noch vor, daß
es unrichtig sei, des Dichters eigene Lebensgeschichte, eigenen
Entwicklungsgang im Faust dargestellt zu finden. Es ist dieß
ein Punct, der uns anderwärts beschäftigen wird, wo denn
leicht zu zeigen ist, wie gut allgemein menschliche und persönliche Bedeutung bei einem Gedichte wie der Faust und bei
einem Dichter wie Göthe ineinander gehen. Für jetzt erinnere
ich nur, was den ersten Theil des Dramas betrifft, an die so
oft in der Faustliteratur angeführte Aeußerung Göthes in der
Anzeige der französischen Uebersetzung von Stapfer mit den
Zeichnungen von Delacroix: „den Beifall, den das Werk nah
und fern gefunden, mag es wohl der seltenen Eigenschaft schuldig
sein, daß es für immer die Entwicklungsperiode eines Menschen-
geistes festhält, der von Allem, was die Menschheit peinigt,
auch gequält, von Allem, was sie beunruhigt, auch ergriffen,
in dem, was sie verabscheut, gleichfalls befangen, und durch

das, was sie wünscht, auch beseligt worden." Das gilt also
dem ersten Theil; Göthe fährt fort: „sehr entfernt liegen solche
Zustände gegenwärtig dem Dichter," und dieß Wort ist ein
weiterer Beleg für unsern Satz von der Hauptursache der Verschleppung des Faust; als er ihn aber endlich vollendete, da hat
er gerade nur zu sehr seine eigene Persönlichkeit hineingelegt,
nämlich als durch und durch humanistische; daher kommt es,
daß er sich bis in den vierten Act des zweiten Theils immer
und immer nur mit dem Humanismus beschäftigt.

Unter den abweichenden Standpuncten glaube ich zwei hier
noch in Kürze berücksichtigen zu müssen. H. Dünzer (Würdigung des Göthe'schen Faust, seiner neuesten Kritiker und Erklärer)
stellt den zweiten Theil unter den Begriff des Mährchens („dra-
matisches Mährchen"). Es wäre zu fragen, ob dieß überhaupt
zulässig ist. Im Mährchen herrscht doch der Standpunct des
Gutes in solcher Stärke, daß sich Bedenken erheben, ob ein
ernstes Drama, dessen innerste Idee das Streben ist, so benannt
werden darf. Allerdings ist das Mährchen nicht ohne ethische
Beziehung, also Beziehung zwischen dem Gut und dem Guten;
es hilft gern mit Wundermotiven der Natur nach, um das Gute,
namentlich die mißhandelte Unschuld, mit Gütern zu belohnen,
das Böse mit Uebeln zu strafen; seine Grundstimmung ist Erleichterung, zunächst in dem Sinne, daß die Naturschranken zu
dem ebengenannten Zwecke gelüftet werden, dann aber in
solchem Uebergewicht, daß es doch mit dem Guten nicht so genau
genommen und auch der heitere Lump in den Himmel oder das
Schlaraffenland eingeführt wird. Man kann den Inhalt des
Göthe'schen Faust wohl auch so auffassen, daß man die Idee des

Gutes in den Vordergrund stellt, man kann sagen, die Handlung
bewege sich um die Idee des höchsten Gutes, indem ihre Grundfrage lautet: darf oder kann ein großes Streben, wenn auch
schuldvoll, mit Beseligung schließen? und, da aus dem einzelnen
Fall die allgemeine Bedeutung von selbst hervorspringt: ist die
strebende, handelnde Menschheit in ihren Kämpfen und Ver-
wirrungen stets gerettet oder verdammt, selig oder unselig? Allein
man sieht, wie sich hier der Begriff des Glücks oder Guts an den
gewichtvoll ernst ethischen des Strebens mit solcher Strenge kettet,
daß der Name Mährchen nicht mehr passen will. — Der Stoff
unseres Drama erlaubt, bringt vielmehr ganz von selbst mit sich
phantastische Motive, der Name mährchenhaft ist aber zu kindlich
dafür. Doch der Name thut ja so viel nicht. Löper sagt, was
ich für Allegorieen erkläre, seien Geister; es ist in der Sache, um
die es sich handelt, gleich, ob man den Ausdruck: geisterhaft,
sagenhaft oder mährchenhaft vorzieht. Die meisten transcendenten
Motive auch im zweiten Theile sind wirklich aus der Sage entnommen, nicht willkürlich erfunden, was Löper mit Recht betont und durchführt; doch nicht alle sind es, der Euphorion z. B.
hat nichts als den Namen vom Sohne des Achilles. Es ist
aber an sich ja gar kein Vorwurf, daß ein Theil dieser Motive
frei erfunden ist; wenn nur die einen wie die andern in Göthes
Behandlung poetisch lebendig, vom Hauche der Phantasie umweht
wären, so wäre es ja gut und wir würden gemäß dem Sinne
des Worts, wie wir ihn festgestellt, alle diese Parthieen eben
einfach als symbolisch bezeichnen. Nun weicht aber Düntzer von
Löper darin ab, daß er dennoch Allegorieen zugibt, so ist ja auch
fast sein ganzes Geschäft im umfangreichen Faust-Commentar

Allegorieendeutung, und hiemit verläuft die Sache in einen Wort-streit. Was poetisch lebt, nenne ich (und nennt Löper) nicht Allegorie; ich wiederhole aber: mit Recht, denn man braucht scharfe terminologische Unterscheidungen und daher ein bestimmtes Wort für alles Sinnbildliche, das nicht lebenswarm behandelt ist, nicht athmet. Aeußerst schwierig verwickelt sich die Frage, wenn man etwa Dante anführt und sagt, in ihm finden sich sehr viele Motive, die doch sichtbar nur mit dem Kopfe com-binirt, also allegorisch, und doch durch die Behandlung in traum-haft poetische Stimmung getaucht seien. Es ist so; will man aber nicht alle Terminologie verwirren, so muß man diese Er-scheinung so bestimmen: Motive allegorischen Ursprungs sind durch die Behandlung doch noch in symbolisches Leben umgesetzt worden. Etwas von diesem seltenen, eigenthümlichen psychischen Proceß verspürt man auch bei Göthe; seine erklügelten Gespinnste müssen für ihn sich mit einer Art von zitterndem Traumhauch umwoben haben; man merkt, daß er meint, es sei ihm ge-lungen, diese seine Stimmung als inneres Leben auf seine Gebilde objectiv überzutragen, aber wo bleibt die mystische Gluth, die Dante so vielen seiner scholastisch ausgesonnenen Gebilde im Fortgange seiner Behandlung noch einzugießen weiß?

Nun, und dieß Alles führt schließlich auf den Punct zurück, wo wir mit Löper standen. Auch Dünßer vernimmt poetisches Wehen, Rauschen, wo ich keines vernehme, und mir ist nicht zu helfen.

Ich habe in meinen früheren Publicationen gesagt, Göthes Allegorieen-Geheimnisse seien auch peinlich dunkel, man wisse nie, ob man recht gerathen habe. Dieß hat mir Dünßer befonders übel genommen, er ist der Deutungs-Monopolist des Göthe'schen Faust und ein Angriff auf seine Autorität natürlich keine Kleinigkeit. Ich muß auch hier zugeben, daß mir nicht zu helfen ist; was z. B. im Mummenschanze des ersten Acts der Pan, der Brand, das Löschen eigentlich will, was der Homunculus im zweiten, was im dritten Mephistopheles als Phorkyas, ich gestehe, es trotz Düntzers Auslegungen nicht zu wissen. Und wie die Allegorie, wenn man sie einmal beliebt, ins Räthsel= aufgeben geräth, so enthält sie auch rein keine Bürgschaft in sich, ob sie im Bilde schön sei oder unschön, albern, häßlich, ja das häßliche Bild kann dem beabsichtigten Sinn besser dienen, als das schöne: auch diesen meinen alten Satz finde ich keinen Grund zurückzunehmen; Beispiele von absurden Anschauungs= bildern habe ich oben gegeben und will sie nicht vermehren.

Von Düntzers Geist in der Deutungskunst mag hier noch ein Beispiel stehen. Wie alle Bewunderer des zweiten Theils findet er einen organischen Fortschritt, der den Helden wohlvor= bereitet von Phase zu Phase führt. In der Verbindung mit Helena ist Faust, so meint er, Künstler geworden. Angenommen, es sei so und Göthe wolle nicht blos zu verstehen geben, es sei eben nun ein humanistisch gebildeter Mensch geworden, und ab= gesehen davon, daß unser Dichter doch auch gar keine Anstalten macht, irgendwie zur Darstellung zu bringen, daß Faust nun als Künstler oder Poet wirke, — was ist nun von da der Fortschritt? „Auch die Kunst kann Faust keine dauernde Be= friedigung gewähren, weil sie immer auf einen selbstsüchtigen Genuß gerichtet ist, da der wahre Künstler doch nur zunächst in seinem Werke lebt", darum muß nun Faust zu einer groß=

artigen realen Thätigkeit übergehen und so ist nun der Fortgang zu Act 4 und 5 ja herrlich motivirt. Ich überlasse dieß Stück Erklärung dem Urtheil der Unbefangenen.

Natürlich findet Düntzer mein Mißfallen an der Sprache des zweiten Theils so ketzerisch, als Löper. Ihm habe ich bei diesem Puncte nur zu sagen, daß er mir freilich nicht beistimmen kann, weil er selbst ein warnendes Beispiel von dem schädlichen Einflusse des Göthe'schen Altersstyl ist. „Lebendigste Vergegenwärtigung," „erwünschteste Vereinigung" das sind ja glücklichste Nachahmungen von Göthes superlativsten Sprachschätzen.

Später, bei Besprechung des Prologs im Himmel wird man finden, daß sich meine Stellung gegen Düntzer eigenthümlich verändert. Während ihn das Allegorieen-Errathen im zweiten Theil beglückt, will er mir nicht erlauben, im ersten allgemeine Ideen zu finden.

Habe ich mich einmal soweit auf abweichende Ansichten eingelassen, so darf ich Sengler (Göthes Faust, erster und zweiter Theil 1873) nicht ganz mit Schweigen übergehen. Ein philosophischer Geist von höchst beweglicher Gedanken-Association kann sich hier kaum genug thun im Auffinden einer unendlichen Ideen-Fülle; der erste und zweite Theil des Gedichts wird unter seiner Hand eigentlich zu einer Philosophie der Geschichte und Geschichte der Philosophie. Dieser Ideenzug führt nothwendig ins Schweifen, wenn man so fast ganz, wie Sengler, die Frage nach dem Band übersieht; man wird dann glauben, die Menge der Ideen bestimme den Werth eines Gedichts und keine Grenze der Beziehungen auf alles Mögliche finden. Und so spielen denn bei Sengler ganze Reihen von Ideen-Batterieen,

er ist ein Dreidecker, der uns Lagen mit der ganzen Breitseite
gibt, oder, wenn man will, er wird zur Ideen=Mitrailleuse.
„Band,“ so wollen wir in Kürze das Verhältniß zwischen
Idee und Bild benennen. Wie ist diese incommensurable
Summe von Ideen im Gedicht enthalten? Auf ächt poetische
Weise oder nicht? Ich werde in einem andern Zusammenhang
suchen, die Stellen im ersten Theil, welche unabsehlich viel zu
denken geben, ohne irgend aus den Grenzen der Poesie zu
gehen, von denen zu unterscheiden, welche Denk=Aufgaben auf
Kosten der Poesie stellen, ich werde bei jenen sehr viel zu sagen
haben und es kann dann scheinen, als dürfe mir Sengler den
heiteren Vorwurf, den ich bei aller Achtung vor dem gewichtigen
Ernste seines Buchs ausspreche, mit gutem Recht heimgeben. Allein
ich werde bestrebt sein, analytisch zu verfahren, den Gedanken
aus der geschlossenen Form sachte zu entbinden, herauszuwickeln,
während er ihn bald hineinliest, ohne genau zuzusehen, wie denn
nachzuweisen sei, daß all diese Ideen=Menge im Gedicht stehe,
bald zufrieden, einen bedeutenden, der wirklich vorliegt, gefunden
zu haben, die Frage vergißt, ob er auf ästhetische Weise hinein=
gelegt sei oder nicht. Daher mein Vergleich, der einen Eindruck
bezeichnet, als werde man beschossen. Ein Beispiel vom ersteren
Fall, dem Hineinlesen! Helena ist ja, um es abermals zu sagen,
gewiß eine Allegorie der classischen Schönheit; sie weist auf
den großen Culturgang aus dem Mittelalter durch Erweckung
des Alterthums zur humanen Bildung, dann wieder aus der
Sturm= und Drangperiode des deutschen Genius zur Durch=
dringung mit griechischem Maaße, griechischem Geist der Harmonie
und auch mit dem gesunden Realismus der Alten. Schon dieß

ist allerdings nur mit behutsamem Vorbehalt zuzugeben; man
darf doch nicht vergessen, daß die Helena eine sehr leichtsinnige
Person gewesen ist; sie kann zunächst durchaus nur bedeuten,
daß Faust die classische Schönheit in sich aufnimmt, das
Weitere schwebt eben in Perspective. Sengler aber steigert sie
zu einem Inbegriff der Wahrheit, Sittlichkeit, Religion; durch
die Verbindung mit ihr läutert sich nach seiner Auffassung Faust
aus kranker Innerlichkeit, subjectiver Leidenschaftlichkeit zur wahrhaft sittlichen Versöhnung mit dem Leben und zur wahren
Religion des Pantheismus, des objectiven Idealismus. Ich
bitte ihn nun, aus seiner Flughöhe auf das Gedicht selbst zu
blicken, und zwar nur auf jene Stelle, wo nach dem schönen
Reim-Austausch die beiden, Faust und Helena, einen wohl-
gepolsterten Thron bestiegen haben und der Chor uns sagt, was
sie da treiben: sie sitzen aneinander gelehnt, Schulter an Schulter,
Knie an Knie, wiegen sich Hand in Hand und versagen sich
nicht „heimlicher Freuden vor den Augen des Volks übermüthiges
Offenbarsein." Näheres Licht, sofern es nöthig, geben hiezu die
Worte des Mephistopheles:

> Buchstabirt in Liebesfibeln,
> Tändelnd liebelt fort im Grübeln —

heißt das sich mit der ächten Sittlichkeit und Religion durchdringen? Ich habe schon früher (Krit. Gänge. N. F. B. II, H. 4)
gegen diese Stelle den Vorwurf grober Verletzung des Scham-
gefühls erhoben, wie es gerade der ächt antiken Kunst eigen ist,
die ja mit strenger Keuschheit unterscheidet, in welchem Zusammenhang das Sinnliche sich frei bewegen darf, in welchem es von

der Würde gebunden sein muß. Ein Spötter sagte neulich, jene Titillationen werden wohl allegorisch zu nehmen sein und die Reibungen bedeuten, welche der Durchdringung des Geistes der neueren Völker mit dem antiken Formengeiste vorangehen mußten. Man lachte und gab ihm übrigens zu, er meine es nicht schlimm mit dem Dichter, denn wenn das Motiv allegorisch „bedeutsam" sein solle, so sei es doch wenigstens nicht blos unanständig. Dann wurde die Frage aufgeworfen, ob ein gewisses anderes Motiv, nämlich in der vorletzten Scene gewisse Gedanken, die dem Mephistopheles beim Anblick der Rückseite der Engel aufsteigen, dadurch leiblicher werde, daß es zur Charakteristik des Teufels diene? Man kam überein, daß es wenigstens gewissen Stellen in der Blocksbergscene sehr entspreche. — Jedenfalls kann nun doch wohl kein Zweifel sein, daß Tugend und Religion von Helena eben nicht zu lernen ist. — Wir haben vom Hineinlesen ein richtiges, jedoch die ästhetische Frage übersehendes Finden unterschieden. Ich erinnere mich nicht, ob Sengler die pädagogische Stelle in der Schluß-Scene belobt; nach seinem Standpunct muß sie ihm um des bloßen Inhalts willen höchst werthvoll erscheinen. Die seligen Knaben singen beim Anblick von Fausts wachsender Geistergestalt:

> Wir wurden früh entfernt
> Von Lebechören;
> Doch dieser hat gelernt,
> Er wird uns lehren.

Nun ist es gewiß ein schöner Zug von Göthe, daß ihn der Gedanke der Erziehung so viel und ernst beschäftigte, und es ist an sich nur rührend, daß er meint, er müsse ihn auch hier

vorbringen. Aber es kommt in der Kunst doch immer auf das
Wie an! Und ich frage, ob die Vorstellung Fausts als himmlischen Knabenlehrers, bei der man hier unvermeidlich anlangen
muß, nicht eine komische ist? Ja, ob es möglich ist, dieß nicht zu
parodiren? Scheffel in einem poetischen Gruß an die Hebelgesell-
schaft sieht den liebenswürdigen alemannischen Dichter in einem
Traum als himmlischen Kinderschullehrer; allerliebst, weil es gemüthlich humoristisch, dazu noch im Dialekt behandelt ist; das
ist etwas Anderes, als wenn man dieselbe Vorstellung in einem
Oratorium bringt, das durchaus erhaben sein soll. Gleich nachher bittet umgekehrt Gretchen, den Faust belehren zu dürfen.
Gretchen didaktisch! Auch dieß noch! — Im besten Sinn kann
man den ganzen Faust ein Erziehungs-Schauspiel nennen, nur
so weniger war es gegeben, die pädagogische Idee am Schluß noch
speciell einzuführen. Muß es im Himmel noch einmal angehen?

Sengler läßt das „Band," wie ich es bezeichnet, nicht ganz
unbesprochen. Er sagt von der Hauptparthie, der Vermählung
des Faust mit der Helena, sie sei weder symbolisch, noch allegorisch, sondern mythengeschichtlich, und wiederholt mehrfach den
Satz, die Motive, welche wir als allegorisch angreifen, seien
Reproduction von Phantasie-Erzeugnissen der Volksreligion. Bei
allem Unterschied und trotz Senglers Verwahrung läuft dieß auf
dasselbe hinaus, wie Löpers „Geister" und Dünzers „Mährchen;"
das Gemeinsame ist, daß behauptet wird, Göthes transcendente
Gestalten und Handlungen haben das Leben, das geglaubten
Erdichtungen der Volksphantasie zukommt. Es wird ihnen Natur
zugeschrieben, Entstehung aus jener Region des Geistes, wo der
Geist selbst wie Natur wirkt und welche daher Gebilde schafft,

welche Naturhauch, Naturton haben. Nur großartiger nimmt es Sengler, da er an die weltbedeutungsvollen, monumentalen Gebilde der götterschaffenden Religion und Heldensage denkt. Den Begriff des Symbolischen hätte er dabei nicht abzuwehren gebraucht. Ich berufe mich hier auf die obige Auseinandersetzung zurück. Sengler versteht unter Symbolisch nur die hellen Erfindungen des einzelnen, speciell des modernen Dichters, die eine Idee durch ein irgendwie das Naturgesetz übersteigendes (transcendentes) Bild ausdrücken, und da es Wenigen gelingt, solchen Productionen Leben einzuhauchen, so schwebt ihm bei dem Wort Symbolisch immer das Allegorische vor. Wir haben gesehen, daß der allgemeine Sprachgebrauch für uns ist, wenn wir unter Symbolisch ächt poetische Gebilde jeder Art verstehen, die in ausnehmendem Sinne bedeutungsvoll sind, allerdings besonders solche, die es dadurch sind, daß sie einen Gedanken durch ein transcendentes Bild versinnlichen. Es ist nichts im Wege, darunter die Vorstellungen uralten Völterglaubens zu befassen, es ist üblich geworden, nach Belieben unter Symbol auch das Mythische zu verstehen; man macht gewöhnlich nur den Unterschied, daß man bei Symbolisch mehr an einzelne Figuren, Gruppen, auch Scenen, bei Mythus mehr an ganze Reihen bewegter Handlungen denkt: eine unbestimmte Unterscheidung, von der wir hier absehen können. Der Dichter genießt nun freilich, wie wir gesehen, einen großen Vortheil, wenn er nicht frei erfindet, sondern altgeglaubte Symbole oder Mythen verwendet, aber es hilft ihm nichts, wenn er sie nicht aus eigener Seele neu zu beleben vermag. Und so kommen wir auch hier einfach auf die Geschmacksfrage zurück. Ich finde hier von jenem Naturhauche, der Mährchenwesen, Geister umgibt, nichts und von dem, der Götter, Dämonen, Genien und Helden oder Heldenweiber umgibt, erst recht nichts. Nehmen wir doch unter diesem Standpunct noch einmal die Vermählung mit Helena vor! Das Zusammenwirken der Weltkräfte haben sich alle Naturreligionen unter dem Bilde der Liebe und Ehe vorgestellt. Das ist eine Naivetät, die etwas Großartiges hat und aus welcher sich eine reiche Fülle von bedeutenden und schönen Anschauungen entwickelte. Heißt es nun in diesem Geist des antiken Mythus dichten, wenn man die Wechseldurchdringung von zwei Kunst- oder Bildungsprincipien in das Bild von Liebe und Ehe als ihre Bedeutung hineinsteckt? Verkehrt sich nicht, was schön und groß naiv war, wenn man diesen Inhalt hineinschiebt, zur komischen Gliederpuppe? Kuß und Brautnacht als Sinnbild moderner Culturprocesse — ist das geschmackvoll?

Uebrigens fehlt es bei Sengler auch im Begriffe an logischer Consequenz: er gibt dennoch Allegorieen zu und verwechselt das Allegorische mit dem (Symbolischen oder) Mythischen. „Auch die allegorische Form des zweiten Theils wird sich aus dem metaphysisch religiösen Inhalte der Volksmythologie in einem ganz anderen Lichte darstellen und sich weniger anstößig erweisen" (S. 32), und in demselben Zuge sagt er: Prolog, Osterfest, Hexenküche, Blocksberg im ersten Theil ruhen ja auch auf Volksmythologie. Das heißt nun doch unterscheidungslos! Davon handelt es sich ja eben, meine Behauptung ist ja: gerade an der Frische gemessen, womit jene Motive des ersten Theils aus Volksglauben und Volksphantasie geholt und neu belebt sind und welche selbst den stimmungsvollen Parthieen der so unorganisch

eingeflickten Brockenbesteigung zukommt, sinken die in Rede stehen=
den Motive des zweiten, obwohl auch aus altem und uraltem
Volksglauben, Mythus und Sage geschöpft, durch die Art der
Verwendung und Behandlung zu traurigen Schemen herunter;
gibt Sengler dieß nicht zu, so muß er auch nicht zugeben,
daß es Allegorieen sind. Nun macht ihn aber seine magnetische
Ideen = Association erst recht zum Allegorieen = Sucher und Ent=
decker. Ich führe nur an, wie er gleich bei der ersten Scene
des zweiten Theils die aufgehende Sonne nicht blos als Bild
der unerkennbaren Wahrheit an sich, sondern auch einer neuen
Lebensbahn fassend, dieß auf den Ostermorgen im ersten Theil
zurückbezieht und zu Faust's Worten beim Sonnenuntergang: „dort
eilt sie hin und fördert neues Leben," bemerkt: „sie geht hier
unter, um an einem andern Welttheil wieder aufzugehen, wie
sie auch für Faust im Anfang des zweiten Theiles wieder auf=
geht". Ich hüte mich, diese Deutungen weiter zu verfolgen, es
würde mich selbst zu Erklärungsversuchen der wimmelnden Alle=
gorieen verführen, ich habe mich aber nicht verpflichtet, in diesen
Blättern einen Commentar des zweiten Theils Faust zu geben;
ich werde mich also nicht auf „die ideale" Entstehung der Helena
in Faust's Studirstube, nicht auf die „reale" Entstehung der
Helena in der classischen Walpurgisnacht und Aehnliches ein=
lassen; ich verweile nur noch kurz bei folgenden Puncten.

Sengler kommt mehrmals auf Göthes Aeußerung gegen
Eckermann zurück, der erste Faust sei subjectiv, der zweite ob=
jectiv. Eine Stelle aus einem Brief an Schiller hat uns schon
früher veranlaßt, uns mit dem ersten Prädicate in Anwendung
auf den ersten Theil des Drama's zu beschäftigen, die Gegen=

Überstellung von subjectiv und objectiv in Anwendung auf beide Theile verlangt nun eine entsprechende, vergleichende Erörterung dieser Begriffe. Der erste Theil stellt subjective Kämpfe dar und mit fühlbarem Antheil des Dichters selbst, der zweite den Geist, der aus sich herausgeht, sich mit der Welt vermittelt und in ihr thätig wird, und diese Darstellung ist, will Göthe sagen, mit der gegenständlichen Ruhe des Künstlers vollendet. Allein in Wahrheit dreht sich die Sache so um, daß die zwei Bedeutungen der zwei Prädicate auf die zwei Theile des Gedichts angewandt sich über's Kreuz verbinden, d. h. der subjective Faust des ersten Theils ist trotz dem starken pathologischen Antheil des Dichters in den von aller Welt bewunderten Hauptparthieen ungleich objectiver dargestellt, als der objective Faust des zweiten Theils. Den Mann, der krank ist an Durst zur Wahrheit, stellt der Dichter, der ebenso krank ist an diesem edlen Durste, so treu und gegenständlich dar, wie nur je ein Gesunder einen Kranken schildert, dem feurigen Bilde der Liebes-Leidenschaft, in welcher doch mehr als Eine eigene Erfahrung des Dichters zusammenlief, gesellt sich ein Geist der Erfahrung und Ironie, als hätte ein Jüngling und ein erfahrungsreicher Alter zusammen gedichtet, — ich fahre nicht fort, denn ich habe mir vorbehalten, zur Erfrischung nach diesen schweren Gängen noch zu dieser kerngesunden Bilder-Reihe zurückzukehren, und sage nur noch: man muß doch zugeben, daß hier Seelenleben, das dargestellt werden soll, auch dargestellt ist; wenn aber im zweiten Theil Faust humanistisch gebildet werden soll und wir eigentlich von den Processen, Krisen nichts erfahren, die bei einer Wandlung aller ästhetischen Gefühle, aller Formvorstellungen in einem vorher mittelalterlich fühlenden Menschen vor sich gehen, wenn dafür die Vermählung mit Helena vicarirt, so scheint dieß objectiv, ist es aber nicht. Ferner müßte das Objective in der Kunst der Composition liegen, es müßte organischer Fortgang wahrzunehmen sein; wie es damit bestellt ist, darauf werden wir anderswo noch genauer eingehen und sagen vorerst nur: hat man die Lücken im ersten Theil subjectiv zu nennen, so muß der zweite, lückenhaft allüberall, in seinen Compositionssprüngen erst recht subjectiv heißen.

Sengler erhebt den Vorwurf gegen mich, daß ich im Faust nicht das Bild der Principien-Kämpfe des achtzehnten und neunzehnten Jahrhunderts, der Aufklärungs-Zeit und der Zeit des nach Versöhnung mit der Realität strebenden Geistes als durchgehenden Inhalt erkenne. Auf diese Vorstellung ist er gekommen, weil ich in jenem Bild eines andern zweiten Theils, das ich als eine Art von positiver Kritik einst allen voraussichtlichen Angriffen preis zu geben mich entschloß (N. Krit. Gänge B. 1, H. 3), die Ereignisse der Zeit, in welchen die Sage spielt, besser benützt sehen wünschte, als Göthe gethan. Sonderbar! Als ob die Bewegungen des sechzehnten Jahrhunderts nicht eben die beste Maske wären, durch welche ein Dichter ohne jede Gewaltsamkeit die des achtzehnten und neunzehnten könnte blicken lassen! Als ob Göthe nicht selbst danach gehandelt hätte und nur im zweiten Theil nicht genug! Wenn der Angelpunct dieser Bewegungen doch die Aufklärung und die Revolution, wenn die Aufklärung der Fortschritt zur humanistischen Bildung war, konnte dann dem Dichter, da er sie ja in eine andere Zeit zurückverlegen mußte, ein hiezu geeigneterer Stoff sich darbieten, als Reformation, Bauernkrieg, Eintritt der Renaissance-

Bildung im sechzehnten Jahrhundert? Uebrigens bitte ich H. Sengler, meine A. Krit. Gänge B. II, S. 114 nachzuschlagen, und wenn er die dortige Hinweisung auf die geistigen Kämpfe der Zeit, in welcher der Faust entstand, nicht genügend findet, so kann er im Vorwort. S. XXXVIII deutlicher ausgesprochen finden, was er vermißt. Wie konnte ich jemals verkennen, daß in jenen Selbstgesprächen und dem Dialog mit Wagner der ganze Feuerdrang des achtzehnten Jahrhunderts nach einer Neuschöpfung der Erkenntniß aus dem Centrum der Wahrheit braust und lodert? Es hat nur bis jetzt der jemalige Zusammenhang es noch nicht mit sich gebracht, daß ich diesen Punct einläßlicher behandelte. Dießmal wird sich Gelegenheit finden.

Endlich ist noch etwas von dem Verhalten zu denjenigen Motiven zu sagen, die Göthe aus Mythus und Cultus des Christenthums schöpft. Sengler meint mit seiner überfließenden philosophischen Gedankenfülle den dogmatischen Glauben vereinen zu können; Mythen wie die Auferstehung Christi sind ihm, wie schon früher bei der Osterscene erwähnt ist, innere Wahrheiten und zugleich Thatsachen. So macht ihm das, was ich Durchkreuzung des Rationellen und Mythischen im Faust nenne und womit ich mich namentlich in Betrachtung des Prologs beschäftigen werde, freilich keine Bemühung und so kann er auch den Schluß des zweiten Theils, da er gegen das Wesentliche des kirchlichen Apparats keine Bedenken hat, ohne Strupel preisen und rühmen; er erkennt die Vorstellungen von Himmel und Hölle als sinnbildlich, hält aber eine persönliche Fortdauer in einem Jenseits mit steter Thätigkeit, von welcher doch Kampf und Schmerz ausgeschlossen ist, für so denkbar, daß er sich von da aus leicht in die

Stimmung setzen kann, über das Absurde hinwegzusehen, das wir gerade an dieser Stelle besonders gehäuft finden.

Ich schließe hier den ersten Abschnitt dieser Beleuchtung der Ursachen, aus welchen die Vollendung des Faust sich durch sechzig Jahre hinauszog. Keine Liebe und Bewunderung durfte mich abhalten, an manchen Stellen ein herbes Urtheil auszusprechen. Darum habe ich nicht vergessen, daß der größere Theil der Schuld auf die Zeit fällt. So kann man gegen die Flecken an Shakespeare heftig reden und doch sehr wohl eingedenk sein, daß sie mehr Flecken seiner Zeit und ihrer Culturzustände sind, als seine eigenen. Es ist begreiflich, daß der Classicismus unserer deutschen Dichter im Kampfe mit dem nächsten Gegner, dem Geiste der platten Natürlichkeit, der namentlich die Bühne beherrschte, sich steigerte und steigerte, bis er vergaß, daß es noch eine andere Natürlichkeit gibt, als die platte. Auch mag zu einiger Versöhnung derjenigen, welche meinen, Pietät müsse das Urtheil binden, und denen ich daher wehe thue, noch gesagt sein, was sich allerdings eigentlich von selbst versteht: daß der Gesammt-Eindruck ganz anders ausfallen würde, wenn wir den ganzen Göthe, ich meine: auch den alternden ganz, vor uns hätten. Da müßte auch von der lyrischen Muse auf ihrem eigenen Gebiete die Rede sein, die ihm so viel länger, als die dramatische und epische, treu blieb, und von jener Nebenform, dem Epigramm, worin er am längsten gezeigt hat, wie der Weise in ihm aufstieg, während der Dichter niederging, und worin der derbe Hieb des Zorns gegen unbescheidene Thorheit, Hohlheit und Niedrigkeit mit so köstlichem Selbstbelächeln und Weltbelächeln wechselt und ineinander blitzt;

da müßte von Göthe dem Naturforscher und dem Denker über
jedes Menschliche die Rede sein. Doch es liegt auf unsrem
eigenen Wege nun eine Betrachtung, deren Ergebnisse ebenfalls
manchen Verdruß lindern werden, den wir sanfteren Gemüthern
bereiten mußten.

———

Die zweite Ursache: die philosophische Schwierigkeit.

Der Sinn dieser Ueberschrift wird sich ergeben, das Folgende
ist seine Auseinandersetzung und enthält zugleich die Entschul-
digung für ihre Unzulänglichkeit; es will sich kein passendes
Wort finden lassen, in Kürze anzuzeigen, wovon hier die Rede ist.

Es ist jetzt ein lang zurückgeschobener Theil der Stelle aus
dem Briefwechsel mit Schiller aufzunehmen, wovon andere Theile
im Obigen längst berücksichtigt worden sind. Göthe spricht, wie
man sich erinnert, im Juni 1797 dem Freunde seine Absicht
aus, an den Faust zu gehen und ihn, wo nicht zu vollenden,
doch wenigstens um ein gutes Theil weiter zu bringen. „Nun
wünschte ich, daß Sie die Güte hätten, die Sache einmal in
schlafloser Nacht durchzudenken, mir die Forderungen, die Sie
an das Ganze machen würden, vorzulegen und so mir meine
eigenen Träume, als ein wahrer Prophet, zu erzählen und zu
deuten."

— 148 —

Schiller findet es nicht leicht, dieser Aufforderung zu genügen, doch will er den Faden aufzufinden suchen und dann
folgen die Worte: „so viel bemerke ich hier nur, daß der Faust,
das Stück nämlich, bei aller seiner dichterischen Individualität
die Forderung einer symbolischen Bedeutsamkeit nicht ganz von
sich abweisen kann, wie auch wahrscheinlich Ihre Idee ist. Die
Duplicität der menschlichen Natur und das verunglückte Streben,
das Göttliche und das Physische im Menschen zu vereinigen,
verliert man nicht aus den Augen, und weil die Fabel ins
Grelle und Formlose gehen muß, so will man nicht bei dem
Gegenstand stille stehen, sondern von ihm zu Ideen geleitet
werden. Kurz, die Anforderungen an den Faust sind zugleich
philosophisch und poetisch und Sie mögen sich wenden, wie Sie
wollen, so wird Ihnen die Natur des Gegenstands eine philosophische Behandlung auflegen und die Einbildungskraft wird
sich zum Dienst einer Vernunft-Idee bequemen müssen. — Aber
ich sage Ihnen damit schwerlich etwas Neues, denn Sie haben
diese Forderung in dem, was bereits da ist, schon in hohem
Grad zu befriedigen angefangen."

Hierauf gibt Göthe eine sehr wenig eingehende Antwort:
„wir werden wohl in der Ansicht dieses Werkes nicht variiren,
doch gibt es gleich einen ganz andern Muth zur Arbeit, wenn
man seine Gedanken und Vorsätze auch von außen bezeichnet
sieht, und Ihre Theilnahme ist in mehr als einem Sinne fruchtbar." Es sieht aus, als sei der Muth nicht so groß gewesen,
wie er glaubte, da er sich auf den Inhalt von Schillers Mit-
theilung gar nicht einläßt. Ohne daß Schiller im nächsten Briefe
den Gegenstand wieder berührt hätte, kommt Göthe nun in seiner

Beantwortung des letzteren noch einmal auf jene Aeußerung Schillers zurück mit den Worten: „Ihre Bemerkungen waren mir sehr erfreulich, sie treffen, wie es natürlich war, mit meinen Vorsätzen und Plänen recht gut zusammen", allein während man nun erwartet, daß er eingehe, folgt vielmehr eben jetzt die Stelle von der „barbarischen Composition," die ich oben besprochen habe, die aber auch in unserem jetzigen Zusammenhang äußerst belehrend ist und daher wieder angeführt werden muß: „nur daß ich mirs bei dieser barbarischen Composition bequemer mache und die höchsten Forderungen mehr zu berühren, als zu erfüllen gedenke." Es wird zu fragen sein, wie weit er dann mit den folgenden Worten doch auch den Inhalt berührt: „so werden wohl Verstand und Vernunft wie zwei Klopffechter sich grimmig herumschlagen, um Abends zusammen freundschaftlich auszuruhen." Folgt noch die Aeußerung, er werde sorgen, daß die Theile anmuthig und unterhaltend seien und etwas denken lassen u. s. w., die uns ebenfalls früher beschäftigt hat.

Im nächsten Briefe nimmt Schiller den Faden wieder auf: „den Faust habe ich nun wieder gelesen und mir schwindelt ordentlich vor der Auflösung. Dieß ist indeß sehr natürlich, denn die Sache beruht auf einer Anschauung, und so lange man die nicht hat, muß ein selbst nicht so reicher Stoff den Verstand in Verlegenheit setzen. Was mich daran ängstigt, ist, daß mir der Faust seiner Anlage nach auch eine Totalität der Materie nach zu erfordern scheint, wenn am Ende die Idee ausgeführt erscheinen soll, und für eine so hoch aufquellende Masse finde ich keinen poetischen Reif, der sie zusammenhält. Nun, Sie werden sich schon zu helfen wissen." Die folgenden Aeußerungen,

welche bestimmter den Inhalt betreffen, wollen wir vorerst aus-
lassen; ich nehme aus diesem Brief hier nur noch die Worte
auf: „ich bin überhaupt sehr erwartend, wie die Volksfabel sich
dem philosophischen Theil des Ganzen anschmiegen wird." Diese
tief eingreifenden Bemerkungen werden von Göthe nicht mehr
beantwortet und im zweitnächsten Briefe heißt es nun: „meinen
Faust habe ich, in Absicht auf Schema und Uebersicht, in der
Geschwindigkeit recht vorgeschoben, doch hat die deutliche Baukunst
die Luftphantome bald wieder verscheucht. Es käme jetzt nur
auf einen ruhigen Monat an, so sollte das Werk zu männiglicher Verwunderung und Entsetzen wie eine große Schwammfamilie aus der Erde wachsen." Folgt die schon früher besprochene
Stelle von den „Possen"; dann noch: „ich lasse jetzt das Ge-
druckte wieder abschreiben, und zwar in seine Theile getrennt,
da denn das Neue desto besser mit dem Alten zusammenwachsen
kann" und — der Faust schläft wieder ein, wie wir im vorigen
Abschnitt gesehen haben.

Aus dieser höchst merkwürdigen Correspondenz wollen wir
zunächst die Stellen gesondert betrachten, welche vom psychologischen Modus der Entstehung des Gedichtes handeln; sie
sind zwar nicht ganz von denjenigen zu trennen, welche sich mit
dem Inhalt beschäftigen und welche ich noch nicht sämmtlich
wiedergegeben habe; doch ist die Trennung nothwendig.

Wie schön und hoch naiv ist es, daß Göthe den Freund
bittet, ihm seine Träume zu deuten! Er hat also all das Wunder-
tiefe, das wir mit unserem Denken zu erschöpfen uns abmühen,
ganz als ächter Poet nur durch ahnenden Instinct gedichtet.
Nun aber will der Instinct nicht mehr ausreichen, ihm den

Weg zu zeigen, auf dem er vorwärts gehen soll, oder, hat ihm
durch denselben Instinct der Weg einst vorgeschwebt, so kann er
diese Ahnungen nicht mehr finden und haschen, sie sind ihm
entschwunden; mit dem Denken wird er es inzwischen schon oft
versucht gehabt haben, sie zu ersetzen, auf seine Weise freilich,
d. h. nicht mit Philosophiren, sondern mit Reflexionen, die sich
immer hart an der Anschauung, am Körper der Sage und
seiner Dichtung hielten, und mit diesem Denken hatte es nicht
gelingen wollen; er ist sich, so habe ich es sonst schon ausgedrückt,
mit dem Instincte vorausgesprungen und kann sich mit dem
Denken nicht mehr einholen. Doch wie viel besser ist sein eigener
Ausdruck: „Träume!" Er hat ja auch das grundwahre Wort
gesprochen, das Genie sei ein wacher Schlafwandler.

Und diesen Nachtwandler hat Schillers Antwort ge-
weckt; er ist erschrocken, hat gestutzt und vorerst nun
gerade recht nicht weiter gewußt! Dieß ist der Satz, der
nun näherer Ausführung bedarf.

Schiller hat mit jener Antwort Recht und Unrecht. Es
ist wahr, daß die Anforderungen des Gedichts zugleich philosophisch und poetisch sind. Danach hätte das Gedicht philosophisch
fortgeführt werden und doch zugleich ganz bleiben müssen, was
es ist, nämlich eben Poesie. Was war hiemit verlangt? Daß
Göthe zugleich ganz Dichter und ganz Philosoph sei. Dieß gibt
es nicht. Beide Kräfte, jede als ganz und ungetheilt gedacht,
schließen sich aus. Die Menschen-Natur kann das nicht in
sich vereinigen, daß Ein Mann wahrer Dichter und Philosoph
sei, denn die Philosophie zersetzt den Schein, der Dichter braucht
den ganzen Schein und lebt in ihm. Er kann durch die Ahnung

im feſten Körper dieſes Scheins eine Welt von philoſophiſchen Wahrheiten zuſammenballen und durch deren Tiefe und Tragweite die Philoſophie beſchämen, aber wo ihm die Ahnung ausgeht, iſt er Fiſch am Boden. In ſeinem Elemente philoſophirt er, ohne zu philoſophiren, richtiger —, da das Zeitwort doch ein ſpecifiſches Thun bezeichnet: er dichtet philoſophiſch, bereichert die Philoſophie, ohne zu philoſophiren. Schiller hat alſo im Recht Unrecht, weil er zwar eine wahre Forderung aufſtellt, aber vergißt, daß es nicht menſchenmöglich iſt, ihr zu genügen. Dabei ſind nun ſeine verſchiedenen Wendungen äußerſt intereſſant. Er ſagt einerſeits, das Stück könne eine ſymboliſche Bedeutſamkeit nicht ganz abweiſen. Verſteht Schiller hier unter dieſem Wort ebendaſſelbe, was wir, ſo iſt der Ausdruck: ſymboliſch ganz Waſſer auf unſere Mühle, denn ſymboliſch nennen wir ja nach unſerer obigen Feſtſtellung, was eine Fülle von Ideen ausſtrahlt und doch ganz poetiſch lebendig bleibt, alſo im hellen Schlafwandel gedichtet iſt. Unzweifelhaft allerdings in unſerem Sinne ſtimmt Schiller, wenn er nachher ſagt, es ſei natürlich, daß ihm vor der Auflöſung ſchwindle, denn die Sache ruhe auf einer Anſchauung, und ſo lange man die nicht habe, müſſe ſelbſt ein nicht ſo reicher Stoff den Verſtand in Verlegenheit ſetzen; er erkennt hiemit, daß der Verſtand, das eigentliche reine Denken nicht im Stande ſei, die Anſchauung, die in ihren Bildern tiefe Wahrheiten ahnend ergreift, zu erſetzen und in ihre Lücken zu treten; wenn er demnach die Anſchauung als die führende Kraft betrachtet und doch ſymboliſche Tiefe fordert, ſo muß er eine divinatoriſche, alſo wirklich poetiſche Verbindung von Sinn und Bild im Auge haben. Weiß er doch auch ſonſt

in diesem Briefwechsel sehr wohl, daß der Dichter „mit dem Be-
wußtlosen anfängt," daß er sich glücklich zu schätzen hat, „wenn
er durch das klarste Bewußtsein seiner Operationen nur so weit
kommt, um die erste dunkle Total-Idee seines Werks in der
vollendeten Arbeit ungeschwächt wiederzufinden." Aber ein andermal versteht er unter dem Wort symbolisch ein äußerliches Verknüpfen von Bild und Gedanke; so, wenn er von sich selbst
sagt, sein Geist wirke eigentlich symbolisch, und so schwebe er
als eine Zwitterart zwischen dem Begriff und der Anschauung.
Aus dieser Zwitterart ist z. B. der schwarze Ritter in der Jungfrau von Orleans entstanden; er hat kein Geisterleben, nach
unserem Sprachgebrauch müssen wir ihn allegorisch nennen; dagegen ist die Erscheinung des Parricida im Tell, obwohl merklich erdacht, um den Helden durch die Gegenüberstellung zu rechtfertigen, dennoch so stimmungsvoll, so wirksam unheimlich und
geisterhaft behandelt, daß sie das Prädicat symbolisch in unserem
Sinn verdient; dem Nachsinnen muß hier sehr schnell das
Glück des Einfalls und die freiwillige Gunst der Phantasie zu
Hülfe gekommen sein. Wie aber also meint nun Schiller das
Wort symbolisch in der gegenwärtigen Stelle? Er sagt, die
Natur des Gegenstandes lege eine philosophische Behandlung
auf, und setzt hinzu, die Einbildungskraft müsse sich zum Dienste
einer Vernunft-Idee bequemen. Dieß führt eben auf zwitter-
artiges Verbinden von Begriff und Anschauung, das in dem
Sinne symbolisch wäre, wie er in jener Aeußerung über das
Dualistische in seinem Talent das Wort gebraucht. In diesem
Sinne symbolisch verfahren, das konnte nun aber Göthe, das
ganze ungetheilte Dichtergenie, in der guten Zeit seiner vollen

Kraft eben nicht, seine Einbildungskraft konnte nicht dienen,
denn „alle seine denkenden Kräfte hatten auf die Einbildungs=
kraft als ihre gemeinsame Repräsentantin compromittirt" und
wie er durch begriffmäßiges Denken sich „von sich selbst scheiden"
mochte, so „vereinigte sich seine Natur doch immer wieder leicht
und schnell wie getrennte Quecksilberkugeln." Erst im Alter be=
quemte sich seine Einbildungskraft zum Dienste und dichtete er
„symbolisch" in der Bedeutung des Worts, die wir in Kürze
dualistisch nennen wollen, die nach unserem Sprachgebrauch eigent=
lich allegorisch heißt, und so denn namentlich im — zweiten Theil
Faust, einige Blitze ausgenommen, die aus der Zeit der
lebendigen Einheit seiner Kräfte darin nachzuden.

Was sagt nun Göthe im Briefwechsel dazu? Von dem
Puncte, um den es hier sich handelt, sagt er überhaupt
gar nichts. Höchstens indirect läßt sich etwas herauslesen
aus jenen Aeußerungen, die wir zu nochmaliger Betrachtung
herbeigezogen haben, weil sie nun noch ein besonderes psycho=
logisches Interesse gewinnen: „barbarische Composition" —
„dafür sorgen, daß wenigstens die Theile anmuthig seien und
etwas denken lassen" — „die höchsten Anforderungen mehr be=
rühren als erfüllen." Ich habe gesagt, er müsse erschrocken
sein; eigentlich wird er in einem hellbunkeln Zustande zwischen
Respect und Gefühl der Ablehnung geschwebt haben: Respect
vor der Philosophie auf der einen, Gefühl, daß es so nicht zu=
gehen, daß er so nicht schaffen könne, auf der andern Seite, und
da dieser Zustand ein sehr unbehaglicher war, so suchte die ge=
störte Ganzheit seiner Natur Zuflucht bei der Bequemlichkeit.
Alles dieß verbindet sich zu einem halbkomischen Zuge leichter

Ironie, der in diesem Ausweichen sich durchfühlt. Inzwischen
muß der Respect in ihm sitzen. geblieben sein. Ich werde eine
höchst interessante Briefstelle, die darauf weist, nachher beibringen.

Der Inhalt dieser Briefe beschäftigt uns hier eigentlich nur
soweit er psychologisch ist, d. h. den Modus, das Verfahren bei
der Fortführung des Gedichtes betrifft. Die Stellen, die von
der Idee des Gedichts handeln, bleiben einem andern Zusammenhang vorbehalten und gehen uns hier nur so weit an, als sie sich
mit der formellen, psychologischen Frage berühren. Daher mag über
Schillers Aeußerung, der Kern des Gedichtes sei die Duplicität
der menschlichen Natur und das verunglückte Streben, das Göttliche und das Physische im Menschen zu vereinigen, hier vorerst nur
gesagt werden, daß dieß ein rasch gegriffener Ausdruck ist, der nicht
in die Tiefe geht; die scheinbar flachen Allgemeinheiten: Idealismus und Realismus hätten in der nöthigen Kürze besser ausge-
holfen; wir werden über die Factoren, die sich hier bekämpfen,
und die Verwicklung ihres Kampfes noch schwierige Untersuchungen
zu führen haben. Dagegen geht die Unterscheidung: Verstand
und Vernunft, die Göthe unmittelbar an sein Wort von der
barbarischen Composition und vom sich's bequem Machen knüpft,
allerdings zunächst auf die Behandlung; so nimmt sie Schiller
im ersten Satze der betreffenden Antwort: „in Rücksicht auf die
Behandlung finde ich die große Schwierigkeit, zwischen dem Ernst
und Spaß glücklich durchzukommen,“ allein gleich im nächsten
Satze, aus dem hervorgeht, daß eben die zwei Ausdrücke: Ernst
und Spaß sich auf die von Göthe gebrauchten: Verstand und
Vernunft beziehen, gibt Schiller den letzteren zugleich eine objective Bedeutung, indem er sagt: Verstand und Vernunft scheinen

mir in diesem Stoff auf Tod und Leben miteinander zu kämpfen. Und in diesem doppelten Sinn, subjectiv und objectiv, hat sie natürlich auch Göthe verstanden. Im letzteren ergänzen sie wesentlich Schillers ungenügende Kategorie: (das Göttliche und) das Physische. Mephistopheles repräsentirt ja nicht nur das Physische, sondern die Welt und so auch den Weltverstand, die Erkenntniß des Bedingten gegen Fausts Streben ins Grenzenlose und Sehnsucht nach einem unbedingten Ganzen. Die Rolle des Verständigen gegen den Ueberschwenglichen ergibt den Humor, wie die des letzteren gegen den ersteren den Ernst; soll der Dichter die Handlung in diesem Doppelgeiste führen, so müssen sich beide Stimmungen natürlich in ihm selbst ablösen und auch durchdringen: dieß ist die subjective Bedeutung der beiden Begriffe, und nun versteht man Göthes erste Aeußerung, von der wir ausgegangen sind: da das Wechselspiel von Verstand und Vernunft in der Handlung den Humor bedingt, so will er sich gönnen, den Humor auch auf die Composition überzutragen, welche ja doch einmal barbarisch ist, und sich die Sache bequem machen.

Statt Vernunft setzt Schiller in der zuletzt angeführten Briefstelle nachher: Herz; „der Teufel behält durch seinen Realismus vor dem Verstand, Faust vor dem Herzen Recht. Zuweilen aber scheinen sie die Rollen zu tauschen und der Teufel nimmt die Vernunft gegen den Faust in Schutz." Dieß bietet natürlich keine Schwierigkeit; bei „Herz" denkt Schiller an das Verhältniß zu Margarete, dann, in allgemeinerer Beziehung, gebraucht er wieder den tieferen und umfassenderen Ausdruck: Vernunft. Höchst eigenthümlich ist der nun folgende Satz: „eine Schwierigleit finde ich darin, daß der Teufel durch seinen Charakter, der realiſtiſch iſt, ſeine Exiſtenz, die idealiſtiſch iſt, aufhebt. Die Vernunft nur kann ihn ſo, wie er da iſt, gelten laſſen und be= greifen." Auch dieſe Stelle iſt hier noch nicht näher zu er= örtern, ſondern erſt aufzunehmen, wenn die ganze Genialität in der Behandlung des Mephiſtopheles zur Sprache kommt.

Nun wäre noch auf die Stelle einzugehen, wo Schiller von der für jeden poetiſchen Reif zu hoch aufquellenden Maſſe ſpricht. Es mag aber genügen, hier zu wiederholen, was ich in der mehr erwähnten kurzen Abhandlung (Krit. Bem. u. ſ. w.) über dieß Bedenken geſagt habe: „Ein Held, der die ſtrebende Menſchheit, wie ſie den Geiſt der Unendlichkeit und den Geiſt der Erfahrung durch Kampf, Schuld, Leiden ſoll vereinigen lernen, in ſich darſtellt, ſcheint durch alle weſentlichen Verhältniſſe und Schickſale des Menſchenlebens hindurchgeführt werden zu müſſen; es bietet ſich nicht ſo ſchnell der Einſicht dar, was allerdings Göthe ſpäter erkannt und nur unzulänglich geleiſtet hat: daß doch in der That einige Hauptformen des Lebens genügen, um für die unendliche Mannigfaltigkeit ſeiner Kreiſe ſtellvertretend zu dienen. Wenn Fauſt als Staatsmann und Hofmann auftrat, wenn er gleichzeitig im Elemente der Kunſt, der feinſten Humani= tät und der ausgeſuchten Genüſſe eines poetiſchen Luxus ſich be= wegte, wenn er nach einer tragiſchen Kataſtrophe hierauf Mann des Volkes wurde,*) ſo hatte er die bedeutendſten Lebensgebiete ausreichend durchmeſſen." Die einzelne Form aber läßt ſich da=

---

*) Zur Abwehr von Mißverſtändniß dieſes oft mißbrauchten Ausdrucks vergl. N. Krit. Gänge H. 3, S. 160.

bei doch in engerem Rahmen abthun, als Schiller meinte". Uebrigens führt dieß wieder auf die unendliche Fortsetzbarkeit des Faust, die man, wie ich schon gezeigt habe, sehr wohl behaupten kann, ohne die Möglichkeit eines Schlusses zu bestreiten. Beide Sätze widersprächen sich nur, wenn man sagte, der Faust müßte ins Unendliche fortgesetzt werden.

Der helle Träumer, der wache Schlafwandler ist von Schiller aufgeweckt worden, so habe ich gesagt, und ist erschrocken, da ihm die Ansprüche zum Bewußtsein gebracht wurden, welche die Philosophie an seinen Faust machte. Er erfuhr jetzt erst, was er im wachen Traum eigentlich geleistet hatte, und sollte nun in traumlosem Wachen den Erwartungen genügen, die er hervorgerufen. Wir springen im Briefwechsel wieder um vier Jahre vorwärts und finden da eine Stelle, die wieder im besten Sinn hoch naiv ist. „Keinen eigentlichen Stillstand an Faust habe ich noch nicht gemacht, aber mitunter nur schwache Fortschritte. Da die Philosophen auf diese Arbeit neugierig sind, habe ich mich freilich zusammenzunehmen." Also doch großer Respect und etwas Examens-Angst, während ganz unbewußt der Ausdruck „neugierig" trotzdem zugleich die Ironie der Ueberlegenheit verräth, die den Dichter in seinem Elemente weit über die Philosophen stellt. Aber wie es ihm gehen mußte, wenn er es in ihrem Element versuchte, es ihnen recht zu machen, von einem gedachten Begriff aus sein Gedicht zu bereichern und fortzuführen, das ergibt sich mit köstlicher Klarheit aus dem Worte zu Eckermann: „Da kommen sie und fragen, welche Idee ich in meinem Faust verkörpert habe; als ob ich das selber wüßte!" Es ist nur ganz in der Ordnung, daß der geniale Dichter sein eigenes Werk nicht mit dem Senkblei der Reflexion ergründen kann; darf die Philosophie selbst sich nicht rühmen, anders als mit Anstrengung aller ihrer Mittel ihm in seine Tiefe folgen zu können, um die verwickelten Gedanken-Summen aus ihm zu ziehen, ja wird sie mit diesem Geschäfte niemals fertig, wie soll der Dichter, der mit ganz andern Organen operirt, damit fertig werden, wie also von der, philosophisch verstandnen, Idee aus weiter operiren? Nun aber ist dieses Gedicht darin einzig, daß es in Tiefen geht, wo doch immer wieder die Organe des Dichters nicht ausreichen wollen, und so kommen wir einfach auf unsern Satz zurück, daß die Unvollkommenheit des Faust ihren letzten Grund in einer unüberwindlichen Grenze der menschlichen Natur hat. Das Komische in Göthes Respect vor den Philosophen wird zum Tragischen der menschlichen Begrenztheit, dem nun das Abquälen der Philosophen um seine ahnungsvolle Tiefe ebenso komisch und tragisch gegenübersteht.

Hiemit haben wir denn eine Ursache des Stockens, für welche der Dichter im Grunde nicht verantwortlich gemacht werden kann. Hier gilt es nicht, eine Einseitigkeit der Stylrichtung im Hinblick auf die Zeit, auf die Stellung im Kampfe relativ zu entschuldigen, sondern hier fällt die Schuld vor einer innern Schranke, die alle Zeit besteht. Wer wollte auch nur einen kleinen Stein aufheben gegen den Genius, der aus der Unbe-fangenheit herausgeschüttelt war und mit dem Besinnen nicht vorwärts kam? Nicht das Stocken ist es, worüber man sich zu wundern hat, sondern die Kraft, womit die Dichternatur eben in der nächsten langen Periode des Stockens (1797—1808) sich in einzelnen gewaltigen Rucken wieder als Ganzes aus der

eingetretenen Scheidung zusammennahm, die getrennten Queck-
filberkugeln sich wieder vereinigten. In andern Momenten allerdings mußte die Absicht und die Ueberlegung sich mühen, zu
leisten, was die Einheit der ganzen Dichternatur verweigerte.
Davon wird der zweite Abschnitt dieser Arbeit handeln, auf
den ich schon bei der Besprechung Senglers hingewiesen habe;
er wird es versuchen, den ganzen Reichthum des Inhalts zu
heben und in Gedankenform zu fassen, welchen diejenigen Stellen
des ersten Theils in sich schließen, die wir im Allgemeinen
philosophische nennen dürfen. Philosophisch: das ist nun, wie
aus allem Bisherigen folgt, ein Wort, das wir nur der Kürze
wegen brauchen, um eine Classe zu bezeichnen, die allerdings sehr
verschiedene Arten enthält. Wir werden nämlich die Parthieen
zu unterscheiden suchen, welche ächt poetisch und doch voll
philosophischer Tiefe sind, sagen wir in Kürze: philosophisch durch
dichterische Divination, und diejenigen, welche sichtbar aus der
Bemühung hervorgegangen sind, den Philosophen zu genügen,
also Producte jener Scheidung, von der uns scheint, daß sie
durch Schillers Wort in Göthes naive Kraft eingedrungen sei,
jener Weckung des Nachtwandlers, wie wir es nennen. Dabei
werden wir des Näheren sehen, welche Welt von schweren Fragen
unsern Dichter beschäftigt haben, in welches Labyrinth er hinein-
gesehen haben muß in den Stunden und Tagen, wo er das so
lang zurückgelegte Gewebe wieder aufnahm, und Alles zusammen
wird uns zur vollen Nachsicht gegen jeden ungelösten Knoten,
jede gefallene Masche, und zur doppelten Bewunderung für jede
geniale Lösung stimmen.

Die dritte Ursache: die Schwierigkeit der politischen Aufgabe für Göthe.

Erst in die dritte Linie stelle ich nun diejenige Ursache der Verschleppung und des Stockens, welche ich früher als die einzige angesehen habe: die Schwierigkeit der Ueberführung in das politische Gebiet, welche subjectiv im Dichter lag. Es handelt sich von der bekannten Grenze in Göthes Natur, seiner Scheue vor dem Lärm, Gedränge und Stoß, vor der ganzen Härte und Herbheit der Realität im politischen Leben. Sie war ja freilich auch seine Kraft, sie gab ihm die volle Stärke im rein menschlich Schönen, der wir eine Iphigenie verdanken; aber als Schwäche mußte sie erscheinen, wenn ein Stoff, von diesem Dichter einmal ergriffen, den entschlossenen Vorschritt auf den Schauplatz forderte, wo „um der Menschheit große Gegenstände, um Herrschaft und um Freiheit wird gestritten." Nicht immer, nicht durchaus hat der rauhe Stoff ihn abgestoßen, er bot ihm gewisse Seiten, an denen er ihn gern und leicht erfaßte. Im Göz gelangen die treibenden Fragen und Conflicte der Zeit nur sehr schwach zur poetischen Verarbeitung, der Held ist ein ächt Göthe'scher Naturheld, aber die Bauernscenen sind von Shakespearischer Lebenswahrheit. Wer Göthe versteht, für den bedarf es keiner Erklärung, wie in seinem Genie ein besonderes Talent für die Volksscene gegeben war; die einfachste Antwort lautet: weil sie naiv ist. Dieß kam nun noch ganz anders seinem Egmont zu gut; hier ließ sich das Wesentliche des politischen

Zustands durch dieses Motio exponiren und wie prächtig das ausgefallen ist, haben wir schon in der Besprechung des Stylwechsels berührt. Auch wo ein politisches Princip mit ausnehmender eherner Ungetheiltheit in einem Manne sich zusammenfaßt wie in einem Alba, da findet seine Art von Organ noch eine Handhabe, doch muß man auch so bewundern, wie der weiche Göthe sich selbst übertroffen hat, als er diesen Fels von Unerbittlichkeit hinstellte, er hat nie wieder einen Menschen gezeichnet, der so ganz Mann ist, und nie einen politisch dramatischen Moment wie den, wo er am Fenster steht und Egmont absteigen sieht, und den, wo er ihn verhaftet. Wie schwer ihm das politische Gespräch im vierten Act wurde, wissen wir aus seinen eigenen Geständnissen, um so höher ist die Leistung anzuerkennen. Was aber den Helden betrifft, so liegt die Kluft vor Augen, worein das Drama sich spaltet: als Ganzes eine politische Tragödie, im Helden eine Tragödie der schönen Gemüthsfreiheit fällt sie in heterogene Theile auseinander. Es führt dieß freilich zu der Frage, ob Egmont überhaupt zum Stoff einer Tragödie taugt, worauf hier nicht eingegangen werden kann. Von der natürlichen Tochter ist ebenfalls schon früher die Rede gewesen und nur hinzuzusetzen: es ist die Stimmungsseite, wonach das Politische allerdings zu ganzer dichterischer Wirkung gelangt; ich meine die Stimmung der allgemeinen Schwüle; aber wo es auf die Hauptsache, auf die vergegenwärtigende Heraushebung aus diesem Grunde ankommt, bleibt durch die schon bezeichneten Mängel Alles in einem Flore wie halb leserliche, feine Bleistiftschrift. Diese Hinweisungen werden uns bei der vorliegenden Frage nicht ohne Nutzen sein.

Es ist mir bestritten worden, daß Göthe seinen Faust auf
das politische Gebiet überführen wollte; wäre diese Bestreitung
begründet, so käme es immer noch darauf an, ob er es nicht
sollte. Ich muß mich nur sogleich gegen jeden Schein des
superklugen Vorschreibens verwahren, der in diesem Worte gesucht
werden könnte: „sollen" bedeutet einfach eine Forderung, die
nachweislich in den Prämissen der Handlung liegt.

Also zuerst: wollte er? Ich habe bei der Aushebung der
Hauptstellen des Briefwechsels mit Schiller die Aeußerung des
letzteren: es gehörte sich, daß Faust in das handelnde Leben
geführt würde, noch ausgelassen, um sie hier einzuführen. Göthe
antwortet darauf nicht und so kommt für Schiller kein Anlaß,
zu sagen, welche Form des handelnden Lebens er im Auge hat.
Im Gedichte selbst sagt Mephistopheles: „doch so ist's nicht
gemeint, dich unter das Pack zu stoßen," und noch deutlicher
nachher: „wir seh'n die kleine, dann die große Welt." Dem
entspricht einfach die: „Emporführung in höhere Regionen, wür-
digere Verhältnisse," in der bekannten Stelle von Kunst und
Alterthum. Wollte man darunter nur die humanistische Bildungs-
sphäre verstehen, so widerspricht die in der Faustliteratur oft
citirte Aeußerung Göthes in dem Brief an K. E. Schubarth
(1820), die ich jetzt ganz gebe, nachdem ich in früherem Zusammenhang nur den Ausdruck „gemeiner erster Theil" ausge-
hoben: „daß man sich dem Ideellen nähern und zuletzt darin
gefallen werde, haben Sie ganz richtig gefühlt; allein meine
Behandlung mußte ihren einzelnen Weg gehen, und es gibt noch
manche herrliche reale und phantastische Irrthümer auf Erden,
in welche der arme Mensch sich edler, würdiger, höher, als im

erſten, gemeinen Theile geſchieht, verlieren dürfte. Durch dieſe
ſollte ſich unſer Freund duch durchwürgen. In der Einſamkeit
der Jugend hätte ich's aus Ahnung geleiſtet, am hellen Tage
der Welt ſäh' es wie ein Pasquill aus." Es iſt kaum begreiflich, wie Dünßer (Würdigung des Götheſchen Fauſt u. ſ. w.
S. 11) behaupten mag, dabei müſſen dem Dichter verkehrte
Richtungen in der Kunſt vorgeſchwebt haben, da ja dieß Bewegungen im ideellen Gebiete ſind, welchem Göthe gerade
hier das Reale entgegenſeßt. Sehr paſſend, ſich ſelbſt zu wider-
legen, citirt Dünßer hier eine Stelle eines Briefes aus Rom
von 1787, wo Göthe ſchreibt, es werden jeßt in Brüſſel Scenen
geſpielt, gerade wie er ſie vor zwölf Jahren in ſeinem Egmont
niedergeſchrieben, man werde Vieles jeßt für ein Pasquill halten.
Man ſieht doch aus dieſer Aeußerung, daß Göthe das Wort
Pasquill auf das Politiſche bezieht. Er will ſagen, man werde
eine objective Darſtellung geſchichtlicher politiſcher Verhältniſſe
jeßt fälſchlich als Satyre auf Ereigniſſe, Verhältniſſe und Per-
ſonen der Gegenwart auslegen; es iſt doch evident, daß er alſo
in der Stelle des Briefes an Schubarth ebendieß befürchtet für
den Fall, daß er thäte, wozu er Grund hätte, d. h. ſeinen Fauſt
auf den politiſchen Schauplaß führte. Dünßer ſucht dieſe
Argumentation durch eine merkwürdige Logik abzuwenden: es
handle ſich ja nur von einer Auslegung als Spott auf be-
ſtimmte wirkliche Verhältniſſe, die er alſo (im Egmont) in der
That nicht habe treffen wollen. Folgt denn aber, wenn Göthe
gewiſſe politiſche Verhältniſſe (empiriſche, gegenwärtige) nicht
treffen wollte, daß er keine treffen wollte? — Es iſt höchſt wahrſcheinlich, daß Göthe bei den „realen und phantaſtiſchen Irr-

thümern" das Bild des Lebens an einem Hofe vorschwebte, wobei er aus seinen eigenen Erfahrungen in den ersten Zeiten zu
Weimar, seinen ersten Versuchen, wie ihm „die Weltrolle zu
Gesichte stehe," also seinen jugendlichen Proben als Staatsmann,
seinen Lehrjahren als Hofmann, zugleich aus dem Wildfangleben
und dem Durcheinander von Sammlung und Zersplitterung
die bezeichnenden Grundzüge herauszuheben gedachte, aber
ganz begreiflichermaßen besorgen konnte, man klaube ihm lauter
Anspielungen auf die empirischen Personen und Verhältnisse
heraus. Es läßt sich dieß ganz wohl schließen aus dem, was
er im ersten Acte des zweiten Theils wirklich gegeben hat, nur
freilich war seine ursprüngliche Intention gewiß eine lebendigere;
nach dieser sollte sich Faust gewiß nicht als unsichtbarer Mummen-
schanz-Director hinter allegorischen Masken verbergen, sollte nicht
das Handeln dem Mephistopheles überlassen und dieses Handeln
sollte gewiß in etwas Anderem, als Papiergeldmachen bestehen. Also
Staatsmann und Hofmann. Nun, und der fünfte Act? Faust
als werkthätiger Herrscher eines tüchtigen Volkes? Das bestätigt
ja doch wohl genügend, daß Göthe selbst unter den höheren Verhältnissen auch und namentlich politische verstanden hat. Zwei
Rollen also haben wir, die auf diesem Boden spielen; daß Göthe
ihn betreten wollte, darüber ist kein Zweifel mehr. Was
bleibt nun von dem sollts zurück? Ich habe (A. Krit. G. Vorwort. R. Krit. Gänge Heft 3) behauptet, Faust müßte auch
als Revolutionär auftreten, zugleich die Meinung ausgesprochen,
als höchst willkommener Stoff für diese Rolle biete die Zeit,
worin die Sage spielt, den Bauernkrieg dar, ich habe Köstlins
Einwendung hiegegen beantwortet; zugleich habe ich gesagt, Faust

müsse auch die Armuth kosten und in dem bereits erwähnten,
sehr unmaßgeblichen, gegen übeln Schein von Anmaßung mit
einer Armatur von Gründen versehenen und doch so viel be=
schrieenen Entwurf zu einem andern zweiten Theile gezeigt, wie
leicht sich diese Motive verknüpfen ließen. Ich behaupte heute
noch, daß dieß nur richtige Schlüsse aus gegebenen Prämissen
sind. Soll Faust ins handelnde Leben und soll auch hier der
wilde Idealismus, der ja sein Grundzug ist, Schulgeld zahlen,
so ruft, so schreit eine ganze Welt von Gründen: er muß sich
auf die Idee der Freiheit, auf die Idee einer neuen Staatsord=
nung werfen, muß diese Idee fassen, wie Rousseau, wie die
französische Revolution sie gefaßt hat, wie heute der politische
Idealist sie faßt und jederzeit fassen wird, d. h. abstract, ohne
Rücksicht auf die Wirklichkeit, er muß diese unpraktisch gefaßte
Idee aus ihrer Abstraction in das Leben überzutragen einen
vorschnellen Anlauf nehmen, muß erfahren, daß ihm die Rein=
heit seiner Idee getrübt, beschmutzt wird, Mephistopheles dient da=
zu wie gerufen, Faust sieht sein Werk scheitern, und schaut in hoher
Ahnung eine Zukunft vor sich, wo erreicht und von Schlacken
gereinigt sein wird, was sein Ueberstturz nicht erreichen konnte.
Kein Wort weiter verliere ich darüber, wie leicht und natürlich
dieß an die Geschichte der Zeit, in der die Sage spielt, sich an=
knüpfen ließ. Welche ganz andere Anachronismen hat Göthe
wirklich gewagt! Für meine Behauptung, Faust müsse auch er=
fahren, was Armuth ist, für das Recht ihrer Ableitung aus den
Stellen: „das bin ich nicht gewohnt, den Spaten in die Hand
zu nehmen" und: „der Menschheit Wohl und Weh auf meinen
Busen häufen" kann ich ohne pure Wiederholung früher ge=

gebener Gründe kein Wort weiter hinzusetzen. Lassen wir aber, wenn es sein soll, die Armuth und behalten die Revolution, so kommt man gegen diese so einfache Folgerung aus der Aufgabe immer mit dem Humanismus. Faust soll eine zu geistige, zu ideale Natur sein, um in eine wilde politische Bewegung geworfen zu werden. Dünzer z. B. (a. a. O. S. 9) sagt, der durch den Kreis der idealen Schönheit durchgegangene Faust könne nicht von Umwälzungen, sondern nur von einer allmählichen ruhigen Entwicklung das Heil erwarten, in den Kampf der Parteien sich zu mischen, sei ihm unmöglich u. s. w. Hat ein Hutten darum, weil er Humanist war, weniger für die Idee eines Kampfes geglüht, der sein Vaterland von Rom befreien und politisch einigen sollte? Und wenn Hutten nur ein unvollkommener Humanist, wenn ihm das Ganze der classischen Schönheit noch nicht aufgegangen war, warum soll ein Mann, dem sie aufgegangen ist, nicht dennoch wie er für große politische Ziele erglühen können? Ja, wenn man es so matt ausdrückt: „sich in den Kampf der Parteien mischen," dann hat man sichs freilich schon verdorben. Was Parteien! Wen ein heiliges Feuer treibt, der läßt sich durch das Unreine, was allen Parteien anhängt, nicht abkühlen. Ein solches Feuer hatte Göthe darzustellen, und wenn er selbst sich sehr klar bewußt war, daß das Parteileben die großen Ziele zu beschmutzen pflegt, so entsprach dieß ja eben seiner Aufgabe, denn er mußte, wie gesagt, seinen Helden durch die Wildheit seines zwar edlen Feuers straucheln, mußte seinen reinen Zweck gegen seinen Willen durch seine Partei beflecken lassen, um ihn dann zur Klarheit zu führen. Das Hinderniß lag also nur im Dichter selbst, er wagte sich nicht in diese Sphäre, weil in ihm der Humanismus mit jener Sensibilität verbunden war, welche vor der Berührung mit dem rauhen Boden der Thaten die Fühlfäden einzog. Auch die Reformation war ihm ja, weil sie grob und derb vorging, zuwider, wie einst dem feinen Erasmus. Er wußte sehr wohl, was wir dieser großen ethischen Krisis des sechzehnten Jahrhunderts verdanken, er wünscht Shakespeare Glück, daß er als Protestant geboren und erzogen war, er verspottet im ersten und zweiten Theil des Faust die Habsucht und Wahnpflege der katholischen Kirche, er mußte sich fragen, wo sein ganzer Faust geblieben wäre, wenn es keine protestantische Bildung gäbe, und konnte um die Antwort darauf nicht verlegen sein, aber jene Scheue seiner Natur vor allem Ungestümmen, Groben und Knöchernen, Unschönen wirft ihn in den Widerspruch mit sich selbst, Princip und Geist der Reformation mit dem Beschränkten, das in Luthers Charakter neben dem Großen war, mit dem Kunst- und Schönheitsfeindlichen in ihren geschichtlichen Kämpfen und mit ihrer späteren Verhärtung zu einem dumpfen Kirchen- und Dogmensystem zu verwechseln, und in dieser Laune beschuldigt er das „Lutherthum,“ daß es „ruhige Bildung zurückdränge,“ in diesen Stunden meint er, man hätte die ästhetische Bildung des sechzehnten Jahrhunderts nur ungestört fortschreiten lassen sollen, und sie hätte uns auch, ja wohl besser zum Ziele geführt. Das Verkommen des italienischen Volkes in seiner blos ästhetischen Bildung, bis es nach Jahrhunderten sich aufraffte, hätte ihn belehren können, was aus den Völkern geworden wäre, wenn der große, grobe Riß durch Luthers rauhe Hand nicht dazwischen gefahren wäre. Und da die Reformation es war, an welche die ersten Bewegungen für die Menschenrechte im Bauernkrieg und die erste Regung der Idee eines deutschen Staates im gebildeten Adel sich knüpfte, so scheut er sich denn davor, das eine wie das andere dieser Motive, das die Zeit der Entstehung der Faustsage so willkommen ihm darbot, frischweg zu benützen. Göthe hat in dieser Einseitigkeit des Humanismus etwas Romanisches; die große Mehrheit der Gebildeten in Frankreich und Italien lebt ja nicht in der geringsten Täuschung über die katholische Kirche, aber es ist kein Ernst, kein Wille da, sie in ihrem Kern zu bekämpfen, es fehlt an dem ethischen Haß, ohne den kein großes Uebel hinweggeschafft wird. Von dieser Schneide braucht aber etwas auch der Dichter, wiewohl sie zunächst nur Gesinnung ist; sein Talent wird schon dafür sorgen, daß sie in die künstlerische Gestaltung übergeht. Man mag vor Leid kaum daran denken, was aus dem Faust geworden wäre, wenn in Göthes schöpferischen Formgeist etwas vom Feuer eines Hutten eingeströmt wäre.

Nun soll aber, wie namentlich Sengler ausführt, der Humanismus zugleich die wahre Vorbereitung sein für das große politische Wirken des Helden im fünften Act. Seit wann ist ästhetische Durchbildung der Persönlichkeit (sei sie zugleich auch so sehr eine sittliche, wie solche Faust nach Sengler der Helena verdanken soll) die einzige rechte Vorschule für einen Herrscher? Lassen wir die großen Vortheile, die es böte, wenn man Faust in einem Kampfe um große Güter der Menschheit und des Vaterlands fallen ließe, einfach bei Seite, lassen wir ihn lebend daraus hervorgehen und halten uns an Göthes Schluß: da wären doch die grausamen Erfahrungen, die Faust als Führer in einem Freiheitskampf machen müßte, wahrlich ein besseres Lehrgeld für den

künftigen Herrscher! Man bekäme einen inneren Fortgang von
der tiefsten Wahrheit, einen Fortgang von überstürzter That zum
stetigen, vernünftigen und maaßvollen Wirken: ein Unterschied
der Willens-Activität, der uns in den späteren Erörterungen sehr
wird beschäftigen müssen. Das Wahre aber ist, daß Göthe im
fünften Acte seine Helena-Geschichten einfach vergessen hat. Wäre
ihm irgend daran gelegen, zu zeigen, daß daraus ein Ertrag
hervorgehe, der dem Faust als Herrscher zu gute kommt, so
müßte doch irgendwie (was poetisch ganz thunlich war) eine
Thätigkeit [sichtbar werden für die Cultur-Anstalten in seinem
Staate; es ist aber keine Spur davon; das Ringen, um dem
Meer Land abzukämpfen und zu behaupten, muß freilich als
Sinnbild fungiren für viele und für höhere Formen großer fürstlicher Thätigkeit, aber was hilft dieß? Ist die erziehende nicht
hervorgestellt, so erfahren wir auch nicht, ob Göthe sie unter
dem Sinnbild errathen lassen will.

Dieß führt auf die Frage nach einem organischen Fortgang,
einem natürlichen Fortschreiten von Stufe zu Stufe. Wir haben
sie an zwei Stellen schon berührt, namentlich als davon die
Rede war, ob dieser zweite Theil objectiv genannt werden könne,
wenn dieses Wort denn doch auch künstlerische Composition bedeuten soll. Dabei muß lax verfahren werden; wir dürfen von
einer genialen Skizze nicht verlangen, was von einem geschlossenen Drama verlangt wird; aber irgendwie muß doch der Maaßstab eines Entwicklungsgangs angewandt werden, und mit ihm
natürlich immer zugleich die Frage nach Schuld und Lernen aus
Schuld und aus Folgen der Schuld. Erster Act: Heilung des
zerrissenen Gemüths durch Opernmotiv — schon besprochen. Dann

Fauſt mit Mephiſtopheles an einem Hofe. Durfte dieß unmotivirt bleiben? Im Puppenſpiel motivirt es ſich von ſelbſt, Fauſt will Ge- nüſſe. Aber hier? — Fauſt iſt zuerſt nicht ſichtbar, während Mephiſtopheles dem Kaiſer Ausſicht auf verborgne Schätze eröffnet. Nachher, da ſich die Schätze als Papiergeld entpuppen,. iſt er da und ſpricht dazu ein flach allgemein pathetiſches Wort. Inzwiſchen der Mummenſchanz, Bild des Lebens in einem Maskenzug, der ganz in Allegorieen übergeht, bei denen wir uns nicht aufhalten; zu brüten, was z. B. der Schluß bedeutet, wo des Kaiſers Bart anbrennt, dadurch Feuer ausbricht, von Plutus gelöſcht wird, das überlaſſen wir denen, die gern über des Kaiſers Bart ſtreiten. Uns geht hier die Frage an, ob denn eine unſichtbare Mit- wirkung Fauſts bei dieſer Mummerei anzunehmen iſt. Er ſcheint hinter dem „Knaben Lenker" zu ſtecken; mehrere Stellen deuten hier ſichtbar auf Göthe ſelbſt als geiſtreichen Meiſter der Feſte am Hofe zu Weimar, dann auf ſeine Zurückziehung in die Stille und innere Sammlung; der Inhalt wäre: Fauſt in den Zerſtreuungen eines Hofes, dieſelben durch ſeinen Geiſt belebend und ſchmückend; dieß wäre aber nicht dargeſtellt, ſondern wir hätten nur (dunkle) Darſtellung der Darſtellung. Doch es iſt ja die folgende Herauf- beſchwörung der Helena, wo Fauſt als höherer Hoffeſtmeiſter auftritt, demnach wird er bei dem Mummenſchanz in dieſer Rolle wohl nicht betheiligt ſein? Non liquet. Folgt das Hinabſteigen zu den Müttern, worüber ſchon genug und übergenug; Er- ſcheinung der Helena und des Paris, leidenſchaftliches Entzücken Fauſts — ich hole nach, daß in ſeinem Ausruf: „Hab' ich noch Augen? — Wahnſinn zolle" eine der ſpäten Spuren alter Kraft in Darſtellung der Leidenſchaft aufflimmert, —; Verſuch, ſie an sich zu reißen, Explosion, Ohnmacht. Es scheint, dieß solle eine ähnliche Bedeutung haben, wie die Beschwörung des Erd-geists und die Demüthigung durch denselben im ersten Theil: hier ein leidenschaftlich überstürzter Versuch, sich den Geist der classischen Schönheit anzueignen, wie dort ein Versuch, gewaltsam, ohne die Mittel der Wissenschaft sich der Wahrheit zu bemäch-tigen. In dieser Ungeduld, dieser Leidenschaft läge nun etwas, das ungefähr einer Schuld ähnlich ist, und diese Schuld bestrafte sich durch ein geistiges Rücksinken und Erstarren, das in der Explosion und Fausts Ohnmacht ausgedrückt scheint. Allein dieser Schatten von Schuld, was hat er zu thun mit solcher wirklicher Schuld und ihren Folgen, wie sie das Drama als Lehrgeld Fausts verlangt, nachdem er ins Leben übergetreten ist? Wir haben längst gezeigt, wie ein organischer Fortgang es ge-fordert hätte, das Motiv der Helena so zu verwenden, daß das Humanistische an eine Lebenslage mit wirklichen Versuchungen geknüpft worden wäre. — Folgt der unleiblich abstruse zweite Act, im ersten Theil allerdings zwei reizende humoristische Parthieen enthaltend: das Fabriciren des Homunculus ist aller-liebst, schade nur, daß man nachher nicht herausbringt, was der Knirps bedeutet, der Spaß wird halb Ernst, statt daß er toll komisch verfolgt wäre, mag nun an den Halbwerth der blos philologischen Gelehrsamkeit oder (wie es nach dem Zerschellen an Galatea's Muschelwagen scheint) auch an den Vulcanismus zu denken sein; ganz köstlich aber ist der Baccalaureus als über-hirniger Idealist und des Mephistopheles gemüthliche Antwort auf seine Grobheit, namentlich: „Ihr wißt wohl nicht, wie grob ihr seid?" Vom zweiten Theile dieses zweiten Actes an — der

claffifchen Walpurgisnacht — durch den ganzen dritten hindurch
bleiben wir nun ftets im Humaniftifchen (nebenher zugleich Natur-
wiffenfchaftlichen: Vulcanismus und Neptunismus und dergleichen);
und zwar immer ohne jede ethifche Beziehung, wie das Drama fie
verlangt. Soll das Suchen der Helena unter den auf dem theffa-
lifchen Schlachtfelde verfammelten Fratzen eine folche haben, d. h.
bedeuten, daß Fauft nun auf dem Wege fich felbft überwindenden
geduldigen Eindringens zur wahren Aneignung der antiken
Schönheit ftrebe: in einer fo dünnen, fadenfcheinigen Spur einer
Art von Verdienft wird doch keine Seele einen dramatifchen
Schritt Vorwärts erkennen; das Herumgrübeln und Lefen eines
mythologifchen Collegiums aber an dem kraufen Material, das
Göthe hier zufammengeftoppelt hat, überlaffen wir billig denen,
die glauben, ein modernes Dichtwerk fei dazu da, Mythologie
zu ftudiren. Denkt man an die Werbung des fchönen mythifchen
Ideals aus den Unformen der Naturreligion, wie Sengler, dann
ift übrigens des Zeugs noch zu wenig, dann durften die alten
Kuh-, Hunds-, Sperber-, Eulenköpfe und dergleichen nicht fehlen.
Nun fagen die abfoluten Verehrer, das wirkliche Erfcheinen der
Helena im dritten Acte fei organifche Frucht vom rechten Suchen
im zweiten. Das ift nun doch Göthe gewiß nicht eingefallen;
er konnte eben die Helena nicht los werden, bringt fie daher,
nachdem die „Phantasmagorie," die dann der dritte Act wurde,
längft gedichtet ift, noch einmal, wie fie von Fauft herauf-
befchworen wird, er kann dem Einfall nicht widerftehen, ein
Gegenftück zur nordifchen Walpurgisnacht auszufpinnen, läßt fie
hier durch Fauft fuchen, weift diefen an die Perfephone, vergißt
dabei, daß er mit dem Hinabfteigen zu den Müttern eigentlich

daſſelbe ſchon geſagt hat, und bringt ſo dieſen Schemen, wenn
man jenes Geſuchtwerden mitrechnet, dreimal. Im dritten Act
iſt nun Fauſt auf einmal Ritter, fränkiſcher Heerführer im
Peloponnes, der ſich gut auf Taktik verſteht und ſeine Schaaren
ordnet, Helena gegen Menelaos zu ſchützen. Wie iſt Fauſt, der
aus einem Gelehrten ein Weltmann wurde, kurze Zeit Hofmann
war, nun ein Kriegsherr geworden? Oder iſt das eine phantaſieloſe
Frage? Beruft ihr euch auf das Recht des Dichters zu mährchen-
haften Sprüngen? Gut, aber von organiſchen Uebergängen,
Fortſchritten ſollt ihr nicht reden, wenn die Sprünge ſo ganz
verwegen ausfallen! Und nicht von Conſequenz, denn wenn
Fauſt hier ein Heer führen kann, warum lehnt er es ab im
vierten Act, oder umgekehrt, wenn es in der Ordnung iſt, daß
er ſich hiezu nicht tauglich weiß, warum taugt er dort dazu?
Daß hinter der Principien-Heirath mit Helena und hinter den
Purzelungen Euphorions nichts ſtecken kann, was in unſerem
jetzigen Zuſammenhang uns anginge, iſt zu klar, um dieſen
Spuck noch einmal aufzunehmen. Nach der Hochzeit zwiſchen
Romantik und Claſſik was ſoll Fauſt nun im vierten Act anfangen? Nun, vorderhand aus einem allegoriſchen Schemen wieder
Menſch werden. Dann, was treiben? Nach einem geologiſchen
Geſpräch im Hochgebirg nimmt endlich der Poet einen Anlauf
zu einer Verſuchung. Mephiſtopheles möchte Fauſt durch Bilder
eines glänzenden Genußlebens ködern, bekanntlich deutet die
Stelle auf Verſailles und den Hirſchpark, knüpft ſich übrigens
ſehr gut an jenes Wort im erſten Theil: „wenn ich ſechs Hengſte
zahlen kann“ u. ſ. w. Fauſt weiſt die Verſuchung zurück und
ſpricht hier die ſchönen Mannesworte: „ich fühle Kraft zu

kühnem Fleiß — die That ist Alles, nichts der Ruhm." Er will Herrschaft gewinnen, Eigenthum, er will Land dem Meer abzwingen, und nachdem ihm Mephistopheles vom Kampfe zwischen Kaiser und Gegenkaiser gesagt und wie jener in der Vorstellung aufgewachsen sei, man könne regieren und zugleich genießen, so legt ihm Göthe noch die gehaltvolle Rede in den Mund: „Ein großer Irrthum; wer befehlen soll, muß im Befehlen Seligkeit empfinden — — Genießen macht gemein." Aber eine Ver-suchung, die blos durch Rede wirkt, ist doch wahrhaftig eine schwache, es handelt sich hier gerade von dem Motiv, das viel früher und im Zusammenhang mit dem Humanistischen, und zwar eben drastisch, durch starke sichtbare Reize in Wirkung ge-setzt sein sollte. Und Faust? Ist das nun irgend vorbereitet und vermittelt, daß er jetzt an großes männliches Wirken denkt? Ja, wenn die Aneignung des Antiken vorher so zur Darstellung gebracht wäre, daß wir zugesehen hätten, wie nicht nur die Schönheit, sondern auch die Lebenstüchtigkeit, Mannhaftigkeit und Thatkraft der Alten in seinen Geist überging! Wo ist auch nur eine Spur davon vorgekommen? Gebrutet hat er mit der Helena, sonst gar nichts. Und könnte Jemand behaupten, das sei nach-geholt in dem Worte des Mephistopheles: „man merkts, du kommst von Heroinen?" — Seltsam ist es, wenn man es dann als verdienstvolle Reaction gegen die Versuchung zur Ruhm-begierde auslegen will, daß er die ihm von Mephistopheles an-getragene Rolle eines Obergenerals im Kriege zwischen Kaiser und Gegenkaiser ablehnt. Faust weiß eben — um vom vorhin genannten Widerspruch mit seiner Führerschaft als Frankenfürst abzusehen —, daß er sich auf Kriegsbefehl nicht versteht: „das

wäre mir die rechte Höhe, da zu befehlen, wo ich nichts ver=
stehe." So sieht er denn unthätig zu, wie Mephistopheles durch
seine Zauberkünste und „allegorischen Lumpen" (so sagt ja Göthe
selbst) Raufebold, Habebald, Eilebeute dem Kaiser zum Siege
verhilft, und hat nichts zu thun, als das dem Meer eigentlich
erst abzuringende Land als Lehen einzustreichen. Die nachfolgende
Zeichnung der Pfaffen=Herrschsucht und Habsucht gehört unter
die glücklichen komischen Motive. Es ist nur sehr richtig im
Sinn des Tragischen und der Faustfabel gedacht, daß dann im
fünften Acte, wo sich der Dichter nun zur schönen Idee eines
großen Herrscher=Wirkens erhebt, eine doppelte Schuld eingeführt
wird, wodurch dieß edle Walten sich befleckt, aber kann man
sagen, daß dieser richtige Gedanke auch poetisch exponirt sei?
Mephistopheles treibt Seeräuberei, sie fällt auf die Verantwortung
Fausts, aber mit dem „widrigen Gesicht," das er bei der Mit=
theilung dieses Verbrechens macht, ist doch der Schmerz, den er
fühlen müßte, nicht dargestellt und von Gegenwirkung ist keine
Rede; ungeduldiger Eigenwille des Gewalthabers verleitet ihn,
Philemon und Baucis aus ihrem Besitzthum wegtragen zu lassen,
ihr Tod aus Schrecken, obzwar nicht beabsichtigte Folge, fällt
doch als Schuld auf sein Gewissen; der Schmerz auch darüber
ist nur schwach entwickelt. Dann sehen wir Faust noch von
Schuldbewußtsein darüber gedrückt, daß er sich vom Zauber nicht
lossagen kann: ein sehr dunkler Punct. Bis dahin ist die Be=
nützung der Zauberhülfe des Mephistopheles nicht an sich schon
Schuld gewesen, sondern Schuld lag nur in den Thaten, die
Faust in den Situationen begieng, wie sie durch diese Hülfe
vermittelt waren. Doch man kann etwa sagen, der Bund mit

Mephistopheles, der Entschluß, sich der Zauberkünste der Hölle zu bedienen, sei ja als Ausdruck eines Willens, der durch die Welt stürzen will, ohne sich an Pflichten zu binden, an sich schon Verbrechen; man kann dieß sagen, wiewohl immer uner= klärt bleibt, warum Faust nicht die wirkliche Schuld der That, die an den alten Leuten verübt worden ist, wenigstens auch und noch mehr verwünscht. Nun aber, wenn Faust als Herrscher das Beste durch diesen Zauber bewirkt, wie steht es um den Werth seines Wirkens, der doch als wahrhaft sittlicher hingestellt sein soll? Man bedenke, daß wir gleich in der zweiten Scene von Baucis erfahren, Damm und Kanal sei nicht durch den Fleiß der Arbeiter, sondern durch unheimlichen Zauber, ja Menschenopfer zu Stande gekommen. Und eben diese Arbeit, das Land gegen das Meer zu halten und zu erweitern, soll ja, wie wir gesehen, das Sinnbild sein für alle menschlich gesunde gemeinnützige Thätigkeit, zu der Faust nun hindurchgedrungen ist! Wie reimt sich das? — Folgt der Auftritt mit den vier alten Weibern, den allegorischen Bälgen Mangel, Schuld, Noth, Sorge. Warum findet die Schuld keinen Eingang? Weil Monarchen unverantwortlich sind? Aber hier handelt es sich doch wahrhaftig von innerem Schuldgefühl, und davon soll doch Faust nicht befreit sein? Noch ein hübsches Erklärungsstückchen sei hier erwähnt: „Schuld ist nicht im sittlichen Sinne zu ver= stehen, sondern es ist der drückende Zustand der von Gläubigern gepeinigten Armen gemeint" Dünber. — Was will nun das Erblinden durch den Anhauch der Sorge? Ihren inneren Einfluß hat Faust in der Trotzrede !gegen das Blinzen nach Jenseits, einer der wenigen ächten Kraftstellen dieses Theils, abgewiesen;

es scheint also die Blindheit buchstäblich gemeint, eben als eine
physische Strafe für die letzten Verschuldungen. Aber was
können wir bei einer solchen physischen Strafe denken? Soll
sie als Motiv dienen, um zu zeigen, daß Faust sich durch kein
Uebel niederschlagen läßt, da er gleich darauf wieder mannhaft
seine Thätigkeit aufnimmt? Allein es ist ja doch die Sorge,
durch deren Anhauch Faust erblindet; soll es vielleicht heißen,
Faust erblinde zwar nicht durch tiefere Sorge um das künftige
Heil seiner Seele, aber durch ein Leben voll praktischer Sorgen?
Können aber diese so groß sein, da ihm in all seinem Thun
der Zauber beigestanden ist? So führte dieß auf den fatalen
Punct zurück, daß er sich über die Fessel der Magie, an die er
noch gekettet, zwar beklagt, aber diese Fessel nicht bricht und daß
hiedurch sein Wirken allen ethischen Werth verliert. Allerdings
sagt Faust bei dem Andringen der Sorge für sich: „nimm dich
in Acht und sprich kein Zauberwort;" künftig also will er doch
auf Zauber verzichten, also Sorgen übernehmen wie ein anderer
Mensch, aber von künftigen Sorgen wird man nicht blind.
Kurz, ein ganzes Nest von Verwirrung.

Dieß ist denn Alles nicht eigentlich Dichtung, sondern es
sind nicht zur Klarheit gediehene Denk-Operationen. In der
letzten, großartigen Rede Fausts: „ein Sumpf zieht am Gebirge
hin — Augenblick", da ist wieder Poesie und philosophische Tiefe
vereinigt, die wir in einem andern Zusammenhang zu heben
suchen; man vergißt, so lange man sie liest, daß die Thätigkeit, in deren Fortführung und Erweiterung nach den höchsten
Zielen Faust ein so reines Glück genießt, so unzulänglich dargestellt,
so schwierigen Zweifeln ausgesetzt worden ist. Aber das legen-

darische Schluß-Oratorium, welches folgt, nachdem Mephistopheles
um seine Beute gebracht ist, rührt das Gefühl jener Unzulänglichkeit und die Zweifel erst recht wieder auf. Eigentlich tritt
eine Wechselaufhebung ein. Die ethische Kraft der letzten Reden
Fausts, namentlich des energischen, freien Wortes gegen das
Jenseits, schlägt den ästhetischen Glauben an diese Goldgrundbilder
todt, wir wollten sie nicht mehr, auch wenn sie so rührend ge-
malt wären wie die eines Fiesole; der Athem will frei sein und
duldet nicht mehr den mit Kuttengeruch vermischten Weihrauch-
Geruch; doch nicht von dieser Seite ist hier zu sprechen, sondern
von der umgekehrten Wirkung, nämlich eben von dem Anreiz
zu Zweifeln in rückwärtsgehender Richtung: man hat durch das
vorhergehende Bild von Fausts Thätigkeit zu wenig Inhalt gewonnen für die an sich so herrlichen Worte der Engel: „wer
immer strebend sich bemüht, den können wir erlösen."

Und dieß nun, dieses Bedenken wirft sich weiter zurück und
dehnt sich auf den ganzen zweiten Theil aus: Faust hat nicht
wahrhaft gestrebt, menschlich gefehlt, aus Schuld sich erhoben,
ist nicht bereichert aus Verirrungen hervorgegangen, und ich muß
bei meiner alten Behauptung (N. Krit. Gänge B. 1, H. 3, 153)
stehen bleiben, daß der Einwurf frommer Gemüther, die das
Kirchliche im Schluß für baare Münze nehmen und im Ganzen
dieses zweiten Theils die eigentlichen Intentionen des Dichters
nicht von der schwachen Ausführung zu unterscheiden vermögen,
der Einwurf, Faust werde zu leichten Kaufs erlöst, einen Schein
von Recht erhält. Man erinnere sich nun also, daß drei Acte hindurch das humanistische Streben, und zwar unlebendig dargestellt,
sich fortschleppt; daran aber hat Göthe fort und fortgesponnen

weil er, wie er einmal war, nicht an die eigentliche Aufgabe hinwollte, das Handeln. Daß er es zuletzt seinem Widerstreben noch abgerungen hat, mit dem großen Herrscher-Motiv zu schließen, sei noch einmal und abermals höchlich anerkannt, allein so schön das Facit, die Colonnen der Rechnung wimmeln von Lücken; es ist umgekehrt wie im Wilhelm Meister, wo Göthe nach eigenem Geständniß „aus einem realistischen Tik" es unterließ, aus der Fülle seiner Factoren die Summe zu ziehen.

Die vierte Ursache: die rein subjective Schwierigkeit.

Als letzter Grund der langen Wehen, welche die Geburt des Faust hinhielten, ist die Intimität des Verhältnisses zwischen Dichter und Gedicht aufzuführen. Warum nicht als erster, da vom Ich des Poeten doch Alles ausgeht?. Nur deswegen nicht, weil wir nach dem Grade des Erschwerungsgewichts angeordnet haben; da mußte voranstehen, was einer rüstigen Fortarbeit mit einem gewissen Schwergewicht der Objectivität entgegentrat. Der Stylwechsel war freilich auch etwas Subjectives, allein waren die Räder von Göthes Dichterwagen einmal im Geleise des Classicismus eingefahren, so war nur mit einem so gewaltsamen Ruck herauszukommen, wie man es täglich sehen kann, wenn ein Wagen in Pferdebahnschienen gerathen ist; auch die philosophische Schwierigkeit war subjectiv, aber ein Gesetz

nennen wir objectiv, auch wenn es in der subjectiven Welt
herrscht, ein psychisches Gesetz aber spricht, daß Niemand zugleich
ganz Philosoph und ganz Dichter sein kann; die politische
Schwierigkeit endlich ruhte für Göthe auf einer Naturschranke
seines Geistes, die jenseits seiner Willkür lag. Hier nun aber
ist vom Subjectivsten des Subjectiven die Rede. Der Faust ist,
wie man längst weiß, mit des Dichters eigenem Herzblute geschrieben, dem Herzblut seines Geistes und seiner Seele. Man
kennt Göthes Wort, seine Gedichte seien eine fortlaufende Beichte;
im Faust hat er sein Geheimstes gebeichtet. Ich trete nicht
weiter auf das Bekannte ein: — die erste Liebe Göthes, die
Margareten ihren Namen gegeben hat, die Gewissensleiden nach
der Trennung von Friederike; in welchem Sinn einer der ältesten
Freunde Göthes, Merck, gewisse Züge zum Mephistopheles leihen
mußte, wird gleich zum Prolog besprochen werden müssen, obwohl man mit der Notiz selbst Niemand etwas Neues sagt; wichtiger als alles dieß ist das Bild der selbsterlebten Geistesstürme,
wie es den Anfangsmonologen zu Grunde liegt, es ist schon berührt und muß weiterhin einläßlicher zur Sprache kommen; wie der
dunkle Drang nach Erkenntniß den jugendlichen Dichter selbst zur
Mystik und Alchemie trieb, weiß man aus „Wahrheit und Dichtung"; das Umfassenwollen eines All der Menschheit, wie es
Göthe dann im eigenen Busen erlebt hat, die Mühen der Arbeit,
sich zur Resignation durchzuringen, auch dieß bedarf besonderer
Erörterung an gegebener Stelle und ist hier nur für die gegenwärtige Beleuchtung anzudeuten; man nehme hiezu den langen,
tiefen, schweren Proceß der Aneignung des Antiken, die bis zur
Krankheit gesteigerte Sehnsucht nach Italien, diese eigene heiße

Leidenschaft für Helena, und man vergesse, daß dieser Zug
poetisch nicht mehr zu frischer Gestaltung hat gelangen können:
genug, Göthe muß ein Gefühl gehabt haben, als stelle er sein
geheimstes Inneres nackt vor die Augen der Welt. Eine Scham,
eine Scheu, ein Bangen, ein Schauern — man nehme es zusammen mit der Angst vor der Tiefe der geahnten Weltgeheim-
nisse und man versteht das Wort: „mein Lied ertönt der un-
bekannten Menge, ihr Beifall selbst macht meinem Busen bang“;
allerdings hat man Grund, diesem Worte noch andere Beziehungen
zu geben, nämlich auf alles bisher Besprochene; der Beifall
macht dem Dichter bang, weil er inzwischen seinen Styl um-
gebildet hat, weil er nun den Philosophen genügen und weil er
das politische Feld betreten soll. Und so verhält es sich mit
dem Ganzen der Zueignungsstrophen, man versteht es nur, wenn
man sich die Intimität vergegenwärtigt, wovon wir sprechen.
Daher auch das Verpacken, Versiegeln, Verbergen, das wider-
strebende Wiederöffnen des Manuscripts, überhaupt also das
schwere Losgehen vom Innern als die geheimste, letzte, dem
Drucke ihrer Wirkung nach nicht stärkste, aber darum wahrlich
nicht schwache Ursache des langen Zögerns.

Dieß rein persönliche Gefühl verband sich nun mit dem
Gefühl der alten Sage und ihres Zauberhauchs, der Sage, die
nach Widmanns Worten in seinem Faustbuch „wunderlich da-
herrauscht.“ Alles dieß spricht sich höchst merkwürdig in der
Briefstelle von Rom 1788 aus, die wir längst angeführt haben,
die aber für diesen Zusammenhang so besondere Bedeutung hat,
daß wir sie jetzt nach ihrem ganzen Wortlaut hersetzen: „das
alte Manuscript macht mir manchmal zu denken, wenn ich es

vor mir sehe. Es ist noch das erste, ja in den Hauptscenen
gleich so ohne Concept hingeschrieben, nun ist es so gelb von der
Zeit, so vergriffen, so mürbe und an den Rändern zerstoßen, daß
es mir wirklich wie das Fragment eines alten Codex aussieht,
so daß ich, wie ich damals in eine frühere Welt mich mit
Sinnen und Ahnen versetzte, mich jetzt in eine selbstgelebte Vor-
zeit versetzen muß." So fließt ihm die eigene Vergangenheit mit
der vergangenen Sage ineinander, und so — im Großen — ist
das tiefste innere Leben eines modernen Dichters mit einer
dunkeln, gespenstischen Sage aus alten Tagen seines Volks
ineinandergeflossen.

Die deutsche Heldensage hat nicht das Glück genossen wie
die griechische. Wohl hat eine Art von selbst noch naiver Kunst-
poesie den Stoff in die Hand genommen, aber sie war weder
als Kunst so hell, noch als naive Kunst so naturvoll wie die
homerische; hier ist nicht Homers Auge, noch der Strom seines
Verses, die Naivetät ist zu sehr auch Armuth und Ungeschicklich-
keit, um den Stoff, dessen Urgestein mit heterogenen späteren
Culturschichten durchschossen ist, von innen heraus zu einer Einheit zu durchdringen und neu zu beleben; große und stimmungs-
volle Anschauungen fühlt man im Nibelungenliede durch, ohne
daß man sie ans volle Licht gebracht fände. Dieß Glück aber ist
der deutschen Literatur geworden, daß spät, nach langem Ver-
sinken in die Unnatur, langer Entfremdung vom eigenen Genius
und langem Herausringen aus diesem Elend ein Dichter erstand,
ein Kind der freien und wachen Bildung der neuen Zeit, und
doch geheimnißvoll aus dem Schooße des eigenen Volksgeistes
geboren mit Sinnen, die noch etwas vom Brausen des alten

Wodan vernahmen, und doch zugleich mit Augen so klar wie die
des Homer, ein ganz gelöster, ganz hellblickender Geist und doch
ein Kind im Sinne der hohen Kindheit jener wenigen Erlesenen,
die als eine zweite Art höherer Naturwesen unter den Menschen
wandeln. Die Heldensage aus dem Zauberschlaf zu wecken, dazu
war es zu spät, ihr konnte ein Seelenleben, das mit dem
Geist des neuen freien Völkerlebens getränkt war, nicht mehr
eingegossen werden. Aber eine Sage bot sich dar, viel älter in
ihrem Ursprung als in der consistenten Bildung, in der sie
überliefert ist, noch umwittert vom Zauberhauch des Heidenthums,
in ihrer bestimmten Gestalt finster christlich, ja theologisch gefärbt,
eine Sage von fürchterlichem Abfall von Gott, Bund mit dem
Teufel und entsetzlichem Ende. Abfall von Gott und Allem, was
den Menschen heilig bindet: ahnungsvoll ergreift der junge
Dichter dieß Motiv und der wilde, freche, dumpftrotzige Abfall
der Sage wird zum Bilde des ungeheuern Strebens der er-
wachten Menschheit, frei von sich selbst aus zur Wahrheit und
zum wirklich Guten und zum wahren Gute durchzudringen.
Man hat die Sage blind überschätzt. Die Nachklänge alter
Mythologie, das Geisterhafte ihrer Stimmung: dieß ist etwas
ganz Anderes als die Art von Tiefe, welche moderne Erklärer
in ihr suchen. Eine Vertiefung ist ihr widerfahren, die in allen
Puncten eine radicale Umwandlung ist. Faust, der Teufel, der
Pakt, das Ende sind von Grund aus andere geworden. Das
Wunderbare ist, daß dennoch zugleich der dunkle, bange Stimmungs-
hauch erhalten blieb, getragen durch die tiefen Zusammenhänge
mit dem geheimnißvoll Selbsterlebten im Dichter. Göthe spielt
mit der Sage, er geht ganz frei weltmännisch mit ihr um und

der Faust, der über den Teufel, wie er endlich erscheint, gar nicht erschrickt, sondern nachläßig und bequem mit ihm plaudert, ist ja er selbst, der klare Weltmann, der an den Teufel gar nicht glaubt. Wir werden des Näheren sehen, mit welchen ironischen Lichtern das Rationelle überall durch das Mythische scheint, die Illusion aufgehoben und wiederhergestellt wird. So ist auch Alles mit Humor durchleuchtet, grobem und feinem, der sich anschaulich in der Handlung niederschlägt. Ein Contrast-leben, so scharf, so keck, so springend, wie es der gräcifirte Göthe nicht wieder und der allzuspät zu seinem Faust zurückgekehrte mit schwachem Erfolg wieder wagte, hebt mit blitzenden Schlag-lichtern und scharfen Schlagschatten Gruppe von Gruppe, Ge-danke von Gedanke, die doch Alle wieder ineinander hinüber und herüber dämmern, flimmern und glitzern. Hier ist Alles in starke Theile, kantige Massen gesondert und doch verschweben im Weiten und in den Ecken und Winkeln des Raumes die stechen-den Scheine ungewiß in Dämmerungen, wo das Auge nichts mehr sieht und der Sinn um so mehr Unbekanntes ahnt. Lücken, Sprünge, zerworfene Formen beleidigen den Blick, der zusammen-fassen möchte, aber das Geisterlicht beschäftigt alle Nerven und alle Gehirnschwingungen so, daß das Urtheil über die Kunst-mängel entwaffnet wird.

Und doch ist auch dieß nur wieder ein Theil der Betrachtung, wir müssen auf die Vergleichung mit Homer zurücktreten. Göthe schreibt über ihn 1787 aus Neapel an Herder, frisch aus den Eindrücken Siciliens, von denen er soeben herkommt: „Was den Homer betrifft, so ist mir wie eine Decke von den Augen gefallen. Die Beschreibungen, die Gleichnisse u. s. w. kommen

uns poetisch vor und sind doch unsäglich natürlich, aber freilich mit einer Reinheit und Innigkeit gezeichnet, vor der man
erschrickt. Selbst die sonderbarsten, erlogenen Begebenheiten
haben eine Natürlichkeit, die ich nie so gefühlt habe, als in der
Nähe der beschriebenen Gegenstände". Es scheint ein Abstand
unendlicher Weite, der den rasch hinwerfenden, geistreich skiz-
zirenden, magisch beleuchtenden modernen Dramatiker von dem
behaglich verweilenden, ruhig nachzeichnenden epischen Dichter
uralter kindlicher Zeiten trennt, und doch — da Dichter Dichter
bleibt — wer muß nicht an Homer denken, wenn er aus jenen
geisterhaften Dämmerungen, phantastischen Bildern und gekreuzten
Reflexen im Vordergrund die einzelnen Gestalten ganz taghell
sich in einer Klarheit abheben sieht, daß er sie glaubt greifen
zu können, während sie doch, wenn er sie greifen will, zurück-
weisend sprechen: wir sind nicht von dieser Welt! Und Alles mit
ein paar Pinselzügen, wie Rottmanns Erd- und Bergbildungen!
Wir hören es tausendmal wiederholen, der Künstler müsse nur
das Wesentliche geben, das Unwesentliche tilgen, so werde er das
Reale ins Ideale verwandeln: nun, hier ist es einmal geleistet;
wenn man fragt: was bedeutet realistischer Styl, der doch ganz
idealistisch ist? — hier hat man die Antwort. So auch die komischen Figuren. Wir wollen noch nicht weiter auf den tieferen Humor eingehen, der muß im Zusammenhang mit der Bedeutung
des Mephistopheles besprochen werden, sondern uns nur gönnen, in
Auerbachs Keller einzukehren. Die Entbehrlichkeit der Scene haben
wir zugegeben, als sie uns bei gewissen Parthieen in Romeo und
Julia einfiel; Faust kennt dieß Studententreiben und hat nicht
hier zu lernen, wie leicht sichs leben läßt, er langweilt sich, es

ift eine Epifode, für die man vom Standpunct der Composition
aus nur das Wenige jagen kann, fie erweitere das Bild des
akademifchen Lebens, helfe dem Drama Stimmung, Ton, Charakter
der alten Zauberfage mit ihren luftigen Streichen fichern und
gebe ein derbes Vorfpiel der feineren Liften des Mephiftopheles, —
wer fragt lang nach ihrer Müßigkeit, wenn er die platten Burfche
fo im Vollfaft der beftialifchen Naivetät fich baden fieht, ganze,
runde Kerle, eine Art umgekehrter Götter, freilich Schweine von
Göttern, wie jene zwei feligen brüllende Strolche in der Dres-
dener Galerie, von Adrian Bouwer mit wunderbarer Genialität
auf die Leinwand gefchleudert, oder wie das umgekehrte Ideal
eines edeln Ritters von Shakespeares Zauberhand, der Falftaff!
Und welche Stala der Komik darin, da unter den Platten der
Platteste fagt: „wie fich die platten Burfche freuen!" und über
Alle wieder der höllifche Erzfchelm lacht, weil fie ihm Alle gleich
platt find!

Denkt man fich einen Künftler von fo großem Genie und
fo ficherer Technik, daß er fähig ift, eine Figur, wie fie der
Zufammenhang einer Gruppe fordert, mit ganz wenigen Strichen
und Puncten wie mit Einem Zug fo hinzuftellen, daß jede
Linie, jeder Tupf zum beabfichtigten Ausbruck und Charakter
genau eben recht geführt ift und fitzt, fo hat man fich der
Vorftellung von dem Bilde Margaretens genähert. Eine Nachhülfe für das Verftändniß einer folchen Leiftung, die mit fo
wenig fo viel gibt, wird es fein, wenn man fieht, wie der Künftler
den Eindruck mitwirken läßt, den die Erfcheinung auf die andern Figuren in der Gruppe hervorbringt; ich erinnere nur an
das erfte Auftreten: wir fehen Margareten fogleich mit Faufts

Augen und Seele: „beim Himmel, dieses Kind ist schön —
Entzücken gar;" man rufe sich namentlich die · Wirkung des
einen unter den Prädicaten ins Bewußtsein: „wie sie die
Augen niederschlägt, hat tief sich in mein Herz geprägt"
(chinava a terra il bel guardo gentil. Petrarca). Die
Vergleichung mit dem Zeichner ist ja natürlich auch wieder
ganz unzulänglich, der Dichter legt mit schlechthin sicherer Berührung durch das elektrische Wort ganz leise Reize, einen um
den andern, an unsere Phantasie, daß sie sich vorstellen muß,
und zwar gleich bei dieser ersten Begegnung nicht nur ein schönes
Weib, sondern ein Weib, dem Sitte, Scham, Frömmigkeit im
alten Volksstyl inwohnt. Schon sind wir gestimmt, eine Seele·
zu finden, die ganz unverfälscht ist, ganz einfach, wir möchten
sagen: wie ein blauer Himmel, wenn der Ausdruck nicht so
leidig verbraucht wäre —, einer Seele, deren Einfalt nicht salz-
los ist, — da wir sogleich sehen, daß ihr die Waffe des Weibes
gegen Frechheit, das rasch abweisende Wort, nicht mangelt, —
die aber gegen einen Angriff, der im Tone der Herzlichkeit ergeht, wahrscheinlich wehrlos sein wird. Wenn man die rührendsten
Frauenbilder dramatischer Dichter zusammenstellt, wird man
finden, daß sie das Höchste an Reiz hervorbringen, wo sie,
nachdem dafür gesorgt ist, daß wir uns die Erscheinung anmuthig vorstellen, die Anmuth mit der Lauterkeit und Güte verbinden. So ist Ophelia, so ist Desdemona. Der letzteren muß
man auch bei dem Zuge gedenken, den Göthe wirken läßt, da
er Gretchen zum zweiten Male einführt; jene plaudert unter
dem Auskleiden mit Emilien, Gretchen mit sich, während sie die
Zöpfe flicht; das nebenherlaufende zufällige Thun drückt der

Situation den ganzen Stempel der Unbelauschtheit auf und
Alles rückt ins Licht der reinen Naivetät. Göthe leiht nun
seinem Geschöpf eine weibliche Schwäche und eine Schwäche der
Volkseinfalt, die sich aus dem bescheiden Geschlossenen ihres Zu-
standes hinaufsehnt nach dem, was für dieses Glück zerstörend ist,
die dem Reiz von Geschenken und dem Reiz der überlegenen
Bildung nicht widerstehen kann, er leiht ihr eine Blindheit um
die andere; Gretchen hat z. B. so wenig unterscheidendes Urtheil,
daß sie mit einem so gemeinen Weib umgehen kann, wie Frau
Schwertlein; es ist nur immer vorgebaut, daß diese Blindheit
nie so mißverstanden werde, als könnte jemals Unreines sie
beflecken; die Einführung der Frau Marthe wirkt weit mehr
noch als lichthebender Conträst wie als zweites, die Verführungs-
gefahr steigerndes Moment neben Mephistopheles. Die Garten-
Scene gehört unter das Wirksamste, was je ein Dichter erfunden
hat. Nachdem Göthe einmal zwei Paare hatte, eines die Ironie
des andern, das gemeine durch das reine doppelt komisch, das
reine durch das gemeine und durch Faust's Gewissensschwäche auf
die Folie des Unheimlichen gesetzt, so fiel ihm ein, er wolle sie
abwechselnd nebeneinander am Zuschauer vorübergehen und in
dieser Situation, auf solchem dunkeln, höllisch komisch dämmern-
dem Grunde die Rosenknospe der Liebe rührend und erschreckend
sich öffnen lassen. — Wenn wir in der Betrachtung der Stellen,
die von besonderer philosophischer Tiefe sind, das Religionsgespräch aufnehmen, wird zu zeigen sein, wie der Dichter es
meint, wenn er an dieses reine Motiv die Zusage knüpft, die
Gretchens Untergang herbeiführt. Von da an sieht man finsterer
die dunkle Wolke über ihr schweben. Das Gespräch am Brunnen

ist wieder ein Meisterzug; die Scene kündigt ganz herb realistisch und doch höchst stimmungsvoll bang, schwül, den nahen Blitz und Donner an; Gretchen subsumirt sich selbst unter die Unbarmherzigkeit des Volksgerichts, das ihr droht, denn sie selbst hat immer ebenso gerichtet und theilt auch die wahre Triebfeder seiner Grausamkeit, die Lischen klar genug verräth; zugleich aber wie reinigt sie der Dichter, wie sichert er ihr unser Mitleid durch ihre Hoffnung auf Treue des Geliebten und durch die rührend herzlichen zwei letzten Zeilen! Nun hat er uns zu sagen, daß das Schicksal da ist und daß die Vertrauende auch bereits ahnt, sie werde es als Verlassene hilflos ertragen müssen. Wie thut er es? Nichts wird auseinandergesetzt, nichts entwickelt, Alles in das Gebet vor dem Madonnenbilde, diesen stammelnden, aus den Tiefen des Jammers hervorgeholten Seufzer zusammengepreßt: Zittern, Beben, Durchwühltsein bis auf's Mark, Todesangstschweiß im fürchterlichen Alleinsein — dem Hörer ist überlassen, alle besonderen Umstände sich vorzustellen und er durchfliegt diese Vorstellungen in Einem Augenblick mit einem Grauen und Mitleid, das vom Geisterhauch entsetzlicher Träume durchschauert ist. Valentin: wer führt Göthe den breiten, saftig derben Zug der Hand nach, womit diese Landsknechtfigur aus Kernholz geschnitten ist! Gleich der Monolog: wie lebt die Anschauung, das Gefühl des früheren Stolzes auf die Schwester, der jetzigen Scham, wie wird es ganz Gegenwart! Dann der Anfall, der Kampf, Alles blitzschnell und in dieser Blitzesschnelle dem Faust durch Parade und Zuruf des Mephistopheles ein Mord nur so geschwind auf dem Teller präsentirt und aufgegriffen, — der bequeme Hohn: nun ist der Lümmel zahm! — und endlich der wilde Fluch des

braven und rohen Ehrenretters, der die Schwester erst ganz ent-
ehrt, wie sprudelt Alles, wie knistern elektrische Höllenfunken hindurch und mit welchem Donnerschlag entlädt sich das Schicksal!
Greift man in das Ganze dieser Scene, eines Kunstwerks für
sich, hinein, wo man will, und nimmt nur ein paar Verse
heraus, so sind sie classisch; so die Zeilen, worin Faust bei
seinem Auftreten den dumpfen Depressionszustand, Mephistopheles
dagegen seine Wohligkeit ausdrückt: „und mir ist's wie dem
Kätzlein schmächtig, das an den Feuerleitern schleicht" u. s. w.;
es macht Mancher schöne Verse und hat nie eine zufällige Erscheinung, kleine Beobachtung so mit einer Stimmung zusammen-
gefühlt wie Göthe in den wenigen letzten Worten. — Nun
ist vorzubereiten, zu erklären, wie die Unglückliche zur Kinds-
mörderin wird, es wäre die Reihe der Zustände zu verfolgen:
Qualen des von der Phantasie, welche die Schuld übertreibt,
irre geführten Gewissens und Schauer vor dem entsetzlichen Gott
des Mittelalters, tödtliche Bangigkeit aus den dunkeln Tiefen des
leiblichen Daseins aufschwärend — Hülf- und Rathlosigkeit: kein
Freund, kein entlastendes Geständniß gegen Andere möglich —
statt all dieser Ausführung stellt der Dichter die Verlorene unter
die Gewölbe eines Domes in die Mitte des Volks, das ihr
der Repräsentant des unbarmherzigen Urtheils über ihre Schuld
ist, und unter die Schreckensbilder des jüngsten Gerichts, die
ihr aus dem Requiem mit Posaunenton entgegenwettern, und
was eigentlich die innere Stimme jenes irrenden Gewissens
spricht, raunt ihr von außen mit heiserem Flüstern, in kurzen,
gestoßenen, athemlosen Bangen erpressenden Versen ein Höllen-
geist ins Ohr: einer der bewundernswerth raschen, durch und

durch unmittelbaren und spontanen Phantasie-Acte des Dichters. — Die Scene: Trüber Tag, Feld besprechen wir anderswo, da sie an philosophischem Gedankengehalt so tief, als stark und wild durch Leidenschaft, schneidend durch teuflische Kälte, durchaus furchtbar stimmungsvoll ist. — Jetzt soll uns angekündigt werden, daß Gretchen zum Tod verurtheilt sei, die Ursache ahnen wir von selbst. Statt aller Auseinandersetzung nun dieses Vorüberbrausen des Faust und Mephistopheles auf schwarzen Pferden am Rabenstein, den Geister unter seltsamem Neigen und Beugen zu einem dunkeln Werke zubereiten und weihen: es ist wie im Wahnsinn, im Fieber geträumt und doch ganz klar, der Dichter weiß ganz wach, was er eminent symbolisch sagen will. Das einzige wie in einem magischen Schatten- spiel vorüberhuschende Bild stellt ihm das Dichterzeugniß aus, wenn es anders wahr bleibt, daß der Dichter ein heller Nacht- wandler ist, und es gibt der Psychologie des Schönen Recht, wenn sie zur Erklärung des künstlerischen Schaffens es für nöthig hält, sich mit der Natur des Traumes zu beschäftigen.

Darf man mit Aristoteles die Wirkung der Tragödie in die Erweckung und Reinigung der Affecte des Mitleids und der Furcht setzen und ist unter diesen Namen die gesammte Welt der sympathetischen Seelenbewegungen zu verstehen, so muß man sagen, daß die ganze Geschichte des Drama keine Scene aufzuweisen hat, welche umfassender der Bestimmung des Tragischen genügt, als die Schluß-Scene des ersten Theils; denn es wird keine zu finden sein, welche mit rührender bewegten Gestalten, tieferen Herztönen, markerschütterndem Grauen die ganze Seele auf- wühlt und heißere Thränen auspreßt, die im Einzelschicksal das

ganze Menschenloos beweinen. Jedes leere Rührungs - Elend
wird schon durch die Anfangsworte Fausts abgeschnitten: „der
Menschheit ganzer Jammer faßt mich an," — der ganzen Scene
ist durch diese Worte allein schon die hochsymbolische Bedeutung
gesichert. Hat der Dichter dadurch vorgebaut, daß die Gewalt
der Stürme und Stöße auf die Seele keine rohstoffartige bleibe,
so wird die Reinigung noch tiefer von innen heraus vollzogen
durch Margaretens Erhebung aus Schuld, Schmach, Verzweiflung, Verrückung zur sittlichen Klarheit, durch ihr freies Scheiden
von Faust und ihr freies Gehen in den Tod, der nun aufhört,
ein blos von äußerer Gewalt aufgelegtes Schicksal zu sein.
Diese Klarheit ist nicht völlige Helle des Bewußtseins, ganz
tritt die Arme nicht aus dem Irrereden heraus, in der Form
spricht auch dieser sittliche Act sich traumhaft aus, aber nur um
so sicherer, unbestechlicher, weil darin das Sittengesetz mit der
Nothwendigkeit eines Naturgesetzes auftritt, als unbeirrter Instinct, als unverrückbarer Compaß erscheint. Dieß ist die Krone
des Naturtons, der sich so einzig mit der geistigen Höhe und
Großheit der furchtbaren Scene einigt. Hier ist Alles naiv,
volksmäßig, ein Bild des Realstyls, wie es die Welt reiner nie
gesehen hat, noch sehen wird. „Da sitzt meine Mutter auf einem
Stein und wackelt mit dem Kopfe": — der classicirende Göthe
hätte es nicht zu sagen gewagt und welche Schauer hauchen aus
dem komisch platten Worte! — Es erschöpft nicht die Bedeutung
unserer großen Dichter, aber ein wichtiger Theil derselben wird
ausgesprochen, wenn man sagt, sie seien in den Kern| des Wesens
der Nation eingedrungen und haben ihn in Kunstform gehoben.
Gretchen ist eine reine Volksgestalt, aber wir sagen nicht umsonst:

Nation; Fauſt ſpricht eine andere Sprache, als ſie, er gehört
der freien und hellen Geiſtesſphäre an, doch iſt er in jedem
Tone ebenſoſehr ein Mann von deutſcher Art, wie ein Menſch,
ein Bild der Menſchheit in ihrem „übereilten Streben“; beiher
geſagt: auch bieß ein Beweis, daß es möglich war, ihn in
höhere Verhältniſſe zu führen und doch dem lebenswahren Style
treu zu bleiben. — Hier breche ich ab, um nicht noch einmal
in die Frage hineinzugerathen, was der zweite Theil aus dieſem
lebendigen Menſchen gemacht habe.

Es ſind dieß unzulängliche Andeutungen, in Wahrheit nur
Anſätze zu einer rein äſthetiſchen Würdigung des Fauſt, einer
Arbeit, die unſerer Literatur ebenſoſehr noch fehlt, als eine genügende Hebung all des tiefen Sinnes, der in ihm verborgen
liegt. Zu letzterer beizutragen, iſt die Aufgabe des zweiten Ab-
ſchnittes dieſer Schrift; er wird natürlich den poetiſchen Werth
der zu behandelnden Stellen auch als ſolchen wieder berühren;
auch der erſte Abſchnitt hat uns nur indirect darauf geführt,
dieſe Winke zur äſthetiſchen Schätzung zu geben; eine erſchöpfende
Behandlung des Ganzen hätte natürlich den Gehalt- und Form-
werth ungetrennt, und Schritt für Schritt dem Drama folgend
zu umfaſſen, dazu aber bedarf es, wie mir ſcheint, noch mehr
als Einer Vorarbeit. Auf was ich mich gar nicht näher ein-
laſſen kann, weil es mich viel zu weit führte, dieß iſt der Vers;
nur ein paar Worte kann ich mir nicht verſagen. Wer auf-
merkſam lieſt, wird im Fauſt eine große Menge falſcher Reime
finden (Höhe auf Nähe, reicht auf ſteigt u. dgl., gleiche Wörter
z. B. auf — auf), zum Theil ſind es Frankfurtismen, doch
auch ein arger Schwabismus kommt vor (dämmert auf flimmert).

Aber auch nur wer die Aufmerksamkeit auf diese Seite isolirt, wird die Verstöße entdecken: eine schlagende Probe dafür, daß Correctheit nicht den Dichter macht. Man hat einfach keine Zeit, diese Fehler zu spüren, und dabei denke ich nicht etwa an stoff- artiges Hingerissensein, auch nicht an gesonderte Beschäftigung mit der Tiefe des Sinns, sondern eben recht an die Form: d. h. die Schönheiten im Gebiete des Verses und der Sprache selbst sind so reich, so groß, daß man darüber die Unebenheiten in dem- selben Gebiete rein übersieht; die Vollkommenheiten der Form selbst absolviren den Dichter für ihre Unvollkommenheiten. Doch dieß sind flache Bezeichnungen; er steht in einem Geheimbund mit dem Geiste des Rhythmus, des Reims und der Sprache. Die Aufgabe wäre, das ganze Gedicht darauf anzusehen und dem geheimnißvollen Tasten des inneren Gehörs zu folgen, wo- durch dieser Magier Klang, Gang und Accent mit dem Sinn zusammenfühlt.

Hier lag das Kind, mit warmem Leben
Den zarten Busen angefüllt,
Und hier mit heilig reinem Weben
Entwirkte sich das Götterbild.

Der Vers flüstert wie ein leises Reden im Schlaf, die Worte perlen, daß man die zarte verborgene Geschäftigkeit der treibenden Säfte zu vernehmen glaubt, und dann betrachte man sich das Wort: entwirken; — solch ein Wort finden, das heißt aus dem Urquell schöpfend die Sprache bereichern. Nun nehme man die Worte aber auch nach der ethischen Bedeutung; Fausts hastige Leidenschaft veredelt sich in diesem Auftritt zur Liebe, beim Anblick des reinlichen Bürgerstübchens lebt das Herz, die

beſſere Seele auf und nun erwachen bei der Oeffnung des Bett=
vorhangs — nicht Wolluſtgedanken, ſondern ein reines Künſtler=
gefühl, vielmehr Gefühl der Natur als heiliger Künſtlerin und
ſo im Zuſammenhang verſteht man erſt ganz das tempelartig
Stille im ſanften Laut und leiſen Gang der naturandächtigen
Worte. — Nun wäre auch von allen Freiheiten zu ſprechen,
wodurch Göthe der ſchlicht Hansſachſiſchen Reimform das wunder=
bare, nach Sinn und Stimmung wechſelnde Leben gibt: Kürzung,
Dehnung der Zeile, Vermehrung der Reime oder Begnügen mit
zweien, Reimloſigkeit, Wahl des klingenden Reimes, Kreuzung
oder entferntere Verſchiebung der Reime, verſchiedene Zahl der
Hebungen und Senkungen, wodurch (wenn für deutſche Accent=
verhältniſſe Bezeichnungen der quantitirenden Metren gebraucht
werden dürfen) zwiſchen Jambus und Trochäus Anapäſt,
Amphibrachys, Daktylus anklingt; hiefür ſei nur Ein Beiſpiel
herausgehoben, die Stelle in der Schlußſcene: „o laß uns
knien — liebenden Ton“; man höre hier genau hin, wie zuerſt
in den kurzen Zeilen Angſt und Grauen den Athem hemmt,
man fühle das plötzliche Aufhorchen in den folgenden, dann das
Entbundene, Kräftige in dem „Ich bin frei! mir ſoll Niemand
wehren,“ und hierauf, wie in den ſechs letzten Zeilen Jubel der
Seele, die auf einen Augenblick den ganzen Jammer der Gegen=
wart vergißt, in jauchzendem Rhythmus emporſpringt und aus den
dunkeln, ſchneidenden, knarrenden Klängen, welche den rings an=
dringenden Hohn der Hölle ſymboliſiren, zuletzt die weichen Klang=
farben hervorquellen: „erkannt’ ich den ſüßen, den liebenden Ton“.

So bis hinaus in die feinſten Enden der Form iſt alſo
hier ein altes, wohl auch an ſich ſtimmungsvolles, doch dumpfes

und schweres Gebilde der Sage vom modernen Dichter verklärt
worden. Man halte nun an all diese Taghelle auf magisch
helldunklem Grunde, all diesen Feuergeist, dieß Mark des Lebens
und diese Seele, bis in die Klang-, Accent- und Dehnungs-Ver-
hältnisse der Sprache ergossen, noch einmal den zweiten Theil
und man wird es begreifen, wenn ich nicht glauben kann, daß
beide Theile einem und demselben Mann gefallen können! Nein,
mich wird Niemand, dem der zweite gefällt, überzeugen können,
daß er den ersten Theil in seinem Werth kenne und fühle. Oft
fällt mir bei jenem die Unbehaglichkeit ein, in der man sich
befindet, wenn man nicht unterscheiden kann, ob es Wolken oder
Berge sind, die man in einer Landschaftferne sieht. Doch es ist
richtiger, das Bild vom Lesensollen einer halbverwischten Bleistiftschrift, das ich — aus anderem Grund — auch von der
Natürlichen Tochter gebraucht habe, angewandt auf den zweiten
Theil Faust und verstärkt durch eine bekannte Traum-Erfahrung
festzuhalten. Das Alpdrücken kleidet sich oft in die Vorstellung,
man solle nothwendig etwas lesen und könne die Augen nicht
aufbringen; Jedermann weiß, was wir in solchen Traumqualen
ausstehen; so und nicht anders ist doch wohl nicht mir allein zu
Muthe, wenn ich mit dem zweiten Theil Faust mich abmühen muß.

———

Indem ich hier den ersten Abschnitt schließe, muß ich noch
einer Frage entgegenkommen, die dem Leser wohl längst auf der
Zunge liegt. Warum ist unter den Entlastungszeugen für die

Schuld des langen Verschleppens in unserer bisherigen Prozeß-
führung die Universalität Göthe's nicht vorgeführt? Hierüber
ein ausdrückliches Wort zu sagen, habe ich absichtlich zunächst
für diesen Ruhepunct aufgespart. Es ist nun freilich leidiger,
daß er seinen Faust nicht zur rechten Zeit vollendet, als daß
er so manches Andere nur in Bruchstücken hinterlassen hat, aber
Alles zusammengenommen und im Großen betrachtet muß man
ja gewiß eingedenk sein, daß Göthe nicht blos Dichter war, sondern ein Mensch von einer Allseitigkeit, die uns berechtigt, zu
sagen, nicht wohl werde ein Individuum je gelebt haben, das
sich so sehr zur Gattung erweiterte, dessen ganzes Leben eine
so ungemeine Arbeit nach diesem Ziele war. Wer so immer
strebend sich bemüht, dem muß die Kritik auch seine Sünden erlassen, wiewohl sie sie beim rechten Namen nennt. Doch damit
ist noch wenig gesagt; ich verweise auf den zweiten Abschnitt,
der auf diese große Eigenschaft in concretem Zusammenhang eingehen wird.

Zum Entschuldigenden wären auch noch die vielen äußern
Unterbrechungen in einem vielbewegten geselligen Leben zu zählen.
Göthe hat einmal an Schiller geschrieben, man sollte ihn wie
Luther auf der Wartburg einsperren, damit er an der Arbeit
bleiben könne. Draußen in der zerstreuenden Welt hat dieser
eine unserer großen Reformatoren doch ein Werk zu Stande
gebracht, das eine Bibel in seiner Art ist: das beispiellose Bild
eines ganzen Menschen.

Zweiter Abschnitt.

Die inhaltschweren Stellen des Gedichts.

Es ist nicht möglich, in der Kürze, die eine Ueberschrift fordert, auszudrücken, was dieser Abschnitt enthalten soll. Es wird, wie am Schlusse der Erörterung über die „philosophische Schwierigkeit" angekündigt ist, die Rede sein von den Stellen des Gedichts, die besonders viel zu denken geben, so viel, daß man ohne Philosophie nicht auskommt, wenn es den Versuch gilt, sich über den ganzen Umfang der Gedankensumme Rechenschaft zu geben, die der Dichter mit seinem ahnungsvollen Blick umspannt; ebenso aber auch von denjenigen Stellen, die aus Gründen, welche auseinandergesetzt sind, eine Denkmühe nicht so fruchtbarer und erquicklicher Art auflegen. Es könnte, so scheint es, als Ueberschrift gewählt werden: die philosophischen Stellen des Gedichts; doch wird es nicht ebenso zulässig sein, diese Bezeichnung nun objectiv zu gebrauchen, wie sie bei jener Erörterung subjectiv gebraucht ist. Es gieng noch an, unter „philosophische Schwierigkeit" zu verstehen die innere Schwierigkeit, die für den Dichter entstand, als ihm Schiller — mit Recht und Unrecht wie wir sahen, — zumuthete, seine Kräfte zu scheiden, die Einbildungskraft in den Dienst der philosophisch gedachten Idee zu stellen, — die Schwierigkeit, seine Kräfte dennoch ungeschieden in Wirkung zu setzen, die Gefahr, ein andermal in solcher dua-

liſtiſchen Weiſe zu operiren; es könnte aber zu leicht mißver-
ſtanden werden, wenn nun gegenſtändlich die beiderlei Stellen,
die den bezeichneten Charakter tragen, als philoſophiſche bezeichnet
würden, denn es könnte ſcheinen, als meinte man, der Dichter
habe auch da wirklich philoſophirt, wo er nur philoſophiſch
ahnungsreich gedichtet hat. Durch das Hauptwort „Schwierigkeit“ war in der früheren Anwendung dieß Mißverſtändniß ver-
hütet. Vergeblich ſucht man nach einem andern, einleuchten-
den Namen für die wichtige Unterſcheidung, die uns in dieſem
Abſchnitt beſchäftigen ſoll; es findet ſich kein zuſammenfaſſendes
Wort für die Begriffe: Stellen, welche in dem Sinn philoſophiſch ſind, daß ſie doch nicht aufhören, ächt poetiſch zu ſein,
und Stellen, welche es in dem Sinn ſind, daß die Poeſie damit
nicht ungeſchädigt zuſammenbeſtehen kann; man kann nicht
überſchriftlich ſagen: ächt poetiſch philoſophiſche und unächt poetiſch
philoſophiſche Stellen. Für die erſteren habe ich in jenem
früheren Zuſammenhang den Ausdruck gebraucht: philoſophiſch
durch dichteriſche Divination; es wird nicht gelingen, die anderen,
in denen der philoſophiſche Gedanke fühlbar durch Reflexion er-
bracht und nur äußerlich in Bild eingekleidet iſt, ebenfalls nur
mit vier Worten zu bezeichnen. Kurz, man laſſe ſich die ungenügende Ueberſchrift gefallen! Das „ſchwer“ im Wort inhalt-
ſchwer ſoll nun eben beſagen ſowohl: gewichtig durch Fülle
des Gedankengehalts, als auch: ſchwierig, und zwar in doppel-
tem Sinne: theils durch dankbare, theils durch undankbare
Mühe, welche aus dieſen verſchiedenartigen Stellen erwächſt.

Vom zweiten Theile werde ich nur den Schluß beiziehen,
mit dem Uebrigen haben wir uns mehr als genug beſchäftigt.

Von einem Theile dieses Schlusses kann man sagen, es tauche hier wieder etwas auf von jener Einheit der Gedankentiefe und Anschauungskraft, welche die mächtigsten Stellen, die Grund-parthieen des ersten auszeichnet; sein Ursprung muß offenbar in früheren, kräftigeren Zeiten von Göthes Phantasieleben gesucht werden, weit zurückliegen hinter der Periode, wo die allegorischen Zuthaten, die auch hier wieder die große Intention abschwächen, und das legendarische, oratorische Finale entstanden sind. Die Beiziehung dieses Theils ist natürlich schon dadurch gegeben, daß der Prolog und die Schlagworte des Vertrags mit dem Teufel in gerader Linie auf ihn hinausweisen.

Man sucht immer nach Bildern, wenn der wunderbare Charakter jener inhaltsvollsten Parthieen ausgedrückt werden soll, für die sich eine wissenschaftliche Bezeichnung so schwer findet. Wenn die Sonne auf feuchtes Holz oder Erdreich scheint, so sieht man die Luft darüber in wellenförmigen Bewegungen zittern. So wallt in diesem Gedichte die geistige Luft über den Linien. Ganze Bündel, ganze Garben von Gedankenstrahlen quillen auf, man sucht sie zu unterscheiden, zu ordnen, und glaubt man, es sei gelungen, so fühlt man doch immer, daß man nicht alle Lichtwellen erfaßt hat und daß die erfaßten weiter in unbekannte Fernen verschweben. Ich habe das Geschäft des Analytikers auch schon mit dem Ausziehen von Fäden aus einem verschlunge-nen Ganzen verglichen; man kann mit Grund sagen, Göthes Faust sei ein von Geisterhand wohlgewickelter Knäuel von Ge-dankenfäden. Die Kritik muß suchen, ihn abzurollen, findet, daß der Fäden kein Ende ist, hat die äußerste Noth, die gefun-denen in vollständiger Klarheit auseinanderzuhalten, und muß

verstummen, wenn sie nur entfernt daran denkt, wie das Ab-
gerollte wieder aufzurollen wäre. — Ein anderes Bild für diese
Natur des Gedichts wäre das der farbigen Durchsichtigkeit; das
durchscheinende Licht erhellt und vertieft zugleich die Farbe so, daß
ein Gefühl des Unergründlichen entsteht. Wieder ein anderer
Ausdruck, der kürzeste, von mir und Andern längst gebrauchte,
ist: Unendlichkeit der Perspective. Eine Folge dieser Eigenschaft
ist die mehrfach schon berührte, daß die ästhetisch kritische Behandlung des Faust vor lauter Erklären kaum noch Zeit zu
ihrem eigentlichen Geschäfte findet, der Prüfung am Maßstabe
des Schönen, des Dichterischen, des Kunstwerks, — sehr tadelns-
werth, wenn sie ohne Bewußtsein ihrer wahren Aufgabe, also
ihres Namens eigentlich verlustig, in diese Schuld geräth, wenn
sie insbesondere am zweiten Theil so recht in den pedantischen
Ergötzungen der Deutungslust wühlt und die Frage nach der
poetischen Schätzung oder nach dem Rechtsgrund ihrer Hoch-
schätzung darüber fast vergißt; sehr entschuldbar, wenn sie die
Schuld und nur zugleich die ganze Schwierigkeit der gleichzeitigen Erfüllung beider Aufgaben erkennt. Der Schluß des
ersten Abschnittes hat wenigstens ein Stück dieser Schuld abzu-
tragen gesucht, hiebei aber die Parthieen des ersten Theils, die
nun zu behandeln sind, noch vorbehalten; der Rückstand ist un-
vergessen, aber gerade hier das Geschäft der Inhalts-Analyse so
weitschichtig, daß ich verzichten muß, mit gleich eindringendem
Blicke immer auch nach der Form zu schauen.

Der Prolog im Himmel.

Als einen herrlichen, ächt poetisch philosophischen Fund
und Wurf, als einen Beweis, wie die „Quecksilberkugeln" sich
immer wieder vereinigten, auch nachdem Schillers Aufforderung,
die Phantasie in den Dienst des Denkens zu stellen, mit schei=
dender Hand sie auseinandergetrieben hatte, als eine wahre Oase
in den sieben Jahren des Stockens von 1790 bis 1807 habe
ich längst den Prolog im Himmel gepriesen, und wir
nehmen nun, dem Gedicht auf seinen Schritten folgend, diese
späte Zuthat zuerst in Betrachtung.

Der Gesang der Erzengel gehört zum Größten, was Göthes
lyrische Poesie in hymnischer Form hervorgebracht hat. Das
ganze Staunen jugendlicher Völker vor dem Feuerball, welcher
der Erde das Licht sendet, ihre kindliche Vorstellung, daß er
unsern Planeten umwandle — sie ist aufgenommen in den
Worten „vorgeschrieb'ne Reise" —, faßt der Dichter mit dem
modernen Wissen von der Umdrehung der Erde in Eine un=
geheure Anschauung zusammen. Die Anschauung wird mit dem
ersten Schritt zu einem ebenso großartigen Bilde auch für das
innere Gehör, da er sie mit der erhabenen Vorstellung der
Sphärenharmonie verbindet. Der Contrast von Licht und Nacht,

die furchtbare Gewalt, womit die Erde und alles Gewicht, alle
feste und wildfluthende Masse ihrer Oberfläche in der Drehung
umgerissen wird, die Wuth des Sturmes, der Blitz und Donner
des Gewitters taucht in einem rapiden Schlaglicht auf, das Ohr
wird bei diesen Kraft- und Machtbildern mit einer Reihe von
Accenten, hell schallenden und dunkel murrenden Vocalen,
zischenden, stoßenden, krachenden, prasselnden, hallenden Conso-
nanten getroffen, die den stumpfsten Nerv wecken, schrecken, er-
frischen, beschwingen müssen, und wunderbar mild werden dann
die hoch aufgeregten Geister durch das Bild der ewigen Ordnung
und der sanften Wirkungen des Lichts beruhigt: ein feierliches
Calmo, ein andächtiges Beugen und Neigen vor dem ewig Einen
in diesem majestätischen Bewegungsleben.

Stünde der Gesang der Erzengel als ein Hymnus für sich
unter Göthes Gedichten, so wäre er eine poetische Verherrlichung
des Sonnensystems und nichts weiter. Er ist aber Theil einer
dramatischen Scene, die ewige Einheit im Vielen ist als „der
Herr" personificirt gegenwärtig, die Erzengel singen vor ihm
ihren Lobgesang, die Scene spielt im Himmel fort und sogleich
nach seinem Schluß tritt ein Diener Gottes auf, von dem wir
alsbald erfahren, daß er sich mit der moralischen Welt befaßt,
daß er sie für schlecht hält und daß es seine Lust ist, sie wo
möglich noch schlechter zu machen, zu vernichten, wenn er könnte,
zunächst durch Verführung, Zerrüttung eines ausgezeichneten
Geistes. Der Herr läßt sich mit ihm ein und schließt mit ihm
darüber eine „Wette"; dabei kommen, geknüpft an den individuellen Fall, Sätze von unzweifelhafter, unbestreitbarer Allgemeinheit der Bedeutung zu Tage. Die Verhältnißstellung zu

diesem weiteren Theile der Scene ist es, was gebieterisch verlangt, in diesem Hymnus mehr zu sehen, als eine Verherrlichung der astronomisch kosmischen Natur. Im Contraste gegen
das Chaos, das die moralische Welt dem Blicke des Mephistopheles darbietet, muß diesem Gesang schlechterdings die Bedeutung beigelegt werden, daß es die unverrückbar gesetzliche
Ordnung der Natur überhaupt ist, die er feiert. In ihr ist
unter allen Wechseln und Stürmen ewige, wunderbare Harmonie,
die sittliche Welt ist auf den ersten Blick eine Welt der Dis-
harmonie: dieser allgemeine Sinn springt sonnenklar in die
Augen und nur die Frage läßt sich erheben, warum der Hymnus diesen Inhalt nicht zu vollerem Ausdruck dadurch bringe,
daß er seinen Preis über die Herrlichkeit der organischen Natur,
ihr wunderbares Bilden und Erhalten ausdehne. Allein durch
diese Ausdehnung hätte sich der Dichter auf eine Bahn begeben,
die ihn der Menschenwelt zu nahe gebracht hätte, welche nach
dem Zwecke des Prologs als Territorium des Mephistopheles
zu der Naturwelt in die, zunächst unvermittelte, Stellung des
Gegenüber gesetzt werden mußte. Und übrigens: warum soll
das Wunder der gesetzmäßigen Bewegung der Himmelskörper
nicht ein Bild sein können für die gesammte wunderbare Ordnung der Natur? Kann man die mechanischen Gesetze des
Universums von den dynamischen trennen? Durfte Göthe nicht
darauf rechnen, daß der Leser fühle: in einem Kosmos, wo es
mit den Gestirnen so bestellt ist, müsse auch das organische
Leben unter geheimnißvoll unergründlichen Geistergesetzen wohl
geborgen stehen und im Wechsel beharren?

Den Einwand eines Ungenannten in einer Broschüre:

Ueber den Prolog zu Göthes Faust (Berlin 1850) habe ich
früher (Krit. Bem. über d. erst. Th. v. Göthes Faust, namentl.
d. Prolog im Himmel S. 15) falsch angegeben. Nicht diese
Ausdehnung des Hymnus (über das organische Leben) vermißt
er, sondern irgend einen Gedanken, „aus welchem uns über das
folgende Schauspiel eine Beruhigung oder Erhebung aufgehen
konnte." Die moralische Welt, habe ich gesagt, mußte in diesem
Prolog zu der physischen in einen „zunächst" unvermittelten Gegensatz gestellt werden. Das „Zunächst" will andeuten, daß die
Sache in ein anderes Licht tritt, wenn man die ganze Scene
gelesen hat und überblickt. Dann versteht man, daß der Dichter
durch die Worte: „doch deine Boten, Herr, verehren das sanfte
Wandeln deines Tags" eine Stimmung hervorrufen will, welche
vorausahnt, daß die mild stetigen Wirkungen des Lichts ihr
Gegenbild auch in der sittlichen Welt finden, daß den in Lebens-
stürmen und Finsternissen schuldvoll gewordnen Menschen ein Gold-
himmel des Friedens und der Versöhnung sich öffnen werde. Hätte
der Anonymus diesen ungesucht nahe gelegten Sinn darin finden
können, so hätte er nicht dem schönen Hymnus Dürftigkeit vor-
geworfen; der Vorwurf ist übrigens stumpf genug, auch wenn
man nichts in diesem Gesange findet, als einfach den Preis der
Naturordnung.

Ich habe mich nun gegen eine Auffassung zu wenden,
welche die Allgemeinheit der Bedeutung, die ich im Prologe finde,
mir bestreitet, und ehe ich mich in's Einzelne einlasse, ist der
Grundbegriff festzustellen, um den die Frage sich dreht. Köstlin
und, darin seinem sonstigen Gegner in Faust beistimmend,
Dünzer meinen, jene Weite des Sinnes, die ich annehme, und

die Individualität, die concrete Natur des Falles, der Charaktere, der Handlung, wie sie der Dichter fingirt und mit poetischem Leben ausgestattet hat, schließen einander aus. Hiemit befinden wir uns einfach wieder da, wo wir uns bei der Untersuchung über die Begriffe des Symbols und der Allegorie befanden, es kommt uns zu gut, daß sie geführt ist, daß wir die Begriffe bestimmt haben, und es wäre rein überflüssig, die Erörterung noch einmal aufzunehmen. Man wird sich also erinnern, daß wir symbolisch Gebilde der Poesie nennen, die durchaus an= schaulich, concret, lebendig, stimmungsvoll sind, von denen aber Strahlen allgemeiner Bedeutung ausgehen, welchen wir ungesucht eine ganz besondere Intensität und Tragweite zuerkennen müssen; daß wir Darstellungen, welche das Naturgesetz überschreiten, mag sie der Dichter aus der Vorstellungswelt des Glaubens aufgenommen oder selbst erfunden haben, durch das Wort emi= nent symbolisch bezeichnen wollen, vorausgesetzt immer auch hier, daß ihnen wahres poetisches Leben geliehen sei, was freilich im zweiten Fall schwerer ist, als im ersten, denn jene bringen schon ein gewisses Leben mit, Erfindungen bedürfen mehr Zuschuß aus dem Innern des Dichters. Die Terminologie in dieser Sache, wo es sich um poetische Beseelungsgrade handelt, ist nicht leicht; man mag sich den Ausdruck eminent symbolisch gefallen lassen wie den andern, den wir gewählt haben, wo es sich um Gebilde handelt, die innerhalb der Naturgesetze sich bewegen, aber sichtbar von ungewöhnlich weitgreifender Bedeutung sind, nämlich prägnant symbolisch. Statt eminent symbolisch können wir promiscue mythisch sagen, ohne Widerspruch zu befürchten, nachdem der Begriff des Symbolischen in der früheren Erörte=

rung auch über handelnde Gruppen ausgedehnt worden ist; es bedarf also keines Wortes weiter, daß man nach unserem Sprachgebrauch den Prolog im Himmel nicht mythisch nennen und ihm doch die Allgemeinheit und Weite der Bedeutung absprechen darf. — Wesen aus der Menschenwelt treten im Prolog nicht gegenwärtig auf, es wird nur über den abwesenden Faust verhandelt, indirect aber haben wir, da wir bereits erfahren, daß er eine höchst bedeutende Menschennatur ist, jene beiden Formen des Symbolischen hier beisammen, und nun kann also nach dieser Feststellung der Begriffe Niemand mehr glauben, ich wolle beiden Bestandtheilen ihr poetisches Leben ausziehen, wenn ich sie hoch symbolisch fasse, wir gehen also auf festem Boden vor und nur die nähere Prüfung des Einzelnen kann entscheiden, ob wir nicht zu weit gehen.

Wir wollen mit Faust beginnen und nur gleich sagen: um ein Individuum blos als Individuum bemüht ein Dichter im Ernste nicht den lieben Gott und seine Heerschaaren, den Teufel miteinbegriffen, am allerwenigsten ein moderner, der den mythischen Personificationen entwachsen ist und den nur das poetische Gefühl eines Bedürfnisses, ungleich mehr zu sagen, als man sonst mit Einer oder wenigen Figuren sagt, zu ihrer Verwendung bestimmen kann. Wenn ich nun in Faust das Bild der strebenden, im Uebersturz des Strebens sich verirrenden, aus dem Fall erstehenden, mit ihrem Urquell sich versöhnenden Menschheit sehe, so sagt Köstlin: nein, nur um einen Charakter, einen durch seine Individualität und Schicksale interessanten Menschen, um ein concretes Lebensbild ist es dem Dichter zu thun (Göthes Faust, seine Kritiker und Ausleger S. 151 ff.). Es grenzt doch schon an Selbstwiderlegung, wenn er ihn dann mit mehreren beredten Wendungen als den vollen, ganzen, für alles Menschliche offenen Menschen schildert und zu dem Satze gelangt, daß es sich „um die Frage nach dem ächt und rein Menschlichen, um Thaten und Leiden, Freuden und Schmerzen der nach voller, menschheitgemäßer Befriedigung strebenden Menschenbrust handle." Zunächst hat nun Göthe, wie wir es längst ausgesprochen, wie Jeder erkennt und auch Köstlin nicht in Abrede stellt, an seine eigenen Geistes- und Lebensstürme und Klippen gedacht. Dieser Faust, der Alles oder Nichts, Alles auf einmal will, dieser Faust, in dem das Feuer des Geistes und das der Sinne flammend überschlägt, ist ja klar der stürmende, nach Wahrheit und Natur brennende Göthe, und besonders der Göthe in den wilden Jahren seiner ersten Zeit zu Weimar, auf welchen der in die Klarheit gelangte Göthe mit dem Gefühle zurückblickt, daß man damals bange um ihn sein konnte, wenn man nicht so helle sah, wie hier der Herr sieht; es ist der Göthe, der ein All von Erkenntniß, Thätigkeit und Genuß titanisch in sich umfassen wollte. Man lese in Göthes Gedichten die Strophe: Hoffnung (Schluß: „jetzt nur Stangen, diese Bäume geben einst noch Frucht und Schatten"), das ausgeführte Bild: die Seefahrt (ebenfalls namentlich den Schluß). Die wohlbekannte Thatsache, daß der Dichter außer dem Bilde seines verworrenen Strebens auch einzelne theure und schwere Erinnerungen aus seinem Leben in die Handlung des Drama niedergelegt hat, ist im vorigen Abschnitt berührt. Nun aber ist doch auch längst und allgemein erkannt, daß seine Natur in Wahrheit eine universale, daß er ein Mensch war in prototypischem Sinne des Worts; ein solcher

Mann schiebt sich nicht mit subjectiver Eitelkeit und Willkür seinem Helden unter, sondern darf sich in ihm als Repräsentanten der kühn und gefährlich ins Unendliche strebenden Menschheit hinstellen. Versteht sich, daß es einem wahren Dichter darum nicht einfallen wird, uns eine Copie seines Lebens aufzudrängen. Göthe, diese ganz humanistische Natur, hat zwar über seine Grenzen so weit gegriffen, daß er neben Wissenschaft, Kunst, Poesie und der Rolle des Meisters und Lenkers, die er bei den Vergnügungen des Hofes spielte, noch hohe, schwere, klippenreiche Staatsämter übernahm, aber er hat ja natürlich nie geträumt, auch noch Fürst zu werden, wie sein Faust am Schluß; da dieser sein Held aus der idealen Sphäre, in die ihn doch der zweite Theil zurückführt, um ihn drei Acte hindurch im Humanismus festzuhalten, so weit herausspringt, daß er endlich den Gipfel des praktischen Lebens, einen Thron ersteigt, so vereinigt er aber ja eben durch diese Abweichung von dem Bilde der Lebensbahn des Dichters nur um so sichtbarer mehr in sich, als ein Individuum eigentlich kann, und wird namentlich auch dadurch eine prägnant symbolische Figur. Hätte Göthe diesen zweiten Theil bei besserem Kraftstand seiner Phantasie geschrieben, so hätte er Faust, wie wir gezeigt, noch durch andre Formen politisch praktischer Thätigkeit, mildere, stürmischere geführt und es wäre noch deutlicher geworden, wie sehr hier die Grenzen der Individualität durch Umfassung disparater Sphären zu allgemeiner Bedeutung erweitert sind. — Zu den bestimmten einzelnen Erinnerungen, aus denen der Dichter Züge benützt hat, gehört, wie man weiß, die Persönlichkeit und der Einfluß seines Freundes Merck auf ihn. Diesen wichtigen Punct nehmen wir an anderer Stelle auf.

Es muß, ehe wir weiter gehen, noch von einem Neben-
zwecke des Prologs die Rede werden. Köstlin, da er die Allgemeinheit seiner Bedeutung bestreitet, sieht diesen Nebenzweck
als den Hauptzweck an. Es handelt sich um den aufgegebenen
alten Plan, der schon zu Anfang unseres ersten Abschnitts zur
Sprache gebracht ist; nach ihm bestand, wie sich der Leser erinnert, ein enger Zusammenhang zwischen dem Erdgeist und
Mephistopheles; in seinem Auftrag sollte sich dieser an Faust
machen. Wie sollte nun nach Aufgebung dieses Plans die
Verbindung zwischen Faust und Mephistopheles eingeleitet
werden, da dieser nicht mehr als Sendling des Erdgeistes
ohne Weiteres eintreten durfte? Durch eine Beschwörung, wie
es in der Sage geschieht? Dieß gieng nicht, denn an die
Stelle der Teufelsbeschwörung war ja die Beschwörung des Erdgeistes getreten, der doch ganz etwas Anderes ist, als der Satan.
Ein zweiter Beschwörungs-Act durfte wohl eingeführt werden,
wie es ja Göthe auch thut, aber Faust sollte zu diesem veranlaßt,
von außen angereizt sein, eben durch den Bösen selbst. Man
könnte fragen, ob es eine besondere Motivirung davon, daß er
den Faust umschleicht und es (durch sein Knurren) dahin bringt,
daß dieser ihn beschwört, denn wirklich bedurfte, ob es nicht ge-
nügte, eben anzunehmen, der Teufel mache sich in irgend einer
Gestalt zuerst verkappt an Faust, einfach weil er nach Seelen
gierig ist. Allein dieß wollte nicht genügen, weil ein Bund
besonderer Art mit einem Individuum besonderer Art einzuleiten
war. Es gilt, einen ausgezeichneten Mann zu fangen, die An-
näherung des Mephistopheles muß in einen bestimmten, höheren
Zusammenhang gebracht werden. So kommt denn Göthe zu-

nächst von diesem Punct aus, wie es Köstlin gewiß mit Recht
annimmt, auf den Gedanken, an die Stelle der Verbindung mit
dem Erdgeist eine Verbindung mit dem Herrn zu setzen, und
dieser Gedanke muß ganz in Einen Moment gefallen sein mit
der genialen Idee, die Anfangs-Scene des Buchs Hiob zu benützen und umzubilden; die Auskunft war also gefunden: es ist
der Herr selbst, der den Faust Mephistopheles überläßt und eine
Art Wette mit ihm über seine Seele eingeht. An ihm soll eine
Probe gemacht werden, weil er ein ungewöhnlich hoher, aber auch
an schwindelndem Abgrund strebender Charakter ist. Ganz
ähnlich wie in der Anfangsscene von Friedrich Müllers Faust
klagt nun Mephistopheles, das Menschengeschlecht sei so herunter-
gekommen, daß es nicht der Mühe werth sei, es zu plagen (ge-
schweige denn zu verführen), der Herr selbst macht ihn auf einen
Mann aufmerksam, dessen hoher Geist die Mühe gar wohl ver-
lohne, während bei Friedrich Müller Mephistopheles einen solchen
erst suchen muß, da Lucifer verlangt, er solle ihm „einen einzigen festen, ausgebackenen Kerl" beischaffen, „von dem man
sagen könnt': fix und fertig ist der." Aber an dieses mysterien-
hafte Eröffnungsmotiv schießt nun im Geiste Göthes alsbald die
weite und tiefe Idee der allgemeinen Frage über die Macht des
Bösen in der Menschheit an und diese wird zum Hauptzweck der
ganzen Scene. Nach Köstlin dagegen wäre umgekehrt das,
was ich als bloßen Ausgangspunct ansehe, der zum Nebenzweck
wird, der Hauptzweck. Da ist es nun Zeit, den Text näher
anzusehen.

Wir steuern im Interesse dieser Grundfrage sogleich auf
die Worte des Herrn los:

> „Du darfst auch da nur frei erscheinen;
> Ich habe deinesgleichen nie gehaßt.
> Von allen Geistern, die verneinen,
> Ist mir der Schalk am wenigsten zur Last."

Mephistopheles ist also nur einer unter vielen Teufeln, nicht der Teufel; schon damit wird alles speciell, so scheint es, also auch der Held: ist Mephistopheles nur ein Teufel, so ist auch Faust nur ein Mensch und kann nicht zugleich den Menschen bedeuten. Allein wie verfährt der Poet mit dieser Fiction im Fortgang des Gedichts?

> „Sinn und Verstand verlier' ich schier,
> Seh' ich den Junker Satan hier"

sagt die Hexe, und:

> „Den Bösen sind sie los,
> Die Bösen sind geblieben"

sagt Mephistopheles und auf dem Blocksberg ruft er:

> „Platz, Junker Voland kommt,
> Platz, süßer Pöbel, Platz!"

Man sieht auch hier, wie der Dichter mit den Motiven spielt, die er aus der Dunstwelt der superstitiösen Phantasie schöpft; er läßt sie gelten und hebt sie auch wieder auf. Hebt sich aber ein Teufel in den Teufel auf, so hebt sich ja natürlich auch der Böse in das Böse auf. Wir werden doch wohl nicht am Ende gar noch an Teufel oder an den Teufel glauben sollen? Kurz, die Worte:

> „Von allen Geistern, die verneinen,
> Ist mir der Schalk am wenigsten zur Last"

können uns in unserer universalen Auffassung nicht irre machen. Eine Schwierigkeit wird allerdings noch „der Schall" bereiten; darüber nachher. Wir folgen dem Text weiter.

Der Satz, der nach diesen Worten steht: „des Menschen Thätigkeit kann allzuleicht erschlaffen," scheint durch die Allgemeinheit des Ausdrucks unmittelbar uns Recht zu geben in der Behauptung, daß hier durchaus nicht blos an den einzelnen Fall zu denken sei; „des Menschen": dieß geht ja doch nicht blos auf Faust. Freilich nicht so ohne Weiteres dürfen wir die Stelle für uns anführen. Man spricht oft einen allgemeinen Satz nicht mit der Absicht aus, bei dem Allgemeinen zu verweilen, sondern nur, um durch alsbaldige Anwendung zu begründen, was im bestimmten vorliegenden Falle eben begründet werden soll. Doch ein andermal knüpft man allerdings eine allgemeine Betrachtung an einen vorliegenden concreten Fall mit der Absicht, ganzen Nachdruck auf sie zu legen. Mit Einem Worte: entweder soll ein Ausspruch allgemeinen Inhalts nur dienen, etwas Einzelnes zu erhärten, oder dieses Einzelne soll (als Gelegenheit) dienen, etwas Allgemeines auszusprechen, wobei dann der Zweck, das Besondere, um das es sich handelt, zu begründen, zwar nicht wegfällt, aber untergeordnet bleibt. Läßt nun Göthe den Herrn die genannten Worte in diesem oder in jenem Sinn sprechen? Es kann ja kein Zweifel sein: in diesem. Dafür entscheidet das „gern" in der nächstfolgenden Zeile: „drum geb' ich gern ihm den Gesellen zu" u. s. w. Dieß Wort kann doch nicht blos sagen wollen: dem Faust; das „ihm" geht ja auf das Subject des Satzes, den Menschen, und so ist es eine höchst wichtige Ergänzung des Ausdrucks: du darfst auch

da nur frei erscheinen, denn dieser enthält zunächst blos den Sinn
einer Zulassung, „gern" aber drückt mehr als Zulassung aus.
Das Böse als eine Zulassung Gottes anzusehen, ist ein ober-
flächlicher Begriff; es ist im göttlichen Weltplane mitgeordnet,
aber freilich nicht als Böses, nicht getrennt von dem, was es
im Ganzen und Großen bewirkt, vom Fortschritt der Menschheit.
Dazu gehört ja auch das Verbum: beigeben. Das Böse ist als
Geselle dem Menschen von Gott gern beigegeben: dieß erkennt
sich nun leicht als ein poetisch concreter Ausdruck, den wir uns
durch einen andern klar machen können: das Böse ist der Intri-
kant im Drama der Menschengeschichte, ohne den dasselbe stille
stünde, ohne den eine Handlung, Vorwärtsbewegung nicht wäre.
Auch die Bilder: Ferment, Sauerteig mögen dienen, den Begriff: Entwicklungsreiz zu veranschaulichen. Wir kommen am
Schluß der Besprechung des Prologs auf diesen in die Theodicee
greifenden Punct zurück.

Ist somit die Allgemeinheit der Bedeutung in dieser ent-
scheidenden Stelle nachgewiesen, so fragt sich, ob jene und die
einzelnen Vorstellungen mit ihrem sprachlichen Ausdruck bei dem
Dichter ganz miteinander im Einklang sind, ob sie sich genügend
decken oder nicht. Fragen wird man doch dürfen, es wird ja
nicht polizeilich verboten sein. Die Worte des Dichters sollen
auf den allgemeinen Sinn und auf den besonderen fingirten
Fall gleich gut passen: dieß ist also die Forderung. Nun wollen
wir zuerst die Worte in's Auge fassen: „der reizt und wirkt
und muß, als Teufel, schaffen", und dann auf die vorhergehenden: „von allen Geistern, die verneinen — — — Ruh" zurück-
sehen.

„Reizt und wirkt" paßt ohne Frage gleich gut auf das Einzelne und das Allgemeine. Mephistopheles reizt Faust auf die Welt bei dem ersten Besuch durch den Geistergesang, bei dem zweiten durch die verschiedenen Bemerkungen, worin er ihm einleuchtend zu machen sucht, daß die Freuden, die sie gibt, schmackhafter und sättigender seien, als sie seinem überspringenden Geist erscheinen, er reizt ihn durch den Herentrank, er reizt ihn zwar nicht speciell auf Gretchen, es ist nicht nöthig, denn Faust „sieht mit diesem Trant im Leibe bald Helenen in jedem Weibe", er reizt ihn aber, dießmal teuflischer als je, aus seiner Einsamkeit in Wald und Höhle, seinen hohen Betrachtungen zu Gretchen zurück: „Schlange, Schlange!" „„Gelt, daß ich dich fange!"", er reizt ihn zur Ermordung Valentins, reizt ihn zur Fahrt auf den Blocksberg, und hätte der Dichter seinen Helden, wie er sollte, im zweiten Theil auf den Boden klar vorgeführter sittlicher, statt dunkel allegorisch dargestellter ästhetischer und naturwissenschaftlicher Fragen gestellt, so hätten wir noch ganz andere Stücke von Verführung gesehen. Angewandt auf die Menschheit überhaupt, so bedarf es keines Wortes weiter, daß in Mephistopheles die jedes Menschenkind umgebenden Reize zur Leidenschaft personificirt sind, mögen sie von selbst je in einer Lage gegeben sein oder von verführerischen Menschen ausgehen, und daß sich davon die jedem inwohnende Begierde nicht trennen läßt, ergibt sich von selbst. Soweit gewiß brauchte von einem besonderen Teufel unter vielen nicht die Rede zu sein im Widerspruch mit anderen Stellen des Gedichts, nach denen es nur Einen Teufel gibt. — Ich verfolge hier noch nicht die in vorläufiger Kürze und Allgemeinheit schon hervorgestellte affirmative Seite dieses Punctes, nämlich den Satz, daß das Böse durch diese Aufreizung mittelbar Gutes schafft. Es genügt, was Faust betrifft, vorerst hinzuzusetzen, daß sein Leben brach liegen bliebe, der Umfang seiner Kräfte sich gar nicht entfaltete, sich in sich verzehrte, wenn er nicht in die Welt, in das Leben der Leidenschaft geworfen würde; dieser Punct wird im Großen seine Beleuchtung finden, wenn wir den Satz auf die Menschheit anwenden.

Nun aber operirt Mephistopheles im Drama noch in ganz anderer Weise auf Faust. Er dämpft, er kühlt, und zwar in mehr als Einer Form. Die eine besteht darin, daß er der Leidenschaft Hindernisse bereitet, daß er retardirt, um sie desto mehr zu schüren. So verfährt er ja gleich in den ersten Scenen, nachdem Faust Gretchen auf der Straße erblickt und angeredet, dann, nachdem er ihr Zimmer besucht hat; er hält dem ungeduldigen Faust entgegen, daß es so schnell nicht geht, er macht Schwierigkeiten im Herbeischaffen von Geschenken. „Bedenkt, was geh'n und stehen mag" u. s. w. Gerade dieß Wort ist vom Dichter ausgezeichnet glücklich gegriffen und leitet sogleich weiter auf eine noch ganz andere Art des Dämpfens und Kühlens, die eine viel allgemeinere Bedeutung hat. Mephistopheles mahnt Faust an die Schranken der Welt, an die Bedingtheit des Lebens, er ist nicht nur der Reiz zur Leidenschaft, zum Bösen, sondern er ist auch die Erfahrung. Ueber diesen Begriff noch hinaus bis zu der Wahrheit der allgemeinen Schranke des Daseins gehen seine Worte im ersten Gespräch: „Bescheid'ne Wahrheit sprech' ich dir: wenn sich der Mensch, die kleine Narrenwelt, gewöhnlich für ein Ganzes hält, ich bin ein Theil des Theils" u. s. w.

Im zweiten Gespräch kommen wieder schlagende Stellen, worin er dem Geiste, der über alle Grenzen wegstürzen will, die Wahrheit von Maaß und Schranke entgegenhält. „Euch ist kein Maaß und Ziel gesetzt" — „O glaube mir, der manche tausend Jahre an dieser harten Speise kaut" (— die ganze Welt fertig bringen, verzehren möchte —) „daß von der Wiege bis zur Bahre kein Mensch den alten Sauerteig verdaut! Glaub' unser Einem, dieses Ganze ist nur für einen Gott gemacht! Er findet sich in einem ew'gen Glanze, uns hat er in die Finsterniß gebracht und euch taugt einzig Tag und Nacht." Dieser Haupt- und Urstelle, dem Mittelpunct, aus welchem das belehrendste Licht über die Bedeutung des Mephistopheles und des — ganzen Drama's ausgeht, folgt der vielsagende ironische Passus in der nächsten Rede; Faust hat eigensinnig gerufen: allein ich will (das Ganze der Leiden und Freuden der Menschheit in mir vereinigen)! und Mephistopheles räth ihm, sich zu diesem Behuf mit einem Poeten zu associiren, der alle unvereinbaren Qualitäten der höchsten Menschheitskräfte auf seinen Scheitel häufe. Lauter Lehren, die so wahr sind und so gut, wenn man vergißt, daß Mephistopheles die falsche und böse Consequenz daraus zieht, Faust solle sich, statt vernünftig, gemein und niedrig beschränken — ein teuflischer Prediger der Einsicht in die menschlichen Schranken und des sich Fügens in die Bedingtheit der Erfahrungswelt! Auf Weg und Steg entfallen ihm nun Worte derselben tiefen Bedeutung, ich führe nur noch die Antworten an, die er auf die wüthenden Vorwürfe Fausts gibt in dem Auftritt: „Trüber Tag, Feld." Sie sind teuflisch durch die zu Grund liegende Absicht, Fausts Gewissen abzustumpfen, zieht man aber diese

ab, so hat man die nackte, grausame, unerbittliche Wahrheit vor
Augen. „Es ist die erste nicht;" es ist schon oft so gegangen,
wenn man es gemacht hat, wie du, es ist die natürliche Folge
deiner Untreue. „Drangen wir uns dir auf oder du dich uns?
— Wer war's, der sie ins Verderben stürzte? Ich oder du?"
— „Greifst du nach dem Donner? Wohl, daß er auch elenden
Sterblichen nicht gegeben ward! Den unschuldig Entgegnenden
zu zerschmettern, das ist so Tyrannen-Art, sich in Verlegenheit
Luft zu machen!" Dieß ist ja die helle Vernunftpredigt als
kaltes Wasser auf die Hitze der Selbsttäuschung und unmächtig
nach dem Schwerte der göttlichen Gerechtigkeit greifenden Rach-
wuth. Genug, Mephistopheles begleitet also die Folgen von
Fausts Verirrung und Verschuldung mit beißenden, schneidenden
Reden; ja, tiefer genommen: man kann sagen, er ist diese Folgen
und die in ihnen enthaltene Lehre.

Erweitern wir nun auch diese Seite der Rolle des Teufels
in's Allgemeine, wenden wir sie auf die Menschheit an, so ergibt sich folgende Gedankenreihe. Mephistopheles war uns nach
seiner ersten Bedeutung, sofern er „reizt und wirkt," der in uns
liegende und um uns verbreitete Reiz zur Leidenschaft. Nun
müssen wir tiefer gehen. Die Leidenschaft kann sich mit dem
Willen des Guten verbinden und ein Mittel, ein Vollstreckungs-
werkzeug für ihn werden; diese Seite. ist hier nicht zu verfolgen,
sondern nur zu erwägen, daß, wenn sie dem Guten dienen soll,
doch ihr erster Naturdrang gebrochen, umgelenkt sein muß; die
Leidenschaft an sich ist Entzündung des Egoismus, die sich jederzeit zur Empörung gegen Alles, was recht ist, was unsern
Willen binden soll, gegen die Vernunft und Gesetze der ewigen

sittlichen Ordnung, zum Verbrechen, zum Bösen steigern kann. Der Hang zum Egoismus ist allgemein. Er ruht schließlich darauf, daß wir Individuen sind. Dieß führt auf die Betrachtung, daß Alles, was ist und lebt, beschränkt und begrenzt ist. An den Egoismus Anderer und an diese allgemeine Begrenztheit aller Dinge, an die Kanten und Ecken aller Existenzen, wie sie sich gegenseitig einengen, prallen wir an, wenn unser die Schranken überspringendes Wollen, unser erhitzter Egoismus uns fortreißt. So hängen die Begriffe des Bösen und der unerbittlichen Realität zusammen. Schranke ist Negation. Man kann, was Mephistopheles ist und bedeutet, unmöglich genauer betrachten, ohne auf das Welt- und Grund-Moment der Negativität im Allgemeinen geführt zu werden als des Princips aller Scheidung, Individualisirung, Theilung des Einen in das Viele. Dieß hat schon frühe der Hegelisch scholastische Erklärer des Faust, Göschel erkannt und habe ich in d. A. Krit. Gängen (B. II. S. 134 ff. 158 ff.) längst nachgewiesen. Man kann es nicht, weil man sonst nicht begreift, wie es kommt, daß Mephistopheles zugleich das Böse und zugleich die Erfahrung, den Realismus, die im Anprall gegen die Erfahrung liegende Komik, die Ironie im Weltlauf vorstellt. Mephistopheles stäubt nun in unendliche Mephistopheles auseinander; er ist da, wo immer Jemand lacht über den Stoß der Leidenschaft auf die Schranken und Felsen der Wirklichkeit, woran ihre Träume, ihr falscher Idealismus, ihr Uebermuth, ihr blinder Zorn zerschellen; wäre aber auch im Stück, nämlich im Weltlauf Keiner da, der lacht, wir, die Zuschauer bei dieser universalen Fausttragödie, glauben bei diesem Anprall jedesmal ein Gelächter in der Luft zu hören; es ist der Geist des Mephistopheles, der in der Welt umgeht und lacht. Wir glauben freilich auch eine Stimme zu hören, die uns zuruft: lerne daraus! Wäre dieß die Stimme des Mephistopheles, so würde sie hinzusetzen: ein andermal gemein klug sein! aber eine himmlische Stimme ruft: vernünftig und gut sein!

Warum sollte es sonderbar sein, wenn ich Leser, die gut sehen und hören, einlade, ein Stück neuerer Geschichte zu überblicken, zu behorchen und wahrzunehmen, wie Mephistopheles sowohl reizt und wirkt, als dämpft und niederschlägt, beidemal aber wider Willen Gutes schafft — bis auf Weiteres nur — natürlich. — Napoleon I. hatte keinen Bocksfuß, doch war seine Herrsch- und Eroberungssucht eben nicht vom Himmel. Er hat unser deutsches Reich heilsam aufgerüttelt, in Bewegung und Fluß gebracht, die lächerliche Zahl unserer Staaten reducirt und uns endlich zum ersten großen gemeinsamen Acte, den Befreiungskriegen aufgetrommelt. Da zausten wir seinen Uebermuth wie er zuvor unsere selbstzufriedene Ruhe, man konnte also Mephistopheles lachen hören hüben und drüben. Recht Faustisch war Preußens Erfahrung 1806. Es war erschlafft in der „unbedingten Ruhe“ auf seinen alten Lorbeeren, im Schlummer der Selbstgefälligkeit, des Stolzes auf sein Heerwesen, das in den Traditionen Friedrichs d. Gr. feststehend für unüberwindlich galt. Mit mephistophelischer Ironie sah die Weltgeschichte zu, wie es bei Jena zusammenbrach, aber es hat sich gute Lehre aus dem teuflischen Spiel entnommen. Napoleon III. hat sicher mephistophelisch in sich hineingelächelt, als er auf den Schultern der Demokratie, einer Caricatur von Fausts Idealismus, wenn man ihn praktisch gewendet denkt, zum Kaiser emporstieg und so den Fröschen den gewünschten Storch zum König gab, dann als er die Losung sprach: das Kaiserreich ist der Friede! Rußland war ein Faust, der Alles wollte, vorerst die Türkei; es wurde lahm gelegt auf ein gutes Weilchen; Oestreich glaubte Italien fest unter seiner Sohle zu haben und gefiel sich in seinen Radezky-Siegen, Mephistopheles wirkte und reizte es heraus zum Einbruch in Sardinien und konnte lachen, als er Stand und Führung seines Heers in ihrer Morschheit und Blöße herausstellte und ihm den Fuß in Italien abschlug. Beide Staaten haben aus dieser Erfahrung gelernt, sie hat nach innen immerhin eine gewisse Summe guter Folgen getragen. Jene Procedur, durch welche Oestreich zum Mitwirken gegen Schleswig-Holstein, dann mit dem übrigen Deutschland zum Krieg gegen Preußen 1866 herausgereizt wurde, wird Mancher heute noch mephistophelisch nennen, der die Schuld als wahrhaft gesühnt ansieht und dem, was nun geworden, aufrichtig anhängt; man konnte wieder ein ironisches Lachen in den Lüften vernehmen, als die ganze Unmacht unserer ausgelebten Bundesverfassung mit so grobem Stoße blos gelegt wurde. Episoden unvergleichlichen Werths, Komödien wie von Mephistopheles selbst componirt, waren die Schicksale Hannovers und Kurhessens, vorzüglich des ersteren. „Das Haus Hannover wird bestehen bis an's Ende der Tage," oft und noch kurz vorher noch hatte es so geheißen und dann ein Ruck und — ab, herunter vom hohen Roß der Hybris, welche so ganz vergessen hatte, daß man das θεῖον φθονερὸν nicht herausfordern soll. Gewiß, wenn es Grund hat, was der alte Napoleon sagte: das Schicksal sei die Politik, so hat es auch Grund, zu sagen: die Politik ist Mephistopheles. Aber wie schön wirft sich seine Rolle manchmal herüber und hinüber in der Geschichte! Er hatte sich also in Napoleon III. gesteckt und ihn angewiesen, die alten stolzen Kaiserstaaten durch Reizen und Wirken dahin zu bringen, daß ihr Uebermuth und Obenhinauswollen eine tüchtige Abkühlung erfuhr. Dann kommt die Zeit, wo er, dießmal Mephistopheles gegen den, in dem er steckt, in ihm selbst reizt und wirkt, daß er Deutschland reize und in ihm Einigkeit wirke, und wie es geschehen, fährt er aus ihm und lockt den vorigen Träger seiner Maske, als Geist über Leichenfeldern lachend, nach Sedan, wo der Kaiser, der sich recht befestigen wollte, stürzt und dem König, den er stürzen wollte, den Kaiserthron zimmert. „Und muß, als Teufel, schaffen" —: das deutsche Reich gründen. Man kann, wenn man große Zeiträume überblickt, gerade an der deutschen Geschichte recht einsehen lernen, daß es die Kürze unseres gewöhnlichen Sehwinkels ist, die uns hindert, zu erkennen, wie das Böse Gutes wirkt. Wer zur Zeit der Mordbrennerkriege Ludwigs XIV. lebte, konnte nicht ahnen, daß durch die späten Enkel, in denen auch die Erinnerung dieser alten Greuel vererbt ist, die Nemesis auch hiefür werde vollzogen werden. — Ein Auge, das Alles überblickte, würde keine unbezahlte Schuld und keinen Zufall sehen.

Ehe ich von diesen Betrachtungen, die sich so natürlich an den „Schalk" knüpfen, mich zu den Textworten zurückwende, ist jene Persönlichkeit, jener Freund Göthes nun genauer in's Auge zu fassen, der, wie wir vom Dichter selbst wissen, zum Bilde des Mephistopheles gewisse Züge hat leihen müssen. Bei dem Einflusse Merck's auf Göthe kann von einem Reizen im Sinne des Verführens natürlich nicht die Rede sein. Ermuthigt hat er ihn, wie bekannt, die Herausgabe seines Göz zu wagen; oft mag er ihn aus der vorübergehenden Läßigkeit aufgerüttelt haben, in welche geniale Naturen zwischenhinein zu verfallen pflegen. Weit öfter hat er ihn mit seiner täuschungs- und schonungslosen Verständigkeit gekühlt und gedämpft; Göthe erzählt, wie er ihm über seine Leidenschaft zu Lotte das Urtheil zurechtzurücken suchte, wie der Geist des abwesenden Freundes ihn am Kragen zupfte, als er sich von der Tollheit der Grafen von Stolberg in ihre Strudel reißen ließ. Wir wissen offenbar lange nicht genug, um die sichtliche Unge= rechtigkeit, womit er diesen Merck schildert, als solche ganz zu erkennen; wie oft mag er ihm seine trunkene Sentimentalität, seine jugendliche Selbstgefälligkeit, Leidenschaftlichkeit, den Ueber= muth, die Ungeduld, die Exaltation und Excentricität, das zu viel Wollen, kurz die geistige Maaßlosigkeit, wozu lebhafte Ju= gend immer neigt, mit dem äzenden Geiste seiner unbeirrten Verstandsschärfe, seines Spottes betupft haben! Davon blieb in dem sanguinischen Göthe eine Bitterkeit zurück; sein Bild reflectirte sich in ihm zu negativ. Doch muß er anerkennen, daß Merck (freilich setzt er die Einschränkung „von Natur" hinzu) ein braver und zuverläßiger Mann war; wir werden ungleich mehr annehmen müssen: bei diesem Merck werden alle herben, stoptischen Eingriffe in Göthes jugendlich fluthendes und ebben= des Wesen auf dem Grunde des Wohlwollens, eines pädagogi= schen Wohlwollens geruht haben: ein guter Mephistopheles. Nimmt man diesen Grund hinweg und setzt dafür die böse Endabsicht, so hat man den Mephistopheles im Faust: einen Teufel, der durch seinen täuschungslosen Verstand, seine Ironie

zugleich der Realismus, der Geist der Erfahrung, der Grenze
ist und dadurch Faust erzieht, während er ihn verderben will,
und zwar erzieht zur Einheit des Idealismus und Realismus.

Wir haben durch die Hinzunahme dieses persönlichen Mo-
ments aus Göthes Leben gewonnen, daß ein verstärktes Licht
auf die eine Seite der Thätigkeit fällt, die der Teufel als
Schall ausübt: das Dämpfen, das Kühlen. Was uns beschäftigt,
ist die Frage, ob der Dichter das, was er ausdrücken will,
auch ganz ausdrückt. Wir haben, denke ich, der Beweise genug
beisammen, um sicher zu erkennen, daß er dieß Dämpfen und
Kühlen ausdrücken will. Nun fragt sich zuerst, ob der Ausdruck: „des Menschen Thätigkeit kann allzuleicht erschlaffen, er
liebt sich bald die unbedingte Ruh" das Object dieses Dämpfens,
Kühlens, überhaupt Hemmens, und ob der Ausdruck: „reizt und
wirkt" das Hemmen genügend ausdrückt. Kann „unbedingte
Ruh" auch für die Selbstzufriedenheit, die Ueberhebung, die leiden-
schaftliche Ueberschätzung der Kräfte, die hohe Meinung stehen,
womit — um ein späteres Wort im Drama heraufzunehmen —
der Geist sich selbst umfängt? Und kann „reizt und wirkt" zugleich den Sinn vertreten: und hemmt oder: und dämpft
und kühlt? Das ist doch wohl zu bezweifeln; man kann zur
Noth sagen, die Selbstüberschätzung und Ueberhebung sei auch
eine Art von Stillstand, von unbedingter Ruhe, man kann in
dem Reizen und Wirken auch den ätzenden, schneidenden, bohren-
den Reiz der negativen Eingriffe des Hemmens enthalten finden,
man kann geltend machen, das Kühlen und Niederschlagen sei
mittelbar auch ein Bewegen, indirect auch ein Reiz, aber es will
mir gezwungen erscheinen, ich komme immer darauf zurück, daß

hier ein paar Lichter mehr mit sicherem Pinsel aufgesetzt sein
sollten; einem Göthe wäre es möglich gewesen ohne Schaden
der bündigen Kürze, welche schlechtweg erhalten bleiben muß,
unser Einer scheitert im Versuche, sich vorzustellen, welche Verse
er wohl hinzugesetzt hätte, wenn ihm die Lücke zum Bewußtsein
gekommen wäre.

Blicken wir nun von hier noch einmal zurück auf die Worte:
„von allen Geistern, die verneinen, ist mir der Schalk am wenigsten zur Last," so entsteht allerdings ein Widerspruch zwischen
Fiction und Sinn; zu klar hat sich dieser zu einer Einheit
zusammengefaßt, zu klar ist an den Teufel, das Böse zu denken,
als daß die Phantasie die Vorstellung von vielen Teufeln, unter
denen der Schalk ein einzelner wäre, noch festhalten könnte.
Diesen Widerspruch habe ich früher (Krit. Bem. 2c. S. 16 ff.) dem
Dichter zum Vorwurf gemacht, bekenne aber jetzt gern, daß man
es der Poesie gegenüber mit der Logik nicht so genau zu nehmen braucht.   Man muß dem Dichter seine Freiheit, ja seinen
gewissen Leichtsinn lassen.   Göthe dachte eben: für meinen concreten poetischen Fall nehme ich viele Teufel und darunter einen
an, der ein Schalk ist; zieht ihr daraus die Anwendung auf's
Allgemeine, dann lasset eben die Fiction fallen, dann gibt es
freilich nur Einen Teufel, nur Ein Böses, und ist seine Wirkung
immer eine ironische. Ich gebe jetzt gern meinen früheren (doch
immerhin mit einem „etwa" sich bescheidenden, s. a. a. O. S. 18)
Vorschlag, zu sagen: „mag auch der Böse immerdar verneinen,
er ist, als Schalk, mir nimmermehr zur Last," dem Mephistopheles
selbst zum Lachen preis; es war mehr redliche logische Bemühung,
als Geschmack darin.

„Und muß, als Teufel, schaffen." Ist das Wort „schaffen"
hier stark affirmativ gemeint, im Sinne von: hervorbringen,
schöpferisch thätig sein? Wenn dieß, dann sind die Worte „als
Teufel" mit einem vollen Accent auf „als" zu lesen und bedeuten: trotzdem, daß er Teufel ist. Dafür scheint das „muß" zu
sprechen: er muß mir, obwohl er als Teufel nicht will, das
Gute hervorbringen helfen. Es wäre genau derselbe Sinn wie
in den späteren Worten des Mephistopheles: ich bin die Kraft,
die stets das Böse will und stets das Gute schafft. Mir scheint
nun aber dennoch, daß dieser nachdrückliche Sinn den einzelnen
Worten nicht beizulegen ist, es nimmt ihnen die Leichtigkeit des
Marschs, hängt ihnen zu viel Gewicht an die Füße. Zunächst
ist die Bedeutung nur einfach: „und muß, weil er einmal nicht
ruhen kann, thätig sein auf die Art, wie eben ein Teufel thätig
ist." Dabei liegt dann der erstere Sinn allerdings ganz nahe;
wenn der Leser nachdenkend verweilt, so muß ihm einfallen:
und dieß Thätigsein wird gegen des Teufels Willen am göttlichen Weltplan mitarbeiten; aber nur mittelbar ergibt sich dieser
Sinn, er knüpft sich nur daran, ist nur Perspective.

Wir haben, um das Gespräch vor Allem auf der Stelle
zu fassen, wo sein bedeutendster, allgemeinster Sinn zu Tage
tritt, die Worte der Wette übersprungen. Wette heißt die
Verabredung über Faust freilich nur uneigentlich. In einer
Wette bekommt, wer Recht behält, seinen Gewinnst. Hier
dagegen ist das Rechtbehalten selbst schon der Gewinnst und
das Unrechtbehalten das Zahlenmüssen; wer Recht behält mit
seiner Behauptung, der hat eine Seele gewonnen; wer Unrecht, hat eine verloren. Und aufs Allgemeine angewandt: es

kommt eben darauf an, ob die Menschheit Gottes ist oder des Teufels.

Und wie lautet nun die „Wette"? Um durch die ungemeinen Schwierigkeiten leichter durchzukommen, ersuche ich den Leser, er möge sich die Stelle zunächst so ansehen, daß er sich die Worte: „So lang er auf der Erde lebt" bis: „Katze mit der Maus" hinwegdenkt. Er wird finden, daß sie dann verständlich ist ohne Kopfzerbrechen. Es soll dem Mephistopheles überlassen sein, an Faust zu operiren, wie er mag und kann, er wird am Ende doch sein Spiel verloren geben müssen: dieß ist einfach die Aussicht, die uns eröffnet wird. Welche nähere Form des Schlusses dem Dichter damals vorschwebte, mit dieser Frage macht man sich, wenn man so liest, wenig zu schaffen. Es wird eben dem Mephistopheles die Beschämung bereitet werden, sehen zu müssen, daß Faust trotz allen Mühen und auch einzelnen Erfolgen des Versuchers den rechten Weg gefunden habe. Vielleicht sollte Alles noch einmal auf eine recht gefährliche Versuchung ankommen, deren Mißlingen Fausts Befestigung im Guten erproben würde. Man stellt sich dann ungenau eben irgend eine Scene vor, worin etwa eine Stimme vom Himmel den Sieg Fausts oder eigentlich des Herrn bestätigte und Mephistopheles mit Schanden abführe. Man läßt sich in der einfachen Lösung auch nicht durch die Worte des Mephistopheles irre machen: „schon gut, nur dauert es nicht lange." Irre nämlich könnten sie machen, wenn man aus ihnen schlöße, er werde, wie sichtbar auch sein Spiel gegen Faust verloren wäre, doch nie beschämt stehen, nie bekennen, daß ein guter Mensch in seinem dunkeln Drange sich des rechten Weges wohl bewußt sei, er werde vielmehr nach jedem Aufschwung Faust einen neuen Rückfall hoffen und sich dafür auf manche frühere berufen. Diese Gedankenlinie nimmt man aber nicht auf und verfolgt sie nicht, so lange man sich die Stelle durch die Weglassung der genannten Rede und Gegenrede vereinfacht. Mephistopheles denkt, so sagt man sich, ganz evident zu siegen, so daß er sich auf frühere einzelne Rück- fälle nicht erst werde zu berufen brauchen; er glaubt, Fausts Zustand werde gar keinen Zweifel übrig lassen, daß er gewonnen habe, Staub werde er fressen, und mit Lust! und an Stoff zum Triumph aus voller Brust werde es also nicht fehlen. Darin wird er sich aber, so sagt man sich weiter, gewaltig geirrt haben und dessen also irgendwie überführt werden.

Diese Klarheit schwindet und an ihre Stelle tritt ein ganzer Knäuel schwer zu entwirrender Gedanken, wenn man jene Stelle nicht hinwegdenkt, sondern sie sich nun näher ansieht. Also nun die Worte des Herrn:

> So lang er auf der Erde lebt,
> So lange sei dir's nicht verboten;
> Es irrt der Mensch, so lang er strebt.

Gewiß, das versteht sich, das weiß man. Und es folgt daraus, daß es in der Zeit niemals einen Moment geben kann, wo der Sieg des Guten so gewiß erscheint, daß ein Geist wie der des Mephistopheles es zugeben würde. Hiemit sind wir ge- nöthigt, aus der mythischen Vorstellung wie sie der Dichter braucht und handhabt, heraus und in die rein rationelle Auf- fassung überzugehen. In allen Räumen und in aller Zeit hat die Auffassung, welche die Menschheit für gut hält, Recht und diejenige, die ihr ganzes Leben nur für einen öden Wechsel von Aufschwung und Rückfall ansieht, stützt sich auf den bloßen Schein. Es ist ein Streit, der sich vor dem Forum der Philosophie entscheidet, vor dem es kein Diesseits und kein Jenseits, keinen Herrn und keinen Mephistopheles gibt. Nun aber wird gleichzeitig die mythische Vorstellung vom Dichter nicht nur festgehalten, sondern noch eine Erweiterung in Aussicht gestellt, so entsteht eine Durchkreuzung des Rationellen und Mythischen und diese Durchkreuzung eben ist es, welche die Stelle so schwer macht. Der rationelle Sinn müßte, wenn die Dinge glatt und eben lägen, einfach im mythischen Bild enthalten sein, nun aber stellt er sich daneben, das Nebeneinander erzeugt einen Widerspruch und dieß ist das Kreuz. Die Fäden dieser Verwicklung sind nun so deutlich als möglich bloszulegen.

Daß der Mensch irrt, so lang er strebt, versteht sich also von selbst. Warum muß es der Herr dennoch sagen? Nun, natürlich um eines dem gegenüber zu denkenden Satzes willen, den er verschweiget. Und dieser Satz kann kein anderer sein, als: im Himmel darfst du nicht mehr an ihn, denn da ist kein Streben und Irren mehr. Faust wird also trotz vielem Irren auf Erden zuletzt in den Himmel aufgenommen werden. Es bleibt nun nicht mehr unbestimmt, wie der Dichter die Tragödie zu schließen gedachte, sondern es ist hiemit klar, daß er, als er diese Stelle des Prologs schrieb, schon den Gedanken gefaßt gehabt haben muß, dieß zu thun mit einer dem Prolog symmetrisch entsprechenden Scene, einer Aufnahme Fausts in den Himmel (die er übriges gewiß damals einfacher zu halten gedachte, als er später that). Dieß ist es, was ich vorhin eine Erweiterung des Mythischen genannt habe. Die Worte: „nun gut, es sei

dir überlaſſen" können nun nicht mehr blos bedeuten: du wirſt
eben doch einſehen und bekennen müſſen, daß ſich Fauſt im
Guten unverrückbar befeſtigt hat, denn es iſt ja ausgeſprochen,
daß eine ganz zuverläſſige, abſolute Befeſtigung im Guten bei
einem Lebenden nicht eintreten kann, ſondern ſie müſſen bedeuten: du wirſt ſchon ſehen, wie ich weiterem Streit ein Ende
mache, — eben nämlich durch eine Aufnahme Fauſts in den
Himmel, ſobald er geſtorben ſein wird.

Iſt dieß dann aber etwas Anderes, als ein Willkühr-Act?
Könnte da Mephiſtopheles nicht ſagen: das iſt keine Kunſt, den
Knoten ſo zu durchhauen? Es dient zur Orientirung, wenn
wir drei mögliche Fälle unterſcheiden und dabei der Ueberſicht
wegen zwei mitzählen, deren erſter unmöglich, deren zweiter
bereits abgewieſen iſt.

Ein Fall wäre, daß Fauſts Tod einträte, nachdem ihn
Mephiſtopheles dahin gebracht hätte, daß er Staub frißt und
mit Luſt. Dieſe Vorſtellung hebt ſich von ſelbſt auf; die
Himmelfahrt verlöre ja allen Sinn und es kann ja gar keine
Rede davon ſein, daß der Dichter ſeinen Helden, ſelbſt wenn er
nicht die Menſchheit in ihrer ewigen kämpfenden Geiſtesbewegung
verträte, im Sumpfe des moraliſchen Bankerotts ꝛc konnte endigen
laſſen wollen. Auch ſchließt ja der Wortlaut ſelbſt dieſen Fall
aus. „So lang er auf der Erde lebt": zu dieſen Worten ſtehen
ja parallel die anderen: es irrt der Menſch, ſo lang er ſtrebt;
Fauſt wird alſo, ſo lang er lebt, nie aufhören, zu ſtreben. Nun
ſetzen wir — für unſern augenblicklichen Zweck — den ſchlechthin
entgegengeſetzten Fall, Fauſt ſtünde zur Zeit ſeines Todes auf
einer ſittlichen, überhaupt geiſtigen Höhe, von welcher gar kein

Rückfall in Verirrung zu besorgen wäre. Dann wäre es frei= lich evident gerecht, seine Seele in den Himmel aufzunehmen. Dieß ist aber eben die Vorstellung, die wir bereits ausschließen mußten, sie läßt sich kaum einen Augenblick festhalten, denn Gut sein ist Streben, aber „es irrt der Mensch, so lang er strebt," es gibt keine in ruhender Vollkommenheit beschlossene Tugend, ein vollkommenes Individuum ist kein Individuum. So kommen wir zu einem dritten Fall, und dieser ist es ja natürlich, welcher eintreten wird. Faust hat auf seinem Erfahrungsgange durch die wichtigsten Lebensformen stets gestrebt, im Streben auf jeder dieser Stufen sich schwer verirrt, in Leidenschaft verstrickt, die ihn in Schuld stürzte: eine Reihe von Rückfällen und neuen Aufschwüngen; es werden aber die Verirrungen immer seltener, die Befestigung im Guten und Wahren wird endlich so augen= scheinlich geworden sein, daß nur ein Geist, der das Gute nicht sehen will, es läugnen kann. Allein Mephistopheles ist ein Geist, der das Gute nicht sehen will. Jetzt, da wir die Stelle: „So lang er" bis „Katze mit der Maus" nicht mehr bei Seite lassen, sondern fest im Auge behalten, können wir nicht mehr wie dort uns an der unbestimmten Vorstellung genügen lassen, er werde eben beschämt stehen und wenigstens schweigend be= kennen: „ein guter Mensch in seinem dunkeln Drange ist sich des rechten Weges wohl bewußt." Es ist gesagt, es ist her= ausgestellt und betont, daß der Mensch irrt, so lang er strebt, Mephistopheles wird sich darauf berufen, sein: „schon gut, nur dauert es nicht lange" wird er wieder vorbringen, auch wenn nicht der Fall, den er hofft, nämlich der eines völligen sitt= lichen Verkommens, bei Faust eingetreten ist, denn auf stets

neue Rückfälle hofft er immer, und auch an die Cicade wird er
wieder erinnern, die immer fliegt und fliegend springt und gleich
im Gras ihr altes Liedchen singt.

„Wird sich berufen." Da stellen wir uns also ein Gespräch mit dem Herrn vor. Davon sogleich mehr! Wir müssen
nun vorerst die Schlag-Worte des Vertrags zwischen Faust und
Mephistopheles heraufnehmen:

> Werd' ich beruhigt je mich auf ein Faulbett legen — —
> Kannst du mich mit Genuß betrügen — —
> Werd' ich zum Augenblicke sagen:
> Verweile doch! du bist so schön!
> Dann magst du mich in Fesseln schlagen,
> Dann will ich gern zu Grunde geh'n —
>
> — — — — — —
> Wie ich beharre, bin ich Knecht —

p ﹖ 4﹖

Sehr schwerlich zwar wird Göthe, als er diese Worte schrieb,
schon ein klares Bild davon gehabt haben, was er am Schluß
des Drama's mit ihnen beginnen solle, aber etwas dem Aehnliches, was später, als er den Prolog schrieb, schon in deut-
licherem Umriß vor ihm aufgetaucht sein muß und was er
endlich im besten Theil seines wirklichen Schlusses so genial .
fixirt hat, wird ihm doch schon vorgeschwebt — er wird sich
gesagt haben: diesen Fall, daß Faust sich beruhigt, glücklich fühlt
im Augenblick, beharrt u. s. w., muß ich in gewissem Sinne
eintreten lassen, so daß es scheint, Mephistopheles habe gewonnen,
ich muß ihn in diesem Augenblick sterben und Mephistopheles
die Hand auf ihn decken lassen; aber der Schein muß sich aufheben und Mephistopheles Unrecht bekommen; beharren muß
Faust in einem Sinne, der selbst wieder ein Streben enthält, er

muß ganz glücklich, muß zufrieden sein mit einem Zustande, der vielmehr nicht blos Zustand, sondern die edelste Thätigkeit ist und eine Thätigkeit, die das Glück Vieler begründet. Der Gedanke, auf den Göthe später kam, ist auch dadurch ein herrlicher, daß er den Standpunct der Zukunft hinzunimmt, daß er seinen Faust in eine Zeitferne schauen läßt, wo seine gegenwärtige Thätigkeit noch reicher und großartiger sein wird, daß also jeder Begriff eines trägen Beharrens überdieß noch durch diese Spannung nach vorwärts ausgeschlossen ist: das Bild einer solchen Zukunft wird wie gegenwärtig angeschaut, auf diesem Bilde ruht Faust aus, so und nur so beharrt er. Uebrigens, wie schon gesagt, ist dabei natürlich vorausgesetzt, daß Faust bis dahin von Stufe zu Stufe bereichert fortgeschritten sei, aus seinen Verirrungen gelernt habe und daß die Verirrungen immer seltener und leichter geworden seien. Und nun kommen wir auf die Zähigkeit des mephistophelischen Unglaubens zurück, nun, da der Fall, der eintreten wird, durch Beiziehung dieser Puncte deutlich vorliegt, wird man sogleich erkennen, wie es die Einsicht fördert, wenn man versucht, sich ein Gespräch vorzustellen, in welchem die Frage, ob Faust nun verloren sei oder gerettet, durch Gründe und Gegengründe erledigt würde. Der Herr würde aussprechen, was wir nun prosaisch uns gesagt haben, und so Fausts Seele für sich in Anspruch nehmen, Mephistopheles aber würde antworten, was wir schon wissen, was nach dem Gespräch im Prolog zu erwarten ist, würde geltend machen, in der Reihe von Aufschwüngen und Rückfällen, durch welche Faust gewandelt, seien das Wahre die Rückfälle, auch die letzte Thätigkeit desselben sei doch nicht rein von Schlacken, nicht frei von Schranken ge-

wesen und das Zukunftsbild, auf dem er ausgeruht, sei doch
eben auch nur ein Bild menschlich beschränkten Zustands. Man
sieht, daß dieß das unendliche Lied wäre, und sollte ihm ein
Ende gesetzt werden, so müßte der Herr — sich auf den Boden der
philosophischen Wahrheit begeben. Man bedenke nun, daß Faust
ja eigentlich immer auf der Erde lebt, da er die strebende Menschheit repräsentirt; wir treten aus der Zeitform in Wahrheit heraus
in ein Nie und Nirgends und Immer und Ueberall; es kann
niemals einen Zeitmoment geben, wo man sagen kann, die Idee
habe in der Geschichte schlechthin gesiegt, ihr ewiger Sieg ist
ewiger Kampf, der Gang der Menschheit ein zeitlich nie endigen-
der Weg durch immer neue Mühe, Verirrung, Blindheit, Schuld
und Uebel zu immer neuem, durch diese Erfahrungen bereicherten
Aufschwung; in diesem ewigen Kampfe erscheint das Böse (den
Irrthum dazu genommen und alle schlimmen Folgen) für die
Betrachtung, die nicht in die Tiefe blickt, um der größeren Breite
seiner Herrschaft willen mächtiger, als das Gute, als der Geist,
der wahre Blick aber, der in die Tiefe geht, erkennt, daß dem
Geist und seinem guten Wirken die Unverwüstlichkeit der wahrhaft intensiven Macht inwohnt. Diese zwei Standpuncte sind
es, die sich über den Menschen streiten, oft genug gestritten
haben — man denke nur an den neueren Pessimismus — und stets
aufs Neue streiten werden. Also einen philosophirenden Herrn
und einen philosophirenden Mephistopheles haben wir fingirt!
Die ganze Wendung wäre nun aber ja gründlich abgeschmackt,
poetisch unmöglich, eigentlich ein aberwitziger Widerspruch zwischen
einem Stück Poesie und der Prosa der Philosophie. Die poetischen Figuren des Herrn und Mephistopheles hätten wir behalten

und einen Kampf mit philosophischen Gründen, worin der Herr
sein Recht demonstrirt, haben wir hinzugenommen, und hiemit
die Disputanten, die ihn führen, also die Subjecte des Kampfes
aufgehoben. Es ist also Zeit, uns wieder zu erinnern, daß wir
in der Poesie sind, aber es war uns dienlich, einige Schritte
aus ihr herauszuthun, denn nun erst ist ganz klar geworden:
statt eines solchen Gesprächs und Gründe-Kriegs greift der
Dichter, der die Gedanken-Wege, durch die wir nun an diesem
Punct angelangt sind, in seinem Geist nicht discursiv durch-
wandelt, sondern ahnend durchfliegt, nach einem mythischen
Motiv und dieß ist einfach die Aufnahme Faust's in den Himmel.
Die Thatsache dieser Erhebung wird statt der Auseinandersetzung
der philosophischen Wahrheit dienen. Es ist hiedurch in zwei
Räume und Zeiten auseinandergezogen, was auf dem Einen
Raum und im steten Verlauf der Zeit auf ihm wahr ist: im
Diesseits scheint ewig das Böse zu herrschen und siegt ewig das
Gute, dieß ist mythisch übersetzt in die Form: im Diesseits hat
Mephistopheles Recht, im Jenseits der Herr. Nun erkennen wir
aber auch, warum die ganze Stelle, von der die Rede ist, so
viel und schwer zu denken gibt. Eigentlich, d. h. nicht im nun
entwickelten Sinn als stellvertretend für eine Idee genommen,
wäre ja die Aufnahme Faust's in den Himmel nach vielen und
schweren Verirrungen und bei mathematisch nicht gewisser Aussicht, daß kein Rückfall mehr erfolge, ein Unrecht, ein Willkür-Act
des Herrn: davon sind wir ausgegangen; sie ist aber, wie nun
klar liegt, kein Unrecht, weil sie ein mythischer Compens für die
philosophische Beweisführung ist; auf die philosophischen Ge-
dankenwege weist aber den Leser doch das Wort: es irrt der

Mensch, so lang er strebt, es nimmt ihm die Jllusion des Mythischen, und gleichzeitig soll er sie festhalten. Es ist ein Durchschneiden angekündigt: mit einem mythisch symbolischen Acte wird der Herr ein unfruchtbares Gespräch im Beginn durchbrechen; mit dieser Ankündigung schneidet aber der Dichter zugleich einen Faden in unserem Denken durch, einen Denkproceß, den er selbst in uns angeregt hat. Irrt der Mensch, so lang er strebt, so ist Himmel und Hölle durcheinander auf Erden und gibt es keinen Zeitpunct, wo Hölle schweigt und Himmel eintritt oder aufgeht, oder vielmehr einfach: es gibt keinen Himmel und keine Hölle. Eine demonstratio ad oculos ist angekündigt und die Augen sind uns doch so geöffnet, daß sie dem mythischen Scheine dieser demonstratio nicht mehr recht glauben können, und so will sich an die Stelle des zu durchsichtig gewordenen mythischen Scheins doch immer wieder der Schein eines Unrechts, d. h. einer herrischen Durchhauung des Knotens schieben. Eben zu diesem Scheine von Unrecht verhalten sich die paar Worte, womit der Herr das Gespräch abbricht, wie ein langer Gedankenstrich. „Nun gut, es sei dir überlassen:" was liegt nun Alles in der kleinen Sylbenzahl! Es liegt darin: du wirst schon merken, daß ich am Ende einfach mit einer Himmelfahrt Fausts durchschneide, und wirst dich doch nicht über Unrecht beklagen können, denn — dieser Act wird für den philosophischen Beweis dienen! Das heißt (nebenbei zur Beruhigung Herrn Dünzers sei es gesagt, der die Würde des Herrn gegen meine Erklärung in Schutz nehmen zu müssen glaubt): der Dichter springt mit dieser Andeutung dessen, was zu subin- telligiren ist, aus dem poetischen Schein heraus und gibt dem Leser anheim, sich dessen Sinn zu denken, er legt die Unver=

meiblichkeit eines mythischen Schlusses dem Herrn in den Mund als einen gleichzeitigen Wink, daß er uneigentlich zu verstehen sein wird. Wir können es eine Art von Parabase nennen; darunter versteht man sonst, daß sich der Chor in der Komödie direct an die Zuschauer wendet; hier bedeutet das Wort: eine der fingirten Personen im Stück wendet sich an die andere mit Worten, die man nur richtig faßt, wenn man herausfindet, daß durch sie der Dichter sich an den Leser wendet und ihm sagen will: verstehe die Himmelfahrt, mit der ich, wie du siehst, schließen muß, recht, sonst entsteht die Vorstellung eines Willkür-Acts, wodurch der Herr gewaltthätig gewinnt! Der Herr muthet dem Mephistopheles zu, sich in den vernünftigen Leser zu verwandeln, der merkt, wie es gemeint ist.

Diese Durcheinanderschiebung von Illusion und Sinn, Bild und Gedanke ist gewiß keine Geschmacksverletzung, wie sie vorläge, wenn den beiden Figuren das philosophische Gespräch, das wir einen Augenblick fingiren mußten, in den Mund gelegt würde, aber ob ein Dichter, der ebenso ganz Philosoph wie Dichter, und beides ganz ungetrennt wäre, und den es nicht gibt, ob dieser nicht doch, wenn es ihn gäbe, einen leichteren Ausweg gefunden hätte, dieß ist eine andere Frage. So wie die Dinge nun liegen, müssen wir das vom Dichter selbst in Gang gesetzte Denken allemal in dem Moment schnell pariren, wo es die neben ihm bestehende Illusion des Mythischen sprengen will. Wir dürfen uns das erhabene Bild des Herrn und der Erzengel, das dämonisch komische des Mephistopheles, das drastische einer Wette nicht zersetzen lassen, also namentlich auch nicht das eines zweiten, seligen Lebens, das den Helden einst im Himmel

erwartet. Die letztere Vorstellung bricht ja mit in Stücke, sobald
wir die Consequenz aus den Worten: „es irrt der Mensch, so
lang er strebt," in ihrer Strenge ziehen. Im Jenseits ist entweder wiederum Streben und somit auch Irren, und dann fängt
ja der Streit zwischen Mephistopheles und dem Herrn dort von
vorn an, damit aber ist die Vorstellung eines Jenseits aufgehoben, denn es ist nur ein fortgesetztes Diesseits; oder es ist
Vollkommenheit und Seligkeit, damit aber hebt sie sich ebenfalls
auf, denn ein mangelloses und schmerzloses Individuum ist keines
mehr. Das Jenseits, auf das der Herr hindeutet, ist ja nur
die innere Wahrheit des Diesseits. Diese ganze Dialektik ist es,
die wir also — pariren müssen, habe ich gesagt, man mag es
auch ein Unterbinden nennen, wir müssen bei dem in Aussicht
gestellten Bild einer Auffahrt in den Himmel ste h en bleiben
und, so wenig wir noch fragen, ob die Aufnahme in den
Himmel kein Unrecht wäre, ebensowenig uns Gedanken darüber
machen, was Faust denn dort oben thun wird (am wenigsten
uns gar vorstellen, er werde dort Lehrer werden, wie uns die
Stellen im Schluß des Schlusses andeuten, die ich bei der Geschmacksfrage erwähnt habe). Das Schöne im Bilde des in Aussicht gestellten Aufschwebens muß uns so beschäftigen, daß wir die
Vernunft unter den poetischen Glauben gefangennehmen. Das ist
allerdings leichter bei einem kurzen lyrischen Bilde, welches keinen
Anstoß zu illusionsfeindlichen Gedanken gibt; da mag uns der
Dichter, frei, wie er ist, an die Pforte des muhamedanischen
Paradieses führen, und es fällt uns nicht ein, uns mit der
queeren Frage zu plagen, ob ihn nicht lange Weile erwarte,
wenn er eingelassen werde. Ich führe das Beispiel gern an,

weil uns für den inneren Sinn unserer mythischen Stellen, mit dem wir uns so lang beschäftigt haben, die Worte wie gerufen kommen, die der Poet im westöstlichen Divan der Huri zuruft:

> Nicht so vieles Federlesen!
> Laß mich immer nur herein,
> Denn ich bin ein Mensch gewesen
> Und das heißt, ein Kämpfer sein.

Hier besteht denn der poetische Schein ganz ungefährdet; es ist aber auch ein freies Nebeneinander des Scheins und der Wahrheit dem Dichter natürlich nicht unbedingt zu verargen, spielt ja doch selbst im gewöhnlichen Leben das gemüthliche Gespräch gern keck zwischen beiden her und hin. Wenn ein Freund in vertrautem Gespräch mit einem Freunde sein Leben überschaut, mancherlei Schuld gesteht, aber auch gute That und gutes Wirken aufzählt, dessen er sich betrösten darf, wenn er dann etwa hinzusetzt, er hoffe, daß am jüngsten Gericht ihm der liebe Gott so Ein's in's Andere rechnen werde, so wird sich der Freund das Bild in gutem Humor gern gefallen lassen, mögen auch beide über die Vorstellung von einem jüngsten Gerichte längst hinaus sein. Durch all unser Denken und Reden in Spaß und Ernst ziehen sich ja noch massenhaft die Bilder der christlichen Mythologie. Die Frage wäre nur, ob sie sich mit dem hellen Denken auch dann noch vertragen, wenn dieses durch Worte schwarz auf weiß so entschieden und ernst herausgefordert ist, wie in unserem Prolog.

Es kann nicht stören, nur nützen, wenn wir hier nach einer Stelle mitten in der Handlung vorwärts blicken, die das

Mythische und Rationelle, das Bild und das Bildlose gerade
ebenso zwischeneinander schiebt, wie die besprochne des Prologs.
In der Scene, wo zwischen Faust und Mephistopheles der Pact
geschlossen wird, sagt dieser:

> Ich will mich hier zu deinem Dienst bequemen,
> Auf deinen Wink nicht rasten und nicht ruh'n;
> Wenn wir uns drüben wieder finden,
> So wirst du mir dasselbe thun.

Wer sich nun keine Rechenschaft davon zu geben vermag,
wie ein Dichter mit der Illusion spielen, sie aufheben und zugleich fortbehaupten kann, den muß schon die nächstfolgende Rede
Fausts ganz confus machen: „das Drüben kann mich wenig
kümmern" u. s. w. Faust läugnet hier nicht buchstäblich die
Möglichkeit eines Jenseits, er will nur nichts davon hören, weil
er sich kein Bild davon machen kann. Dennoch braucht es wenig
Scharfsinn, um zu erkennen, daß der Dichter mit diesen Worten
die ganze Vorstellung von Diesseits und Jenseits im Grund aufhebt; man sehe nur die weiteren Zeilen näher an:

> Schlägst du erst diese Welt zu Trümmern,
> Die andre mag danach entsteh'n!
> Auf dieser Erden quillen meine Freuden
> Und diese Sonne scheinet meinen Leiden;
> Kann ich nicht erst von ihnen scheiden,
> Dann mag was will und kann gescheh'n!
> Davon will ich nichts weiter hören,
> Ob man auch künftig haßt und liebt
> Und ob es auch in jenen Sphären
> Ein Oben oder Unten gibt.

Faust spricht heftig und im Style der Anschauung, nicht
dialektisch, aber objectiv liest man sehr leicht zwischen den

Zeilen die Gedankenreihe: wir wissen nur von dieser Welt,
diesem Planeten, auf dem wir unter diesen Bedingungen leben;
so bin ich auch Ich nur in diesem Körper, der dieß Naturell,
Temperament als Basis meines Ich begründet; wer der ist, der
da fortlebt, wenn man mir sagt, ich werde mit einem andern
Organ, unter ganz andern Naturbedingungen nach dem Tode
fortleben, weiß ich nicht, ich kenne ihn nicht, ich bin er nicht.
Mephistopheles antwortet:

„In diesem Sinne kannst du's wagen."

Ein harmloses Gemüth, dem etwa kaum von fern aufdämmerte,
was hinter Fausts Worten steckt, wird diese Stelle beruhigt so verstehen, als wolle Mephistopheles den Faust in seiner kühnen Hin-
wegsetzung nur mit dem Hintergedanken bestärken, er werde es schon
anders erfahren, wenn er nach dem Tod in jene Sphären ver-
bracht werde, so daß es also die Meinung des Dichters wäre,
hiemit die gewöhnlichen Vorstellungen vom Jenseits zu bestätigen.
Die Worte besagen nun freilich, daß Faust etwas, das nicht
leicht zu nehmen ist, freventlich zu leicht genommen hat, und sie
nöthigen freilich, ein: „du wirst's schon anders erfahren" zu
suppliren. Aber dieß „anders erfahren," das Mephistopheles
verschweigend andeutet, kann nicht so zu verstehen sein: du wirst
schon erfahren, wie im Jenseits deine Schuld bestraft wird,
sondern: wirf immer den Gedanken eines Jenseits weg, du wirst
schon erfahren, wie im Diesseits die Hölle brennt; ewige
Höllenstrafe mag dir immer ein Mährchen sein, du wirst schon
sehen, daß in diesem Mährchen die Wahrheit liegt: Gewissens-
hölle ist intensiv unendliches Leiden. Wer erinnert sich hier

nicht, wie Macbeth in dem Monologe, worin er sich alle Bedenken des Gewissens und der Vernunft gegen die schon beschlossene Ermordung Dunkans vorhält, doch vom Jenseits nichts
wissen will? „Das Jenseits schlüg' ich in die Schanze." Und
der Dichter zeigt uns im fürchterlichen Verlauf der Handlung,
daß Macbeth immerhin das Jenseits des Volksglaubens in die
Schanze schlagen mochte, aber das wahre Jenseits als eine
namenlose Hölle von Qualen im Diesseits über ihn kommt. —
Sollte noch Jemand zweifeln, daß unsere Stelle so gemeint ist,
wie wir sagen, so darf er nur weiter lesen:

> Wie ich beharre, bin ich Knecht,
> Ob dein, was frag' ich, oder wessen?

Wer wäre so blind, nicht einzusehen, daß damit die Vorstellung von Teufel und Hölle einstürzt? Genau denselben zer-
setzenden Sinn haben die späteren Worte des Mephistopheles:

> Und hätt' er sich auch nicht dem Teufel übergeben,
> Er müßte doch zu Grunde geh'n,

und die andern, schon citirten, die er in der Hexenküche sagt:

> Den Bösen sind sie los, die Bösen sind geblieben.

Wir haben den reinen Widerspruch: der Teufel spricht
Dinge, welche die Vorstellung der Existenz des Sprechenden aufheben, das Schlagwort seines Contracts mit Faust enthält eine
Bestimmung, die sich in Schein auflöst, und Mephistopheles
lebt doch vor unsern Augen fort, das Diesseits und Jenseits
bleiben zwei bestehende Welten und das Drama schließt mit
einer Himmelfahrt.

Sieht man sich die beiden Stellen, die vorliegende im
Prolog und diese in der Contractscene genauer an, so wird man
übrigens finden, daß das kühne Spiel des Dichters mit den
zwei Bällen: tieferer Sinn und poetischer Schein in der letzteren
weniger Schwierigkeit bereitet, als in der ersteren. Dieß kann
nur daher rühren, daß in der Contractscene durch Fausts
energisches Pathos der Widerspruch schlagender, kühner hingestellt
ist, während im Prolog der Satz: „So lang er — strebt" sich
wie ein Keil einschiebt, der mit stetem, nachwirkendem Druck die
Illusion auseinander treibt. Dort bekämpft der Held offen die
mythische Vorstellung, hier bestätigt sie der Herr und hebt sie
doch auf.

Um den Angelpunct des Prologs in ununterbrochenem Zusammenhang zu behandeln, habe ich die Worte, womit Mephistopheles acceptirt:

> Da dank' ich euch! denn mit den Todten
> Hab' ich mich niemals gern befangen.
> Am meisten lieb' ich mir die frischen vollen Wangen,
> Für einen Leichnam bin ich nicht zu Haus;
> Mir geht es wie der Katze mit der Maus.

bis hieher noch zurückgestellt.

Hält man hier im Lesen inne nach den ersten vier Worten,
so meint man, sie ironisch gesprochen denken zu müssen, wie wir
zu sagen pflegen: da dank' ich schön! Und dieser Sinn scheint
als Antwort auf die letzte Rede des Herrn, mit der wir uns so
lange mühen mußten, nur passend und natürlich; Mephistopheles
will also, meint man, sagen: „wie weit ich Faust auf Erden
immer herunterbringen mag, Ihr versetzt ihn nachher eben doch in
den Himmel und damit basta! Für diese Parthie danke ich." So-

wie man aber weiter liest, erkennt man, daß diese Auffassung falsch wäre; Mephistopheles acceptirt im Ernst, ist wirklich dankbar. Wie kann er aber dankbar sein, da er, mag Faust unter den Verirrungen, in die er ihn stürzen wird, noch so sichtbar immer im Guten gewachsen sein, niemals an die Kraft des Guten glauben, also niemals gewonnen Spiel geben wird? Nun dient uns aber unsere bisherige Auseinandersetzung, darauf die Antwort zu finden. Hinter Mephistopheles steht wieder der die mythischen Personen und Acte vorführende und die Illusion auch wieder auflösende Dichter und sagt uns zwischen den Zeilen: Mephistopheles versteht, daß der Herr mit einer Aufnahme Fausts in den Himmel nach einem Streben voll Verirrungen doch keinen Willkür-Act zu vollführen gedenkt, weil nach seiner idealen Schätzung des Menschen das Gute in Faust doch evident gesiegt haben wird; er hofft aber fest, es dahin zu bringen, daß der Herr die so gemeinte (eigentlich von mir, dem Dichter, so gemeinte) Himmelfahrt, wenn er irgend gerecht sein will, nicht eintreten lassen kann, denn er traut sich zu, Faust ganz unzweifelhaft in den Pfuhl der Nichtigkeit herabzuziehen, und so gedenkt er eben an ihm zu operiren, so lang er kann, d. h. so lang Faust lebt. Dieß ist also, während die ersten Worte („da dank' ich euch“) nicht ironisch sind, der ironische Sinn, der zwischen den weiteren Zeilen dieser fünf Verse schwebt. Findet man diesen Sinn nicht darin, so sagen sie etwas, was sich doch zu sehr von selbst versteht. Wer könnte meinen, daß dem Mephistopheles einfiele, an Todten zu operiren? Aber auch wenn man diesen hindurchschimmernden Sinn, wie man muß, zu Hülfe nimmt, erscheinen die drei letzten dieser Verse als überflüssig; einen Satz,

welcher so sehr auf der Hand liegt, daß man ihn nur um eines
Hintergedankens willen ausspricht, den man verschweigt, braucht
man nicht auszumalen, wie Mephistopheles mit den Worten
thut: am meisten lieb' ich mir die vollen frischen Wangen u. s. w.
Zur Rechtfertigung dieses Zusatzes ist aber zu sagen, daß er als
Pinselzug zum Colorit des Mephistopheles dient. An sich ge-
nügte es, den negativen Satz auszusprechen, den die zwei ersten
Verse enthalten, aber er verspürt nun einen Reiz, bei dem
positiven Gegensatz des Negirten zu verweilen, d. h. bei dem
saftigen Bilde des Lebens, das ihm Vergnügen macht, wie dem
Jäger das Wild; der Verführer ist lüstern auf seine Beute.

Ich weiß nicht, ob alle Leser noch einen wesentlichen Punct,
der bei dieser Wette zu beachten ist, sich klar genug aus dem
Text entnehmen. Mephistopheles dankt für eine besondere
Liberalität des Herrn. Es wird ihm vorgegeben wie beim
Billardspiel; es ist ihm „überlassen," zu wirken, wie er immer
kann, d. h. es soll der Hölle erlaubt sein, alle ihre Zauberkünste
zur Verführung Fausts in Bewegung zu setzen, während der
Himmel keinerlei besondere Anstalt zu seiner Rettung trifft, keinen
mahnenden Engel, keine warnenden Zeichen schickt (wie das
Homo fuge! das im Puppenspiel in Fausts Hand erscheint, da
er sich anschickt, den Contract zu unterzeichnen). Auch hier drängt
sich denn eine Theilung des Mythischen und Rationellen auf.
Gibt es Himmel und Hölle und treten beide in Kampf um eine
Seele, so müßten eigentlich beide Theile ihre Wundermittel auf-
bieten wie die Götter Homers zur Verfolgung und Rettung seiner Helden. Welchen andern Sinn kann nun diese Ungleichheit in
der poetischen Logik haben, als den: das Böse hat scheinbar mehr

Mittel, als das Gute; die Reize des Guten sind still, zart und tief, die Reize des Bösen so keck als fein und schleichend, so laut als tückisch, durch die weite Welt als unzählige Pfeile schwirrend. Man denke z. B. an alle Verführungsmittel, an alle Formen der Versuchung, um Charaktere zu verderben, über die eine schlechte Regierung oder der Jesuiten-Orden mit seiner Propaganda verfügt, und erwäge, wie arm dagegen die einfache Macht des Geistes erscheint. „Zieh' diesen Geist von seinem Urquell ab und führ' ihn, kannst du ihn erfassen, auf deinem Wege mit herab." Kannst du ihn erfassen in dem Kerne seines Wesens, in welchem er mit seinem Urquell verbunden ist, kannst du ihn in diesem Centrum erschüttern, so zieh' ihn hinab. Einfach darauf baut der Herr, daß die Menschheit ihrem Wesen, ihrem Lebensgrunde zu entfremden nicht möglich ist; die Menschheit ist gut, ihre Wurzel der gute Geist und nicht zu durchschneiden.

Und hiemit wären wir im Freien, das Uebrige bietet keine Schwierigkeiten, nur klare Schönheiten dar. Ich muß nur den Leser vorher etwas bei Seite führen vor ein kleines Theater, wie Göthe auf dem Blocksberg thut. Hier tritt ein Gegner auf, welcher der vorstehenden Analyse, wie ich sie, weniger entwickelt, schon in der genannten kleinen Abhandlung (Krit. Bem. u. s. w.) gegeben, „unerhörte Willkür", „gründliche Nichtigkeit ungeheuerlicher Erklärung" vorwirft. Es ist H. Düntzer. Er selbst hat entdeckt, daß die Worte: „So lang' er — Katze mit der Maus" Schwierigkeit bereiten, und sagt (Würdigung des Götheschen Faust u. s. w. S. 22): „man könnte leicht auf die Vermuthung kommen, die ganze Stelle von den Worten:

„„So lang er"" bis „„wie der Katze mit der Maus"" sei
kurz vor der Veröffentlichung eingeschoben worden, ja man könnte
meinen, das: „„Nun gut, es sei dir überlassen"" schlöße sich
dann viel besser an, wo es sich auf das unmittelbar vorhergehende „„ihn meine Straße sacht zu führen"" beziehen würde,
während es jetzt gar zu beziehungslos steht." Er wittert etwas
Unbequemes darin, es flirrt ihm etwas vor den Augen, er macht
sich aber kein weiteres Kopfzerbrechen, sondern erledigt die Sache
mit folgender Bemerkung: „ihre Erklärung findet diese im Zusammenhang völlig unnöthige, ja auffallende Beschränkung nur
darin, daß der Dichter hier andeuten wollte, sein Mephistopheles
sei nicht der Volksteufel, welcher alle List darauf verwende, die
Menschen zu verführen, um sie für das höllische Feuer zu gewinnen, und sein Gott Vater lasse keineswegs zu, daß die Seelen
ewiger Verdammniß anheimfallen, er lasse sie auf Erden sich in
freier Selbständigkeit entwickeln, er wisse ihre Vergehungen nach-
sichtig zu betrachten und werde sich ihrer im Jenseits annehmen."
Die rührende Verzichtleistung auf Weiterdenken, die aus diesen
bescheiden schönen Worten spricht, läßt begreifen, daß die ganze
Durchkreuzung rationeller Gedanken mit mythischer Fiction, wodurch uns jene Stelle so viel Noth gemacht hat, ihm gar keine
macht, daher auch ganz begreifen, daß er mich, dem sie diese
Noth machen und der ich daher dem Leser die Noth mache, mir
in meine Noth zu folgen, mit solchen Complimenten beschenkt.
Von Anfang an freilich gefällt es ihm, wie schon im Eingang
zur Betrachtung des Prologs erwähnt ist, nicht, daß ich
meine, das Drama gehe in die Tiefe und Weite der Idee und
es sei daher natürlich, daß der Dichter den großen Inhalt auch

in Form der ausgesprochenen Allgemeinheit auf seine Eingangs-
pforte schreibe. Er belehrt mich, daß das dichterische Kunstwerk
seine Erklärung in sich selbst finden müsse. Was kann ich sagen,
als daß ich ihm das Glück seiner Weisheit und seiner Denk-
Bescheidung herzlich gönnte, wenn es nur etwas stiller wäre!
Famulus Wagner sollte etwas harmloser auftreten, wenn er
über Faust, seinen Herrn, schreibt; Niemand läugnet seine Ver-
dienste und für die Regenwürmer, die er zierlich gräbt und beut,
wäre man noch weit dankbarer, wenn er sie weniger laut für
Schätze ausgeben möchte.*)

Ich habe den Prolog zu den Stellen gezählt, worin Göthe
mit dem ganzen, nicht mit dem getheilten Geist operirt, worin
er Tiefen der philosophischen Wahrheit nicht metaphysisch denkt,
sondern divinatorisch schaut. Es ist ein eigenthümlicher Geistes-
Act, woraus diese Eingangsscene entsprang. Ein Act des Be-
wußtwerdens. Der Dichter hatte ahnend gefühlt, wo er mit
seinem Faust hinauswolle; mit der Conception des Prologs
wird diese Ahnung zum Bewußtsein, er erhebt sich über sich,
sieht sein Gedicht von oben und findet den Grundbegriff, unter
den er es zu stellen hat. Aber das Wunderbare ist, daß auch

---

*) Man vergl. auch Herrigs Archiv für n. Sprachw. XXXIV: „Der
Aesthetiker Fr. Vischer und Göthes zweiter Theil des Faust." Nachdem
H. Dünger hier eine Neckerei so niedlich parirt hat, warum denn darauf
gar so fürchterlich grob? „Tropf" — (das legt er dichterisch Göthe über
mich in den Mund nebst: „der mein Werk nach Harpyienart besudelt")
„Anmaßung — sinnlose Beschuldigung — dreiste Vornehmheit — wie ein
unaufmerksamer Junge — Plattheit und Gemeinheit — Armseligkeit" u. dgl.
Aber Wagner, Wagner! sonst so wohlgezogen! Ei!

dieses Bewußtwerden selbst noch den poetischen Charakter der
Ahnung behält. Sie wird nur viel heller, es ist ein Wetter-
leuchten in ihrem Hellbunkel, das mit einem Schlage das Ganze
beleuchtet. Nur die Stelle, die uns so sehr bemüht hat, ist ein
momentanes Hinüberschwanken aus der Ahnung in eine Art
von Bewußtheit, die ihr Bildleben mit Zersetzung bedroht. Im
Uebrigen ist die Bildlichkeit schon dadurch streng bewahrt,
daß Alles sich an die bestimmte Gestalt des Faust knüpft, daß
an ihm die Alles erhellende Idee zum Ausbruck kommt, daß
es die Frage seines Schicksals ist, von der wir auf die Welt-
frage des Schicksals der Menschheit ausschauen. Es ist der
Begriff der Entwicklung, unter den beide gestellt sind. Diese
ist das große Expediens für Fausts Leben und für das Mensch-
heitsleben.

Ein in schweren Wirren und Widersprüchen befangener,
am Ideal tragisch kranker Held wird uns in der Ferne gezeigt
und sogleich der Klang und Fluß wie der Inhalt der Verse,
die der Herr über seinen Zustand spricht, gibt dem Gehör wie
dem Geist das Gefühl der reinen Entlastung, welche die im
edelsten Sinn pantheistische Auffassung aller schweren Verwicklung im Menschenleben mit sich führt.

> Wenn er mir jetzt auch nur verworren dient,
> So werd' ich ihn bald in die Klarheit führen.
> Weiß doch der Gärtner, wenn das Bäumchen grünt,
> Daß Blüth und Frucht die künft'gen Jahre zieren.

Wie weich und entschieden zugleich, mit welcher Kraft in der
Anmuth und Anmuth in der Kraft bewegen sich diese Verse!
Man vernimmt es schon mit dem Nerv, daß hier ein Geist

spricht, für den es kein Stocken gibt. „Wenn er mir jetzt auch
nur verworren dient"; so gewiß sieht der Herr in den dunkeln
Conflicten einer Seele, die groß und stark genug ist, als Bild
aller innern Geisteskämpfe menschlicher Bildung zu gelten, die
künftige Auswicklung, daß er diese Conflicte selbst als Gottes-
dienst bezeichnet. Alles von ihm, in ihm, zu ihm! Das Leben
ein Garten und wo wir verworrene Blätterknoten sehen, sieht der
Gärtner schon die künftige Blume und Frucht. Denn ihm verengt nicht das hölzerne Richtscheit Zeit wie unsern Augen den
Sehwinkel! Diese Idée hat uns im Zusammenhang der obigen
schweren Untersuchungen mittelbar beschäftigt, jetzt verweilen wir
mit ungetheiltem Genuß dabei, daß sie so klar und schön dem
personificirten Weltgeist in den Mund gelegt ist. Wer universell,
wer zeitlos blickt — heißt es ohne Bild und als Aufforderung
an unser Denken ausgedrückt —, der muß, wenn er auch das
Wie? nicht erforschen kann, sein Denken dahin ausweiten können,
daß er am Geist der Welten nicht verzweifelt, wie hoffnungs-
und trostlos die Dinge auf unserem Planeten aussehen mögen,
denn Spuren der überzeugendsten Art begründen ihm den Glauben,
daß Alles einem großen Entwicklungsgesetze dienen muß. Mephistopheles hat eine andere Art von Blick; seine Worte müssen
wir nun näher als bisher betrachten.

> Der kleine Gott der Welt bleibt stets von gleichem Schlag,
> Und ist so wunderlich als wie am ersten Tag,
> Ein wenig besser würd' er leben,
> Hättst du ihm nicht den Schein des Himmelslichts gegeben;
> Er nennts Vernunft und brauchts allein,
> Nur thierischer als jedes Thier zu sein.

Er scheint mir, mit Verlaub von Euer Gnaden,
Wie eine der langbeinigen Cicaden,
Die immer fliegt und fliegend springt
Und gleich im Gras ihr altes Liedchen fingt;
Und läg' er nur noch immer in dem Grase!
In jeden Quark begräbt er seine Nase.

„Nur thierischer als jedes Thier zu sein;" keine Bestie kann
ihre Triebe raffiniren und sublimiren, wie der Mensch; die un=
bewußte Natur, so wollüstig, gefräßig und grausam sie ist,
trägt ihr Maaß in sich. Vorher hat Mephistopheles gesagt:
„ich sehe nur, wie sich die Menschen plagen," d. h. nicht: sich
selbst plagen (placken, abmühen), sondern: einander plagen; wenn
Faust im Monolog nach Wagners Abgang sagt: „daß überall
die Menschen sich gequält," so ist es ebenso gemeint. Wie
scharf Göthe dieß sah und wie es ihm oft sein Urtheil ver=
bitterte, werden wir in anderem Zusammenhang belegen. Da
spricht er dann als Pessimist, hier nicht, denn er bleibt bei dieser
Betrachtung nicht stehen. Man muß es werden, wenn man sich
darein verbeißt und nicht weiter, nicht höher hinauf sehen will.
Und man muß es, muß Pessimist werden, wenn man den Blick
nur auf den starken Schein der bloßen Wiederholung fixirt, den
die Cultur= und Staaten=Geschichte darbietet. Im Wechsel der
philosophischen Systeme z. B. wird man dann nichts sehen als
Gellerts Geschichte vom Hute. Für den Schein einer bloßen
Kreisbewegung im politischen Leben dient als wahres Muster=
bild der Wechsel zwischen Revolution und Reaction in der neueren
Geschichte Frankreichs, der nach menschlichem Ermessen nicht dar=
nach aussieht, als werde er je zu einem fruchtbaren Abschluß
gelangen. Und nun erinnere man sich, was unsere neueren

Peſſimiſten, was Schopenhauer und Ed. v. Hartmann in der Geſchichte ſehen: eine Poſſe, worin dieſelben ſtehenden Masken nur mit einigem Wechſel des Koſtüms und der Fabel ewig Ein und daſſelbe Thema abſpielen, eine tautologiſche Fratze, ein „wahnwitziges Carnevalſpiel.“ Wer anders ſieht, der gilt den Jüngern dieſer Schule, die ſich zum Unglück der deutſchen Jugend ausbreitet, als ein Philiſter des Optimismus, der zahm und blind an den Abgründen des Lebens vorbeigeht und in geiſt= loſer Zufriedenheit ſich gefällt. Göthe hat noch ganz anders in die Abgründe geblickt, als dieſe grämlichen Rechner, die in ganzen Colonnen dem Weltall ſeine Schnitzer aufzählen, ihm dieß und dieß, auch dieß, noch aufmutzen, er kennt noch ganz anders die ſchreckliche Komik in der grauenhaften Tragik des Lebens. Aber er hat ſich nicht darin verrannt, nicht verbohrt. Das überläßt er ſeinem Mephiſtopheles. Göthes Fauſt iſt auch darin ein un= erſchöpflich inhaltvolles Werk, daß er dieſen Streit der Welt= anſichten vorbildet. Er zeigt den Peſſimismus im ganzen Um= fang ſeines ſcheinbaren Rechtes und iſt hoch optimiſtiſch. —

> Und ſteh beſchämt, wenn du bekennen mußt:
> Ein guter Menſch in ſeinem dunkeln Drange
> Iſt ſich des rechten Weges wohl bewußt.

Warum ſagt der Herr nichts von der hellbewußten Willens= freiheit, nichts von energiſchen Acten, wodurch ſie ſich vom Böſen losreißt, das Böſe bekämpft? Weil die Wurzel gut ſein muß, wenn die Freiheit der Selbſtbeſtimmung und ihre Acte zum Guten führen ſollen; die Wurzel, d. h. die Natur, das Weſen der menſchlichen Seele. Und iſt es gut, ſo muß es ſich v o r

und außer den bewußten Acten als Zug zum Guten, als In-
stinkt, helldunkel, halbbewußt äußern. Wie schön ist der logische
Widerspruch zwischen: „dunkeln Drange" und „wohl bewußt!"
Dem Menschen ist sein Compaß mit unverrückbarer Nadel ein-
gesetzt. „Ganz leise spricht ein Gott in unsrer Brust, ganz
leise, ganz vernehmlich, zeigt uns an, was zu ergreifen ist und
was zu flieh'n." Es ist das Daimonion in unsrer Brust.

Nun sehe man nach dem Gesang der Erzengel zurück. In
der Natur herrscht trotz allem Anschein, als müßten die furchtbaren Wechsel und Stürme, die zerstörenden Gewalten sie aus
Rand und Band reißen, das ewig gleiche Gesetz und die Maje-
stät der Ordnung. Kann Mephistopheles' den Faust in den
Staub herabziehen, so hat er Recht mit seiner Ansicht, daß die
moralische Welt das reine Widerspiel davon, daß sie ein Chaos
sei. Die Wirren, in welchen Fausts Geist krank liegt, die Verirrungen, in die ihn Mephistopheles allerdings stürzen wird, und
alle schweren Erkrankungen, wilden Leidenschaften und Ver-
strickungen der Menschheit, deren Bild wir in Faust sehen, sie
sind in der sittlichen Welt dasselbe, was in der physischen die
breiten Flüsse, die am tiefen Grund der Felsen aufrauschen, die
Stürme, die wüthend vom Meer aufs Land, vom Land aufs
Meer brausen, das blitzende Verheeren, das dem Pfade des
Donnerschlags vorflammt. Die Frage ist, ob das ewige Gesetz
in noch höherer Ordnung der Dinge auch über diesen Aufruhr
in der sittlichen Welt übergreift, und ob auch hier, was „in
schwankender Erscheinung schwebt," mit „dauernden Gedanken
befestigt ist." Und der Herr hat dieß bejaht mit den Worten,
die diesen vorangehen und mit denen wir uns beschäftigt haben.

Man sieht, daß der Prolog sich durchaus mit den Fragen der Theodicee berührt. Unsere Reflexionen haben uns hinein- geführt, doch hoffentlich nicht so, daß man spotten könnte, das heiße an Göthe dociren oder gar den Dichter selbst als Docenten hinstellen. Man gebraucht am besten auch hier den Ausdruck Perspective, der Dichter läßt uns eine affirmative Beleuchtung der Fragen der Theodicee als Fernsicht aufgehen, eine Sonne am Horizont, deren Licht die Güte der Weltordnung bejaht. Auch Göthe hat ja seine Stunden finsterer Weltbetrachtung ge- habt und wir werden, wie schon gesagt, auf solche zu sprechen kommen. Wer könnte ein Dichter, wer gar ein dramatischer Dichter sein, der sie nicht gehabt hätte! Die Dornenlese pessi- mistischer Dichter-Aussprüche, die Schopenhauer angelegt hat, ließe sich leicht vermehren. Aber wer ist ein wahrer Dichter ge- worden, der in dieser Verneinung stehen geblieben ist! Die großen Dichter sind wie das Weltall selbst. Man kann auf ihren schwarzen Schattenstellen verweilen und bitteren Weltschmerz herauslesen; dann vergißt man ihr Wohinaus, reißt die Stellen aus dem Zusammenhang und verschleiert sich das Bild der tiefen Versöhnung der tiefsten Schmerzen. Der Pessimismus als Princip müßte die ganze S t i m m u n g zum Dichten ertödten, selbst ein Leo- pardi kann aus dem Gefühle des Nichts heraus nur dichten, weil ihm die Wehmuth seiner Klagen ein Sein, ein schönes Seiendes ist. Ich muß dem Anreiz widerstehen, der hochbejahenden Licht- stellen aus Göthe auch nur einige zu sammeln. Nur das freund- lich schöne Wort aus der Iphigenie mag hier stehen: „Der Menschen weitverbreitete gute Geschlechter" und ein humoristisches daran gereiht werden: das Xenion „Hypochonder."

Der Teufel hol' das Menschengeschlecht!
Man möchte rasend werden!
Da nehm' ich mir so eifrig vor:
Will Niemand weiter sehen,
Will all das Volk Gott und sich selbst
Und dem Teufel überlassen!
Und kaum seh ich ein Menschengesicht,
So hab' ich's wieder lieb.

Dieß gute Wort bringt uns gerade rechtzeitig auf das capi-
talste aller Mittel gegen die pessimistische Obstruction, den
Humor. Der Pessimismus ist vollständig humorlos, wenn man
unter Humor, wie billig, nicht den Galgenhumor versteht; nicht
nur ihm selbst fehlt dieses edle lösende Fluidum, sondern er
übersieht auch völlig, es unter den Potenzen, mit denen er
rechnet, aufzuführen und es, wenn er die Summe der Güter
und Uebel, wenn er das Sollen und Haben überschlägt, auf die
Zahlen-Colonne des „Haben" zu setzen. — Göthe hat den groß
genialen Gedanken gehabt, einen humoristischen Teufel zu dichten.
Ich verfolge noch nicht die Durchführung dieses einzigen Bildes;
hier haben wir es mit dem Prolog zu thun. An ihm könnte
man geradezu Wesen und Bedeutung des Humors im tiefsten
Sinne des Worts deduciren.

Von Zeit zu Zeit seh' ich den Alten gern
Und hüte mich, mit ihm zu brechen.
Es ist gar hübsch von einem hohen Herrn,
So menschlich mit dem Teufel selbst zu sprechen.

Daran mag sich stoßen, wer nicht begreift, wie aller Humor
schließlich auf dem Bewußtsein ruht, daß das Unendliche sich
überall im Endlichen bricht und in dieser Brechung sich doch
erhält, daß also das Endliche und Unendliche komisch ineinander-

scheinen. Der Humor weiß und besagt, daß die Welt trotz
alledem nicht des Teufels ist, er weiß es lange vor den Be-
mühungen der Philosophie. Ein Pessimist, wenn er die Scene
liest, muß denken, Mephistopheles sollte eigentlich statt des Herrn
auf dem Throne sitzen, und da gäbe es ja nichts mehr zu lachen. —
Anders natürlich der religiös Aengstliche: er nimmt Aergerniß an
der Kühnheit des Dichters, weil er einfach den Sinn nicht faßt.
In den unendlichen Fällen, wo immer nur das Ideale über sein
Gegentheil, das Bagatell, die rohe Körperwelt, die Schwächen und
Schlechtigkeiten der Menschen strauchelt, scheint es verloren, scheint
die Weltordnung zu taumeln wie ein Betrunkener, im Humor
spricht sich das Bewußtsein aus: es thut nichts, es ist arg, sehr
arg, aber es thut doch nichts, denn es kann die ewigen Gesetze
nicht aus den Fugen bringen. Der Stufen des Humors sind
freilich manche und sehr verschiedene. Stoff des Komischen sind
zunächst nur die Uebel, die sich leicht als unschädlich erkennen
lassen; über die großen Uebel, Schuld und Verbrechen, furchtbare Hemmungen in der Entwicklung der Menschheit kann und
darf nur ein Gemüth lachen, das den ganzen Schmerz, die
ganze innerste Empörung über das Böse und Gemeine in der
Welt gründlich durchlebt und doch mit großer Ahnung vor-
greifend die Wahrheit erfaßt hat, daß auch diese dunkeln und
großen Risse dem Bestand und der Ordnung der moralischen
Welt nichts anhaben können, und auch dieses Gemüth kann und
darf lachen nicht mitten in den Kämpfen des Lebens, wohl aber
in der Stunde hoher, freier und weiter Betrachtung. In einer
solchen hat Göthe seinen Prolog gedichtet, wo der Teufel einen
so humanen Empfang bei dem lieben Herrgott findet. Ich sprach

einmal, nachdem ich ihn in der Vorlesung behandelt, mit einem
denkenden Zuhörer darüber und er sagte: warum sollte der
Teufel nicht so von ihm empfangen werden? Ihn kann er ja
nicht holen.

———————

Die Anfangs-Scenen, die Exposition.

Dem Faust der Sage gießt der Dichter die eigene Seele
ein mit ihrer ganzen Sehnsucht nach einer neuen Wissenschaft:
dieß ist der erste große Wurf des noch jugendlichen, ungestörten
Nachtwandlers. Schon im ersten Abschnitt, als wir die Prädicate subjectiv und objectiv an beide Theile hielten, haben wir
die Kraft der Selbstobjectivirung in diesen ersten Scenen angedeutet. Sie hat sich ähnlich in Werthers Leiden bewährt, als
der Dichter eine Leidenschaft, in der er selbst noch befangen war,
so ganz im Bilde aus sich herauszustellen vermochte, aber Fausts
Leiden ist tieferer Natur und das Bild ist dramatisch, die Los-
lösung vom Innern war also schwerer und das Gelingen ist noch
mehr zu bewundern. So tief war dieser Act und so ahnungsvoll
der Zustand, der sich herausrang und im Bild niederlegte, daß
wir heute erst beginnen, ihn zu verstehen, ja daß der Dichter
selbst erst sich sagen konnte, daß er sich verstehe, als die deutsche
Philosophie, die Naturwissenschaft, sein eigenes Forschen die großen
neuen Wege betreten hatte. Wonach dieser Faust schmachtet, brennt,
dürstet, lechzt, das ist Erkenntniß der Einheit des Weltalls, die

zugleich der reine Genuß der Wesens-Gleichheit des Erkennenden
mit dem Erkannten wäre. Nicht umsonst begrüßt Schelling in
der oft citirten Stelle das Gedicht als einen ewig frischen Quell
der Begeisterung, der zureichend war, den Hauch eines neuen
Lebens über die Wissenschaft zu verbreiten; Göthes Faust ist
ja der klare Vorläufer seines und des Hegelschen Pantheismus,
— mehr natürlich des ersteren, als des zweiten, denn jener ist
in seinen Mängeln und seinem Vorzuge dem Geiste dieses Drama
verwandter; in seinen Mängeln, denn die Verachtung, womit
Faust alle Methode, alle Formen der wissenschaftlichen Vermittlung wegstößt, sein Verzweiflungs-Versuch, die Wahrheit zu er-
stürmen durch Beschwörung des Erdgeistes, erinnert sogleich an
den Genialitäts- und Gewalt-Act der Eroberung des Absoluten
durch die intellectuelle Anschauung; in seinem Vorzuge, denn
bei Schelling gibt es eine Natur, bei Hegel eigentlich keine; der
Vorzug ist freilich zu leicht erkauft und heute noch steht die
Philosophie vor der Aufgabe, der Natur ihr ganzes Recht zu
geben, dem Geiste sein ganzes zu lassen und doch Monismus zu
sein, so unverrichteter Dinge, wie von jeher. Wenn die Natur
doch der volle Gegenschlag des Geistes, nicht blos sein „Außer-
sichsein" ist, wie kommt es, daß sie ihn gebiert? Und wenn er
doch irgendwie vorher in ihr sein muß, weil sie ihn sonst nicht
gebären könnte, wie kommt es, daß er dieß sein Gegentheil sich
voranschickt, um als Hysteronproteron aus ihm hervorzugehen?
Doch nicht diese ewige Urfrage ist hier zu verfolgen, sondern zu
sagen, was nach der Philosophie die moderne Naturwissenschaft
zum Verständniß des Faust Willkommenes errungen hat. Die
Reihe von Reductionen, durch welche die Physik und Chemie,

was besonderer Stoff, besondere Kraft schien, eines auf das andere zurückgeführt hat, die Entdeckung der Stoffgleichheit der Weltkörper durch die Spectral-Analyse im Dienste der Astronomie, endlich und vor Allem die Theorie der Entwicklung im Gebiete des organischen Lebens: alle diese gewaltigen Schritte sind ebensoviele Bestätigungen für die Wahrheit des Kerns im Sehnen Fausts nach Erkenntniß einer wahren Identität aller Wesen. Was dem gereiften Dichter in seiner Naturforschung noch erst als eine Einheit des Schema in den Formen des organischen Lebens erschien, strebt die Wissenschaft nun als wirkliche, stufenförmige Entwicklung von Gattung aus Gattung, Form aus Form zu erkennen und Ernst wird daraus gemacht, daß der Erdgeist den Faust seine Brüder im stillen Busch, in Luft und Wasser kennen lehrt. In das Nähere der jetzigen Streitfragen ist hier nicht der Ort einzugehen; ich habe nur in Kürze hinzuzusetzen, daß mir diejenige Ansicht, die alle Formenwerdung blos causal erklärt, den Namen Entwicklungs-Theorie nicht für sich ansprechen zu dürfen und daß mir aus Göthes Anschauungsweise zu folgen scheint, er hätte denjenigen beigestimmt, welche für einen wahren Begriff der Entwicklung zwei Factoren verlangen: unbewußten, immanent zweckmäßig bauenden Geist in der Natur und die Causalität nur als Vermittlungsform seines Wirkens. Was uns hier angeht, ist die Seelenlage Fausts, eigentlich des Dichters zur Zeit, als der Faust entstand, gegenüber solchen späten Erfolgen der Wissenschaft. Diese ist auf dem Geduldwege der Forschung dazu gelangt; Faust ahnt sie dunkel, ganz dunkel von ferne, verachtet aber die Geduldwege und will nun durch Magie errañen, wozu doch nur diese führen können. Darin mischt sich Schuld und Unglück; der Dichter, der aus dem Faust spricht, stellt den verzweifelten Schritt als vermessen, als schuldhaft dar, aber wir fühlen zugleich durch, daß diesen Schritt der Stand der Wissenschaft zur Zeit Fausts (eigentlich Göthes) zugleich entschuldigt, denn sie eröffnete ihm auch nicht eine entfernte Aussicht zu dem tiefen Einblick in die Lebens-Einheit, den sie jetzt gefunden hat; daß aber Faust der geahnten Einheit des Alllebens gleich zu sein sich vermißt, ist bestimmtere Schuld titanischer Ueberhebung, die der Dichter mit hellerer Ahnung ihm leiht, um ihn auf den Erziehungsweg zur Beschränkung zu führen. Die Beschämung durch den Erdgeist habe ich früher (in den Ä. Krit. Gängen) vom Standpuncte des Hegelschen absoluten Wissens sehr ungenügend erklärt, indem ich nur an den Zustand der Blendung dachte, der zurückbleibt von gewaltsam errafften, durch keine Vermittlung des Denkens begründeten und zerlegten Ideen. Faust fehlt nicht nur durch diese Gewaltsamkeit momentanen Erschauens, sondern er frevelt in doppelter Weise: er glaubt die Schranken des Wissens über-springen zu können, die immer bleiben, auch wenn wir allerdings die tiefsten Blicke in das Centrum alles Lebens zu werfen vermögen, und er verwechselt die Wesensgleichheit zwischen sich und dem Erdgeist, deren er sich allerdings rühmen darf, mit einem Gleichgroßsein, — als ob wir je den Lebensgrund, die Natur in die Hand bekämen, auch wenn wir sie ganz zu erkennen vermöchten, und als ob je der Einzelne, der winzige Theil, dem Ganzen gleich wäre. Dabei erinnere ich mich nicht, daß irgendwo in der Faust-Literatur schon ausdrücklich ins Auge gefaßt wäre, wie höchst genial der Gedanke war, aus dem Teufel, der im Volks-

buch dem Faust nach seiner düsteren Beschwörung erscheint, den
Erdgeist, den personificirten Inbegriff des Naturlebens auf unserem
Planeten zu machen. Es war dieß unmittelbar gegeben mit der
andern Vergeistigung, wodurch die rohe Triebfeder des Faust
der Sage, Genußsucht und Uebermuth, zu reinem Wissens=
trieb vertieft wurde. Ich habe bei der ersten Erwähnung des
alten, aufgegebenen Planes die Ansicht bestritten, daß der
Erdgeist zugleich das Menschenleben, die Welt der Leidenschaften
und Thaten bedeuten solle, daß also der „Thatensturm"
nicht blos auf die stärksten Naturwirkungen zu beziehen sei,
und daß wir in der Erregung Fausts bei dem Gefühl der Nähe
des Geistes schon das Erwachen seines Welt= und Thatendrangs
zu erkennen haben; wäre diese Ansicht auch begründet, so bliebe
doch auch so das Wesentliche und Erste in der Bedeutung des
Erdgeistes, daß er die Naturkraft vorstellt, und im Zustande
Fausts der reine Wissensdurst, jene beiden Beziehungen auf das
heiße praktische Leben aber das Zweite, was auch bei dem älteren
Plan nur beiherspielte, wiewohl stärker, als dieß nun, nachdem
jener Plan aufgegeben, des Dichters sichtbare Meinung ist. Wenn
dieß Köstlin (Göthes Faust, seine Kritiker und Ausleger) um=
gekehrt ansieht, so kommt es daher, daß ihn das Mystische in
Fausts Erkenntnißtrieb täuscht; für Faust ist das Erkennen ein
essentielles Sicheinssetzen, ein Identischwerden, dieß gibt dem
reinen Erkenntnißdrang seine Gluth und diese Gluth verwechselt
Köstlin mit einem schon jetzt in ganzer Stärke vorwaltenden,
nicht nur erst noch mitspielenden Weltdrang. — Die lang und
prächtig ausklingenden zwei Schlußzeilen in den herrlichen Versen,
worin der Erdgeist sein wogendes Leben ausspricht, bekunden

übrigens klar die Reinheit, worin der Dichter schon bei dem
ersten Plane den Erdgeist von aller Wildheit des Menschenlebens
wollte gehalten wissen. Ebendieß zeigen auch die Worte: „du
gleichst dem Geist, den du begreifst, nicht mir"; der Erdgeist
wehrt das Gleichsein ab aus dem Grunde des Nichtbegreifens:
begreife mich erst, dann maße dir an, mir gleich zu sein; der
nächste Accent liegt auf dem „gleichst," aber der stärkere auf
dem „begreifst"; das Begreifen ist die Voraussetzung und in
Faust das Motiv, wovon Alles ausgeht, er glaubt zu gleichen,
weil er zu begreifen glaubt, das Erste ist und bleibt also der
Erkenntnißdrang. Uebrigens schließt dieß Wort wieder eine
Welt von schwer auseinanderzulegenden Gedanken in sich. Unsere
Bemerkungen haben bereits daran gestreift, wir müssen aber
nun genauer zusehen. Ist der alte griechische Philosophensatz
wahr, daß Gleiches nur von Gleichem erkannt wird, so müssen
wir dem Wesen nach den Erdgeist begreifen können, weil wir
ihm gleichen, und ihm gleichen, weil wir ihn begreifen können,
denn das Kind ist doch gleichen Fleischs und Blutes mit dem
Erzeuger. Allein dieser Erzeuger ist so unendlich größer, als
jedes einzelne seiner unzähligen Kinder, daß die Wesensgleichheit
vor der Quantitäts-Ungleichheit sich sehr zu bescheiden hat.
Faust hat Recht, das Erkennen als ein qualitatives Gleichsetzen
zu nehmen, darin ist seine Mystik nur wahre Tiefe; in Wahrheit ergreift ja im Erkennen nur die Gleichheit des Wesens sich
selbst, denn es gibt überhaupt nur Ein Wesen; Faust hat aber
sehr Unrecht, den unendlichen Abstand in Umfang und Macht
überspringen zu wollen, welcher die einzelnen Wesen von dem Wesen
der Wesen trennt. Derselbe Abstand ist zugleich aber nun Ursache,

daß wir das an sich qualitativ Gleiche auch nie ganz begreifen, also die Wesensgleichheit auch im Denken nie ganz herstellen können; so wird der Quantitäts-Unterschied trotz der Gleichheit der Qualität doch auch zu einem Qualitäts-Abstand. Das Wesen, das ich nach seinem Umfang nicht zu erkennen und nie zu erreichen vermag, kann ich doch auch in seiner Qualität, in seiner Tiefe nicht ganz erkennen. Es entsteht also ein Widerspruch, den man sich ganz klar machen kann, wenn man erwägt, daß wir auch zur völligen Selbsterkenntniß niemals gelangen. Wir sind doch wir selbst, also, scheint es, müssen wir uns auch ganz zu erkennen vermögen; wir holen aber uns selbst mit unserer Selbsterkenntniß, wie jeder weiß, nie ganz ein. Ebenso und ebendarum bezwingen wir uns nie ganz, bekommen uns selbst nie ganz in unsere Gewalt: ein wandelnder Widerspruch und dieser wandelnde Widerspruch ist der Mensch. Dieß ist nun aber nicht blos ein Beispiel, sondern dieser Widerspruch, daß wir uns selbst zugleich erfassen und nicht erfassen, ist derselbe mit dem andern, daß wir uns des Grundwesens der Welt nicht erkennend, nicht wollend und handelnd bemächtigen können; wir tragen dieses ja in uns, aber als ein an so Viele zertheiltes, daß wir seiner habhaft und nicht habhaft sind, und ebendaher sind wir auch uns selbst dunkel; der — Theil, wenn man mit Göthe das Individuum so nennen kann — theilt mit dem Ganzen das Wesen und ist von demselben Wesen toto coelo entfernt; er ist also das Wesen des Ganzen und ist es nicht. Dieser Theil bleibt sich dunkel, weil ihm das Ganze dunkel bleibt und das Ganze bleibt ihm dunkel, weil er sich dunkel bleibt.

Was nun, logisch so zerlegt, abstracter Begriffsgang ist,

das ist in Fauſt brennende Pein, lohende Leidenſchaft. Nicht genug kann man die Zaubergewalt der Dichtung bewundern, die den dialektiſchen Inhalt dieſer metaphyſiſchen Fragen ahnend packt und in Gefühl, in eine Welt von Qualen verwandelt. Es iſt ein heiliger Schmerz, worin dieſer Fauſt ſo einſam unter dem oberflächlichen Menſchengeſchlechte wandelt, und hier ruht denn auch das Geheimniß des poetiſchen Hauchs, der durch die Spaziergang-Scene weht. Niemand meine, Göthes Fauſt zu verſtehen, der dieß Tragiſche, dieß ſein heiliges Unglück nicht verſteht. Es iſt ein ſtolzes Unglück und doch iſt Fauſt kein hochmüthiger Menſchenverächter, ſondern gegen ſeinen Wagner und gegen das Volk menſchlich gut und freundlich.

Wie oft iſt nun dieſer Wagner beſprochen und die unver- gleichliche Contraſtwirkung, die Göthe gewinnt, da er den ſelbſt- zufriedenen Wiſſens-Philiſter, der Kenntniſſe für Erkenntniß hält, den Kleinzweifler in Einzelheiten und Autoritätsverehrer im Großen dem nach Erkenntniß lechzenden ſtolzen Unzufriednen gegenüber- ſtellt und ſo eines jener unſterblichen Paare ſchafft, welche durch die Meiſterwerke aller Zeiten gehen; Don Quixote und Sancho Panſa, Don Juan und Leporello ſind ſolche Paare, aber wie viel, uner- ſchöpflich viel tiefer und genialer, als jene doch auch claſſiſchen inseparables, iſt die Wechſelhebung durch Contraſt nicht nur in Fauſt und Mephiſtopheles, ſondern auch in Fauſt und Wagner! Ich ſelbſt habe dieſe Dinge längſt beſprochen, aber eine Seite iſt weder von mir, noch meines Erinnerns von Andern genug hervorgehoben: nämlich wie liebenswürdig Göthe doch ſeine Phi- liſter zeichnet. Es iſt das Naive in der Beſchränktheit, was ihm ſo herzlichen Spaß macht, und als Dichter verwandelt er dieſen

seinen Spaß in Genuß für uns. „Zwar weiß ich viel, doch
möcht' ich Alles wissen": kann man den Schmerz des Nichts-
wissens mit hellerem, köstlicherem Schlaglicht des Gegensatzes be-
leuchten! — Natürlich muß Wagner eine gute Haut sein, sonst
könnten wir nicht lachen, und das ist er auch trotz seiner Eitelkeit und Pedanterie. Und was sind es für Verse! Man bemerke doch die zierlich zopfige Menuetbewegung in den Versen:
„der Vater zeigt dich seinem Knaben" u. s. w., dann: „dem
Hunde, wenn er wohlgezogen" u. s. w. — Ebenso reizend, so
durchaus gemüthlich beglückend ist das Bild des Philisterbehagens
in den zwei Bürgern (Spaziergang vor dem Thor).

Das erste Gespräch mit Wagner muß mit Ausnahme des
eigenthümlich abfallenden Schlusses sehr früh entstanden sein;
es gehört sicher zu den ältesten Bestandtheilen, denn auf den
ersten Blick erkennt man das Natur-Evangelium der Sturm-
und Drangperiode. Faust hat mit seiner unbedingten Werth-
schätzung des Ursprünglichen gegen das Künstliche nicht Recht;
die Rede ist zunächst von der Rhetorik; ein Komödiant könnte
ja allerdings gar manchen Pfarrer lehren, der da meint, wenn das
Herz voll sei, dürfe man nur den Mund aufmachen und es
werde gut sein, das: pectus facit dissertos ist ja nur halb-
wahr; die Wahrheit schwebt zwischen und über beiden Sprechenden, und sie heißt: Einheit von Natur und Bildung, Begeisterung und Mühe, Wesen und Form. Aber es ist das höhere, das
qualitativ erste Glied in diesem Paare, für welches Faust als An-
walt spricht, und er thut es mit einer Frische, die das Ohr durch
Wohllaut des Tonfalls, wie das Herz durch den Nachdruck des
Ernstes, den Geist durch die Schneide des Spotts erquickt. Man

lese sich die Verse vor: „Wenn ihr's nicht fühlt — Herzen geht," dann: „Euch' er den redlichen Gewinn — Worten nach- zujagen" und man wird etwas empfinden, als horchte man einem hervorrauschenden Waldquell zu; dagegen das Bild der leer formalen Beredtsamkeit am Schluß: „ja eure Reden — säuselt" gibt sich durchaus wie ein armseliges, kraftloses, strohernes Rascheln zu vernehmen. — Wagner geht von der Redekunst zum Wissen und Erkennen der Wahrheit über, und es folgt die Antwort Fausts: „Das Pergament — Seele quillt." Natürlich stehen sich zwei Standpuncte gegenüber, die nicht blos der Rhetorik gelten, sondern jedem Thun und Verhalten des Geistes, vor Allem aber des Geistes in seinem Forschen nach Wahrheit, und die sonoren Kraftworte Fausts wiederholen nun gegen Wagner, was wir aus seinen Monologen schon wissen: daß er alle Vermittlung im Forschen verachtet. Daß dem Dichter, so sehr er Faust selbst ist, und trotz seiner Jugend in entfernter Ahnung hier und dort das höhere wahre Dritte vorgeschwebt haben muß, ist schon gesagt und ergibt sich aus dem Gang der ganzen Handlung; Faust soll ja erzogen werden, sein theoretischer wie sein praktischer Idealismus soll in die Bedingungen sich fügen lernen, unter denen allein das Vorschreiten möglich ist. Dieß Gefühl des Unrechts, das Faust in seinem Rechte doch haben muß, bleibt aber so sehr nur ge- ahnter Hintergrund im Bewußtsein des Dichters, daß er seinen Helden doch mit der ganzen Frische und Kraft eines vollen, fröhlichen Irrthums sprechen lassen kann.

Von dieser Frische, diesem Jugendfeuer sticht nun der Schluß des Gesprächs auf unerfreuliche Weise ab und verräth sehr merklich die spätere Hand. Mit den Worten: „Verzeiht, es ist ein groß Ergetzen" springt der Dialog, nicht sogleich sichtbar, von Beredtsamkeit und Wissen überhaupt auf die Geschichte über und Faust spricht nun die ganze Geringschätzung, das ganze Mißtrauen, den ganzen Unglauben gegen Geschichts-Forschung, Geschichts-Erkenntniß aus, die wir am Dichter kennen, wie er in seinen reifen Mannesjahren geworden ist. Man muß darüber vergleichen: „Rückblicke in mein Leben. Aus dem Nachlaß von Luden". Dort sagt Göthe u. A.: „die Geschichte eines Volks? das Leben eines Volks? Wie wenig enthält auch die ausführlichste Geschichte gegen das Leben eines Volks gehalten? Und von dem Wahren — ist irgend etwas über den Zweifel hinaus? Bleibt nicht vielmehr Alles ungewiß, das Kleinste wie das Geringste?" Dieß ist einfach der Inhalt der Rede Fausts: „O ja, bis an die Sterne weit — im Munde ziemen!" Nimmt man dann aus dem folgenden Monolog die Worte heraus: „Daß überall die Menschen sich gequält, daß hie und da ein Glücklicher gewesen", so enthält das Gespräch mit Luden wiederum den richtigen Commentar: „Und wenn Sie nun auch alle Quellen zu klären und zu durchforschen vermöchten, was würden Sie finden? Nichts Anderes, als eine große Wahrheit, die längst entdeckt ist und deren Bestätigung man nicht weit zu suchen braucht, die Wahrheit nämlich, daß es zu aller Zeit und in allen Ländern miserabel gewesen ist; die Menschen haben sich stets geängstigt und geplagt, sie haben sich und Andern das bischen Leben sauer gemacht und die Schönheit der Welt und die Süßigkeit des Daseins weder zu achten, noch zu genießen vermocht. Nur Wenigen ist es bequem und erfreulich geworden. Das ist nun einmal das Loos des

Menschen. Was brauchen wir weiter Zeugniß?" Göthes Standpunct zur Geschichte enthält also: erstens, man bringt die Wahrheit nie heraus und zwar, weil die Quellen nicht ausreichen,
weil sie unzuverläßig sind und weil die Schöpfenden nicht unter-
lassen können, ihr subjectives Urtheil einzumischen („der Herren
eigner Geist"), zweitens: was man aber herausbringt, ist, was
man ohnedieß weiß, daß die Menschen in ihrer Mehrheit immer
und überall Bestien gewesen sind. Göthe war immer geneigt, das
Gute und Menschliche nur im stillen Kreise zu finden, „wo Lieb'
und Freundschaft unsers Herzens Segen mit Götterhand er-
schaffen und erpflegen." Wir haben, als im ersten Abschnitt
von der politischen Schwierigkeit die Rede war, seine Ablehr
vor der Rauhheit des geschichtlichen Lebens besprechen müssen,
seine Scheue vor dem Brausen des „großen Menschen-Oceans"
wie Schiller, so grundverschieden fühlend, beim Heranwogen der
französischen Revolution den Schauplatz nennt, worauf Völker-
schicksale sich vollziehen. Man weiß, wie Göthe durch diese
große Begebenheit so erschreckt wurde, daß er geradezu besorgte,
die ganze Weltordnung gehe aus Rand und Band. Durfte er
seinem Faust diese seine persönliche Stimmung leihen? Nein!
Nimmermehr! Der Faust, der mit Wagner bis an jene Stelle
gesprochen hat, was Göthe ihn sprechen läßt, ist eine Feuerseele,
in deren Mund eine solche Ansicht als blasirt erscheint; dieser
Faust könnte nur klagen, daß die Geschichtsforschung und Ge-
schichtschreibung nicht aus dem Vollen und Ganzen schöpfe, nicht
in das bewegende Gesetz der Erscheinungen eindringe; er müßte
spotten auf die Oberflächlichkeit, die an der Schale herumtastet
nicht dürfte er für unmöglich halten, zum Kerne zu gelangen;

Fauſt ſetzt ja voraus: es gibt eine Wahrheit, er verachtet alle
gegebene Wiſſenſchaft nur, weil ſie, wie er ſie kennt, nicht zu
ihr, nicht zum Weſen vordringt; die Conſequenz wäre, daß er,
wo von der Geſchichte die Rede iſt, ebenfalls einen ſchlechthin
werthvollen Kern annähme, der ſich finden laſſen müßte, nach dem
aber die Geſchichtsforſchung nicht frage, weil ſie an der Oberfläche
hängen bleibe. Seine Worte lauten aber dahin, daß ſich ein
Kern, d. h. die geſchichtliche Wahrheit überhaupt nicht finden laſſe.
Nimmt man nun das oben weiter Angeführte hinzu, ſo lautet
Göthes Meinung alſo, wie wir geſehen, weiter: wenn ſich ein
Kern finden ließe, ſo wäre es ein ſchlechter, ein fauler. Das ſteht
nun zwar nicht auch in Fauſts Geſpräch mit Wagner, aber
folgern läßt es ſich leicht. — Durch Wagners Worte „allein die
Welt — erkennen" wendet ſich nun das Geſpräch auf die reforma-
toriſchen Geiſter, die großen Volkslehrer in der Geſchichte. Und
was ſagt Fauſt von ihnen? Daß man ſie von je gekreuzigt
und verbrannt habe, weil ſie „thöricht gnug ihr volles Herz
nicht wahrten, dem Pöbel ihr Gefühl, ihr Schauen offenbarten."
Nun, wären Sokrates, Jeſus, Huß, Luther nicht ſolche Thoren
geweſen, wo ſtünden wir? Der jugendliche oder noch jugendlich
fühlende Göthe hätte ſtatt „thöricht gnug" ſicher geſchrieben:
„kühn genug." Die peſſimiſtiſche Anſicht über alle Geſchichte
ergibt ſich nun aber klar genug aus dieſer ganzen Stelle: geht die
Menſchheit ſo mit ihren großen Lehrern um, ſo wird ihr Ge-
ſammtleben eben ein Beſtienleben ſein. Aber dieſe mißhandelten
Geiſter haben, ſo meinen Andere, doch etwas bewirkt und alle
hat man doch nicht gekreuzigt und verbrannt. Es entſteht nun
durch dieſen letzten Theil des Geſprächs ein ſchreiender Wider-

spruch mit dem Inhalte des Prologs; dieser befaßt die moralische Welt trotz ihren Wirren unter das waltende Gesetz der Ordnung und Entwicklung wie die physische, dieser blickt nicht trostlos, nicht menschenverachtend wie Faust im Momente so trüber Selbstvergessenheit. Wir haben schon zum Prolog auf solche Stellen hingewiesen, da wir von pessimistischen Stunden der großen Dichter sprachen. Sie sind eben Schatten im Lichte des klaren Optimismus, in welches eben durch den Prolog das ganze Gedicht schon vornherein gestellt ist.

Der Monolog Fausts nach Wagners Abgang ist im ersten Abschnitt besprochen und die nöthige Anschwellung gegen den Moment hin vermißt, wo der Gedanke des Selbstmords aufzuckt. Was es ist, das ihn über die Todesangst emporhebt, die sonst der Ausführung eines so furchtbaren Entschlusses vorangeht, habe ich längst (A. Krit. G. B. II. S. 203) in den Begriff zu fassen gesucht, der Selbstmord habe für Faust dieselbe Bedeutung wie die Magie, die Beschwörung des Erdgeistes: beidemal ist die Absicht, die Spannung der Subjectivität gegen das unerkannte Object aufzuheben, mit dem Unterschiede, daß die Magie das Object nöthigen will, sich zu offenbaren, der Selbstmord das Subject in das Object hingibt, um in ihm zu sein, es zu durchschauen und essentiell in es überzugehen, dem Empedokles gleich, der sich in den Krater des Aetna, dem Aristoteles der Sage gleich, der sich in den Euripus stürzt, da er seine Fluth und Ebbe nicht begreifen kann. Glaubte Faust bei der Erscheinung des Erdgeists schon „in die Adern der Natur zu fließen und schaffend Götterleben zu genießen," stieß ihn aber der Erdgeist zurück, so hofft er nun, durch den freiwilligen Tod es zu erreichen, daß er „auf neuer Bahn den Aether durchdringt zu neuen Sphären reiner Thätigkeit." Doch zu dieser mystischen Anschauung, die man auf logische Denkbarkeit nicht ansehen darf, weil sie eben mystisch ist und sein soll, kommt noch etwas Anderes, was den stolz Entschlossenen über die Todesangst weghebt, und dieß ist eine ganz klare Erkenntniß. Sie ist ausgesprochen in den Worten:

> Vor jener dunkeln Höhle nicht zu beben,
> In der sich Phantasie zu eigner Qual verdammt,
> Nach jenem Durchgang hinzustreben,
> Um dessen engen Mund die ganze Hölle flammt.

Faust weiß, daß der Tod kein Uebel ist; er wird das griechische Wort kennen: „warum soll ich den Tod fürchten? Entweder ist er, dann bin ich nicht, oder bin ich, dann ist er nicht." Nur die Phantasie macht den Tod zum Uebel, indem sie durch eine fast unüberwindliche Illusion uns bestimmt, uns lebend in den Tod hineinzudenken, als empfänden wir mit einer Hölle von Qualen, daß wir todt sind. Man erzählt von Soldaten, die sich vor der Schlacht aus Angst vor dem Tod erschoßen; es war nicht Angst vor dem Tod, wie sie meinten, sondern Angst vor der Todesangst; sie handelten logisch richtig, indem sie die sehr abgekürzte Todesangst, die einem Selbstmord vorangeht, der langen vor und in einer Schlacht vorzogen.

Wie manches Schwierige die Scene: Glockenklang, Ostergesang bei all ihrer theatralischen Schönheit zu denken gibt, habe ich zu zeigen gesucht, als von den vielen Opernmotiven in unsrem Gedicht die Rede war. — Gerne möchte ich bei der epischen Schönheit des Lebensbildes verweilen, das der Spaziergang vor

dem Thore bietet; der gegenwärtige Gang fordert aber, daß
wir uns auf das Wesentlichste des Inhalts beschränken. Dieß ist
Faufts Stimmung; daß der Wunsch, zu fliegen, in leidenschaft-
licherer Form hervorbrechen sollte ist im ersten Abschnitt an jener
Stelle gezeigt, wo eine gewisse, in diesen späteren Zusätzen
sichtbare Abnahme der Kraft in Darstellung der Leidenschaft zur
Sprache kam. Wie dieser Wunsch durch den Anblick der untergehenden Sonne erregt wird, ist lyrisch wunderschön gegeben;
dann spricht Faust die berühmten Schmerzensworte von den
zwei Seelen in seiner Brust, wonach es scheint, es bekämpfe sich
in ihm einfach der Idealdrang und der sinnliche Weltdrang.
Der Dichter kann und will aber in diesem lyrischen Momente
nicht das Ganze der Verstrickung zum Ausdruck bringen, worin
sich Faust befindet. Nicht nur diese zwei Seelen liegen ja miteinander im Conflict, sondern jede von beiden befindet sich in
einer tragischen Hemmung: der Idealtrieb als Erkenntnißtrieb
kann den Eingang zur Wahrheit nicht finden, weil er jede Brücke
verachtet, und der sinnliche Welttrieb den Eingang zur Welt
nicht, und zwar aus demselben Grunde. Wir haben es schon
im ersten Abschnitt als einen nur rasch gegriffenen Ausdruck bezeichnet, wenn Schiller den Kern des Gedichts in dem verun-
glückten Streben findet, das „Göttliche und Physische im Menschen zu vereingen"; auf diesen wesentlichen Punct muß in spä-
terem Zusammenhang tiefer eingegangen und gezeigt werden,
wohin ein Geist mit der Losung: Alles oder Nichts! gelangen muß.

Monolog im Studirzimmer, erste Scene zwischen Faust und Mephistopheles.

Die Probe von Bibel-Exegese in dem Auftritt nach dem Spaziergang bleibt ein seltsames Stück. Ich kann sie nicht zu denen zählen, die dem unbefangenen Dichter ihr Dasein verdanken, die zum philosophischen Denken auffordern und doch poetisch geschaut sind. Daß es ein Verstoß gegen die Consequenz der ersten Scenen ist, wenn Faust die Wahrheit bei der Offenbarung im positiv christlichen Sinne des Wortes sucht, dieß hat die Kritik längst nicht übersehen; es ist durch das Bedürfniß, sich zu sammeln, wohl motivirt, daß er trotz der Beschämung durch den Erdgeist noch einmal zu seiner alten Liebe, zum Forschen nach der Wahrheit, zurückkehrt, es ist aber durch die Prämissen nicht motivirt, daß er nach der Bibel greift, sondern sie sind dagegen. Doch er wählt ja den Anfang des Evangeliums Johannis, er hat es hier mit neuplatonischer Philosophie zu thun und man kann sagen, hiemit lenke der Dichter in die unterbrochene Linie seiner Charakterzeichnung doch richtig wieder ein; die alte Annahme Göschels, er wolle sagen, Faust befasse sich mit unfruchtbarem Begriffespalten, bedarf keiner Widerlegung mehr. Aber was Göthe nun bringt, ist doch sonderbar und auf ganz andere Weise dunkel, als die ersten Monologen. Jene versteht, wer den heiligen Durst nach Erkenntniß der Einheit alles Seins je gefühlt hat, ja auch nur nachfühlend sich in ihn zu versetzen vermag, diese Probe von Exegese versteht kaum, wer

die ganze Literatur der Logos-Lehre studirt hat; sie sieht aus,
als wolle der Dichter sagen: da seht, ob ich nicht auch philosophiren kann. Es ist hier nicht der Ort, dem Einzelnen zu
folgen, der Leser weiß längst, daß ich keinen Commentar schreibe;
ich beschränke mich auf eine Bemerkung über die Worte: „und
schreibe getrost: im Anfang war die That". Wenn Göthe so
viel Werth darauf legt, den Ursprung des Universums auf eine
Urthat, nicht blos auf einen Urgedanken zurückzuführen, so will
es mir scheinen, es liege darin etwas wie eine Erklärung gegen
Fichte. Man könnte einwenden, gerade nach Fichte sei ja die
Welt ein Act, aber daß er diesen Act als Act des Ich faßte, diese
Grund-Idee des subjectiven Idealismus mußte Göthe, dem Naturandächtigen, aufs Aeußerste mißfallen und er hat dieß Mißfallen
bekanntlich oft ausgesprochen. An dem Begriff That gefiel ihm das
völlige Heraustreten, der Schlag, wodurch das unbekannte Eine
Wesen der Dinge Dasein wird und ist. „Gott ist das Dasein,
das Dasein erkennen, heißt Gott erkennen," hat er ja gesagt.
Alles, was innen ist in der Welt, ist auch heraus. Sein meta-
physisches Denken, wenn man es so nennen kann, war tief-
sinniger, von Gesetz zu Gesetz aufsteigender Empirismus. Die
Einheit aller Einheiten, das Grundwesen aller Wesen getrennt
von seinem Dasein in den Wesen in die Form des Begriffs
zu fassen, war nicht Sache seines intuitiven Inductionsverfahrens.
Er läßt sich also nicht ein auf die Frage, was das Subject zu
dem Begriffe That und was der Grund und die Nothwendigkeit des sich Erschließens, des energischen Herausgehens sei, sondern gefällt sich einfach in der Vergegenwärtigung des Vollen
und Resoluten, das in der Vorstellung der That liegt. Man

könnte an Schopenhauers Willen und an Hartmanns Unbewußtes
denken, nur müßte man sich dabei Alles fernhalten, was beide
Philosophen auf diesem Grund aufgebaut haben und wovon
man sich denken kann, wie es einen Göthe angewidert hätte.
Wobei ich nun aber beharren möchte, das ist der Eindruck, daß
die Stelle immerhin kein glückliches Einschiebsel im Faust sei,
sondern ein Versuch des Dichters, den wartenden Philosophen
einen guten Brocken zu bieten in einem Stück Metaphysik, welches
nun doch immerhin etwas zu schwer und dunkel ist auch für
ein Drama, das freilich immer nur Wenigen ganz verständlich
sein kann.

Wir überspringen die Beschwörung und sehen uns gleich,
wie er hervortritt, den Mephistopheles an, ehe wir an die Arbeit gehen, die bisherigen Andeutungen über sein Wesen und die
Züge, die wir noch zu sammeln haben, strenger zusammenzufassen.
Es mag wohlthun, vor Antritt des schwierigen Geschäfts rein
betrachtend bei dem Doppelschein der Komik zu verweilen, in
welchen der Höllensohn getaucht ist. Als dem Geiste des puren
Realismus ist ihm jede ideale Erhebung, die ächte und die falsche,
die Begeisterung wie die unvernünftige Excentricität, komisch und
er weist ihr auf Schritt und Tritt diese Komik auf. Die Ironie
ist daher sein Element, darin ist es ihm wohl, fühlt er sich bequem und schon dadurch hat seine Figur etwas Behagliches.
Allein er ist auch selbst naiv, er lacht nicht nur über Andere,
sondern wir lachen auch über ihn, das ist die zweite Quelle von
Komik. Natürlich kann das nun eigentlich nicht sein; ein Wesen
äzend wie Scheidewasser kann doch nicht naiv sein. Ebendieß
Unmögliche hat nun aber der Dichter wirklich gemacht und

daburch wird Mephistopheles im poetischen Scheine zu einem
wirklichen Wesen; er kann leben, denn er widerspricht sich; was
fabengerab widerspruchslos ist, kann ja nicht leben, ist nur eine
Linie, eine logische Kategorie. Aber nicht gewaltsam ist ihm
dieser Widerspruch angeheftet; das Band besteht einfach eben
darin, daß die bloße Eigenschaft, den Realismus zu repräsentiren,
in eine Lust und Liebe, in einen menschlichen Appetit und hiedurch der Realismus in einen Realisten verwandelt ist. Daher
ist er z. B. geizig, daher kann er sich verwundern, daher begreift er nicht, wie man Sonne, Mond und alle Sterne zum
Zeitvertreib dem Liebchen in die Luft verpuffen könne; daher
geräth er naiv in Wuth, da ein Pfaffe das erste Geschenk für
Gretchen einstreicht; die Habsucht der Kirche ist ja eigentlich
Wasser auf seine Mühle, jetzt aber vereitelt sie ihm gehabte
Mühe und stört ihm einen Zweck, auch kann er ganz menschlich
die Pfaffen nicht ausstehen, einfach, weil er grundgescheut ist;
freilich er agirt zugleich seinen Zorn, er spielt ihn, doch nicht,
daß er darum nur fingirt wäre, beides schimmert im Zwielicht
durcheinander. Ebenso verhält es sich mit seiner Angst, er möchte
von Frau Marthe Schwertlin geheirathet werden; er weiß, daß
das nicht geht, dennoch wird ihm naiv bange. — Für diesen
Doppelschimmer subjectiver und objectiver Komik hatte die Phantasie des Dichters freilich einen Anknüpfungspunct im Volksteufel und seiner Rolle in den Mysterien, aber wer außer ihm
hat solche Tiefen daraus gezogen? —

Hier erinnere ich nun an die eigenthümliche Aeußerung
Schillers im Briefwechsel, die ich im ersten Abschnitt angeführt
habe, ohne bei ihr zu verweilen. Schiller sagt, eine Schwierigkeit

finde er darin, daß der Teufel durch seinen Charakter, der realistisch sei, seine Existenz, die idealistisch sei, aufhebe, denn nur
die Vernunft könne ihn so, wie er da sei, gelten lassen und begreifen. Man sollte meinen, das Umgekehrte sei aufzustellen,
und ich habe dieß mittelbar schon gethan, als ich gegen den
Schluß des ersten Abschnitts darauf hinwies, wie Göthe mit
der Sage spielt, die Illusion aufhebt und wiederherstellt. Die
Sache stellt sich so. Schillers Auffassung ist: Wahrheit hat
der Teufel nur als Repräsentant einer Vernunft-Idee, d. h. der
Idee des Bösen; alles einzelne Böse in die Einheit eines Begriffs gesammelt, dieß ist Mephistopheles und so genommen ist
er eine Wahrheit für das Denken. Daraus wird gefolgert,
Mephistopheles dürfte eigentlich nicht realistisch behandelt sein,
nicht behaglich, als könnte er sinnlich existiren. Hienach kann
es scheinen, als zöge Schiller eine pathetische Behandlung vor,
einen Miltonischen oder Klopstockischen Teufel, denn er dachte
sich wohl, da im Begriffe des Bösen wesentlich die Empörung
gegen die Weltordnung enthalten sei, so sollte dieser Zug zu
starkem rhetorischem Ausdruck gelangen; zugleich wird er ihm
weniger Körper gewünscht haben, geisterhaftere Erscheinung, die recht
merklich auf die Transcendenz der Bedeutung hinwiese. Unsere
Auffassung dagegen ist diese: von dem Gesetze der Poesie aus-
gehend sagen wir: da Täuschung nöthig ist, muß der Teufel
realistisch gehalten, es muß ihm der Schein sinnlicher Wahrheit
geliehen werden, daher hat ihn Göthe behaglich, ja naiv behandelt;
diese Wahrheit wird aufgehoben, wo Göthe den Mephistopheles
so deutlich heraussagen läßt, daß er nur symbolischer Repräsentant einer Vernunftwahrheit sei. Beide Auffassungen gehen

vom entgegengesetzten Ende aus. Dennoch gelangt Schiller von
der seinigen nicht, wie es scheinen könnte, zu einem Tadel der
Göthe'schen Behandlung; seine Sätze sind nur nicht ganz ausgeführt, er will wohl sagen: ich hätte eher einen pathetischen
und einen transparenteren Teufel erwartet, allein auch so lasse
ich mir ihn sehr gerne gefallen, da mich das Spiel des Dichters
ergötzt, der mir den Widerspruch zumuthet, mir eine Vernunft-
Wahrheit als behaglich sinnlich existirende Person vorzustellen.
Und wir gelangen ebensowenig zu einem Vorwurf gegen den
Dichter, vielmehr zu einem hohen Lobe, indem wir finden, daß er
den Sinnenschein durch öfteres Hervorscheinen der Begriffs-Wahr-
heit aufhebt, denn wir finden ja zugleich, daß er ihn augenblicklich
wieder herstellt durch irgend einen realistischen Zug (und wäre
es eine gewisse Geberde wie in der Hexenscene). Und so treffen
beide Ansichten von entgegengesetzten Ausgangspuncten zusammen
und vereinigen sich im Wohlgefallen am Spiel zwischen Täuschung
und Enttäuschung. — Ein anderer Punct ist der merkwürdige
Stellenwechsel zwischen der Bedeutung, die Faust, und der, die
Mephistopheles vertritt; Schiller berührt ihn ebenfalls, wir
nehmen ihn an anderer Stelle auf.

Mephistopheles führt sich, wie er aus seinen Verwandlungen
herausbeschworen ist, ganz im Sinne gut realistischer Illusion
mit dem weltmännisch nachlässigen Wort ein: „wozu der Lärm?"
Was aber nun folgt, scheint mir nicht zu den Zügen genialer
Führung, Aufhebung und Wiedererzeugung der Illusion zu gehören. Es ist die harte Nuß seiner Selbstdefinition. Ich gestehe, noch jetzt wie früher (A. Krit. Gänge B. II., S. 55, 134,
206) der Ansicht zu sein, daß hier ein Stück wenig geglückter

Philosophie vorliegt. Die metaphysische Auslassung beginnt mit einem genialen Worte, das mir aber als zu starke Störung der Illusion erscheint:

> Ein Theil von jener Kraft,
> Die stets das Böse will und stets das Gute schafft.

Wahr und tief, aber kann Mephistopheles ein so aus-gesprochenes Bewußtsein davon haben, daß das Böse schließ-lich der sittlichen Weltordnung dienen muß, und wenn er es hat, wird er bei Faust damit herausplatzen? Köstlins Erklärung, Mephistopheles wolle nicht sagen, daß durch das Böse sein Gegen-theil herauskomme, sondern verstehe gerade unter dem Zerstören selbst das Gute, kann doch wohl kaum ernstlich gemeint sein. Ein anderer Punct in diesem an sich so tiefen Worte, der Begriff: Theil, ist wohl eher zuzugeben, als ich sonst meinte; es besagt: eine der Aeußerungsformen des Bösen, in einem besonderen Teufel vertreten, — die Fiction, die schon der Prolog im Himmel neben der ganz rationellen Wahrheit festhielt. Zwar bleibt immer etwas Unadäquates zurück, wenn auf eine Figur, die der Phantasie, der anthropomorphischen Vervielfältigung ihr Dasein verdankt, so nachdrücklich der logische Begriff des Theils angewendet wird, wie es hier noch besonders durch das folgende „Theil des Theils" geschieht, allein man läßt es sich um so eher gefallen, weil dadurch eine Rede des Mephistopheles eingeleitet wird, die zu seinen charakteristisch bedeutendsten gehört und aus der vorliegenden Stelle, deren Ganzes ich nicht zu den glücklichen zähle, sich als höchst werthvoll heraushebt; es ist eine der mitten in die Idee des ganzen Drama treffenden Wahrheiten, die Mephistopheles gegen die titanische Ueberhebung ausspricht: „wenn sich der Mensch, die kleine Narrenwelt, gewöhnlich für ein Ganzes hält, ich bin ein Theil des Theils" u. s. w. Wir werden diese Rede nicht vergessen, sparen es aber zur Erörterung des Contractschlusses auf, näher in sie einzugehen. Nun aber das Weitere, die Stelle im Ganzen, nämlich die Vertauschung des Begriffs des Bösen mit dem der Zerstörung in der Natur: was ist davon zu halten? Rationell betrachtet kann man nur sagen: das Zerstörende in der Natur kann als Metapher für das Böse dienen; Leiden, Vergehen, alles Uebel, wie es in der Begrenztheit, Endlichkeit der Dinge begründet ist, theilt mit dem Begriffe des Bösen den der Negation; aber damit ist keine innere Verwandtschaft zwischen beiden gesetzt; sie können in Zusammenhang treten, können sich aber auch abstoßen, d. h. Leiden kann Versuchung zum Bösen, aber auch Sporn zum Guten werden, umgekehrt enthält sinnliches Wohlsein Reiz zum Bösen und Mephistopheles liebt sich daher die vollen, frischen Wangen, aber es kann auch der naturvolle Träger sittlicher Tüchtigkeit sein. Allerdings kann man sagen, Mephistopheles liebe sich die rothen Wangen nur, um sie durch die Verführung und ihre Folgen zu bleichen, man kann hinzusetzen, wenn das Böse allgemein würde, so müßte am Ende das Menschengeschlecht auch physisch verderben; allein das sind Umwege des Gedankens, welche Göthe um so weniger durchlaufen haben kann, da ja sein Mephistopheles sich mit allem Finstern und Zerstörenden in der unorganischen Welt, also abgesehen von der Menschheit, identificirt. Er spricht wie ein Parse, dem Finsterniß und Zerstörung in der Natur nicht blos als Metapher des Bösen dient, der sie vielmehr mit ihm identificirt wie das Licht mit dem Guten. Erinnert man sich nun, wie die Naturphilosophie Gedanken und mythische Vorstellung zu mischen liebte, wie ihr Begründer Schelling das Böse aus dem „dunkeln Grund in Gott" ableitete, so kann man sehr wohl darauf kommen, diese Stelle als eine derjenigen anzusehen, worin Göthe den wartenden Philosophen zeigen wollte, daß er das Examen bestehen könne. Da aber Göthe Göthe ist, so fehlt es auch hier, wo er eigentlich aus der Poesie herausgeht, um es jenen zu Danke zu machen, nicht an Schönheiten, großen Anschauungen, körnig klangvollen Versen. Doch halt! Sollte nicht folgende Stelle uns auf eine ganz andere Erklärung führen? Es sind, nachdem Faust gesagt hat: „so setzest du der ewig regen" u. s. w., die Worte des Mephistopheles: „wir wollen wirklich uns besinnen! Die nächsten Male mehr davon!" Sollte das nicht etwa bedeuten: „du wirst schon merken, was eigentlich mein Territorium ist und wie ich dir für jetzt nur einen blauen metaphysischen Dunst vorgemacht habe?" Vielleicht; wer weiß? Ist aber die Schuld im Leser oder im Dichter, wenn man mit dieser skeptischen Frage abbrechen muß?

Nachdem einmal den Hauptinhalt dieses ersten Gesprächs zwischen Faust und Mephistopheles die Selbstdefinition des letzteren bildete und die eigentliche Aufgabe, den Faust noch ungleich stärker, als die Eindrücke des Spaziergangs es gethan, auf die Welt zu reizen, durch einen Geistergesang gelöst werden sollte, war es ein guter Griff des Dichters, die Scene so zu führen, daß Mephistopheles sich empfehlen möchte, ein Hinderniß im Drudenfuß auf der Schwelle findet und Faust im schmeichelnden Bewußtsein, den Teufel gefangen zu halten, „gute Mähr" von ihm zu hören wünscht. Es ist ein feines Motiv, daß durch diese Situation sein Appetit zur Welt merklich angeschärft wird. Dieß benützt denn Mephistopheles durch die Gesang-Aufführung seiner Geister, die wir bei der Frage besprochen haben, wie die manchen Opernstücke in unserem Drama zu schätzen seien. Ein Schlaf bildet nun die Grenze zwischen dem alten Zustand und dem neuen Lebensgang des Helden.

Zweites Gespräch des Faust und Mephistopheles.
Die Wette, der Bund.

Geht man nicht ohne Scrupel von dieser Scene hinweg, läßt sie sich jedenfalls nicht unter diejenigen zählen, welche beweisen, daß auch in den Jahren der Stockung des Gedichts (zunächst von 1790 bis 1807) in einzelnen Momenten doch wieder die rechte, ganze Stimmung über den Dichter kam, so liegt dagegen ein Vollbeweis der Wiederkehr seiner Schwungkraft vor in der ersten, größeren, während dieser Zeit entstandenen Hälfte des zweiten Gesprächs mit Mephistopheles, deren Mittelpunct der Abschluß des Vertrages bildet. Ein wahrer Lichtbliß fährt hier zwischen die Dünste der rathlosen Säumniß und die zweifelhaften halbhellen Streifen auf der breiten Haide dieser sieben Jahre, so stark und mächtig wie der Prolog im Himmel, vielleicht noch mächtiger, weil es hier doch noch ganz anders galt, geahnten Tiefsinn ganz in den Körper concreter Handlung einzusenken,

denn hier wird ein durchsichtiges Hervorscheinen der Idee nicht
so wie dort vom mythischen Apparat erleichtert, Mephistopheles
agirt wohl als höllischer Geist, hat aber ganz realistisch wie ein
kluger Weltmann eine stürmische Menschenseele zu bearbeiten, und
nun war der Zustand dieser Seele darzustellen, wie darin —
so sagt ja Göthe ein andermal vom Zustande verwandter Gemüther, von seinem eigenen in der Zeit des Sturmes und
Dranges — „ein Bild des Unendlichen wühlt." Wir sind
wieder ganz in jenem Elemente, wo begriffmäßiges Denken dem
Dichter so schwer in die Tiefen seiner Ahnungsfülle folgt.

Wie sich das Neue dem Alten anschiftet, wird sich nun bei
der Betrachtung des Gesprächsganges mitergeben. Daß in der
ersten Ausgabe (1790) die Scene mitten in einem Satze mit
den Worten Fausts begann: „und was der ganzen Menschheit
zugetheilt ist," erinnert sich der Leser aus der Uebersicht der
Entstehungsgeschichte im ersten Abschnitt.

Wieder ganz frischweg und behaglich führt Mephistopheles,
dießmal in seiner Junkertracht, sich ein, um schon durch seine
Erscheinung anzukündigen, daß es nun in die Welt gehen soll,
und nur ein Blick, ein Accent wird sagen, was Alles in den
Worten sich versteckt: „damit du losgebunden, frei, erfahrest,
was das Leben sei." Erfahrung! Die kein Denken ersetzt! Deren
Sinn keine Jugend ahnt, auch Faust, im späten Mannesalter
jugendlich, nicht ahnt! Würde er es z. B. glauben, wenn man
ihm sagte: du, ein edler, reiner Mensch von hohem Streben,
wirst in Kurzem ein gutes Mädchen aufs Blutgerüst bringen
und ihm den Bruder erschlagen? „Losgebunden, frei" — lautet
harmlos heiter, scheint eben zu heißen: aus deiner engen Zelle

in die Welt geführt, ohne die Pflichten und Rücksichten deines
Amtes; nun wird ihm aber die Zauberhülfe des Mephistopheles
die Bewegung im Leben so erleichtern, daß er sich nirgends zu
binden braucht, er wird „fliegen,“ dieser Wunsch ist ihm erfüllt,
und die äußerliche Leichtigkeit, sich nicht zu binden, wird unmerk-
lich für einen an sich gewissenhaften Mann eine Verführung
werden, die Bande zu lockern, mit denen das Gewissen bindet.

Mit der ersten Gegenrede Fausts sind wir mitten in der
Frage über Wesen, Werth oder Unwerth der Illusion, also
mitten in einer Frage, welche die Theorie der Pessimisten zu
einer ganz modernen gemacht hat. Wir müssen uns, sieht man,
mehr als einmal mit diesem Standpunkte beschäftigen. Schon der
Prolog führte uns darauf und schon dort ist etwas von falschem Auf-
rechnen der Weltübel gesagt, von einem sich Verrennen und Verboh-
ren in die schwarzen Stellen des Lebens, aber es ist noch nicht des
Näheren davon die Rede gewesen, wohin in einer richtigen Welt-
rechnung die Illusion zu setzen ist. — Faust klagt über Ent-
behrung nicht darum, weil ihm seine Lage zu wenig Genuß erlaubt; im ersten Monolog hat er wohl ausgerufen: „auch hab'
ich weder Gut noch Geld“ u. s. w.; jetzt aber ist nach dem
klaren Wortlaut sein Klagepunct ein ganz anderer. „In jedem
Kleide werd' ich wohl die Pein des engen Erdenlebens fühlen,“
— also mitten im Ueberfluß des flotten Weltlebens, das ihm
Mephistopheles verspricht; wir erfahren, daß er, mag er nun
viel oder wenig genießen, im Genießen nicht genießt. Er sagt
allerdings, er sehe an jedem Morgen nur mit Entsetzen den Tag
kommen, der ihm auch nicht Einen Wunsch erfüllen werde, aber
er setzt hinzu: „der selbst die Ahnung jeder Lust mit eigen-

sinn'gem Krittel mindert, die Schöpfung meiner regen Brust
mit tausend Lebensfratzen hindert." Bei dem eigensinnigen
Krittel dachte ich früher nur an ein hypochondrisches Zerlegen
und Zersetzen jeder Lebensfreude. Der nächste Sinn ist aber
dieß nicht, denn Subject des Satzes ist ja der Tag, er ist es,
der zu jeder Lust auch ihre Aufhebung bringt, das Uebel wird
also zunächst als ein von außen kommendes bezeichnet. Der
Krittel ist dasselbe, was die Lebensfratzen. Göthe sagt einmal
zu Eckermann (es handelt sich zufällig eben vom zweiten Theil
Faust), er müsse in frühen Morgenstunden die Dichtung vornehmen, wo er sich noch von Schlaf erquickt fühle und wo die
Fratzen des täglichen Lebens ihn noch nicht verwirrt haben.
Der Krittel und die Lebensfratzen sind zunächst alle Störungen,
welche, von außen kommend, jede — so sieht es Faust an —
gehobene und harmonische Stimmung durchkreuzen, an ihr nagen,
tratzen, sie thatsächlich so verderben, wie ein krittelnder Mensch
durch Reden am Guten nichts Gutes läßt. Faust hat für diese
misère des Lebens und muß haben die ganze nervöse Empfind-
lichkeit geistiger Naturen. Man erinnere sich an: „O Tod, ich
kenn's, es ist mein Famulus," und „darf eine solche Menschenstimme
hier, wo Geisterfülle mich umgab, ertönen?" Unzeitige, unbequeme,
langweilige Besuche sind recht ein Beispiel für alle die kleinen Steine,
die uns der dumme Zufall zum Straucheln täglich in den Weg
wirft, bis zum Schubfach, das nicht gehen will, bis zum Härchen
in der Schreibfeder, für all die armseligen Geschäfte, die keinen
Griff werth sind und zwanzig kosten. Faust ist nicht wie Andere, die das leicht verschmerzen, er spinnt sich wie alle Idealisten
eine ganze Metaphysik der Verzweiflung daraus und sein Stolz

ist es, keine Geduld dafür zu haben. Man versuche es, solchen
Naturen Geduld zu predigen in den taglangen Reibungen mit
dem Bagatell! Man wird übel ankommen, denn sie haben einen
andern Begriff vom Werth ihrer Zeit, als das Weib, zu dessen
Pflichten die Geduld in kleinen Dingen gehört, und als ein
Mann, dem die Phantasie fehlt, um die Kobolde zu sehen, die
sich in Holz, Leder, Feder und in lästige Menschen stecken, um
uns das Leben sauer zu machen. Nun kommen erst die schwereren
Erfahrungen, äußere und moralische, und zu diesen werden für
Faust vor Allem die Erfahrungen menschlicher Kleinheit des
Denkens, Gemeinheit der Gesinnung gehören. Für alles dieß
hat er eine zu weiche Haut, ist schaallos wie Werther, wie —
Hölderlin, der „siebzig Mal an einem Tag vom Himmel
auf die Erde geworfen wird;" nur ist er männlicher und
wüthet, wo diese seufzen. Der Idealist, wenn er daran gehen
will, irgend ein inneres Bild wahrer Lebensfreude in die Wirklichkeit hineinzutragen, fährt in sich zurück, sobald er an
ihre Kanten und Ecken anstößt, die ja allerdings irgend einen
Riß in jede stoßen. Denn er hat sich ein Unendliches ver-
sprochen, sein inneres Bild war das Bild eines Vollkommenen,
und er erträgt nicht den kleinsten der Makel daran, ohne
die es doch bei der Realisirung nicht abgeht. So bricht er die
Brücke zur Wirklichkeit ab, er kann das Unendliche in sich mit
der Endlichkeit der Welt nicht vermitteln. Nun muß er, nachdem er dieß oft erfahren, an die Uebel denken, auch ehe sie
kommen und während er sich bloß verstellt, er gienge daran,
wieder einmal Freude zu suchen. „Die Sorge nistet gleich im
tiefen Herzen" u. s. w. So wird der eigensinnige Krittel nun

allerdings der feinige, er geht vom Ich aus, die Phantafie verwandelt ihm die Lebensfraßen in Geifterfchaaren, die ihn im Schlaf überfallen:

Auch muß ich, wenn die Nacht fich niederfenkt,
Mich ängftlich auf das Lager ftrecken;
Auch da wird keine Raft gefchenkt,
Mich werden wilde Träume fchrecken.

Der Traumfchauer vor diefen Gefpenftern verhundertfacht ihm, was er am vorigen Tage Störendes erlitten und was er am folgenden vielleicht erleiden wird, ihm ift, als lebte er in einer fürchterlichen Larvenwelt. So find fie, diefe hochgeftimm- ten Naturen: nervös, toll träumend, fcheue Geifterfeher, und wenn die Umftände ihnen das fchönfte Glück anbieten, zerpflücken fie es zum Voraus, indem fie denken: was wird auch viel daran fein? Hämifche Kobolde werden dahinter lauern! — Dieß alfo ift gemeint mit dem Entbehren, und daß wir richtig auffaffen, geht aus der folgenden Seligpreifung hervor: Fauft beneidet Jeden, welcher vom Tode mitten in der Trunkenheit der Freude überrafcht wird, welchem alfo keine Zeit gelaffen ift, durch Denken über den Genuß den Genuß zu zerfeßen, die Freude als Täufchung zu erkennen. Nun fragt es fich, ob Fauft denn blos an Freuden, an die Güter des Lebens, gar nicht an das Gute denkt, d. h. — da es fich hier um die Frage der Luft handelt — an die Luft, die das ethifche Thun und Wirken begleitet? Gerade diefe Frage wird uns Licht in das Dunkel feines Zuftandes bringen. Zunächft liegt einfach vor, daß er nur an die fogenannten Güter, nicht an das Gute, nicht an die Luft aus ethifcher Thätig- keit denkt; zwar fchweben ihm dazwifchen hinein auch Thaten vor: den „blut'gen Lorbeerkranz" erwirbt man ja nicht, wenn man die Hände in den Schooß legt; doch liegt darauf kein Nachdruck, er will ja in die Welt hinaus, um — so wollen wir es vorerst ungenau ausdrücken — das Leben genießend kennen zu lernen. Im Anfangsmonologe hat er außer Gut und Geld Ehr' und Herrlichkeit der Welt genannt. Die That wird er also vorerst nicht nach der Seite ihres Werthes, sondern nur ihres Glanzes betrachten. Von allen diesen sogenannten Gütern hat er nun aber keine Illusion. Zunächst muß uns also die Frage nach Grund oder Ungrund seiner Begriffe von Lust und Illusion beschäftigen.

Der moderne Pessimismus, auf den das ewig junge Gedicht so prophetisch hinausweist, betrachtet die Welt unter dem Standpunct des Eudämonismus. Der blinde, unvernünftige Wille bringt, mit der Vorstellung associirt, die Welt hervor, um Glückseligkeit zu schaffen, aber aus diesem Proceß ringt sich durch die Individuation das Bewußtsein hervor, welches, zur Klarheit fortschreitend, alle Glückseligkeit als Täuschung erkennt; der Wille hat also die ganze Arbeit nur vorgenommen, um sich durch das Bewußtsein als Selbstbetrüger zu erkennen, und das wahre Ziel des Weltprocesses ist hiemit, durch Erkenntniß der Unseligkeit alles Seins, des allgemeinen Welt-Elends dahin zu gelangen, daß der Wille zum Sein negirt wird. Nicht allgemeiner Selbstmord ist unter diesem Ziele verstanden, Ed. v. Hartmann verwirft den Selbstmord als Thorheit so stark als Schopenhauer; würde das ganze Menschengeschlecht sich tödten, das Unbewußte würde ein neues schaffen und der Jammer von vorn anfangen (— Entmannung, Selbstverschneidung wird neben-

bei auch genannt und abgewiesen —); es genügt, daß der höchst
fortgeschrittene Intellect der Majorität zum gemeinsamen Beschluß
gelangt, den Willen zum Sein aufzuheben, in sich zu verneinen, der
Wille wird zu todt gedacht werden, und mit ihm die Welt, die hiemit ihr Ende nimmt. Wir beschäftigen uns hier nicht mit der Frage,
ob eine Philosophie sich Monismus nennen kann, in welcher der
Wille, um das Dasein zu Stande zu bringen, sich mit der Vorstellung in Compagnie setzen, dann aber erleben muß, daß diese
vernünftig wird und ihm als einem Narren den Stab bricht,
— uns erscheint es als ein Gebäude des höchst dualistischen,
eigentlich manichäischen Wahnsinns —; es geht uns hier nur die
Kritik der Illusion an, wie sie zu dem Schlusse gelangt, daß alle
Lust nichtig sei. Ed. v. Hartmann widerspricht dem Satze Schopenhauers, daß die Lust nur Aufhebung des Schmerzes, also nur
privativer, negativer Natur sei; sie ist positiv, direct, kann aber nur
so kurz bestehen, daß sie doch ganz zum Verschwindenden wird gegen
die unabsehliche Welt des Schmerzes. Nun werden alle Quellen
der Lust, Güter, Freuden aufgereiht: Gesundheit, Jugend, Freiheit, Stillung des Hungers, Liebe, Ehre, Erwerb, Besitz u. s. w.,
in dieser Reihe tritt auch die Arbeit auf, die Freundschaft, die
Ehe, die religiöse Erbauung, die Wissenschaft, die Kunst, das
Wirken im höheren Sinn als Mitarbeit am Staat, an der
Aufgabe der Menschheit, und von jedem dieser Genüsse, jeder
dieser Thätigkeiten als Lustquellen wird aufgezeigt, daß die Lust
darin doch eigentlich nur momentaner Traum, also im Grunde doch
Täuschung sei. Nun kommen wir auf das Bild von einer falschen
Rechnung zurück, das wir bei der Analyse des Prologs gebraucht
haben. Auf diesem Zersetzungsgang, in dieser Zerreibungsarbeit

ist durchaus die Illusion von der falschen Stelle aufgeführt,
nämlich überall daneben; es sind zwei Colonnen; neben dieß
und dieß und dieß, was man zu den Gütern zählt, wird immer
die Frage gesetzt: wahre Lust oder Illusion? und dann, was
immer findbar, aufgestöbert, um unter: wahre Lust? nein, und
unter: Illusion? ja zu setzen. Dieß ist falsch; die Illusion ge=
hört in die Reihe, so daß es nur Eine Colonne gibt. Oder
ein anderes Bild, zum Lachen — geschmackvoll! Auf den Schüler=
Arbeiten zeichnet der Lehrer die Fehler („Schnitzer") mit einem
rothen Strich auf dem Falz an. So corrigirt der Pessimismus
dem Urwillen seine Welt und die rothen Striche auf dem Falz
besagen, daß die auf der Linie ihnen gegenüber verzeichnete Lust
keine Lust, sondern nur Illusion sei. Herr Präzeptor mag die
rothen Striche nur innen in den Text setzen und das Roth
als Farbe der Freude gelten lassen. — Ist die Lust Illusion,
so ist noch lange nicht bewiesen, daß sie keine Lust ist. Gewiß
gibt es ohne Phantasiezuthat keine Lust! Jeder dem Complex
unserer Persönlichkeit angemessene Zustand wird als Lust gefühlt,
Lust ist Gefühl der Harmonie. Ein solcher Zustand kann, da
alles Einzelne nothwendig beschränkt und mangelhaft ist, niemals
ungetrübt bestehen. Nun gibt es aber kein Gefühl ohne Phan=
tasie; ein Wesen, das fühlt, stellt auch vor; erhöhtes Gefühl
erzeugt auch erhöhte Bilder, dieß muß selbst in der ärmsten
Thierseele der Fall sein, obwohl wir uns von ihren Bildern und
Träumen kein Bild zu machen vermögen. Die erhöhte Phantasie
bringt aber dem erhöhten Gefühl etwas hinzu, sie geht in der
Erhöhung höher als dieses, erhöht also das schon Erhöhte, tritt
in die Lücken, ergänzt, schmückt und tröstet mit Bildern schönerer

Zukunft, wenn das Gefühl der Lust endigt und dem der Unluft
weichen muß. Dieß Werk der Phantasie, von deren leisestem
Antheil bis zur bilderreichsten und heißesten Verklärung nur
Eine Linie geht, in welcher bestimmte Grenzen nicht zu unter=
scheiden sind, dieß Werk, die Illusion, ist an jedem Gute das
eigentliche Gut, und beweisen, daß Illusion dabei ist, heißt also
nicht beweisen, daß nichts an der Sache sei, sondern nur, daß
man die Sache mit der Illusion zusammennehmen müsse, um
ihren Werth zu schätzen, und diese Schätzung wird bejahend aus=
fallen, weil sich kein Grund auffinden läßt, den Werth der
Phantasie zu bestreiten, der „seltsamen Tochter Jovis, seines
Schooßkinds" und mit ihr „der älteren, gesetzteren Schwester,
der stillen Freundin, der edlen Treiberin, Trösterin, Hoffnung."
Die Phantasie wird uns wohl auch zur Qual, zur Selbstqual,
aber dazu wird die Vernunft doch gut sein, ihr das bei Zeit
zu verwehren; diese, welche die gesunde Phantasie als den bessern
Theil der Sache selbst erkennt, wird ja auch gesunde und kranke
Phantasie zu unterscheiden vermögen. Die schwersten Qualen
bereitet uns die Phantasie in der Liebe; warum sollen wir
darum vergessen, welche Schönheit sie ins Leben bringt, indem
sie sich mit dem Geschlechtstrieb vereinigt! Schopenhauer hat ent=
deckt, die Liebe sei ein Spiel, das die Natur mit uns treibe, um
die gesundesten Kinder zu zeugen, indem sie uns in die Illusion
versetze, das Weib für das Weib aller Weiber zu halten, zu
welchem wir raçemäßig in einem Gegensatz stehen, der die frucht=
bringendste Ergänzung verspricht. Die Thatsachen sind in Mehr=
heit dagegen; in unendlichen Fällen tritt die Anziehung zwischen
Paaren ein, die in solchem eine tüchtige Mischungsfrucht ver=

sprechenden Gegensaße nicht stehen. Was es ist, das diesem
Mann dieses Weib und umgelehrt als den einzigen Mann und
das einzige Weib erscheinen läßt, ist rein unbestimmbar, wie alles
schlechtweg Individuelle, unfindbar, wie der Grund, warum der
Eine diese, der Andere jene Lieblingsspeise hat, die seiner Gesundheit häufig nicht eben zuträglich ist. Das Wesen der Sache aber
ist, daß mit der Fixirung des Geschlechtstriebs auf Eine Person
und mit der Phantasie-Täuschung, als wäre dieser Mann der absolute Mann, dieses Weib das absolute Weib, alle höheren Kräfte
der Phantasie, das ganze Gedankenleben, alle edelsten ethischen
Triebe, Wohlwollen, Muth der Aufopferung, Sinn für alles
Liebwerthe und Schöne in der ganzen Welt in Blüthe treten,
wie die Pflanze festlich ihr Höchstes in der Blume leistet, wenn
sie in den Befruchtungsproceß eintritt. Dieser Blüthenstand der
Phantasie ruht nun zwar auf einer Täuschung — obwohl doch
gewiß selten auf einer ganzen, denn warum soll nicht viel Werth
übrig bleiben, wenn man die Illusion absoluten Werths abzieht?
— aber diese Täuschung selbst ist werthvoll, ist geheimnißvolles
Werk eines unbewußten Zweckstrebens im Gattungsleben der Menschheit, den sinnlichsten ihrer Triebe zu ihrer Ethisirung zu benützen;
der Geschlechtstrieb hebt sich durch diese Illusion über sich, wird
im Sinnlichen unsinnlich, und so ist die Liebe, wenn auch Unzählige an ihr zu Grunde gehen, dennoch eine Wahrheit und
dient zum Segen. Und dieß ist das rechte Bild für das Wesen
aller Illusion. Sie ist die schönste unter den Einrichtungen
der Natur, — der ganzen nämlich, die Menschen-Natur dazu gerechnet —, die Illusion ist das Gut der Güter. Ein Narr, wer
sie sich zerstört! Vor Allem, weil er es erst nicht vermag, denn

fie rächt fich, indem fie ihm die Satisfaction der Eitelfeit über
diefes Zerftören als armen Erfat-Broden unterfchiebt; ein Narr,
weil diefe Eitelfeit im Zehren am Gram eben auch eine Art
von Jllufion, nur aber eine flägliche, weil das Selbftbedauern
und Selbftbefpiegeln in der Seefranfheit ein trauriger Troft in
der felbftgemachten Seefranfheit ift. Ein vernünftiger Mann
will daher feine Jllufion. Es gibt nun aber freilich Werth=
Unterfchiede in der Jllufion. Der flarere Menfch fann nicht
die Jllufion Hampelmanns theilen, der Sonntags mit Familie
in einen Garten wallt und in allem Elend diefer Sonntags=
freuden „fich doch amüfirt,“ aber er wird über Hampelmann
darum, obwohl lachen, doch nicht fpotten, fondern fich wohl be=
finnen, daß er anderswo und anderswie felbft feine Vergnügungs=
Jllufionen hat, und ihm daher die feinige gönnen, wie — Fauft,
darin vernünftiger als jetzt in feiner finftern Stimmung, auf
dem Spaziergang vor dem Thor. — Das Leben ift ein Theater;
der Naive fitzt darin mit einer Täufchung, als gefchehe wirflich,
was ihm vorgefpielt wird, der Blafirte mit gar feiner Täufchung,
als mit der, daß es intereffant fei, wenn er noch hineingeht, da
er doch feine mehr hat; der richtige Menfch freut fich am in=
haltsvollen Scheine, obwohl er den Schein als Schein weiß.
Doch das Bild hinft, denn das Leben ift fein Theater, wir
fpielen ja nit oder vielmehr, weil wir felbft auf der Bühne
find, ift es fein Spiel, fondern ein Wirfen.

Sagen wir nun: Wirfen, fo find wir mit diefem Begriff
eigentlich aus dem Jllufionsgebiet und hiemit aus dem Gebiete
des Luftbegriffs zunächft heraus, denn im Worte Wirfen liegt:
Arbeiten für den Weltzwed, alfo der Begriff des an fich Werth=

vollen, der Begriff: Gehalt, und an die Stelle des Begriffs des Gutes tritt der Begriff des Guten. Selbst der Pessimismus besitzt diesen Begriff auf seine Weise. Arbeiten am Weltzweck heißt für ihn: arbeiten an der Enttäuschung der Menschheit, an der Verbreitung der Einsicht in das Nichts. Hartmann nennt seine Leute Arbeiter im Weinberge des Herrn — wo freilich nach dieser Lehre ein saurer wächst. Nun können wir aber ganz davon absehen, daß nach den Voraussetzungen dieser Ansicht der Weltzweck die Ironie seiner selbst ist; die Arbeit ist auch nach ihr dennoch eine ernste und verdienstvolle, ja gerade so werthvoll, als ob in dem Weinberg ein süßer wüchse; also gibt es auch nach ihr ein Verdienst, ein solches kann man sich aber nur erwerben in einer Sache, die Werth an sich hat, und hiemit sind eigentlich die Pessimisten mit uns aus dem bloßen Lust- und Illusionsgebiet heraus und ist es inconsequent, wenn sie das Wirken anderswo unter den täuschungsvollen Genüssen aufführen. Nun habe ich aber gesagt, es sei ein Werth-Unterschied unter den Arten der Illusion festzustellen, wiewohl sie gut, recht, nothwendig sei. Ein solcher läßt sich nicht finden, wenn man den Maßstab nicht außerhalb der Illusion nimmt. Ihre Werth-Unterschiede sind nach dem Werth-Unterschiede des Gegenstands oder Inhalts zu bestimmen, dem jene Erhöhung der Lust durch Phantasie gilt, welche wir Illusion nennen.

Ehe wir weiter gehen, ist von dem Gebiete des rein Werth-vollen oder dem des Wirkens nach dem Gebiete der sogenannten Güter zurückzublicken. Es ist die Sphäre der Freuden, die uns werden, ohne daß wir uns bemühen, oder welche zu suchen wir uns so gerne bemühen, daß die Mühe nicht als Mühe gefühlt wird. Die Mühelosigkeit des Genusses führt den Schein mit sich, als verhalten wir uns blos receptiv; so entsteht die Vorstellung eines Gebietes der rein rezeptiven Lust. Umgekehrt erscheint die Arbeit als pure Thätigkeit ohne Genuß, hiemit ihr Gebiet als ein Gebiet der Unlust. Nach zwei Seiten sind diese Begriffe unrichtig. Wir sind auch im Genuß activ, nur (relativ) mühelos activ, während wir in der Arbeit mühevoll activ sind. So verhält es sich darum, weil dort unsere erste, gegebene Natur agirt, hier unsere zweite Natur, die sich auf der ersten aufbaut, aber auch mit ihr ringen muß, der Geist, der Geistwille. Die andere Seite des Irrthums ist die Meinung, daß die Arbeit, das mühevolle Wirken des Geistwillens nur von Unlust begleitet sei. Sobald dieser durch Gewöhnung Kraft gewinnt, stellt auch hier die Lust sich ein und zwar, da Lust und Illusion unzertrennbar sind, bestätigt und erhöht durch diese. Die Lust=Illusion im Wirken werden wir genauer zu betrachten haben; zuerst ist ein anderes Ergebniß ins Auge zu fassen. Nur an das innerlich Werthvolle wird sich Lust knüpfen, die nicht, sobald man sie näher prüft, in Schaum aufgeht. Wahren Werth haben wir nur im Wirken, in der Thätigkeit des Geistwillens gefunden. Blicken wir aber hinüber auf das Gebiet des sogenannten bloßen Genusses, so kann es sich doch nicht so mit ihm verhalten, daß die Lust, die er, erhöht durch Illusion, enthält, schlechthin keine Prüfung aushielte, sondern in Nichts verflöge. Ist doch auch der Genuß eine Art von Activität, so kann er zum Wirken, hiemit dem Werthvollen, nicht in absolutem Gegensatz stehen. Wir haben es so ausgedrückt: im Genuß sei nur unsre erste, gegebene Natur thätig. Diese bildet aber den Unter-

grund unserer zweiten, der Geist-Natur; es ist, wie bereits angedeutet, nicht vernünftig, diesen Untergrund nur als ihren Feind
anzusehen und zu behandeln; wiewohl sie ihn auch bekämpfen
muß, zieht doch die Geist-Natur aus ihm die allgemeine Stimmung zur Freudigkeit, die sie nicht entbehren kann, wenn sie
wirken will; naive Freude ist doch auch Vorbedingung für
Geist-Freude. Noch mehr: die beiden Gebiete sind auch darum
nicht absolute Gegensätze, weil sich vom wahrhaft Activen, vom
Wirken des Geistwillens in verschiedenen Graden ein Theil
hinübertragen läßt in das Gebiet des scheinbar nur receptiven
Verhaltens im Genusse, weil er sich mit Geist würzen läßt.
Dieß, der Grad des Herüberwirkens des Geistwillens in den
genießenden Naturwillen, begründet die Werth-Unterschiede innerhalb des Genuß-Gebiets. Daran knüpft sich nun aber auch
der Maaßbegriff; seine wahre Bedeutung ergibt sich aus
diesem Verhältniß: die Lust und Illusion, die der sogenannte
Genuß enthält, ist werth, gesucht zu werden, wir dürfen, ja
sollen sie wollen, so weit sie die Grenzlinie nicht überschreitet,
innerhalb welcher sie den gesunden Untergrund bilden kann für
das Gebiet der eigentlichen Activität, der des Geistwillens, und
innerhalb welcher wirklich auch Geist (Witz, Erfindung, Gedanken
wohlwollender Art, naturverklärende Phantasie) in sie hinüber-
getragen werden kann. Das Weitere zu untersuchen, diese Begriffe durchzuführen, ist Aufgabe der Moral und hier nur hinzuzusetzen, daß, wie sich aus dem Obigen ergibt, die edelste
Form im Lustgebiet die Liebe ist.

Nun wieder zum andern Gebiet, dem eigentlich activen, dem
Wirken! Es ist mühevoll, aber durch die Gewöhnung knüpft sich —

wie wir gesagt haben, aber nur der Entwicklung der ganzen Begriff=
Reihe zu lieb sagen mußten, da es jeder richtige Mensch von selbst
weiß — knüpft sich an die Mühe die Lust und zwar nun wahre
Lust; denn hier ist nicht erst indirect zu findender, sondern un=
zweifelhaft wahrer Werth und wahrhaft werthvolles Thun muß von
wahrer, dauernder Lust begleitet sein. Man könnte es ein Dis=
lociren der Lust vom Genußgebiete zum Arbeitsgebiete nennen, wenn
dieses Wort nicht einen künstlichen Act zu bezeichnen schiene; die
Lust mit ihrer wahren Fülle dislocirt sich durch die Gewöhnung
zur inhaltsvollen Thätigkeit von selbst und tritt an die Stelle der
Unlust, womit diese für den Trägen sich verbindet. Nun ist aber
auch diese Lust zugleich Illusion und ohne die Illusion nicht wahre
Lust. Und was heißt hier Illusion? Die Täuschung, als ob wir
mit dem Wirken mehr erreichten, als dieß in Wahrheit der Fall ist.
Wir müssen, um wirken zu können, die Menschen für empfäng=
licher, zum Guten und Vernünftigen williger halten, als sie
sind. Wie? und dieser Täuschung sollen wir uns mit Wissen
hingeben? Ja, weil es nur eine relative Täuschung ist. Denn
nur überall weniger erreichen wir mit unserem Wirken, als wir
hofften, aber nicht Nichts, sondern immer Etwas, aber eben dieß
Etwas würden wir nicht erreichen, wenn wir nicht der Illusion
uns erfreuten, als erreichten wir mehr, als dieß Etwas. Nur
sie gibt die Frohheit und den Muth des Wirkens. Also brauchen
wir sie; es ist also vernünftig, ist logisch, ist recht, sie zu hegen;
will es Einer sich zu leide thun, daß er durch Aufsuchung und
ewige Betrachtung alles Schlechten in der Welt sich allen Spaß
verderbt, das ist seine Sache, aber daß er die Welt jedenfalls
schlimmer macht, als sie schon ist, weil er die Frohheit des

Wirkens knickt, das ist ein ernstes Ding und dadurch wird er gemeinschädlich. Allerdings eigentlich knicken kann man sie nicht; wie sie von selbst da ist, von selbst aus dem zurechtgerückten Untergrunde der Natur aufsteigt, so läßt sie sich auch nicht mit der Furca austreiben; aber sie wird, wenn man sie mißhandelt, ein unfruchtbares Aufflimmern, das schnell wieder den genährten schwarzen Vorstellungen Platz macht, nur Oel in die Flamme der Selbstqual. „Sie (— die Natur in dem hohen Sinne des Allwesens, wie sie jener höchst merkwürdige Aufsatz Göthes meint: „Die Natur. Aphoristisch.") freut sich an der Illusion. Wer diese in sich und Andern zerstört, den straft sie als der strengste Tyrann. Wer ihr zutraulich folgt, den drückt sie wie ein Kind an ihr Herz."

Ueber den Eudämonismus aber ergibt sich nun dieses Resultat: ist erkannt und gezeigt, daß im Wirken für den Weltzweck — und auch das bescheidenste dient ihm — die wahre, also vorzüglich suchenswerthe Lust liegt, so scheint es gleichgültig, ob die Lust oder das Gute zum Princip der Ethik gemacht wird. Allein da die Lust nur aus der Thätigkeit fließt (relativ und bedingt aus derjenigen des Genießens, die blos Receptivität scheint, höher und wahrhaft aus der eigentlichen Thätigkeit), so bleibt sie das Secundäre und ihr Werth ist, wie sich erwiesen hat, nur aus dem Primären zu bemessen, aus dem Werthe der Thätigkeit an sich. Die Lust kann also nicht Moralprincip sein und Kant behält Recht, wenn er das Sittengesetz als absolutes Gebot hinstellt und die Negation jeder blos sinnlichen Triebfeder als Bedingung des Guten setzt; Unrecht nur darin, daß sein Begriff von Sinnlichkeit ganz mangelhaft ist: er kennt nur pure, keine von Seele und Geist durchdrungene Sinnlichkeit, er kennt die Natur im Menschen nicht als Untergrund des Geistwillens und nicht als eine Sphäre, die dieser zu sich hinauf und an sich nehmen kann; das Sinnliche in dieser Bedeutung verhält sich affirmativ zum Guten, nur als Triebfeder muß die Moral es abweisen, eben weil, ehe ihm Geltung beigelegt wird, vorher geprüft sein muß, ob es zu dem, was an sich werthvoll ist, zum Guten, in dieß bejahende Verhältniß gesetzt ist; das Gute aus Neigung, davon weiß auch Kant; wohl, aber da muß man vorher wissen, ob die Nei= gung gut ist: dieser Zirkel führt nothwendig darauf, daß seine Moralprincip nicht umzustoßen, wohl aber zu ergänzen ist. Unrecht behält aber Kant auch darin, daß er dem Guten nur die magere Lust des Gefühls der Selbstachtung beigesellt. Gibt es eine seelische, zum Guten affirmativ gestellte Sinnlichkeit, so ist das freie Mitergebniß des Guten noch eine ganz andere Lust: Be= geisterung, Seligkeit. — Stehen bleibt nun aber der Satz: Lust ist Reflex der Thätigkeit im Subject als Gefühl; der bloße Reflex kann aber nicht Princip der Ethik sein. Der Eudämonismus ist Subjectivismus und er wird in seiner wahren Consequenz Pessi= mismus, denn wer von der Lust ausgeht, findet das an sich, das objectiv Werthvolle und gerade darum die wirkliche Lust nicht. Bei Schopenhauer begegnet man überall keinem wahren Begriff von der Arbeit; im Grunde darum nicht, weil er trotz seiner Lehre von den Ideen im ganzen praktischen Gebiete nichts davon weiß, daß das wahrhaft Seiende das Unsichtbare ist, der sinnlich nicht zu greifende innere Vollgehalt im Leben der thätigen Menschheit, im Bau ihrer Gesellschaft, der eben durch die Arbeit sich schafft und wirkt. Das Ungeheuer, der blinde Wille, treibt die Subjecte wie Schaumblasen hervor, sie schweben im

Leeren und da es objectiven Halt nicht gibt, suchen sie ihn in
der Lust, ebendarum aber kann diese keine sein, und so bleibt nur
das Geschäft, sie in Nichts aufzulösen und in dieser absoluten
Unlust die höchste und unlustigste Weide der Lust zu suchen.
Dieser Opiumgenuß ist die raffinirte Ausbildung des modernen
Subjectivismus und die letzte welke Blüthe der Romantik.

Also wahre Lust im Wirken, im Guten, und relative Lust
im Gebiete der sogenannten Güter, soweit sie mit Geist gewürzt
werden und soweit aus dem Geistwillen die Maaßbestimmung
für sie entnommen wird: dieß wäre unser einfaches Resultat.
Der Begriff: wahre Lust, wird allerdings noch eine Berichtigung
erfahren müssen. Es kann nicht bedeuten: absolute Lust, weil
jedes Wirken auch Streben ist, jedes Streben aber bei jedem
erreichten Ziele einen Rest und hiemit das Schmerzgefühl
des Unerreichten zurückläßt; allein die Lust im strebenden Wirken
wird bennoch diese beigemischte Unlust unzweifelhaft überwiegen,
denn die Illusion, welche sie begleitet, haben wir ja als die
beste und festhaltenswertheste aller Illusionen erkannt. Wir werden im folgenden Zusammenhang veranlaßt sein, den Schluß der
Tragödie wieder heraufzunehmen und eine Stelle aufzuführen haben, welche diese tragische Seligkeit mit herrlichen Worten ausdrückt.

Doch es ist hohe Zeit, zu fragen: wie steht nun Faust zu
dem Ganzen dieses Resultats? Ist er moderner Pessimist, und
dieß etwa, weil Eudämonist? Wenn wir daran gehen, die Antwort aus dem Gedichte zu schöpfen, so wird sich denn zeigen,
warum wir den großen Umweg der voranstehenden Untersuchung
einschlagen mußten.

Faust hatte das Ethische besessen in der Idealform der

reinsten aller Leidenschaften, des Durstes nach Erkenntniß; er ist
beschämt, glaubt sich in diesem Streben gescheitert, will sich jetzt
ganz nur dem Weltdrang, den Trieben hingeben, die auf das
Reale gehen, und vergißt ganz, daß es in diesem Gebiete das
gibt, was wir Wirken, Arbeit im Dienste des Ganzen, des
Weltzwecks nennen, und daß diese Thätigkeit, als werthvoll an
sich, von einer wahren, den beigemischten Schmerz weit über-
wiegenden Lust begleitet ist. Er geht also vom unterscheidungs-
losen Eudämonismus aus, ist — für jetzt — Subjectivist,
Egoist; in welchem Sinne consequent auch Pessimist? Der
Antwort darauf müssen noch lange Erörterungen vorausgehen.
— Er weiß also für jetzt nur von der Lust, die aus dem
Verhalten fließt, welches blos receptiv scheint, nur vom Gebiet
der Genüsse oder Güter; die Illusion, die den besten Theil der
sie begleitenden Lust ausmacht, hat er als Illusion erkannt und
meint, er müsse sie darum von sich stoßen; er irrt, wie wir
gesehen haben; wir haben uns überzeugt, daß und warum,
wenn es vernünftig ist, die höhere, edlere Illusion, die das
Streben, das Wirken begleitet, als gewollte festzuhalten, es ebenso
auch vernünftig ist, jene an Werth geringere Illusion festzuhalten,
welche der eigentliche Grund der Freude in den sogenannten
Freuden der Welt ist; wir haben zugleich gefunden, daß sich
aus der Vergleichung mit dem rein Werthvollen ein Maaßbegriff
für den Genuß dieser Freuden mit ihrer Illusion ergibt. Sollte
Faust, obwohl er sie verwirft, sich dennoch in sie stürzen, so
wird ihm dieser Begriff fehlen; doch dieß ist noch nicht zu verfolgen, sondern für jetzt nur zuzusehen, wo er zunächst steht. Er
will nichts von den Freuden der Welt wissen, weil er die Illusion

darin durchschaut und ihren relativen Werth mißkennt; das
Gebiet der wirkenden Thätigkeit, worin das rein Werthvolle zu
suchen ist, liegt seinen Blicken jetzt noch ganz verdeckt: so hat er
— nichts. Die eigentliche Consequenz wäre Selbstmord. Es
sind tiefwahre Worte, womit er nun das Gefühl ausdrückt, in
sich eingezwängt zu sein, nicht aus sich hinauszukönnen:

> Der Gott, der mir im Busen wohnt,
> Kann tief mein Innerstes erregen,
> Der über allen meinen Kräften thront,
> Er kann nach außen nichts bewegen;
> Und so ist mir das Dasein eine Last,
> Der Tod erwünscht, das Leben mir verhaßt.

Ein Menschengedräng staut sich an einer Thüre; es will
sich nicht theilen und weil alle zugleich hindurch wollen, kommt
keiner hindurch, bis sie sich entschließen, Einer um den Andern
sich hinauszubewegen. Genau so ist es mit dem inneren „Ge-
wühl" in Faust. Er will immer seine ganze reiche innere Welt
auf einmal hinausgeben oder auf einmal in einer Göttergabe
des Lebens sich in der Außenwelt begegnen sehen. Das geht nicht;
Eins ums Andere! Dazu fehlt dem Idealisten alle Geduld, aller
Sinn der Vermittlung, alles Verständniß für Abschlagezahlungen,
und so bleibt er eingekeilt, eingeklemmt in sich und muß sich
in sich verzehren, wenn er nicht den Knoten durchhaut. Man
sieht, wie er sich im Ringe dreht; ebenda stand er, als er die
Giftschaale zum Munde führte, ebenda, als er fliegen zu können
wünschte und die höllischen Geister um einen Zaubermantel bat,
um aus sich hinauszukommen und sich ins Leben zu stürzen.
Jetzt scheut er wieder davor, weil er keine Illusion kennt. Sie
hat ihn aber ja doch; eben, als er sich vergiften wollte, hat sie

ihn erfaßt durch frommen Gesang, Glockenklang, rührende Rückversetzung in das Festgefühl der Kinderjahre. Daran erinnert
ihn nun fein zielend und treffend Mephistopheles und darauf
bricht er, beschämt, gereizt, geärgert in den wilden Fluch aus:
„wenn aus dem schrecklichen Gewühle — Geduld!" Der Fluch
besagt: nun soll es erst recht keine Illusion für mich geben! Als
Schluß beurtheilt, ist es reiner Unsinn, denn der Schluß heißt:
es gibt keine Illusion für mich; ich muß zugestehen, daß sie
doch Macht über mich hat; also —, nun, logisch müßte folgen,
was wir uns oben gesagt haben: also werde ich meine Begriffe
berichtigen müssen, die Illusion wird doch gut und recht sein,
nur daß sie nach Werthgraden des Lebensinhalts festzuhalten
und zu pflegen ist; Fausts conclusio aber ist: also will ich in
der Illusion zappelnd sie verfluchen. Noch bestimmter, als in
der vorhergehenden Weltschmerzrede, stellt er in diesem Fluche
sein Wissen um die Leerheit des Scheins voran: Lock- und
Gaukelwerk, Blend- und Schmeichelkräfte, Blenden der Erscheinung,
heuchelnde Träume, und führt übrigens zwischen den Gütern,
Genüssen auch jetzt wieder T h a t e n auf. Man darf aber nicht
übersehen, daß er sie nur nebenher nennt als Anhängsel zum
Mammon: „verflucht sei Mammon, wenn mit Schätzen er uns
zu kühnen Thaten regt" u. s. w. Dieß geht sichtbar tief aus
der Absicht des Dichters hervor; vom inneren Werthe der That
hat Faust jetzt kein Bewußtsein; es gilt dasselbe, was wir schon
zu der vorhergehenden Stelle gesagt haben, wo er den sterbenden
Sieger beneidete: er sieht die That nur von Seiten ihres Glanzes
an, wirft sie so in das Gebiet der Genüsse und mit ihm von
sich; hätte er einen Begriff von ihrem inneren Werth, so müßte

ihn dieſer zum Begriffe des höheren Werths führen, der im
ſtetigen Wirken liegt, das aber kann ihm jetzt nicht einfallen.
That iſt momentan und effectvoll, Wirken ſtetig und beſcheiden,
es fügt „zum Bau der Ewigkeiten zwar Sandkorn nur um
Sandkorn, doch von der großen Schuld der Zeiten ſtreicht es
Minuten, Tage, Jahre." — Und daraus entſpringt alſo das ganze
Wirrſal, worin er ſich befindet.

Es folgt der Geiſtergeſang, in welchem wir, da wir ihn
im erſten Abſchnitt bei den Opernmotiven aufführten, die ſymboliſche Objectivirung des Gefühls einer Art von Selbſtbedauern
fanden, das in Fauſt nach ſeinem Fluche ſich regt; und nun ſpricht
Mephiſtopheles einfach, als hätte Fauſt das Gegentheil von dem
geſagt, was er geſagt hat, —: „Hör' auf, mit deinem Gram zu
ſpielen" u. ſ. w.: was hilft dir das Verfluchen, wenn du ja
doch dir nicht das Leben nimmſt, was bleibt dir, als eben
einmal aus dir herauszugehen und es mit dem Object zu
verſuchen! Fauſt geht ein, der Contract wird geſchloſſen und
nachher noch einmal durchgeſprochen, was Fauſt eigentlich dabei
denkt und will.

Und was iſt es nun? Fauſt durchſchaut alle Luſt, alle
Illuſion, betrachtet ſie als bloßen Schein und will ſie doch.
Er wiederholt ja dann zum zweitenmal die Verſicherung ſeiner
Täuſchungsloſigkeit, nämlich eben nach dem Schluß der „Wette"
und gibt ebendadurch Anlaß zur nochmaligen Durchſprechung.
„Was willſt du, armer Teufel, geben?" — täglich neu begrünen".
Man muß die letzten zwei Verſe dieſer Rede genau anſehen:
„zeig' mir die Frucht, die fault, eh man ſie bricht, und Bäume,
die ſich täglich neu begrünen": er weiß von jeder Luſt, daß ſie

im Entstehen schwindet, und will es dennoch damit versuchen, Mephistopheles muß also dafür sorgen, daß für die faulende Frucht immer neue nachwächst: keine Lust wahre Lust, dennoch immer neu zugegriffen und gekostet! Faust gesteht damit zugleich, daß seine Täuschungslosigkeit nicht eigentlich aus Erfahrungen im Genußleben erwachsen ist. Die täglichen Störungen in seinen Geistesfreuden haben ihm genügt, den Schluß zu ziehen, daß es mit den Lebensfreuden nicht besser sein werde. — Nun, und warum will er sie dennoch? Es heißt flach beurtheilen, wenn man sagt, Faust suche, da er eben nicht weiter wisse, einfach Uebertäubung, Vergessen seines rathlosen innern Conflicts. Er will das freilich auch: „dem Taumel weih' ich mich" u. s. w., aber man muß diese nächste Meinung Fausts tiefer nehmen und statt des subjectiven Ausdrucks: Uebertäubung aus dem Wesen des Geistes erklären. Der Geist will Bewegung; wenn er sich auch vortäuscht, in was er sich bewege, sei gleichgültig, so will er sie doch; er will sie als reine Form. Die Räder der Mühle, denen nichts aufgeschüttet wird, reiben sich ab; Mephistopheles soll aufschütten, was er immer vermag. Ein Jagen soll es sein: „stürzen wir uns in das Rauschen der Zeit, ins Rollen der Begebenheit, da mag denn Schmerz und Genuß, Gelingen und Verdruß miteinander wechseln wie es kann." Diese Worte enthalten Beides, die Uebertäubung und die Bewegung einfach als Bewegung. Nun aber vertiefen sich diese Begriffe noch ganz anders, und zwar um zwei große Stufen. Faust will ja auch den Schmerz und so viel mehr den Schmerz, als die Freude, daß er sogar sagt: „du hörest ja, von Freud' ist nicht die Rede," und Faust will — dieß müssen wir jetzt nachdrücklich wieder aufnehmen — er will auch die That durchkosten, erfahren, erleben. Diese kommt jetzt ganz anders als vorhin zur Sprache, ja mit ihr zugleich das Streben. „Das Streben meiner ganzen Kraft ist grade das, was ich verspreche, — nur rastlos bethätigt sich der Mann." Gewiß heißt dieß jedenfalls nicht: gemein genießen wollen; allein nicht genug, der Horizont, auf den Faust ausschaut, erweitert sich ganz in's Ungemeine, wenn der tiefere Grund zum Vorschein kommt, warum er Freude und Schmerz, Genuß und That zu durchleben verlangt. Er will sich zur Menschheit erweitern; darum will er zu Freude und Genuß Schmerz und That, weil er zu fühlen verlangt, wie es der Menschheit zu Muthe ist, weil er das Ganze der Menschheit in sich concentriren will.

> „Ihr Wohl und Weh auf meinen Busen häufen
> Und so mein eigen Selbst zu ihrem Selbst erweitern —

Das Herausgehen aus der Vereinzelung des Ich, das sich Ergänzen mit dem Objecte, der Welt, wird hier ganz großartig gefaßt, das nihil humani a me alienum puto wird mit dem Feuer einer edeln Seele tief und mächtig ausgesprochen. Das wäre nun also ja das Rechte; das Individuum soll sich ja zur Gattung zu erweitern streben, das ist ja eigentlich der wahre Sinn im Worte: Bildung; Fausts Idealismus wird Universalismus.

Allein Fausts Zustand ist doch nicht dazu angethan, dieß an sich Rechte im rechten Sinne zu wollen, und es entsteht nun die schwere Aufgabe, in den Strudel von Verwirrung, in welchen ein wahrer Gedanke durch seine Wildheit zerstäubt, mit deutlicher Unterscheidung einzudringen.

Toll und wild ist daran vor Allem, daß er die mannig=
fachen Lebensformen, in denen die Menschheit ihre Triebe und
Kräfte realisirt und ihr Schicksal zu erfahren bekommt, im denkbar
größten Umfang eigentlich und wirklich durchleben will. Er
will Bürger, Staatsmann, Herrscher, Ritter, Held, Künstler,
alles Mögliche wirklich sein. Er verachtet als philisterhaft die
Nüchternheit, mit der ein vernünftiger Mensch sich sagt: werden,
sein will ich, so viel dem beschränkten Einzelnen möglich ist, und
nicht mehr, will meine Kraft nicht in ein Zuviel von Thätig=
keit umherstreuen, sondern in Einem Puncte fruchtbringend sam=
meln, im Uebrigen aber durch Schauen, Lernen mich ideal
ausweiten, geistig in die möglichst vielen Lebensformen, in nahe
und ferne, in die vergangenen wie in die gegenwärtigen mich
versetzen, meinen Sehkreis immer weiter ausdehnen und zwar
nicht theilnahmlos theoretisch, sondern mit lebendiger Einfühlung
in alle noch so fremden Zustände. Statt dessen schwebt vor
Fausts fiebernder Leidenschaft das Bild einer wilden Jagd, die,
mit Zaubershilfe, durch alle diese Zustände wirklich hindurch=
saust, eines wilden Gelages, das alle diese Becher, die bittern
wie die süßen, im Taumel hinunterstürzt und den Rausch nicht
fürchtet, sondern will. Also maaßlos! und hier bestätigt sich,
was wir oben sagten, als zu zeigen war, wie der Verlust des
Maaßbegriffs eine der nothwendigen Folgen davon sein müsse,
daß Faust die verschiedenen Verhaltens=Arten des Willens nicht
nach ihrem Werthe untereinander vergleiche. Zwar fanden wir
dort nur erst, daß ihm der Maaßbegriff für den Genuß, der
sogenannten Güter abhanden kommen müsse; jetzt will er auch
in Bestrebungen und Thaten über alle Grenzen hinwegstürzen,

auch dieß ist nur die begreifliche Consequenz davon, daß er immer noch keinen Begriff von einem gesammelten Wirken hat. Er unterscheidet jetzt That und Genuß und nennt den Schmerz dazu, aber er unterscheidet alle drei nicht von inhaltvoll stetigem Handeln, daher verschwimmen ihm die Unterschiede jener drei dennoch in die eine dunkle Vorstellung von einer Art verzweifelten Genusses. Maaßlos, schrankenlos: das heißt nun natürlich auch: ohne Resignation. Die Geduld, die sie vor Allem will, hat er ja vor Allem verflucht und wir haben verstanden, warum er es that: nicht blos darum, weil ihn Mephistopheles durch die Erinnerung an einen Act der Geduld beschämt hatte, sondern überhaupt weil alle Geister seiner Art ungeduldig und stolz darauf sind, es zu sein. In diesem tragisch rasenden Wollen ist nun Faust wie in seinem Wissensdurst ein Idealist, der Alles oder nichts will. Leicht ist vorauszusehen, daß dieß auch zu schwerer Schuld führen muß; wir erinnern jetzt an das: „losgebunden, frei“ des Mephistopheles und seinen geheimen Sinn: die Schranken der Pflicht überspringend. Ein rollendes Fahrzeug ohne Hemmschuh, ein Dampfwagen ohne Bremse wird über die Lande stürzen, Saaten verwüsten, Menschen verwunden und tödten.

Was hierin schon enthalten ist, muß nun als Zweites herausgestellt und für sich betrachtet werden: diese Jagd denkt sich Faust ziellos. Er will nicht lernen, nicht bereichert von einer Lebensform zur andern fortschreiten. Denn er glaubt (für jetzt) an keinen Inhalt, keinen Kern, keinen Werth an sich, der in diese Genüsse und Thaten gelegt werden könnte, immer weil er nichts vom Wirken weiß und wissen will, oder umgelehrt — es bleibt sich gleich: — er will von diesem nichts wissen, weil er an keinen Kern glaubt. Hinter all dem ist nichts, — also ächt nihilistisch und pessimistisch, so scheint es vorerst. Ein solches Rennen wird auch zum eigenen Untergang führen: der Wagen wird in den Abgrund stürzen, zerschellen. An das Schuldigwerden, Verwüsten denkt er nicht, über den eigenen Schiffbruch aber täuscht er sich nicht, ja er will ihn: „und wie sie selbst am End' auch ich zerscheitern."

Auch hiemit ist der Sinn noch nicht erschöpft, wir stehen nur vorerst einen Augenblick still und sehen nach dem Dichter. Auf diesem Puncte besonders ist es merkwürdig, zu finden, wie er (mit dem guten Rechte, das wir ihm längst eingeräumt,) die eigene Persönlichkeit in sein Gedicht niederlegt und doch frei darüber schwebt. Er ist der Held im Gedicht, aber er ist es auch nicht, er ist der gefährlich kranke Faust, aber indem er ihn schildert, schon der gesunde oder gesundende. Göthe schreibt an Lavater 1771, also in der Zeit der ersten wilden Jahre in Weimar: „es mag so lange währen, als es will, so hab' ich doch ein Musterstückchen der Welt recht herzlich mitgenossen. Verdruß, Hoffnung, Liebe, Arbeit, Noth, Abenteuer, Langeweile, Haß, Albernheiten, Thorheit, Freude, Erwartetes und Unversehenes, Flaches und Tiefes, wie die Würfel fallen, mit Festen, Tänzen, Schellen, Seide und Flitter ausstaffirt, — es ist eine treffliche Wirthschaft." Fast wörtlich gleich lautet es im Drama: „Laß in den Tiefen der Sinnlichkeit — — Begebenheit! Da mag denn Schmerz und Genuß, Gelingen und Verdruß, miteinander wechseln wie es kann." Aber die nächste Rede Fausts schließt mit dem „Zerscheitern" und Göthes Brief schließt: „und bei Allem, lieber

Bruder, Gott sei Dank! in mir und meinen Endzwecken ganz glücklich. Ich habe keine Wünsche, als die ich wirklich mit schönem Wanderschritt mir entgegenkommen seh'." Wir mußten ja längst beiziehen, wie Göthe selbst auch zu viel umfassen wollte: Dichter, Künstler, Forscher, Staatsmann und Lebemensch in einem Strudel von Zerstreuungen, Großmeister aller geselligen Freuden und Narrheiten. Aber schon fühlt er voraus, wie er sich sammeln und beschränken wird, zurückziehen aus dem Lärm der Vergnügungen, den größeren Theil der Aemter abgeben und dann wohl noch weit mehr als andere Menschenkinder umfassen, aber nicht mehr, als die Erhaltung der Einheit mit sich, der Klarheit und des stillen Friedens in der Brust ertragen mag. Die Resignation, das Streben nach einem Ziele, der Wander= schritt — alles dieß kann sein Faust noch nicht und so wenig als Maaß und Schränke kennen, weil er von keinem Kern, keinem Inhalt, also keinem wahren Werthe irgend einer Lebens= form wissen will.

Noch liegen aber also hiemit nicht alle Fäden blos, aus welchen der wirre Knäuel von Fausts Zustand geschlungen ist. Ja gerade der rothe Faden ist es, der noch fehlt. Er ist der letzte, der zum Vorschein kommt. Die herabstimmenden Ein- und Zureden des Mephistopheles, die wir vorerst nicht verfolgen, scheinen stark zu wirken und Faust sagt zuletzt mit ermattendem Feuer:]

> Ich fühl's, vergeblich hab' ich alle Schätze
> Des Menschengeists auf mich herbeigerafft,
> Und wenn ich mich am Ende niederse,
> Quillt innerlich doch keine neue Kraft;
> Ich bin nicht um ein Haarbreit höher,
> Bin dem Unendlichen nicht näher. .

Es dient sehr zur Verständigung, wenn wir zuerst die letzten
zwei Zeilen heraufnehmen. Faust verräth am Schluß des Gesprächs,
was er von Anfang an eigentlich gemeint hat und will. Jetzt
erst erhellt ganz, wie ungenügend es ist, seinen Zweck nur in
Uebertäubung, leerer Form der Bewegung zu suchen. Er meint
es titanisch; die Beschämung durch den Erdgeist hat ihn noch
nicht von der Ueberhebung geheilt, dem Unendlichen gleich sein
zu wollen, er trägt sie von dem Erkenntnißdrang auf den Lebens=
drang über, daher hat er kurz vorher der Mahnung an die
Schranken den einfachen Trotz seines energischen „allein ich will"!
entgegengesetzt, daher hat er so eben gesagt: „was bin ich denn,
wenn es nicht möglich ist, der Menschheit Krone zu erringen!";
— Worte, deren Sinn man natürlich viel zu eng faßte, wenn
man sie einfach auf Herrschen deutete, daran wird Faust nur
auch denken, Befriedigung davon aber nicht hoffen, er spricht
eben überhaupt im Sinn des Verlangens nach einer unendlichen
Größe. Wollte er vorher durch unbegrenzte Erkenntniß, so will
er jetzt an Lebensumfang ein Gott, ein Erdengott werden. Man
verdunkelt sich die Sache, wenn man sich seine Vorstellung deut=
licher machen will, das Phantastische kann und soll ja nicht lo=
gisch sein. Was heißt das, ein All der Quantität nach in sich
aufnehmen wollen, wenn Alles in dem All qualitativ keinen
Kern haben soll? Das wäre ja eine Aufblähung zu einem hohlen
Koloß und wie richtig sieht das Faust doch selbst ein, wenn
er sagt, dabei quelle ihm innerlich doch keine neue Kraft! Wie
kann er dennoch wollen, was so sich selbst widerspricht? Weil
seinem dunkeln und wilden Titanismus eine Ahnung des Wahren
zu Grunde liegt, und dieß führt wieder auf den Mittelpunct.

Wir haben es auf Schritt und Tritt mit der Frage vom Unendlichen und Endlichen zu thun. Sie hat uns schon bei den Anfangs-Monologen, bei der Beschämung durch den Erdgeist beschäftigt. Die Frage nach der Lust, die eudämonistische Erörterung, die wir anstellen mußten, bewegte sich eigentlich um die subjective Seite derselben Grundfrage; Lust ist der Reflex der Thätigkeit im Gefühl, alle Thätigkeit sucht das Unendliche in uns zu verwirklichen, Lust ist also Gefühl der Befreiung des Unendlichen in uns, Unlust das Gefühl des Drucks des Endlichen, womit wir behaftet sind. So wie wir es nun mit dem „Näherkommen“ genauer nehmen, gelangen wir zu dem bei der Erkenntnißfrage ausgesprochenen Satz zurück, daß der Mensch ein wandelnder Widerspruch ist. Wer nichts von Monismus weiß, muß unbegreiflich finden, wie wir uns mit der einfachen Wahrheit, mit welcher er es hier zu thun zu haben glaubt, so bemühen mögen. Der menschliche Geist nähert sich nicht nur dem Unendlichen, sondern er lebt in ihm, trägt es in sich und ist von ihm umgeben. Es ist essentielle Gleichheit des Wesens; er hat das Unendliche. Aber er hat es auch nicht, weil er die Herkunft aus ihm mit so unzählig vielen und vielerlei Wesen theilt, daß an ihn als einzelnen nur ein unsagbar kleiner Bruchtheil abfällt, — wenn man von Bruchtheilen reden kann in einem so wesenhaften Verhältniß. Dieß verhindert uns im Forschen, unsern eigenen Ursprung (wir entspringen doch aus dem Universum) je ganz zu durchdringen; im Wollen und Streben hindert es uns, je ein Mikrokosmus zu werden. Der Geist wächst im Streben, die Schranken erweitern sich und ein energisches Menschenleben stellt daher eine zum Absoluten aufsteigende

Linie dar, aber es ist eine Linie, die niemals ankommt; und
wir kommen eben hiemit auch bei uns selbst nie ganz an, sofern
wir doch das Unendliche in uns tragen. Als Reflex im Gefühl ergibt sich daraus ein Schmerz, der keine Grenze zu haben
scheint. Dieß ist die Tragödie des Menschenlebens, für deren
Weh keine Vorstellung eines Jenseits Trost bringen kann, denn
leben wir dort als Individuen fort, so leben wir eben dort
auch wieder in endlichen Verhältnissen mit Endlichkeit behaftet,
bleiben also der wandelnde Widerspruch von Unendlichem und
Endlichem, Lust und Schmerz wie hier; die Vorstellung aber,
daß wir dort vollkommene Individuen werden, hebt das Subject des Prädicates auf. — In Fausts Worten: „bin dem Unendlichen nicht näher" verräth sich nun schließlich ganz klar,
was seinem titanischen Wollen zu Grunde lag: er meinte, das
Näherkommen müsse doch einmal in ein Erreichen übergehen;
die grünblich herabstimmenden Zwischenreden des Mephistopheles
haben ihm jetzt diesen Wahn benommen und so blickt er trostlos
in's Leere. Wäre er klar, hätte er den Begriff eines inhaltvollen
Strebens, so stünde es anders um seine Stimmung, da er vom
Wahne des Erreichens zurückkommt. Denn in der That, das Weh in
dem Gedanken, daß wir beim Unendlichen nie ankommen, scheint
ja nur grenzenlos; die Tragödie ist ja doch ein Schauspiel,
worin es an Seligkeit nicht fehlt. Der Stachel des Schmerzes
über das Unerreichte spornt ja die Lust am Erreichten. Tragische
Seligkeit haben wir daher das wahre Gefühl des Lebens genannt, als wir in der allgemeinen Frage nach den Gütern, dem
Wohle diesen tiefen Punct schon berührten; Faust soll die selige
Trauer des Lebens kennen lernen. Hält man die Einheit aller

Dinge nicht für Nichts, sondern eben für ihre Einheit, also für das absolut reiche und volle Etwas, so muß es in allem Entbehren beseligen, durch Erkenntniß Blicke in diese Centralsonne der Wesen zu thun und durch Handeln als einer ihrer Strahlen zu wirken, Leben zu wecken und zu pflegen. Faust versenkt sich in das Negative des Widerspruchs und kann es nicht ertragen, weil er den unendlichen Trost nicht ahnt, der im Positiven dieses Widerspruchs liegt. Aber wir wollen jetzt nach dem klar gewordenen Faust vorausschauen, die Stelle aufnehmen, auf die wir längst hingedeutet haben: kurz vor seinem Tode, da er das Wirken kennen gelernt hat („nun aber geht es weise, geht bedächtig"), ruft er aus:

> Dem Tüchtigen ist diese Welt nicht stumm,
> Was braucht er in die Ewigkeit zu schweifen?
> Was er erkennt, läßt sich ergreifen.
> Er wandle so den Erdentag entlang
>
> — — —
>
> Im Weiterschreiten find' er Qual und Glück,
> Er unbefriedigt jeden Augenblick.

Das stolz und groß Gehobene in diesen Worten läßt nicht zweifeln, daß das Sinngewicht hier auf das Glück fällt, auf das Gefühl der Befriedigung in der Unbefriedigung, wer dennoch zweifelte, wird den sonnenklaren Gegenbeweis in Fausts letzten Worten lesen, die wir mit Nächstem in's Auge fassen werden; es ist nur erst das Schlagwort der „Wette" einer neuen Betrachtung zu unterziehen.

Die Worte: „Werd' ich beruhigt je mich auf ein Faulbett legen" — „wie ich beharre, bin ich Knecht, ob dein, was frag' ich oder wessen," bieten dadurch wieder viel Schwierigkeit, daß

Fauſt im ahnenden Helldunkel ſeiner Leidenſchaft die eine Hälfte
einer ganzen Wahrheit von der andern losreißt. Er ſagt ja
zunächſt etwas Großes, Gutes und Tiefes. Verloren iſt, wer
nicht mehr ſtrebt, verloren iſt, wer ſtehen bleibt. Wir haben
längſt uns klar gemacht, wie es ſich gar nicht blos, wenigſtens
nicht zunächſt, um ein tiefes Sinken in Sinnlichkeit handelt,
ſondern um jede Stagnation, jede Verhärtung der Elaſtizität,
um alles verſchuldete Trägewerden des Geiſtes. Das Stehen-
bleiben iſt immer auch ein Zurückkommen; ein Sinken und Ver-
ſinken in niedrige Sinnlichkeit wird dann freilich auch nicht aus-
bleiben. Der Begriff der Unendlichkeit, mit dem wir uns beſchäftigt haben, überträgt ſich nun von ſelbſt in den der Freiheit. Der Menſchengeiſt als theilhaftig des Unendlichen heißt
frei, wenn vom Streben, vom Vorwärtswollen, vom Greifen,
vom Uebergreifen über Gegebenes, über Schranken die Rede
iſt. Der Geiſt als Wille muß vermöge ſeiner Natur über jedes Be-
ſtimmte, worein er ſich einläßt, als über ein Endliches, Be-
ſchränktes hinausſtreben. Der Geiſt ſchreitet, ſchreitet vor,
ſchreitet immer. Fauſt iſt ſich dieſer reinen Freiheit mit Stolz
bewußt, er nennt ſie ſein „hohes Streben.“ Schreitet, ſtrebt
ein Menſch nicht mehr, ſo erdrückt er dieſe Schwungfederkraft,
ſtumpft ſie ab, lähmt ſie, wird „Knecht“ des gegebenen endlichen Verhältniſſes, worin er ſich befindet, wird von Mephiſtopheles in Feſſeln geſchlagen. Nun aber die andere Hälfte
der Wahrheit! In endlichen Verhältniſſen ſind wir immer, ja
in uns ſelbſt iſt unſere Unendlichkeit in ein endliches Verhältniß
geſetzt, wir ſind äußerlich und innerlich gebunden, wir ſind frei
und unfrei. Die Unfreiheit nach außen in jeder Lebensſituation

kennt Fauſt nur zu gut. Es iſt hier gegeben, ſein früheres Wort aus dem Monolog nach Wagners Abgang wieder bei= zuziehen:

Die Sorge niſtet gleich im tiefen Herzen,
Dort wirket ſie geheime Schmerzen,
Unruhig wiegt ſie ſich und ſtört Luſt und Ruh;
Sie deckt ſich ſtets mit neuen Masken zu,
Sie mag als Haus und Hof, als Weib und Kind erſcheinen,
Als Feuer, Waſſer, Dolch und Gift:
Du bebſt vor Allem, was nicht trifft,
Und was du nie verlierſt, das wirſt du ſtets beweinen.

Wir legen in den Umkreis von Realem, den wir um uns ziehen, um unſere Perſönlichkeit zu erweitern, unſer Selbſt hinein und ſind ſtets in Gefahr, es daran zu verlieren, ſo daß Verluſt von Haus und Hof, Weib und Kind als Selbſtverluſt gefühlt wird. Was ich nie verlieren kann, weil ich es nie wahrhaft beſeſſen — denn wahrhaft beſitze ich nur mich ſelbſt, mein Bewußtſein von mir, mein Ich —, das beweine ich, wenn es verloren geht, als hätte ich mich ſelbſt verloren, ja ehe es verloren geht, befürchte ich ſeinen Verluſt und hierin den Selbſt= verluſt. Fauſt will ſich daher ſeine Freiheit bewahren, indem er ſich in ſolche Verhältniſſe nicht einläßt. Falſch! und würde er Einſiedler, lebte er als Diogenes, er würde ſich in ſeine Hütte, ſeine Tonne ſo einleben, daß er ſie, die er nie verlieren kann, beweinte, wenn ſie verbrennte, ja um ſie ſorgte, als ver= löre er ſich, wenn er ſie verlöre. Dieß iſt nicht der Weg. Und mit den innern Schranken, Unfreiheiten unſeres Weſens verhält es ſich ebenſo; Fauſt läugnet ſie ſich weg, es iſt gleich falſch. Was iſt denn der Weg? Seine Grenzen klar erkennen, frei

anerkennen, also nicht mehr wollen, als man vermag, seine In-
bibidualität mit diesen bestimmten Schranken zu einer Persönlichkeit ausbilden, die sich derselben bewußt ist und eben in dieser
Bestimmtheit das Mögliche leistet, kurz, das Nothwendige in ein
Gewolltes verwandeln, — die Persönlichkeit erweitern durch eine
Sphäre von Besitz, von realen Verhältnissen, ohne die wir unsere
Kräfte nicht entfalten, nicht fruchtbar machen können, sich einlassen in die Welt, aber sich nicht daran verlieren, sondern sich
behalten, auf den Verlust gefaßt; „gefaßt sein ist Alles." Natürlich liegt in diesem Gesetz eingeschlossen, daß ein klarer Mensch
prüft, in welcher Richtung die bestimmte Anlage seiner Kraft
geht, daß er sie in dieser Richtung sammelt, concentrirt, und so
zur größtmöglichen Leistung ruft. Die freiwillig beschränkte
nächste reale Erweiterung unserer Persönlichkeit wächst selbst
wieder, das Streben und Wirken dehnt ihre Schranken aus, der
Kreis wird zu Kreisen wie der Wellenkreis im Wasser. Ge-
sammelte Kraft assimilirt sich mehr und immer mehr, sendet von
ihrem Kern aus mehr und mehr Radien ins Allgemeine, in
jedes menschlich Bedeutende, und gerade die Beschränkung bedingt
so die Universalität. Man ist immer wieder auf Göthe selbst
zurückgeführt. Er zersplittert seine Kraft anfangs durch Ueber-
nahme zu vieler Staatsämter, erkennt dann die Nothwendigkeit
der Beschränkung, entledigt sich eines Theils derselben, behält
diejenigen, die seiner Geistesrichtung nicht heterogen sind (Bildungs-
anstalten, Kunstpflege, Theater, Bergwesen), und lebt im Uebrigen
still der Naturwissenschaft, Kunstwissenschaft, Dichtung, still, ohne
sich gesellig so sehr abzusperren, daß er sich nicht an Kenntniß
und Gefühl des Menschenlebens von Tag zu Tag bereicherte, —

ein Musterbild der tiefen Sammlung und des steten Ueber-
greifens über ihre Schranken.

Also Beschränkung mit Vorbehalt der Freiheit, so
wollen wir es in Kürze ausdrücken; treu im bestimmten Kreise
und zugleich frei darüber! — Diese ganze zweite Hälfte der
Wahrheit ist es nun also, die Faust verkennt. Diese Verkennung
kennen wir eigentlich schon; es ist durch die letzte Betrachtung
nur ein neues Licht darauf geworfen. Frei sein, streben bedeutet
ihm ein leeres Vorwärtsstürzen, als ob jede Bindung die Freiheit aufhöbe; Freiheit bedeutet ihm nicht freie Beschränkung,
sondern keinerlei Beschränkung. Es ist ein leerer Freiheitsbegriff, der ihm vorschwebt. Streben nach Nichts und Allem
ist eigentlich Unsinn, dieser Unsinn ist seine Meinung. Gerade
an diesem leeren Freiheitsbegriff packt ihn Mephistopheles; gerade das ist die Gefahr für Faust, vor lauter Freiheitsstolz unfrei zu werden, und daß der höllische Mentor dieß sehr wohl
weiß, beweist sein Monolog am Schlusse, den wir ganz wohl
gleich heraufnehmen können. „Verachte nur Vernunft und
Wissenschaft — zu Grunde geh'n." Als negativen Grund zu
guten Hoffnungen auf Gewinn der Wette nennt er die Verachtung der Vernunft und Wissenschaft, welche Fausts jetzige Stimmung ist; Vernunft ist das natürliche Denken dessen, was der
menschlichen Bestimmung angemessen ist, im Gegensatz zu der
ganzen Ueberstürzung, phantastischen Maßlosigkeit, worin Faust
schwebt; die Wissenschaft ist die methodisch denkende Vernunft,
deren Verachtung wir ja längst an ihm kennen. Positiv begründet sich Mephistopheles seine Hoffnung mit den Worten:

> Ihm hat das Schicksal einen Geist gegeben;
> Der ungebändigt immer vorwärts bringt
> Und dessen übereiltes Streben
> Der Erde Freuden überspringt.

Zunächst ist es das Apriorische in dem Faustischen Frei-
heitsstolze, worauf er baut. Faust verachtet die Erdenfreuden,
wie wir schon gesehen, zum voraus, noch ehe er sie kennt; der
Erfahrungslose soll nun erfahren, daß der Reiz doch ungleich
stärker ist, als er glaubte.

> Den schlepp' ich durch das wilde Leben,
> Durch flache Unbedeutenheit!
> Er soll mir zappeln, starren, kleben,
> Und seiner Unersättlichkeit
> Soll Speis' und Trank vor gier'gen Lippen schweben.

Von der Gewalt des Scheines, den er so gut zu durchschauen meinte, überrascht, wird der Stolze die Leerheit des
Scheines vergessen, anbeißen und sich darein verbeißen; dann
wird Mephistopheles durch Retardiren (das Moment, dessen Wichtigkeit beim Prolog im Himmel besprochen ist) den Reiz verstär-
ken, verdoppeln. Aber dieß ist noch nicht der ganze Sinn seiner
Worte. Faust wird sich wohl in einer Leidenschaft verfangen,
wie wir ja gleich in seinem ersten Lebensgang sehen; es führt
jedoch die ganze Exposition des Drama's zur Erwartung, daß
er von Genuß zu Genuß, von Leidenschaft zu Leidenschaft weiter
eilen werde, von keiner befriedigt und sie doch wollend; diese
Erwartung hat nun leider der Dichter nicht erfüllt; wir haben
längst gesehen, welche Aufgabe er auf den irren und wüsten
Traumwegen der eingeschobenen Walpurgisnacht umgeht, in den
vier ersten Acten des zweiten Theils vergißt und durch Einführung eines Vergehens aus herrscherischer Eigenmächtigkeit im

fünften Acte, gut dem Motive nach, mangelhaft in der Ausführung löst. Also von Leidenschaft zu Leidenschaft, und es ist
klar, was Faust dabei vorschwebt: wissend, daß der Genuß keinen
Kern hat, will er diese Leere durch Häufung, die fehlende
Qualität also durch Quantität ersetzen. Der Stoff soll
ihn niemals interessiren, nur die Form der Bewegung, wie wir
es nannten, im stets neuen Wechsel. Auch dieß liegt in „Ueber-
springen": Fortspringen von Genuß zu Genuß, jedenfalls dieß
meint Mephistopheles mit: Unersättlichkeit. Es liegt demnach
zweierlei vor: einerseits hofft er wohl den Faust in Einer
Leidenschaft länger festzuhalten, als dieser für möglich hielt, aber
er will doch auch dieß Forteilen unterstützen und hofft so, es zu
einer Hetzjagd zu bringen, in welcher es gleichgültig wird, ob
Faust für den Stoff sich interessirt, oder nur die Bewegung
will. Faust genießt, zappelt und klebt eine Zeit lang, findet
dann wirklich, daß der Genuß kein Inneres hat, aber da er jetzt
doch nichts Anderes will, als Genuß, Leidenschaft, so bleibt ihm
nichts, als dieß Spiel zu wiederholen, das eigentlich in eine unendliche Linie führt. „So tauml' ich von Begierde zu Genuß
und im Genuß verschmacht' ich nach Begierde." Diese schlagend
wahren Verse, die den tiefsten Aufschluß über die Natur alles
Sinnengenusses geben, sollten nur an einer andern Stelle stehen,
als in der Scene: Wald und Höhle; sie können sich nie auf
Gretchen beziehen, sie gehören auf den Blocksberg. Mag also
Faust vom Stoff auch gar nichts erwarten, es wird gerade so
gut sein, wie wenn er doch vom Stoffe sich täuschen ließe.
Man kann sich dieß gut am Beispiel eines Spielers deutlich
machen. Seine Leidenschaft geht zunächst auf Geld, allein weit

mehr noch auf den stets erneuten Reiz der Aufregung, Spannung im Hazardiren; es läßt ihm ja keine Ruhe, und wenn er Berge Goldes gewonnen hat, sie müssen verspielt sein; diese Gewohnheit des Aufregungsschwindels brennt ihm endlich die Seele aus, Herz, Geist, Wille, Alles verglüht, verkohlt; nun ist es gerade so gut, wie wenn seine Leidenschaft einfach auf das tückische Metall ginge und die dunkeln Naturgeister aus der Tiefe der Erde ihn in den Abgrund zögen. Zu einem solchen roué hofft Faust den Mephistopheles zu machen; der Spieler dient uns dabei natürlich nur als verdeutlichendes Bild; es bleibt dabei, versteht sich, ganz gleichgültig, ob Mephistopheles vielleicht wirklich daran denken könnte, Faust auch zum Spiele zu verführen; gelingen würde es, wie wir diesen kennen, schwerlich; Klingers Faust wird Spieler. Das rechte Wort für den geschilderten Zustand ist Tantalus-Qual und damit wäre denn Faust des Teufels auch ohne Hölle und Teufel.

Die Zwischenreden des Mephistopheles möchte man am liebsten rein poetisch dem Tone nach betrachten und genießen, so behaglich, so teuflisch gemüthlich, wie sie sind. Ihr Sinn gilt zunächst einfach dem Zwecke, Faust zum „Kleben" zu stimmen. Wie appetitlich legt er's ihm hin, daß die Freuden des Verweilens werth seien, daß er es sich auch schmecken lassen soll! „Was Gut's in Ruhe schmausen." Aber auch die fortstürmende Leidenschaft Fausts läßt er gelten, er muß natürlich auch den falschen Freiheitsgeist nähren, nur muß er ihm ebenso gewiß die Tiefe, die Willens-Energie zu nehmen suchen, worin ihr besserer Keim verborgen liegt; so läßt er in der nächsten Rede das Fort- und Weiter-Jagen gelten:

Beliebt's euch, überall zu naschen,
Im Fliehen etwas zu erhaschen,
Bekomm' euch wohl, was euch ergötzt,

aber er thut es, um zugleich ein recht gründliches Hineinlangen
zu empfehlen: „nur greift mir zu und seid nicht blöde." Es
folgt jener Satz, der uns schon bei der Analyse des Prologs
als ein Hauptbeispiel gedient hat dafür, wie Mephistopheles nicht
nur stachelt und reizt, sondern auch dämpft und kühlt und dabei
tiefe Wahrheiten ausspricht, nur mit der höllischen Logik, unwahre Schlüsse daraus zu ziehen:

> O glaube mir, der manche tausend Jahre
> An dieser harten Speise kaut,
> Daß von der Wiege bis zur Bahre
> Kein Mensch den alten Sauerteig verdaut!
> Glaub' unser Einem: dieses Ganze
> Ist nur für einen Gott gemacht!
> Er findet sich in einem ew'gen Glanze,
> Uns hat er in die Finsterniß gebracht
> Und euch taugt einzig Tag und Nacht!

Kein Einzelwesen kann je das Ganze bewältigen, also?
Ein guter Geist würde folgern: also mäßige dich im Genuß,
concentrire dich in der Thätigkeit und suche vom bestimmten
Punct aus dich geistig so auszuweiten, als menschenmöglich;
Mephistopheles schließt: also versenke dich recht in den einzelnen
Genuß. Wir haben uns bei der ganz ähnlichen Stelle im ersten
Dialoge zwischen Faust und Mephistopheles nicht aufgehalten,
als wir sie früher anführten, weil sie uns im jetzigen Zusammen-
hange besonders dienlich ist:

> „Bescheidne Wahrheit sprech ich dir.
> Wenn sich der Mensch, die kleine Narrenwelt
> Gewöhnlich für ein Ganzes hält:
> Ich bin ein Theil des Theils, der anfangs Alles war" u. s. w.

Hier und dort bekommt Fauſt zu hören, daß es Wahnſinn
iſt, an eine andere als ideale Erweiterung der indibiduellen
Schranken zur Menſchheit, zum Univerſum zu denken, factiſch
alle Lebensformen durchrennen und ſich ſo zu einem Gott auf=
blähen zu wollen. Zunächſt könnte gefragt werden, ob der
Dichter ſeinen Teufel nicht mehr bedeutend als zweckmäßig ver=
fahren laſſe, wenn er ihm Warnungen von ſo geſunder Wahr=
heit in den Mund legt. Allein Mephiſtopheles darf nicht be=
ſorgen, daß Fauſts Stimmung jetzt dazu angethan ſei, heil=
ſame Schlüſſe aus guten Lehren für ſich zu ziehen, die er mit
ſchlimmer Abſicht gibt. Dieſe Stimmung iſt eine viel zu wild
vorſtürmende, als daß er hierin vorſichtig zu ſein für nöthig
halten müßte. Uebrigens haben wir nun hier ein Hauptbei=
ſpiel von dem Rollentauſche zwiſchen Fauſt und Mephiſtopheles,
deſſen Schiller im Briefwechſel gedenkt: die Vernunft, die in
Fauſt durch falſchen Phantaſie=Zuſatz ſich überfliegt, nimmt
Mephiſtopheles gegen Fauſt in Schutz, und die Sinnlichkeit, die
Mephiſtopheles vertritt, ſtemmt ſich in Fauſt, eben durch den
falſchen Idealismus überheizt, den vernünftigen Lehren des
Mephiſtopheles entgegen. Wir werden dieſen Rollenwechſel
noch einmal finden, in der Scene: Trüber Tag, Feld.

Von der nächſtfolgenden Rede an: „Das läßt ſich hören —
Mikrokosmus nennen“ tritt der hölliſche Weltmann in ſeine Rolle
als Ironiker ein. Er verſpottet das Streben, alle einander
ausſchließenden Kräfte und Lebensformen in ſich vereinigen zu
wollen, durch die Vergleichung mit einem ſchaalen Poeten, der
in einem abstracten Idealbild daſſelbe thut. Wiederum eine
Predigt voll Wahrheit mit der falſchen Folgerung: alſo beſchränke

dich gemein, statt: beschränke dich weise. Warum wirkt dann das Wort: „Du bist am Ende — was du bist. Setz' dir Perrücken auf von Millionen Locken, setz' deinen Fuß auf ellenhohe Socken, du bleibst doch immer, was du bist" so niederschlagend auf Faust, daß er erwidert: „ich fühl's, vergeblich hab' ich alle Schätze des Menschengeists auf mich herbeigerafft, und wenn ich mich am Ende niedersetze, quillt innerlich doch keine neue Kraft," und daß er eben hier ermattet hinzusetzt: „ich bin nicht um ein Haar breit höher, bin dem Unendlichen nicht näher"? Es kühlt ja wie ein breiter, kalter Schutt Wassers den Mann ab, dessen stolzes Feuer so eben nach der Krone der Menschheit glühte. Dieses Wort ist so ganz platt, bleiern phantasielos und phantasieentzaubernd, stellt in so kahler Einfachheit, so nackter Blöße die Wahrheit der Schranke hin, daß es stimmungtödtend wirken und das andere, höhere Stück der ganzen Wahrheit darüber vor den Blicken Fausts verschwinden muß, es ist horizontraubend. Die ganze Wahrheit ist ja die stete Schranke und das stete Ueberwinden der Schranke, der ewige Prozeß zwischen beiden. Sie könnte Faust, — das haben wir im Gange dieser Betrachtung schon erkannt, — wenn er klar wäre, nicht entmuthigen, er will aber, wie er ist, von Schranke gar nichts wissen, ist ohnedieß nur zu geneigt, wenn er von Schranke hört, das zweite Moment: die Bewegung in der Schranke über die Schranke hinaus, wegzulassen und in dieser trostlosen Vorstellung, als wäre es die einzig mögliche, bestärkt ihn Mephistopheles so, daß er nun die Flügel hängen läßt. Neu aber bemerke man, wie der Erzschelm vorwärts geht: nachdem sein ödes Wort von der Schranke = Schranke für jetzt die erwünschte Wirkung gethan, macht

er wieder gut Wetter, indem er den Begriff der Schranke auf
seine Art dennoch erweitert, nämlich gemein: „Mein guter
Herr — vier und zwanzig Beine." Du kannst, sagt er hiermit,
durch kein geistiges Streben dich zu einem Ganzen der Menschheit auch nur annähernd erweitern, aber sinnlich den engen
Umfang dieses Einzellebens steigern, multipliciren, — das geht!
Und wie angenehm und schmackhaft präsentirt er ihm nun das
Bild eines vornehmen, reichen Herrn, etwa eines Geldprotzen,
der mit sechsen daherfährt! Zuletzt spielt er den Trumpf aus:

> Ich sag' es dir: ein Kerl, der speculirt,
> Ist wie ein Thier auf dürrer Heide,
> Von einem bösen Geist im Kreis herumgeführt,
> Und rings umher liegt schöne grüne Weide.

Genau, wie er dem Schüler nachher sagt: „Grau, theurer
Freund, ist alle Theorie und grün des Lebens goldner Baum."
Beide Stellen sind so classisch gesagt, daß Mephistopheles damit
nicht nur den Faust überrascht und vorerst schwankend macht,
den Schüler blendet und verderblich reizt, sondern — fast alle
Welt jetzt noch täuscht. Es sind Schlagwörter geworden, die
man zu citiren liebt, als kämen sie nicht aus Teufels Mund.
Freilich steckt auch hinter ihnen ein winziger Bruchtheil Wahrheit: die Wissenschaft soll den Forschenden nicht dem Leben
entfremden und nicht unfruchtbar fürs Leben bleiben, aber vor
Allem sind und bleiben sie Schlangenworte der Verführung.
Die Wissenschaft ist ja freilich eine Todtengruft gegenüber dem
Leben. Die Geschichte z. B. muß, was heute so frisch sich begibt
und so unmittelbar erfahren wird, nach Jahren, Jahrhunderten
aus staubigen Blättern mühsam zusammenbuchstabiren, die Natur-

wissenschaft das fluthende Leben, den rund geschloßnen Leib
zerstäuben und zerschneiden, alle Philosophie vom fröhlichen
Scheine Abschied nehmen und hinter ihm das Wahre suchen;
ein Gefühl, als wandle man auf einer Schädelstätte, haucht
eiskalt bei dieser Arbeit jugendfrische Wangen an. Das teuf=
lische Wort bestätigt und hebt genial bestechend diesen Schein,
dessen Unwahrheit dem Lügenredner nicht verborgen ist; er weiß,
daß in jenen Grüften dem Geiste sein wahres Leben erst auf=
geht: „verachte nur Vernunft und Wissenschaft, des Menschen
allerhöchste Kraft."

Die Actien scheinen nun für den Satan nicht schlecht zu stehen;
wir haben aber in Fausts wildem Wollen der guten und posi=
tiven Elemente so manche entdeckt, daß die Wagschale der besseren
Aussicht mit der Wagschale der schlimmeren sichtbar hin und
herschwankt. Jedenfalls ist er nicht blasirt. Auf die Frage, ob
er Pessimist sei, antwortet uns aus seinen Reden kein ganzes
Nein, aber auch kein Ja. Er flucht den Freuden, der Pessimist
zersetzt ihre Täuschung kalt und ruhig mit Scheidwasser. Es
ist das Feuer, womit er flucht, was Hoffnung für ihn gibt,
denn es zeigt Mannheit und Mannheit wird den Werth der
Freude und, was mehr ist, den Werth der Thätigkeit noch
finden. Er will auch den Schmerz, der Schmerz aber ist er=
ziehend. Er will die Leidenschaft, sie wird sich vertiefen; ist
es die Liebe, so wird das Herz theilnehmen und anfangen, an
einen Inhalt des Lebens zu glauben; da es doch Leidenschaft
sein wird, und da seine Bestimmung fordert, sich nicht zu binden,
so wird er schuldig werden, aber eine edle Natur lernt aus der
Schuld. Er will auch die That, Mephistopheles wird ihm be=

deutende Sphären öffnen; er wird Interesse für Zwecke gewinnen, wohl auch wieder schuldig werden, z. B. durch Handlungen der Gewaltthätigkeit, und er wird auch aus dieser Schuld lernen. Er wird sich aus dem Lärm des Lebens öfters zurückziehen, das Forschen nach Wahrheit wieder aufnehmen und so sein wahres, ideales Selbst reinigen, stärken, verjüngen. Ueberall wird ihm Mephistopheles die Stirne auf die Schranken stoßen, er immer, um ihn zu gemeiner Beschränkung anzuleiten, dabei werden immer aufs Neue solche Worte fallen, die, bös gemeint, doch tiefe Lebenswahrheit enthalten, es ist Anhalt zur Hoffnung, daß diese mehr und mehr hängen bleiben und die böse Meinung abgleiten werde, und so könnte es kommen, daß Faust Streben und Selbstbeschränkung endlich im Wirken vereinigt, oder, wie wir es, nachdem wir oben den Freiheitsbegriff eingeführt, nun ausdrücken können: es öffnet sich Aussicht, daß Faust seinen leeren Freiheitsbegriff ausfüllen lernt.

Es ist wohl werth, hier einen Augenblick stille zu stehen, die inhaltsvolle Summe von Begriffen zu sammeln, die sich als Schlüssel zum Verständniß des classischen Paares und seiner Wechselreden darbieten, und sie selbst nach gegensätzlichen Paaren zu ordnen. Als einfachsten Gegensatz, der sich aus allem Gesagten von selbst ergibt, stellen wir vorauf: Subject und Object, Individuum und Welt. Die Wette ist nichts Anderes als der Weltgang jedes Menschen mit der Aufgabe, in möglichst weitem Umfang das Object seinem Fühlen, Schauen, Denken anzueignen und den Gehalt seines Subjects in die Welt der Objecte hinauszuführen, was werthvoll im Ich ist, ihr aufzuprägen, — mit der Aufgabe, die geschloßne Eigenart seines

Ichs der Welt zu öffnen, mit ihr zu vermitteln, ohne, was erhaltenswürdig an ihr ist, an die Welt zu verlieren. — Idealismus und Realismus: jener im Gegensatz gegen diesen, ist Unendlichkeitsdrang, der die Kluft der Endlichkeit überspringen will; Mephistopheles, zunächst lebendiges Symbol des Bösen, d. h. der Empörung des Willens gegen die Weltordnung, wird durch Vermittlungsglieder des Begriffs, die wir uns bereits klar gemacht haben, der Realismus, der Geist der Erfahrung, und zwar im ausschließenden Gegensatz gegen den Idealismus freilich der Realismus, der sein Recht und seine Wahrheit in Unrecht und Unwahrheit verkehrt. Schon zum Prolog haben wir mit Beziehung auf die Persönlichkeit Merck's gezeigt, daß man sich das Band zwischen dem Bösen und dieser Bedeutung auch so klar machen kann: in Mephistopheles ist mythisch angesammelt das realistische Denken verständiger Naturen, das immer so viel Recht hat und von dem doch nur ein Schritt zu schnöder Geistesverachtung ist; man trenne jenes von diesem Uebergang, so ist es eine gute, bildend wirksame Potenz und daher hat Mephistopheles so oft Recht; man nehme es mit dieser bösen Zuspitzung zusammen und steigere sie zum absolut Bösen, so hat man Mephistopheles in seiner Grundbedeutung. — „Verständig:" damit ist schon gesagt, daß der Gegensatz auch zu bezeichnen ist: Vernunft und Verstand, und dieß bedarf keiner weiteren Erklärung, da es genügend besprochen ist. — Als der von der Stimmung genommene Ausdruck für die Glieder dieser Gegensätze ist nun einzureihen: Enthusiasmus oder (da man Faust auf diesem Puncte der Handlung nicht enthusiastisch nennen kann) — Pathos und Ironie. Diese wird sich weiterhin

noch ganz anders an die Stöße knüpfen, die der Hochgang des
Fauſtiſchen Willens im Anprall an die Wirklichkeit erfährt. —
Faſſen wir die Frage vom Standpuncte der Ausdehnung der
Willens-, der Geiſtesthätigkeit überhaupt, ſo heißt der Gegenſatz:
Univerſalismus und Concentration der Richtung. Was
wahr und falſch an beiden iſt, haben wir geſehen. — Streben
und Stilleſtehen; jenes in der Gegenſatz-Stellung Streben
ohne Reſignation, wir haben das Bild eines Wagens ohne
Hemmſchuh oder Bremſe gebraucht; Stilleſtehen: gut im rechten
Sinn, falſch im ſchlechten und gemeinen. — Dieß führt auf die
zu Grund liegenden höheren Begriffe: Freiheit und Bindung,
von denen wir eben herkommen; ſtatt: Bindung ſagen wir
einfach: Beſchränkung, Schranke, wenn man dieß Wort
nicht lieber allgemein je auf das zweite Glied in allen dieſen
Begriffspaaren angewendet ſehen will.

Warum führen wir nicht alle dieſe Gegenſätze auf den
Grundbegriff Geiſt und Sinnlichkeit zurück? Man kann
ſie alle daraus ableiten, aber auf Umwegen, deren Schwierigkeit denjenigen nicht bekannt ſcheint, die mit dieſem ſimpeln
Schlüſſel das ſchwere Schloß zu öffnen glauben; wir haben es
ſchon früher abgelehnt, die Frage unſeres Drama auf dieſe
Kategorie zu reduciren, weil ſie eine Zuflucht der Seichtigkeit iſt.
Der Complex, den wir Welt, Wirklichkeit nennen, iſt aus mehr
als Einem Faden gewickelt, auch wenn wir die idealen Kräfte,
wie die Gegenſatzſtellung in unſern Begriffspaaren es fordert,
daraus weglaſſen. Die Sinnlichkeit iſt wohl ein Hauptfaden
darin, die Welt iſt freilich voll von Verſuchungen, uns in Lieder-
lichkeit zu verſtricken, allein ebenſo voll von Schlingen, uns den

Schwung der Gedanken zu unterbinden, daß wir uns in armer Verständigkeit platter Standpuncte gefallen, die Welt ist vor Allem der Schauplatz der Interessen, des Egoismus; Sinnlichkeit aber und Egoismus sind zwei Begriffe, die sich nicht decken; Mephistopheles möchte Faust gar nicht blos zu einem Schlemmer, sondern zu einem herz- und phantasielosen Egoisten machen; aber auch in Verbrechen will er ihn verlocken und diese sind noch etwas Anderes, als Excesse der Sinnlichkeit. Faust auf der andern Seite ist ja gar nicht abstracter Geistes-Mann, nämlich auch vor der Verbindung mit Mephistopheles nicht: „vom Himmel fordert er die höchsten Sterne und von der Erde jede höchste Lust", nur freilich steht seine ideale Phantasie mit seiner Sinnlichkeit in solchem Bunde, daß er von Paradieses-Herrlichkeiten, von Götterfreuden träumt, und eben, weil es diese nicht gibt, ist er der bitter enttäuschte Mann geworden; aber auch jetzt, da er in den Tiefen der Sinnlichkeit glühende Leidenschaften stillen will, denkt er sich dabei eine sinnliche Gluth, die doch nicht blos sinnliche Gluth, sondern eine Phantasie-Steigerung ist, an der Mephistopheles nur halbe Freude wird haben können. Endlich müssen wir uns erinnern, daß Faust unter die Genüsse auch Thaten zählt, aber freilich, er unterscheidet sie nicht von jenen und dieß soll er lernen. So ist den übrigen Gegensätzen noch der weitere anzureihen: That und Genuß, jedoch mit dem nachdrücklichen Zusatz, daß der Thatendurst in Liebe zum Wirken übergehen muß. Dieß ist aufgezeigt, nun aber zum Aufgezeigten noch eine wesentliche Bestimmung hinzuzufügen. Faust, genial und feurig, wie er ist, wird, wenn er zu der Reife gelangt, sich für das Wirken zu entschließen, schöpferisch wirken wollen. Man kann dieß als eine Einheit von That und Wirken bezeichnen, That bedeutet dann im Wirken die großen momentanen Acte, wodurch Bleibendes, Segensreiches hervorgerufen wird. Dieß wollte wirklich Göthe sagen im letzten Acte seines zweiten Theils, nur daß ihm die Kraft versagte, es zur Anschauung zu bringen.

Dieß wären denn die Namen für die zwei Geister, die sich gegenüberstehen, und der Pact des Faust mit Mephistopheles bedeutet, in seiner Tiefe gefaßt, daß sie nun den Weg ihrer gegenseitigen Durchdringung antreten. Ich glaube dieß nun eingehender auseinandergesetzt zu haben, als früher (A. Krit. Gänge B. II. S. 137 und namentl. S. 207 ff.). Die Frage der Wette, d. h. des Erfahrungsgangs der Menschheit ist, ob beide Geister ineinander so übergehen werden, daß von Jedem das Unrecht seiner Einseitigkeit ausgeschieden wird. Ich habe (a. a. O.) auch den Ausdruck Copula gebraucht: „die Copula jener zwei Geister, die der Mensch ist, heißt in der mythischen Sprache des Dichters: Vertrag des Faust mit Mephistopheles.“ Nur ist dieser Ausdruck zu todt, deutet nicht die Kämpfe an, die es kostet, bis die gesuchte Einheit gefunden wird, sagen wir also: Durchdringungskampf. Niemand versteht diese verwickelte Bewegung, dem es an Dialektik des Denkens fehlt, und namentlich muß ihm der Rollenwechsel unverständlich bleiben, der sich aus der Natur des Kampfspiels ergibt und hier bei der Zusammenfassung noch einmal hervorzuheben war.

Einer besonderen Formel für das Facit des Durchdringungskampfes bedarf es eigentlich nicht. Die Bestimmung: Maaß ist als nur quantitativ unzulänglich; wir haben sie gelten lassen für das Gebiet der sogenannten Güter; der Maaßbegriff ergab

sich uns für diese Sphäre aus der schätzenden Vergleichung derselben mit der Sphäre des an sich Werthvollen; auch so ist er
im Grunde precär, denn er bedeutet eine Mitte zwischen zu
wenig und zu viel und soll dieß keine vage Bestimmung sein, so
wäre mathematische Messung erforderlich, die doch im Gebiete
des Qualitativen unmöglich ist. Stößt man sich aber nicht an
der Vagheit, so mag die Maaßbestimmung nun auch auf das
Gebiet des Guten, der wahren Thätigkeit, des stetigen und des
schöpferischen Wirkens für den Weltzweck übergetragen werden.
Faust wird, wenn es gut geht, auch im Wirken nicht zuviel und
namentlich nicht zu viel auf einmal vollbringen wollen. Volle
Lust aber im ethischen Wirken und ihr zugewogen zugleich die
Lust im gewöhnlichen Sinn des Genusses als relative Zugabe
in den Grenzen, die sich aus der Werthvergleichung beider
ergeben, wäre das höchste Gut. Auf diesen Begriff ist also zurückzukommen und zu wiederholen, daß man auch sagen könne,
dieß sei es, um was es im Faust sich handelt.

Und nun sind wir angelangt, wohin diese Reihe von
Schritten gezielt hat. Wohl sei es, haben wir uns mit Fausts
eigenen Worten gesagt, Qual und Glück, was er, der auch
dann nie Befriedigte, im Weiterschreiten finden wird, aber das
Glück sei unendlich größer, als die Qual. Dann haben wir
uns klar gemacht, was der Faust, der mit Mephistopheles den
Vertrag eingeht, Alles erst lernen muß, bis er bei der Erkenntniß der wahren Einheit des Gutes und des Guten anlangt und
sich überzeugt, daß in der aufsteigenden Linie eines inhaltsvoll
strebenden Menschenlebens, obwohl sie das Unendliche nie erreicht, zeitlos ein unendlicher Werth und Gefühl des unendlichen

Werthes liegt. Das höchste Gut ist, es ist eine Wahrheit, es besteht in allen Räumen und Zeiten, soweit Herzen schlagen, nie als ein Ruhendes, stets als ein bewegtes; ist der Sieg des Guten über das Böse nur ein ewiger Sieg im ewig neuen Kampfe, so kann auch das Gefühl des Glücks in diesem Siege nie in einem Zeitmoment eine schattenlose Seligkeit sein, aber da der Mensch, der sich bewußt ist, dem Weltzweck zu dienen, aus der Zeit in's Zeitlose schaut, so wohnt er doch im Himmel des höchsten Gutes, so ist der Schatten doch nur Hebung des Lichts der Seligkeit. Es gibt ein Glück, ein wahres Glück. Und Seligkeit in diesem Glück, sich des höchsten Gut theilhaftig zu wissen, ist das Gefühl des scheidenden Faust, selig im An- blick seines Ithaka stirbt dieser Odysseus. Jetzt ist er selig im Anschauen der aufsteigenden Linie, obwohl sie nie bei dem Un- endlichen ankommt, selig, „weil er weiß, daß im Aufsteigen selbst das höchste Gut liegt. Diese aufsteigende Linie enthält zweierlei. In jedem Momente ist sie ein Ringen um Freiheit und Leben, um wahres Leben.

> Das ist der Weisheit letzter Schluß:
> Nur der verdient sich Freiheit wie das Leben,
> Der täglich sie erobern muß.

Wer schlaff lebt, lebt nicht; das Leben genießt nicht, wer darin wie in einem sichern Besitze schwelgt, das Leben ist nicht ein Sein, sondern ein Thun, nur wer es täglich sich verdient, hat das Gefühl, es zu verdienen, d. h. ist glücklich. Das Zweite ist das Bewußtsein des Fortschreitens in diesem Ringen. Faust schaut zunächst in die Zukunft und ruht betrachtend auf dem

Bilde, wie sein Wirken von Stufe zu Stufe sich erhöhen, erweitern, tiefer und tiefer füllen wird; er schaut ebenso zunächst ein bestimmtes Ziel, bei dem es ankommen wird:

„Auf freiem Grund mit freiem Volke steh'n."

Wir wollen nun ganz davon absehen, daß in der vorhergehenden Darstellung dieses Bild gar nicht vorbereitet ist, die Zustände, aus denen dieser höhere Zustand hervorgehen soll, nicht entwickelt sind; wir haben längst bedauert, daß das Ringen mit dem Meer als stellvertretendes Sinnbild für das Gesammte der Thätigkeiten dienen muß, die ein edler Fürst zum Wohle des Landes ausübt, weckt und leitet; als Unterlage dafür wäre es ein ausgezeichnetes Motiv, nicht ist es dieß als allegorischer Ersatz; wir haben uns längst gesagt, daß es poetisch ganz wohl thunlich gewesen wäre, zu zeigen, wie Faust die Künste, die Wissenschaft pflegt, ebenso hätte es sich ganz gut in Scene setzen lassen können, wie er sein Volk zur politischen Freiheit erzieht und eine Verfassung vorbereitet, die er ihm zu geben gedenkt; allein hier gilt es keine Kritik mehr, sondern nur Freude an dem, was da ist, was der Greis mit zitternder Hand doch noch Herrliches gezeichnet hat. Auf freiem Grund mit freiem Volk! Auf der Basis wohlvertheidigten Besitzstands ein menschenwürdiges Dasein, ein hoher Geist zur Gesammtperson eines thätigen, gesetzlich freien und gebildeten Volks, zur idealen Persönlichkeit erweitert! Und in diesem Körper das einzelne Glied glücklich! In der That, wir dürfen bei dem höchsten Gute nicht blos an die Spitzen des Menschenlebens denken. Wer auch nur im kleinen Kreise, nur für das kleinste Ganze thätig ist, ja wer auch nur Holz spaltet und dabei bedenkt, wie gut er mit seiner Arbeit denen dient, die selbst auch dienen und zwar Solchen dienen, die wieder dienen, und so hinauf bis zum Mächtigsten, welcher eben auch dient, der hat seinen Theil am höchsten Gute. Dienen, dem Weltzweck dienen, der nicht Nichts ist: da ist das Glück. — Nun ist dieß Schauen Fausts zunächst zwar nur ein Schauen in eine Zukunft, diese Zukunft ist aber eine Zukunft, worin er ein Wachsendes schaut, also wieder nicht ein Stillstehendes, und so geht sein Blick von Zukunft in Zukunft, geht ins Zeitlose, ins Unendliche, er ruht aus im Bilde des nie Ruhenden, er steht still bei dem nie Stillstehenden, er sagt: Verweile! zu einem Augenblick, der die Ewigkeit in sich schließt. Dem Wortlaute des Contracts nach muß er sterben, Mephistopheles bekommt Recht, dem Sinne nach ist er gerettet, erlöst, selig, der Himmel ist es, der Recht behält. Wir haben uns bei der Erörterung des Prologs deutlich gemacht, daß mythisch in das Nacheinander von zwei Acten sich auseinanderlegt, was der Idee nach gleich= zeitig immer wahr ist: dem Scheine nach ist die strebende Mensch= heit stets verloren, weil sie im Streben irrt, stockt, verweilt, sich beschränkt, der Wahrheit nach ist sie ewig gerettet, weil sie in der Schranke, im Irren, Stocken ewig strebt.

Faust genießt dieses sein hohes Glück auch im Gedanken an seinen Nachruhm:

Es kann die Spur von meinen Erdentagen
Nicht in Aeonen untergeh'n!

Er sagt also nicht mehr: „der Ehre schöne Götterlust, die wie ein Meteor verschwindet." Die Unsterblichkeit des Namens so gefaßt, wie er nun sie faßt: ihrer sich bewußt sein, ist

Götterluft. Durch segensreiche Mühen des Geistes seinen Namen dem Jahrhundert, ja der Ewigkeit auf- und einprägen: wer sich dieß sagen darf — wie der Dichter selbst es durfte —, der darf in seinem Werke sich auch seiner erfreuen, und genießt lebend in der Zeit das Vorgefühl auch der eigenen Ewigkeit. Die persönliche Fortdauer in alle Zeit hat nur diesen Sinn, jene des gewöhnlichen Glaubens entbehrt leicht, wer ihn versteht. Ich genieße lebend das Bewußtsein meines Fortwirkens über den Tod ins Unendliche, so fühle ich mich ewig mitten in der Zeit; ist der, der dieß Glück genossen, todt, so lebt ja eben der nicht mehr, der bedauern könnte, daß er es nicht mehr genießt. Doch nur Zugabe zu diesem Glück ist das Bewußtsein der Fortdauer meines Namens mit meinem Werke, sie wird den Hervorragenden zu Theil, unentbehrlich ist sie nicht zum Gefühl der wahren Unsterblichkeit; auch den Namenlosen überdauert sein Werk und wäre es das winzigste Glied in der Kette menschlicher Thätigkeiten. Arbeit macht froh.

Nun sehen wir uns noch die Worte des triumphirenden Mephistopheles an: „vorbei! ein dummes Wort!" bis „ewig Leere." Wir müssen auch hier vom Altersstyl absehen, wie wir ihn ja längst kennen, es sind undeutlich halbgesagte, uneinleuchtende Stellen in diesen Versen; klar aber ist: „vorbei und reines Nichts, vollkommnes Einerlei! Was soll uns denn das ew'ge Schaffen! — Da ist's vorbei! — es ist so gut, als wär' es nicht gewesen, und treibt sich doch im Kreis, als wenn es wäre. Ich liebte mir dafür das ewig Leere." Es gibt nach ihm nichts Wesenhaftes, keinen unzeitlichen bleibenden Kern im Zeitlichen; so hat auch Faust sich umsonst bemüht, all sein Thun war nur ein Beitrag zum stereotypen Spiel der allgemeinen Lebensposse mit wechselnden Masken. Wenigstens wer diese Stelle aufmerksam liest, wird uns keinen Vorwurf machen, daß wir so oft des modernen Pessimismus gedacht haben. Göthe spricht hier genau, als hätte er sein Aufkommen noch erlebt, wolle hier seine Sätze dem Mephistopheles in den Mund legen und durch Fausts Schlußworte, durch die Sinnbilder der folgenden himmlischen Scenen ihn Lügen strafen.

Diese letzteren Scenen sind nun — wie sie einmal sind. Man fühlt durch, daß das Gemüth des Greises im Anschauen der hohen Wahrheit, die er in das Ganze niedergelegt hat, in einer Art von Wonne und Seligkeit schwamm und zitterte, die zu angemessenem Ausdruck nicht gelangen konnte, weil er zu den stockkatholischen Bildern zu greifen beschloß. Mythus war nöthig, wie wir längst gesehen; aber es sei erlaubt, zu wiederholen, was ich vor Jahren gesagt habe: ein sparsamer, im protestantischen Geiste gedachter Mythus hätte vollständig genügt, — nicht nur genügt, sondern gehoben, reiner beleuchtet, während der überladen gothische Apparat nun den an sich so schönen Inhalt verdunkelt, ja ins leidig Komische verzerrt.

So sind wir wieder auf das Poetische als solches zu sprechen gekommen. Unser nächster Gegenstand, die Contract-scene, ist recht eine derjenigen, bei denen man fühlt, wie schwer es ist, in der Behandlung des Faust gleichzeitig die unendliche Fülle des Sinns und den Werth der ästhetischen Form im Auge zu behalten. Folgt man dem Gespräche der beiden, so muß man staunen, wie es gelungen ist, so grundtiefen, so verwickelten, so schweren Inhalt ganz dichterisch in Ton, Stimmung, Farbe

zu halten, nie den vollen Schein zu verletzen, daß wir hier nicht
Standpuncte, sondern einen warmblütigen, athmenden Menschen,
für den wir bangen, und einen dämonischen Geist vor uns
haben, der doch auch ganz wie ein bestimmter Mensch mit
Worten und Mienen spricht, schmunzelt, sticht, spottet, lockt, reizt
und hinterhältisch droht. Sie stehen vor uns in der Rundheit
greifbarer Personen und der unerschöpflich tiefe Sinn flirrt und
knistert wie elektrische Funken zwischen ihnen herüber und hinüber. Dieß ins Einzelne zu verfolgen wäre eine Aufgabe, deren
Lösung eigentlich ungetrennt mit der Auswicklung der vom
Dichter so rein divinirten Gedankenreihe vorgenommen werden
müßte. Hier muß der gegebene Wink genügen, diese Arbeit be-
scheidet sich, wie sie längst gestanden, einige Steine zu dem schweren
Bau zu liefern, der in unserer Literatur noch aussteht: einer
Zusammenfassung des Philosophischen und Aesthetischen, die dem
Dichter ganz in das Einzelne, bis ins speciellste Bild und Wort
hinein folgte. — Die Frage, wie es ihm in der vorliegenden Scene
gelungen sei, das Neue an das Alte anzuschiften, haben wir bis
hieher zurückgestellt. Von Weiße's Behauptung, der Contract,
„die Wette," wie sie nun den vorderen Theil des Gespräches bildet,
sei gar kein organisches Motiv, wird als längst widerlegt betrachtet
werden dürfen, darauf nach unserer ganzen Betrachtung uns
noch einzulassen, wäre müßig. Es folgen sich: auf des Mephistopheles behagliche Einladung zum Antritt des neuen Lebensgangs die Klage Fausts über das ewige Entbehren, das Nicht-
hinauskönnen aus sich, dann nach seiner Beschämung durch das
Wort des Mephistopheles vom braunen Safte, den Jemand in
einer Nacht nicht ausgetrunken habe, der wilde Fluch auf alle

Güter der Welt, auf alle Illusion, hienach der Geistergesang; dieser legt sich, von Seiten der Composition betrachtet, allerdings sehr gut in die Mitte zwischen Fausts Fluch und den Abschluß des Bündnisses, wir haben ihn so aufgefaßt, daß es ganz erklärlich ist, wie nun Mephistopheles seine gemüthliche Einladung dazu folgen lassen kann, gerade als ob Faust nicht die Welt mit all ihren Freuden verflucht hätte; nach dem Abschluß ist das Unterschreiben mit Blut eingeschoben der Sage gemäß; findet man die Rede des Faust an dieser Stelle etwas breit, so vergesse man nicht, daß der Dichter dieser Breite bedurfte, um dem Mephistopheles die Worte auf die Lippen legen zu können:

> Wie magst du deine Rednerei
> Nur gleich so hitzig übertreiben!

Worte, die ja Niemand könnte entbehren wollen, da sie den Mephistopheles so behaglich treffend charakterisiren. Von da an wird das Beschlossene noch einmal durchgesprochen, dieß wird eingeleitet durch die energische Auslassung Fausts über die Absicht, die er bei einem Bündniß habe, von welchem er doch wirkliche Freude sich nicht verspreche; Mephistopheles setzt seinen Dämpfer auf: „euch ist kein Maaß und Ziel gesetzt" u. s. w.; Fausts hoffnungslose Leidenschaft sprüht darob nur heftiger auf und nun fügt sich mit einigen gewichtigen Reimzeilen das Neue ganz ohne daß die Fuge nur bemerkt wird in die Satzmitte ein, womit das alte Fragment in dieser Scene begann.

Gespräch des Mephistopheles mit dem Schüler.

Zu den zauberhaftesten Einheiten von gedankensprühendem Tiefsinn und lebensvoller Poesie in unserem Gedichte rechnet die allgemeine Bewunderung längst das Gespräch des Mephistopheles mit dem Schüler. Seine einfache nächste Bedeutung ist, daß es Faust's Unmuth gegen alle gegebene Wissenschaft, das Ausgangs= motiv der ganzen Handlung, in die einzelnen Gebiete hinein= leitet. Damit ist nun noch blutwenig gesagt, denn wie geschieht es, mit welchem humoristisch poetischem Leben! Die liebe Un= schuld voll Ehrfurcht vor dem großen Mann, in welchem sie nicht den Teufel ahnt, darin der still wirkende Contrast gegen Faust, ähnlich dem zwischen ihm und Wagner (der Gute will ja auch Alles erfassen, was auf der Erde und im Himmel ist, die Wissenschaft und die Natur), das Verfahren des Mephi= stopheles, der, was er zerreibend tadelt, zugleich empfiehlt und so den armen Jungen rein schwindlich macht, bis er den hellen Teufel herauskehrt und den feinen Stachel der Wollust, den Reiz des Gedankens, das Amt des Arztes für Befriedigung ihres Kitzels zu mißbrauchen, in die junge Seele drückt, — das Alles blitzt wieder so von Geist, daß die Rechenschaft gebende Kritik nur das Nachsehen hat. Nicht daß jedes Wort, das Mephi= stopheles sagt, gleich wahr und tief wäre, Manches hat nur re= lative Wahrheit in der Opposition gegen den Stand der Wissen= schaft zur Zeit der Abfassung. Die Ausfälle gegen die Logik und die herrliche Stelle vom Webermeisterstück des Geistes werden

oft seicht mißbraucht, als gäbe es jetzt nicht auch eine Psychologie und Aesthetik, welche das unendliche Zusammenwirken der
geistigen Kräfte wohlbedenkt, wenn auch nicht durchbringt; freilich treffen sie immer noch auch die fortgeschrittene Wissenschaft,
sobald sie dieser ihrer Grenze sich nicht bewußt ist; die Stelle
gegen die Logik hat subjective Wahrheit als Protest des Dichter-
geistes gegen den Zwang ihrer formalen Ordnungen, objective
hätte sie nur gegen eine formale Logik, die ihren Werth über-
schätzte, aber das Wort vom geistigen Bande der Theile, das
der Encheiresis naturae verborgen bleibe, zündet wieder mitten
hinein in den großen Zug des Geistes nach Erschauung einer
lebendigen Welt=Einheit. Dieser Zug und Drang hat uns
beschäftigt bei Betrachtung der Anfangs=Monologe und Scenen;
er ist Grund des Zustands unseres Helden, der die ganze
Handlung motivirt. Unendliches wäre über jenes tiefwahre Wort
zu sagen. Die Ursache aller Stockungen unseres Denkens, aller
falschen Parteiungen in der Wissenschaft ist das Weglassen:
das Trennen dessen, was zusammengehört. Hier hätte geradezu
eine Kritik der Kategorieen einzutreten, aber wir werden uns
wohl hüten, dem Dichterwort durch Dociren den Charakter der
blitzartig genialen Beleuchtung zu nehmen. — Der Hieb gegen
die Metaphysik ist schwach; er sagt nur, daß der Dichter sie
für leeren Wortkram hielt, worin er selbst gegen die Philosophie
seiner Zeit, die Wolffische, Unrecht hatte. Wir hören Göthe,
der schon frühe ahnte, daß sein Weg nur der des sinnigen Empirismus sein konnte, wenn es galt, zur Wahrheit zu gelangen,
den Mann der Intuition, der nicht anders, als inductiv zu
großen Gesetzen aufstieg. Doch wenn er hätte zusehen können,

wie jetzt die Naturforschung wieder bei der Construction der
Welt aus dem Atom angelangt ist, hätte er wohl klar erkannt,
daß haarscharf an diesem Puncte die Metaphysik einsetzen und
mit ihren Mitteln die Frage untersuchen muß, ob die Materie
schließlich Substanz und Wesen habe oder nur das μὴ ὄν sei,
hinter dessen Scheine von unten auf der Geist verborgen ist. —
In den Worten über das Recht springt mit schöner, kühner
Inconsequenz aus dem teuflischen Ironiker plötzlich der lautere
Geist des Revolutionsjahrhunderts, springt aus Voltaire Rousseau
hervor. Sie sind schlechthin classisch, so classisch wie Schillers
Worte von den ewigen Rechten, die droben hängen unveräußer-
lich und unzerbrechlich wie die Sterne selbst. Der ewige Kampf
zwischen positivem Recht und zwischen ursprünglichem, zwischen
zeitweilig bestehendem und schöpferisch geschichtlichem Recht, der
Inhalt ganzer Berge von Schriften, der Stoff für unendliche
Reihen von Untersuchungen ist wetterleuchtend in einige Zeilen,
in ein paar Schlagworte zusammengefaßt. — Das Gift in der
Theologie, das von der Arznei kaum zu unterscheiden ist, wird
bedeuten: der studiosus theologiae sieht hinter die Coulissen,
kann merken, wie Dogma und Kirche entstanden ist und —
vergehen wird; darüber kann er das Verständniß und Gefühl
des Wesens und Werths der Religion selbst verlieren: dieß ist
das Gift, vielmehr nur die eine Art des Gifts; er kann vor den
Consequenzen erschrecken, sich dagegen verstocken, die Thür des
Weiterdenkens zuschlagen und ein erbaulicher Halber oder ein
orthodoxer Zelot werden, dieß ist die andere Art des Giftes; er
kann von Dogma und Kirche die Religion selbst unterscheiden
lernen und ein frommer Mensch im reinen und freien Sinn des

Wortes werden: dieß ist die Arznei. — Der Auftritt ist zugleich künstlerisch als ein äußerst glücklicher Ruhepunct nach dem Abschluß des Bündnisses zu betrachten, denn obgleich voll feiner Bewegung und Aufforderungen zum Denken bringt er doch dem Leser oder Zuschauer einen angenehmen Nachlaß von den Anspannungen des vorangegangenen Bildes dunkler Seelenkämpfe und setzt zugleich humoristisch das Punctum hinter das Stubenleben des Universitätslehrers mit seinen inneren Conflicten. Voll tiefer Bedeutung ist wieder die Wahl des Bibelspruchs für das Stammbuch. Er weist vom einzelnen Fall hinaus auf alle Gefahr in aller Erkenntniß.

Die Scene: Wald und Höhle.

Unser jetziger Gang bedingt es, daß wir alle folgenden Auftritte bis zu der Scene: Wald und Höhle überspringen. Wir befassen uns nicht mehr mit den Spuren des alten Planes, die hier hauptsächlich stehen geblieben sind. Man muß eben die Frage einfach bei Seite lassen, wie es wohl Göthe ursprünglich einleiten wollte, daß sein Faust vom Erdgeist (denn diesen redet er im Monologe an) trotz jener Zurückschreckung und Beschämung tiefer Offenbarungen gewürdigt wird. Genug, er zieht sich aus der Welt, aus dem Wirbel der Leidenschaft in seine alte Burg, in die Stille des sinnenden Geistes zurück und reagirt hiemit willenskräftig gegen den Verführer. Es kann kein Zweifel sein, daß dem Dichter dabei die Zeiten vorschweben, wo er sich aus den

Zerstreuungen des Hoflebens in die Waldeinsamkeiten Thüringens
rettete und dort seinen Naturstudien sich hingab; „Niemand ahnt,
mit welcher köstlichen Unsichtbaren ich mich unterhalte," schreibt
er 1784 aus einem solchen Asyl an Frau von Stein. Göthe
geht nun plötzlich in den hohen Styl, reimlose Jamben und
Kothurn der Sprache über. Niemand wird darin einen Widerspruch gegen die Hans-Sachsreime fühlen, welche im Uebrigen
herrschen und gleich nach dem Monolog wieder einsetzen: ein
Beweis für meine Behauptung, daß der gut germanisch realistische
Styl idealistische Formen, wenn sie nur nicht ganz und gar
gräcisirend sind, keineswegs ausschließt. Stolzere Jamben sind
wohl nie geschrieben worden. Auf die unvergleichliche, rein in-
stinctiv gegriffene Klangnachahmung in den Versen: „Und wenn
der Sturm — öffnen sich" habe ich längst (Aesth. B. III
Abth. 2, S. 1234) aufmerksam gemacht. Was es ist, das den
Einsamen so hoch stimmt, dieß mußte bei der Besprechung der
ersten Monologen mitaufgenommen werden. Jene Einheit der
Natur, welche er dort verzweifelnd suchte, ist ihm aufgegangen, er
sieht das innere Band von Wesen zu Wesen laufen, er spricht von
der Reihe der Lebendigen, er hat sie als Kette erkannt. Worin
aber liegt der hohe, einzige poetische Hauch der Stelle? Eine
Erkenntniß, welche die Wissenschaft mit ihren strengen, trockenen
Mitteln langsam und schwer errungen, eine Erkenntniß, deren
Schwelle der Dichter selbst mit Mühe des Lernens, Zerlegens, Ex-
perimentirens betrat, ist ganz in Stimmung übersetzt; man kann
sagen, was den Chemiker, Physiker, Mineralogen, Botaniker,
Anatomen und Zoologen als geheimes inneres Agens leiten
mußte, um durch prosaische Untersuchung zu dem großen Resultat:

wachsende Reduction von Stoffen und Formen auf Einheiten und endlich zu dem Begriff: Entwicklung vorzubringen, was die Philosophie stille geführt hat, zu ihrer, nun von der Natur-wissenschaft bestätigten Idee des ἓν καὶ πᾶν zu gelangen, das ist hier als die Poesie in diesem großen Entdeckungsgang tief ergreifend herausgestellt: die Ahnung; und ebenso, was diese Entdeckungen des Verstandes und Vernunft = Instincts im Gemüthe bewirken müssen: das Staunen. Dieß ist das Wunderbare, hoch Mystische in unserem Monolog. Das Wort von den Brüdern im stillen Busch, in Luft und Wasser ist schon im früheren Zusammenhange angeführt als besonders lichtbringend für die Idee, um die es sich handelt. Auch diese Bruderschaft gereicht Faust zum Staunen. Die Gleichgültigkeit, womit wir die Thiere ansehen, ist ein Theil der allgemeinen Stumpfheit, mit welcher der gewöhnliche Mensch, für den es eben dieß und jenes und einiges Andere so gibt, der ganzen Natur gegenübersteht. Um hier nur vom Seelenleben zu sprechen: daß Wesen ohne Sprache und Bewußtsein im unendlichen Ab-stand uns doch so ähnlich sind, daß wir in der ganzen Hemisphäre unseres Verhaltens und Thuns nur mit der unbewußten und doch so sicher gehenden Seele des Thieres handeln: dieß ist ja so wunderbar, daß der nicht stumpfe, sondern eingehende und sich vertiefende Mensch von einem Gefühle durchschauert wird, als wandle er in einem Geisterreich. — Nun ist aber noch der große Schritt zu beachten, mit welchem der Monolog die Reiche der Welt durchmißt. In der gewaltigen Stelle vom Sturm im Walde ist Alles mitbefaßt, was die Gebiete des unorganischen Lebens dem Auge und Ohre dessen, der auch ein Herz, eine Seele hat,

unerschöpflich Staunenswerthes bieten, aber wie herrlich ist dann
der Eintritt in die innere Welt durch die Selbstbetrachtung in
der sichern Höhle motivirt! Mit den „geheimen, tiefen Wundern
der eignen Brust" sind alle Forschungen des Menschen über seine
Seele, ihre erkennenden und wollenden Kräfte und über ihre
ethische Bestimmung in den Ton hoher, reiner Mystik gesetzt
und mit der Vorwelt silbernen Gestalten, die von Felsenwänden,
vom feuchten Busch herschweben, glaubt man die Marmorglieder
der Götter- und Heldengebilde des Batikans in weißem Mond-
licht aufschimmern zu sehen: die ideale ästhetische Welt ist er-
schlossen.

Es folgt der tiefgefühlt schmerzvolle Absprung, da der so
rein Gestimmte sich plötzlich des Gefährten erinnert, den ihm der
Erdgeist zugegeben hat. Die weitere sichtbare Spur des alten
Plans in diesem Ausdruck braucht uns nun um so weniger noch
zu beirren, da — der Erdgeist uns alle an den Schandgesellen
geschmiedet hat. Es ist eben das Gemeine im Menschen, die
pure Sinnlichkeit, die selbstsüchtige Leidenschaft, der von der Vernunft getrennte frivole Verstand, die uns alle mitten selbst in
der Stunde der gefühltesten reinen Betrachtung mit niedrigen,
schmutzigen, geistläugnenden Vorstellungen überraschen. Wie ist
der fressende Höllenstein dieser begeisterungtödtenden Macht mit
dem Wort ausgesprochen: „wenn er gleich kalt und frech mit
einem Worthauch deine Gaben wandelt!" Als Person in der
Fabel muß diese Macht den Faust zu Gretchen zurücklocken.
Faust kann noch sich selbst treu sein ohne den innern Vorwurf einer gewissenlosen Untreue gegen Gretchen (nämlich so
wie jetzt die Scene steht; die Umstellung in der zweiten Ausgabe

und ihre Nothwendigkeit ist schon besprochen). Seine Liebe hat
sich veredelt, vertieft, ohne aufzuhören, Sinnenfeuer, heiße Sehnsucht zu sein; um so braver, daß er vermocht hat, sich zu bezwingen und zurückzuziehen. Mephistopheles setzt seine Mittel
in Bewegung; es gehört wieder zum Genialsten, wie Göthe
seinen Charakter und die Scene führt; Mephistopheles ist hier
mehr als je ganz Teufel. Zuerst Klage über Beschwerlichkeit
des Dienstes („den ganzen Tag hat man die Hände voll" —
vergl. Leporello: „keine Ruh' bei Tag und Nacht"), dann die
sichere Waffe des Spottes, der dem Faust seine hohen Con-
templationen in der Einsamkeit als obscure, spelunkenhafte, ma-
gisterhafte Gewohnheiten lächerlich zu machen sucht, dann, gründlich im Sinne der Niedertracht frivolen Verstandes, die hohe
Mystik darin als Metastase des Geschlechtstriebs hinstellt. Die
Gebärde dabei ist unnennbar frech, der Dichter aber kann selbst
das Gewagteste, wenn er es zur Charakteristik einmal braucht,
keiner Decenz, selbst der wahren Schaam nicht opfern. Nicht
diese Mittel verfangen bei Faust, aber das letzte hat seine Wirkung: er weckt die Sehnsucht und wie! Die Sehnsucht nach der
sich Sehnenden: sie wird so nahe gerückt, daß Faust und in
ihm wir das arme Kind wie mit leiblichen Augen sehen. Die
neun Worte allein: „sieht die Wolken ziehen über die alte Stadt-
mauer hin" documentiren den ganzen und ächten Dichter, in
dessen Geist Alles Anschauung wird. Ziehende Wolken: auch
Schiller kennt es, wie die Sehnsucht mit ihnen schwebt, aber
wie viel natureinfacher diese Stelle, als der beredte Prachtmonolog:
„eilende Wolken, Segler der Lüfte!" Dieß wirkt; Mephistopheles
hilft dann noch mit ein paar verdichteten feinen Tropfen bren-

nenden Reizes nach und Faußts Widerstand ist gebrochen. Er
beschönigt seine Niederlage durch einen Ausbruch von tragischem
Pathos, worin ihm seine Phantasie vorspiegelt, als ob Leidenschaft ein unwiderstehliches Fatum wäre, das wie eine Natur-
macht ihn und auf der wilden Bahn seines Sturzes zugleich
die friedliche Existenz des guten, halbunbewußten, im engen
Kreise still beschlossenen Mädchens wirbelnd zum Abgrund reiße,
doch schreit aus dieser Sturmrede zugleich das Gewissen, das ihm
schon jetzt zu fühlen gibt, wie heiß die Hölle auch im Diesseits
brenne. Dieß ist natürlich dem Mephistopheles wieder nicht nach
Geschmack und Wunsch, die innere Höllenstrafe kommt ihm zu
früh, er will einen kalten Verführer und mit den Worten „wie's
wieder siedet, wieder glüht — verzweifelt" setzt er ein ächt
teuflisches Punctum an den Schluß des Dialogs.

Das Religionsgespräch zwischen Faust und Gretchen.

Die nächste unter den so ganz poetischen und so unerschöpflich philosophischen Stellen ist das Religionsgespräch zwischen Faust und Gretchen. Faußts Bekenntniß stellt sich durch
Ton und freies Schweben zwischen rhythmisch gebundener und
ungebundener Rede neben jene hymnischen Formen: „Grenzen der
Menschheit, Das Göttliche, Meine Göttin, Ganymed" und bewegt
sich mit ihnen in gleich hohem und reinem Aether. Der Sinn
ist oft mißverstanden worden. Man kann nicht sagen: ich glaube
an Gott, ihn eigentlich nicht nennen, nicht bekennen, denn er ist

tein Object, teine einzelne Exiſtenz; man würde ſprechen, als
ſei er außer uns und nicht ebenſoſehr in uns, da er doch Alles
iſt, das Allleben, in Allem das wahre Leben. So iſt er auch
unſer Gefühl von ihm und jedes höchſte Gefühl und vor Allem
das beſeligende Gefühl der Liebe und ſo wenig ein Name die
Himmelsgluth dieſes Gefühls erſchöpft, ſo wenig iſt Gott mit
einem Namen zu umfaſſen. So lautet die einfache Paraphraſe,
die nur zu geben iſt, damit durch die Vergleichung mit ihrem
Laute beim Dichter recht erkannt werde, was dieſer vermag, denn
athmendes, banges und entzücktes myſtiſches Ahnen iſt bei ihm,
was im philoſophiſchen Ausdruck ganz poeſielos klänge, wenn
wir ihm nicht ſchon blühende Worte des Dichters beigemiſcht
hätten. Jenes Gefühl, das uns in den Stunden ächt religiöſer
Stimmung überkommt, das Gefühl, als ob in uns und rings
um uns, in Bruſt und in Haupt, in den Lüften und allen Weſen
etwas Geheimnißvolles ſchwebe und flüſtere, jenes Namenloſe,
das wir nicht begreifen, weil wir ein zu kleiner Theil von ihm
ſind: können Worte dafür tiefer aus dem Lebensgrunde gehoſt
werden, als jene:

> Wölbt ſich der Himmel nicht da droben?
> Liegt die Erde nicht hier unten feſt?
> Und ſteigen freundlich blickend
> Ewige Sterne nicht herauf?
> Schau' ich nicht Aug' in Auge dir
> Und drängt nicht Alles nach Haupt und Herzen dir
> Und webt in ewigem Geheimniß
> Unſichtbar ſichtbar neben dir?

Und daß das Eine ſich und Alles in ſich trägt, wie iſt
dieß geſagt in dem: „Der Allumfaſſer, Allerhalter, faßt und er-

hält er nicht dich, mich, sich selbst?" Der logische Widerspruch, daß Fauſt das Unnennbare doch nennt, nämlich männlich perſönlich bezeichnet, kann dem Dichter als Dichter in dieſem Erguß keine Beſinnungsſchwierigkeit bereiten. In der Aphorismen-Reihe „Die Natur" (um 1780) trägt das Weſen aller Weſen den weiblichen Namen dieſer Ueberſchrift. Man vergleiche mit dem Bekenntniß Fauſts folgende Sätze daraus: „Natur! Wir ſind von ihr umgeben und umſchlungen — unvermögend, aus ihr herauszutreten, und unvermögend, tiefer in ſie hineinzukommen. — Wir leben mitten in ihr und ſind ihr fremde. Sie ſpricht ewig mit uns und verräth uns ihr Geheimniß nicht. — Jedes ihrer Werke hat ein eigenes Weſen, jede ihrer Erſcheinungen den iſolirteſten Begriff, und doch macht Alles Eins aus. — Sie liebt ſich ſelber und haftet ewig mit Augen und Herzen ohne Zahl an ſich ſelbſt. Sie hat ſich auseinandergeſetzt, um ſich ſelbſt zu genießen. — Sie ſpritzt ihre Geſchöpfe aus dem Nichts hervor und ſagt ihnen nicht, woher ſie kommen und wohin ſie gehen. Sie ſollen nur laufen; die Bahn kennt ſie. — Sie hüllt den Menſchen in Dumpfheit ein und ſpornt ihn ewig zum Lichte. — Sie hat keine Sprache noch Rede, aber ſie ſchafft Zungen und Herzen, durch die ſie fühlt und ſpricht. — Ihre Krone iſt die Liebe. Nur durch ſie kommt man ihr nahe. — Durch ein paar Züge aus dem Becher der Liebe hält ſie für ein Leben voll Mühe ſchadlos. — Sie iſt Alles. Sie belohnt ſich ſelbſt, erfreut und quält ſich ſelbſt. Sie iſt rauh und gelinde, lieblich und ſchrecklich, kraftlos und allgewaltig. Alles iſt immer da in ihr. Vergangenheit und Zukunft kennt ſie nicht. Gegenwart iſt ihr Ewigkeit. Sie iſt gütig. Ich preiſe ſie mit allen ihren Werken. Sie ist weise und still. — Sie hat mich hereingestellt, sie wird mich auch herausführen. Ich vertraue mich ihr. Sie mag mit mir schalten. Sie wird ihr Werk nicht hassen. Ich sprach nicht von ihr. Nein, was wahr ist und was falsch ist, Alles hat sie gesprochen. Alles ist ihre Schuld, Alles ihr Verdienst." Das unbekannte Allerzeugende wird auch hier als ein Unpersönliches und doch zugleich als ein Persönliches, dießmal also gemäß dem Geschlechte des Worts Natur als ein geheimnißvolles Weib behandelt, wiederum ein schöner logischer Widerspruch und besonders ächt Göthisch. Keinem Verständigen braucht übrigens gesagt zu werden, daß Göthe hier und sonst, wenn er mit Andacht von der Natur spricht, nicht das meint, was wir gemeinhin Natur nennen, sondern das Ganze, das Reich der Beseelung miteingeschlossen. Nun aber ist von der großen Lücke zu sprechen, die in jenem Bekenntniß und in diesen Aphorismen klafft. Wenn das Göttliche nicht neben und außer, sondern nur in der Welt und alles Leben ist, so werden doch in dieser seiner Wirklichkeit große Stufen zu unterscheiden, je werthvoller eine Daseinskraft, als desto intensivere Gegenwart des ewig Einen wird sie zu betrachten sein; das Bekenntniß nennt zwei Stufen: Natur und Menschenseele als die fühlende; als fühlend wirkt die Seele selbst noch in Naturform, erst als denkend und wollend ist sie wahrhaft Geist, und der Geist wird doch als solcher eine so viel vollere Existenzform des Göttlichen sein, als „das Herz." Der Wille als sittliches Wollen ist Handeln und soll Selbstbezwingung sein, wenn die Seele, das Herz, die Liebe mit Pflichten in Collision tritt. Göttlich ist die Natur, göttlich die fühlende Seele, göttlicher der klar handelnde und klar resignirende

Geist. Fausts Pantheismus ist Natur- und Gefühls-Pantheismus, also Pantheismus mit Auslassung der so viel höheren und reineren Daseinsform des Göttlichen, worin es als sittliches Leben, als Negation des bloßen Naturlebens der Seele wirkt. Würde Faust diesen, den ethischen Pantheismus bekennen, so müßte er auf der Stelle sich von Gretchen trennen, denn er ahnt ja doch, daß er sie verderben wird, da von Bindung keine Rede sein kann.

Hat der Dichter davon Einsicht, oder gibt er in Fausts Bekenntniß sein eigenes? Offenbar zunächst das Letztere; man sieht, er trägt eine Lieblings-Ansicht vor und die Aphorismen von der Natur bestätigen es. Göthe liebte das Universum vom Standpunct des Naturbegriffs zu betrachten, wie es dem Genie, dem Glückskinde der Natur ganz natürlich ist. Allein man vergesse nicht, er läßt ja seinen Faust in tiefe Schuld rennen; daß es der Faust mit solcher Religions-Ansicht ist, der Gretchen so unglücklich macht, der so schuldig und dadurch selbst so unglücklich wird, muß ihm doch vorgeschwebt haben, wenn er auch gewiß nicht sagen will, Faust werde durch solche Religions-Ansicht so schuldhaft. Gewiß nicht deutlich bewußt war er sich der hieraus folgenden Consequenz, die wir uns nun so ausdrücken können: Faust muß seinen Religionsbegriff erst ausfüllen, wie wir oben gesehen haben, daß er seinen Freiheitsbegriff ausfüllen muß. Doch in der Ahnung, wie gesagt, wird dieß dem Dichter sicherlich gedämmert haben. Man darf bei Naturen, wie Göthe, nur nicht meinen, ihr Betrachten schließe aus, was es nicht deutlich einschließt. Göthe, dieser Naturandächtige, hat ja auf stilleren Wegen als sein Faust doch selbst Resignation

gelernt; der Verfasser der Aphorismen „die Natur" hat ja doch
ein andermal gedichtet:

> Von der Gewalt, die alle Wesen bindet,
> Befreit der Mensch sich, der sich überwindet.

Die Gewißheit dieses Vorschwebens ergibt sich in unsrer
Scene auch aus der Haltung Gretchens. Daß sie in ihrem
Glauben ganz sicher bleibt und Fausts entzückte Worte einen
nur sehr mäßigen Eindruck auf sie machen, dieß will ja nicht
blos sagen, daß sie eben fest im Kinderglauben ihrer Kirche
wurzelt. Dieser Kinderglauben hat einen Vorzug vor Fausts
Glauben. Er legt seinem Gott die Eigenschaft der Heiligkeit
bei. Die Personification abgezogen heißt dieß: das Urwesen ist
nicht blos Natur, sondern in höherer Potenz Sittengesetz. Das
kann sich Gretchen gewißlich nicht mit Bewußtsein so sagen, aber
der Dichter läßt uns die Ahnung dieser Wahrheit als den
wahren Grund ihrer Sicherheit ahnen. Daß sie jedoch diese
Wahrheit nur in so hellbunkler Form besitzt, ist ein Theil ihrer
Blindheit und durch diese Blindheit, welche ihre Anmuth, aber
auch ihre Schwäche ist, kommt sie doch zu Fall, obwohl sie
einen strengeren Gott verehrt; Faust wird schuldig im Zusammenhang damit, daß seiner Religion ein wesentliches Stück Inhalt
fehlt, nämlich die Verehrung des Göttlichen im Sittengesetz,
Gretchen kommt zu Fall im Zusammenhang damit, daß die Form
ihres zwar inhaltsvolleren Glaubens eine blinde ist und einen
Theil ihrer Blindheit überhaupt bildet.

Es ist wieder eine der höchst genialen Wendungen, daß in
demselben Gespräche Gretchen zuletzt ihr Grauen vor Mephi-

stopheles ausspricht. Und wie! kann das richtige Tastgefühl
einer lauteren Seele den unbedingten Egoismus und jenen Verstand, der jedes Band zwischen Wesen und Wesen durchschneidet,
ahnungsvoller charakterisiren? Man erkennt nicht die Tiefe der
Stelle, wenn man nicht auch hier in Mephistopheles die An-
sammlung verbreiteter Menschenzüge erfaßt und an jene Gesichter
denkt, denen man ansieht, daß es da kein Sichhineinversetzen in
andere Wesen, kein Eingehen gibt, wohl aber ein stetes Zucken
der Mundwinkel über Alles im Menschen, woran noch Natur ist.
Es ist aber auch die bevorstehende Treulosigkeit Fausts, was
Gretchen in Mephistopheles verkörpert herausfühlt, und so ist
das Hochgestimmte und das Anmuthige, rührend Naive der Scene
auf einen Hintergrund von banger Schwüle gesetzt. Die eine
von Fausts Antworten: „es muß auch solche Käuze geben“ gehört wieder zu den Stellen, deren Bedeutung weit über den
nächsten Sinn hinaus ins Allgemeine geht, sie führt geradezu
auf den Inhalt des Prologs zurück: das Böse ein Ferment, ohne
das keine Bewegung in der Geschichte wäre. Dort konnte es
scheinen, als sei dieß ein gefährlicher Satz, auf den sich der Ver-
brecher berufen könnte. Allein diese Bedeutung hat ja das Böse
nur für den Ueberschauenden, der es im Großen als einen Reiz
und Hebel, vor Allem als die Schein-Macht erkennt, die dadurch,
daß sie bekämpft sein will, das Gute schafft; wer mitten in den
Kämpfen des Lebens stehend es auf seinem Wege findet,
handelt sehr verkehrt, wenn er auf den Satz von der Unentbehr-
lichkeit des Bösen in der Weltordnung gestützt es im einzelnen
Fall zulassen, ja thun zu dürfen glaubt; er läßt ja dann den
Hauptgrund dieser Entbehrlichkeit weg, nämlich eben den, daß

es zur Bekämpfung herausfordert, daß also an seiner Selbst-
zerstörung arbeitet, wer ihm verfällt. Faust ist jetzt zu schwach,
dieser Einsicht zu folgen, aber daß sie ihm nicht fern ist, beweist
sein nachheriger Ausruf: „du ahnungsvoller Engel du!"

Nun sehe man zu, wie der Farbencontrast des hellen Lichts
und schwülen Grundes in dieser Scene noch gesteigert wird! —
Nicht durch Gretchens Zusage an sich. Es scheint nur für einen
Augenblick tiefe Ironie, ein ironischer Abfall von der Höhe in
die Tiefe, daß gerade an das Religionsgespräch diese Gewährung
sich knüpft; ein richtiges Gefühl besinnt sich augenblicklich, daß
dadurch das reine Licht des Anfangs nicht verdunkelt wird, sondern umgekehrt von ihm eine ideale Beleuchtung auf diese völlige
Hingabe herüberfällt. Sie fließt ja aus demselben Gefühl, mit
welchem Gretchen um Fausts Seelenwohl so rein und innig sich
kümmert. Gretchen ist natürlich nicht in dem Sinn unschuldig,
daß sie nicht wüßte, allein es gibt in ihr keine getrennte Sinnlichkeit; nur mit dem ganzen Herzen gibt sie die ganze Person
darein. Ihre Hingabe ist also rein; wäre eine solche an sich un-
rein, so könnte ja überhaupt keine Sanctionirung sie rein machen.
Und wären alle Menschen so gut wie Gretchen, so wären sie auch
treu und dann bedürfte es nicht der bürgerlichen und kirchlichen
Gesetze, um sie für's Leben zu verbinden. Aber freilich so sind eben
die Menschen zum größeren Theile nicht, daher hat ein Institut gegründet werden müssen, das zwischen der Hingebung des Herzens
und der ganzen Person eine Marke setzt, einen starken Strich zieht.
Gretchen glaubt aber, die Menschen seien so gut wie sie, die Ahnung, die sich ihr an Mephistopheles knüpft, ist dunkel und unbewußt,
sie vertraut dem Geliebten; nicht unschöne Sinnlichkeit, sondern

ihr Vertrauen, also rührende Blindheit ist es, was sie stürzt.
Anders freilich verhält es sich mit dem Schlummertrank für die
Mutter. Der Moment, wo sie zur Anwendung dieses Mittels
beredet wird, ist höchst unheimlich. Ihr Gewissen muß ihr
sagen, daß ein Eingriff in das physische Leben der von der Natur
ihr gestellten Wächterin der Sitte ein Verbrechen ist. Sie läßt
sich das Gewissen mit der Betröstung beschwichtigen, der Trank
könne nicht schaden. Allein auch bloßes Betäuben ist schuldvoller
Eingriff und überdieß kann Niemand wissen, ob es nicht doch
die schlimmste Folge für Gesundheit und Leben haben wird;
es gibt Zufälle — ein Zuviel aus Versehen — vielleicht auch
ein Zuoft — und diese Zufälle müßten ja doch auf ihre Verantwortung kommen.*) Göthe hat durch den reinen Schluß-
Accord ihrer letzten Worte dafür gesorgt, daß auch dieser schwere
Schatten noch unter die vom Lichtkern ihrer Seele ausgehende
Beleuchtung gefaßt wird („Seh ich dich, bester Mann — übrig
bleibt"). Wie viel schuldvoller steht Faust da! Er, der es so
viel besser wissen kann, er, der Handelnde! Doch auch auf diese
ungleich größere Schuld soll noch ein mildernder Strahl fallen.
Es ist ein Meisterzug, daß Göthe zuletzt noch den Mephistopheles
einführt, der gelauscht hat und zuerst über die Katechisation seinen
Spott ergießt, wodurch noch das herzliche Wort hervorgerufen
wird, womit Faust sich der Reinheit der Seele seiner Geliebten annimmt: „Du Ungeheuer siehst nicht ein, daß diese treue liebe Seele
— verloren haben soll." So wird zum Schluß — und dieß

---

* Meine früheren Einwendungen gegen die Rolle, die hier dem Zufall
überlassen ist (A. Kr. G. 2, 174), waren sehr unrichtig.

ist der Farben-Contrast, von dem ich sprach, — aller starke Schatten auf den ersten, höllischen Verführer hinausgeworfen. Auch auf ihn freilich nicht so, daß nicht ein Schimmer von Durchsichtigkeit übrig bliebe; denn der Humor ist auch hier nicht vergessen: Mephistopheles kann es anhören, wenn man übel von ihm spricht, und über sich selbst lachen: „sie fühlt, daß ich ganz sicher ein Genie, vielleicht wohl gar der Teufel bin;" jedoch ganz und nur unheimlich ist sein letztes Wort: „hab' ich doch meine Freude dran." Dieß ist das rechte Punctum auf die Scene, hiedurch erst kreuzt sich ihr Himmelslicht mit höllischem Schwefelschein, der sich in ein trübes Hellbunkel voll Ahnung des tragischen Endes verliert. Die Scene ist ein volles Kunst= werk im Kunstwerk. — Gleich in der nächsten (am Brunnen) bestätigt sich die düstere Ahnung und bricht dann Schlag um Schlag das Gewitter herein.

Die letzten Scenen des ersten Theils.

Es bleibt von den Scenen, die sich durch untrennbar ge= einigten Werth der philosophischen Tiefe und der poetischen Voll= kraft auszeichnen, noch jener Wechsel wüthenden Vorwurfs und tödtlich schneidender Antwort zwischen Faust und Mephistopheles übrig: „Trüber Tag, Feld." Dieser Auftritt mußte nothwendig schon in der Besprechung des Prologs beigezogen werden. Schon dort ist gesagt, daß der Teufel diesmal nicht blos Verstand, sondern Vernunft predigt, und dieß zunächst an der ersten seiner Antworten gezeigt, die nur teuflisch kalter Hohn scheint: „es ist die erste nicht." Die zweite lautet:

„Nun sind wir schon wieder an der Grenze unseres Witzes, wo euch Menschen der Sinn überschnappt. Warum machst du Gemeinschaft mit uns, wenn du sie nicht durchführen kannst? Willst fliegen und bist vor'm Schwindel nicht sicher? Drangen wir uns dir auf oder du dich uns?"

Faust hat die Hölle eigentlich doch aufgesucht. Es war damals, als er so heftig wünschte, fliegen zu können, und die Geister in der Luft beschwor, ihm Flügel zu leihen. Die Hölle hat sich dann allerdings sehr bereitwillig an seine Fersen geheftet. Es gehört nun aber dieses Wort eigentlich zu denjenigen, die im Grunde zu einer Aufhebung der Illusion führen. Der Mensch ist überall von Reizen der Verführung umgeben und ihnen entspricht der Stachel, den er in seiner eigenen Natur trägt. Ob er widersteht oder fällt, das liegt schließlich doch an ihm selbst; die Schuld ist seine Schuld, er kann sie nicht abwälzen. Hiemit ist der Teufel eigentlich rein überflüssig, er ist eine Personification der Reize zum Bösen; wir sind wieder an einer der Stellen, wo wir die Kühnheit des Spiels mit dem poetischen Schein zu bewundern haben; der Mephistopheles, der sich für überflüssig erklärt, steht so leibhaft vor uns, wir sehen ihn grinsen, wir empören uns gegen ihn und müssen ihm doch Recht geben — also ganz ein wirkliches Wesen und doch keines: wie eigen packt und bewegt dieses tief dringende Zwielicht den täuschungslosen und doch getäuschten Leser!

„Willst fliegen und bist vor'm Schwindel nicht sicher:" die

Worte bestätigen ganz unsere Erklärung des Fliegenwollens auf dem Spaziergang vor dem Thor: es rege sich darin der Wunsch, durch's Leben zu jagen, ohne sich an Verhältnisse und Pflichten zu binden, die aus den gegebenen Situationen erwachsen. Es geht dieß als Faden durch; in dem „losgebunden, frei" des Mephistopheles haben wir den Faden wieder gefunden. Wer dieß durchführen will, muß aber auch kein Gewissen haben: „warum machst du Gemeinschaft mit uns, wenn du sie nicht durchführen kannst?" Also wieder der höllische Schluß aus einem richtigen Obersatz; die logische Folgerung hieße: also wolle nicht mehr fliegen; Mephistopheles schließt (stillschweigend): also werde ganz gewissenlos, gleichgültig gegen die Folgen deiner Verbrechen, bereue niemals! Es kann freilich in dem Bund mit Mephistopheles, den jeder Mensch abschließt, — er ist ja, wie wir längst gefunden haben, nichts Anderes, als der Schritt ins Leben, das sich Einlassen mit der Welt — ohne Schuld nicht abgehen, auch wenn auf das „Fliegen" verzichtet wäre. Sie bringt Reue. Unfruchtbare Reue soll nicht genährt werden; „deine einzige Reue sei eine bessere That" ist doch ein wahres, ein weises Wort von Jean Paul, ein Wort der ächten Ethik. Hinter dem höllischen Schlusse, Faust solle sich gegen die Reue verhärten, schwebt also noch eine zweite Wahrheit, verzerrt sich in ihm zu einer Unwahrheit. Sie heißt: versenke dich nicht, wenn du gefehlt, krankhaft in die Wirbel der Reue, nimm nicht, wie Orestes, „das Amt der Furien auf dich," ein „Dampf vom Acheron" umgibt die öde Reue, die „als ewige Betrachtung des Geschehenen verwirrend um das Haupt des Schuldigen sich umherwälzt"; strebe rüstig weiter, handle, wirke! Entnimmt sich

Fauſt dieß aus der teuflifchen Rede, ſo hat er wiederum von Mephiſtopheles gelernt. Die folgenden Worte: „Greifſt du nach dem Donner — Luft zu machen" ſind von der einleuchtendſten Vernunftwahrheit. Mephiſtopheles kennt gründlich das Menſchen- herz. Den Unwillen, den wir für unſere Fehler uns ſelbſt ſchuldig ſind, auf Andere werfen, die uns die Augen der Selbſt- erkenntniß öffnen wollen, oder die unſerer Leidenſchaft im Wege ſtehen, das iſt die Erleichterung, die wir lieben. Jeder möchte gern hexen können, wenn er ſo recht wild iſt auf unbequeme Einredner, Hinderniſſe und auf fatale Folgen ſeiner Leidenſchaft; es ſtünde traurig um die Weltordnung, wenn er dann des Donnerkeils ſich bemächtigen könnte. Klinger hat in ſeinem Fauſt dieſes Thema als Hauptmotiv der Handlung aufgenommen.

Bei der Contract-Scene haben wir uns mit dem vorüber- gehenden Rollenwechſel zwiſchen Fauſt und Mephiſtopheles be- ſchäftigt, der von Schiller ſo richtig beobachtet iſt, und haben damals auf dieſe drittletzte Scene als eine Hauptſtelle vorwärts gewieſen. Dabei war die Frage, ob Mephiſtopheles gegen ſeinen Zweck handelt, wenn er die Vernunft gegen Fauſt in Schutz nimmt, und verſtärkt kehrt nun dieſelbe wieder. Allein ſie be- antwortet ſich auch hier ohne Schwierigkeit. Mephiſtopheles hat auch in dieſem Augenblick nicht zu beſorgen, ſeine Vernunftpredigt könnte eine heilſame Nachwirkung üben, denn Fauſt kann jetzt an nichts denken, als an Gretchens Rettung. Hilft er ihm dazu, ſo kann er hoffen, die Abwehr der ſchlimmſten äußeren Folge ſeiner Schuld werde zu ſeiner Abſtumpfung ein gutes Stück bei- tragen. Von Fauſt ſelbſt kann man natürlich nicht ſagen, daß er in dieſem Geſpräche ethiſch gegen Mephiſtopheles reagire, da

müßte er mehr Selbsterkenntniß zeigen, aber versunken ist er
doch nicht, dieß zeigt ja sein Feuereifer, die Arme zu retten.
Nicht nur dieß; in Gretchens Kerker eintretend ruft er aus:
„der Menschheit ganzer Jammer faßt mich an!" Es ist ihm
also geworden, der Menschheit Wohl und Weh auf seinen
Busen zu häufen; aber es ist auch noch der Faust, der in seinem
Weh das der Menschheit, im individuellen das der Gattung
sieht; sein Auffassen bewegt sich also noch im Großen und
Weiten, ist noch fähig, im einzelnen, eigenen Fall das
allgemeine Menschenloos zu sehen und zu empfinden, sein
Denken und Fühlen hat sich nicht verengt, er stagnirt nicht, sein
Geist ist noch elastisch und somit wird sich Mephistopheles ge-
täuscht, die Wahrheitspredigt, die stärkste, die der Erzlügner
ihm gehalten, wird nachwirkende Strahlen in seine Seele
gesenkt haben, die Saamenkörner von Vernunft, die der höllische
Sämann neben Blüthenstaub von Giftpflanzen ausgestreut hat,
werden doch auf gutes Land gefallen sein und Frucht tragen.

Die Scene: Nacht, offen Feld ist in ihrer traumartigen
Genialität schon gewürdigt gegen den Schluß des ersten Abschnitts
und ebendort auch die Kerkerscene in ihrem unvergleichlichen
tragischen Werthe, freilich nur mit der gedrängten Kürze besprochen, die der Umfang der vorliegenden Aufgabe bedingt.
Es bleibt noch übrig, auf den rapiden Ablauf in ihrem Schluß
aufmerksam zu machen. Mit der Schnelle des Blitzes rollen
sich die Schicksale ab. Sein Strahl beleuchtet mit reinem Lichte
die Gestalt Gretchens, die von Faust sich scheidet, aus Fall und
Schuld sich hoch aufrichtet und verklärt schon emporzuschweben
scheint; grell zeichnet er die Umrisse der dämonisch dunkeln Er-

ſcheinung des zur Eile treibenden Mephiſtopheles, die wie aus
dem Abgrund plötzlich aufſteigt; ein zweifelhafter Halbſchatten
fällt auf den ſchwerverſchuldeten Mann, der vergeblich die Folge
ſeines Verbrechens gut machen wollte und nun ſeine gefahrvolle
Bahn mit dem hölliſchen Begleiter aufs Neue antreten wird.
„Du ſollſt leben!“ ruft er Margareten zu; er verſpricht ihr ein
Leben, das der innere Tod wäre, denn wie könnte ſie mit geſunder Seele an der Seite des Mannes wandeln, der das ihr
angethan und ihr den Bruder erſtochen hat! Ebenſo und noch
viel ſchärfer dreht ſich der Sinn der Worte, die Mephiſtopheles
ruft, in das Gegentheil um: „Komm! komm! ich laſſe dich mit
ihr im Stich!“ Als ob es nicht Rettung wäre, von ihm im
Stich gelaſſen werden! Seine Worte ſind die Ironie ihrer ſelbſt.
Gretchen übergibt ſich dem Gerichte Gottes, dem Schirme der
himmliſchen Schaaren, ihr graut vor dem Geliebten. „Sie iſt
gerichtet!“: von Menſchen, vor Menſchen; eine Engelſtimme von
oben bezeugt, daß ſie gerettet iſt. Das „Her zu mir!“ womit
Mephiſtopheles nun den Fauſt gewaltſam an ſich reißt, iſt ein
neuer Ton aus ſeinem Munde; er iſt immer behaglich geweſen,
humoriſtiſch, der Zorn gegen den Pfaffen war halb Spaß, wenn
er Hohnworte ſprach, that er es ganz ruhig; jetzt zum erſtenmal
brüllt das hölliſche Raubthier aus ihm; der Spaß wird Ernſt.
Um. ſo tiefer beſorgt fragen wir: was ſoll aus Fauſt werden?
Die Stimme von innen, verhallend: „Heinrich! Heinrich!“ iſt
Margaretens Stimme, ſie iſt in die innere Zelle zurückgetreten.
Der Nachruf macht die harte Rede gut: „mir graut’s vor dir;“
nicht ganz iſt die Liebe todt, ſie regt ſich als Mitleid und Sorge
um das Schickſal des Freundes. Nimmt die Liebe noch an ihm

Theil: es ist auch die unsrige, sie begleitet ihn auf seinem schweren Pfade ins ungewisse Loos. Die mitleidig bange Stimme des armen Mädchens im Schauspiel erweitert sich so zur Stimme eines außerhalb befindlichen, doch unsichtbar anwesenden Chorus unzähliger Stimmen aus theilnehmenden Menschenherzen; das „von innen" behält ganz seine buchstäbliche Bedeutung und doch darf durch eine ungesuchte Ideen-Gesellung uns vorschweben, daß solche Theilnahme aus dem tief erschütterten Innersten dieser Herzen kommt. Und das Verhallen wird ebenso unbeschadet seiner einfachen nächsten Bedeutung zu einem Symbole all der bangen Fragen, mit denen wir in die weite Ferne, die lange Bahn ausbliden, auf welche Faust nun hinzieht. Bang und doch auch getröstet, denn ist der Schuldvolle noch werth, daß Gretchen und unsere Liebe an ihm Theil nimmt, so wird er ja nicht verloren sein. Wir vergessen auch nicht, daß hilfreiche Kräfte im Universum walten; es ist ausbedungen, daß der Himmel kein Wunder für Faust thun soll, es bedarf aber dessen auch nicht, er wird auf seiner Irrfahrt auch Freundschaft und Liebe noch finden, wird nicht mit Mephistopheles allein sein, die Menschheit hat auch Schätze des Geistes aufgehäuft, hat gesellige Ordnungen gegründet, Heilungsquellen werden ihm daraus fließen, Stützen werden ihm daraus erwachsen. So wird es zur wunderlosen Wahrheit werden, was die Engel am Schlusse des zweiten Theils singen: „und hat an ihm die Liebe gar von oben theilgenommen." Auch dieser versöhnende Gedanke klingt neben dem bangen Ton der verhallenden Stimme ganz von selbst an, auch diese Aussicht öffnet sich und knüpft so die letzte Scene des ersten

Theils mit magischem Faden an den großen, freien Inhalt des Prologs im Himmel. Hier schließen wir. Nichts darf uns mehr verführen, noch einmal auf den zweiten Theil einzugehen. Er fällt, nach dem poetischen Werthe betrachtet, neben Scenen wie diese letzte, welcher die Geschichte des Drama's eine größere nicht zur Seite zu stellen hat, ganz in's Bodenlose. Der Eindruck ihrer wunderbaren Gewalt soll unversehrt bleiben und ebenso der Eindruck jener anderen Stellen und Scenen, von deren Betrachtung wir herkommen. Nicht in allen haben wir die gleiche ahnungsvolle Einheit von Gedankentiefe und Vollkraft der Anschauung gefunden, einzelne mußten wir dem geweckten Nachtwandler zuschreiben, der zu philosophiren versuchte, aber wo wir jene Einheit fanden, da durften wir mit dem Gefühle verweilen, daß hier Vollkommenes erreicht sei. Unsere übrige Kritik mußte, so wenig sie je vergaß, nach welchen ungewöhnlichen Maaßstäben ein solches Werk zu beurtheilen ist, Manches auch am ersten Theil, ja auf gewissen Puncten sehr herb aussetzen. Was tief ist und genial auch am zweiten, dem hat sie volle Gerechtigkeit widerfahren lassen. Ein Torso steht vor uns, den eine späte Hand zu ergänzen versucht hat; sie scheint dem ersten Meister ganz fremd; sieht man genauer hin, so wachsen aus der heterogenen Zuthat einzelne große Motive und Formen hervor, an denen die Identität mit dem Urheber sich erkennen läßt; dieß kann nicht genügen, den Eindruck des Vollendeten zu schaffen. Dante's großes Epos, ein Weltgedicht wie Göthe's Faust, ist vollendet, aber zu seiner Vollendung hat neben der Tiefe und Universalität des Geistes und der Großheit der Phantasie scholastische Ge-

bunbenheit des Vorstellens und des Geschmacks von vornherein
mitgewirkt und pünctlich auszirkelnd ein rundes Ganzes zu
Stande gebracht. Göthe's Faust, noch in ganz anderem Sinn
ein Weltgedicht, weltfrei, ein stürmendes Drama, den alten
Himmel stürmend, der auch Dante's Himmel war, und zugleich gegen veralteten classischen Geschmack mit genialen Stößen
und Würfen vorstürmend, hat in seinem zweiten Theile gegen
seine innerste Natur den Himmel Dante's wieder herabgeholt
und mit dem gothischen Zirkel des Florentiners sich abgerundet;
wir denken uns diese Art von Vollendung lieber hinweg und
kehren, vom Ende zum Anfang umlenkend, zu unserem Motto,
zu Fausts eigenem Worte zurück:

O, daß dem Menschen nichts Vollkommnes wird,
Empfind' ich nun!